Deutschland, armes Kinderland

Susanne Mayer

DEUTSCHLAND

Wie die Egogesellschaft

ARMES KINDERLAND

unsere Zukunft verspielt.

Plädoyer für eine neue Familienkultur

Eichborn.

1 2 3   03 02

© Eichborn AG, Frankfurt am Main, Oktober 2002
Umschlaggestaltung: Moni Port
Lektorat: Waltraud Berz
Layout: Tania Poppe
Satz: Fuldaer Verlagsagentur, Fulda
Druck und Bindung: GGP Media, Pößneck
ISBN 3-8218-3964-3

Verlagsverzeichnis schickt gern:
Eichborn Verlag, Kaiserstraße 66, D-60329 Frankfurt am Main
www.eichborn.de

Inhalt

Kein Vorwort, sondern Aufbruch in die Zone

Es war an einem kalten Januartag vor 14 Jahren, als ich mit einem Schock begriff, dass ich auf dem Weg in ein neues Leben war. Ich stand am Kopf einer Treppe, die mit drei mal elf Stufen in die Tiefe führte, 33 Steinstufen, vom Bahnsteig einer Hamburger U-Bahn-Station steil nach unten auf die Straße. Ich konnte die ersten Stufen gar nicht sehen, weil mein Bauch ins Blickfeld ragte. Meine Füße tasteten irgendwo besorgt nach dem ersten Absatz. Das Kind knurbschelte in meinem Bauch herum und mir wurde mulmig und ich fragte mich, wie ich wohl in einer Woche da runterkommen sollte, wenn mein Kind nicht mehr im Bauch, sondern im Kinderwagen zu transportieren wäre. Und sich die Aufgabe stellte, statt meines Riesenbauches den wunderbaren, geliehenen, voluminösen, dunkelblauen Kinderwagen hier runterzukriegen. Ich beschloss, schon mal den Lift auszuprobieren. Wo war der Lift?

In den folgenden Minuten machte ich eine Entdeckung nach der anderen. Ich erlebte eine Kaskade von Erleuchtungen, vom heutigen Gesichtspunkt aus betrachtet würde ich sagen, es waren erste familienpolitische Einsichten, aber das ahnte ich damals natürlich noch nicht.

Erstens: Es gab keinen Lift.

Zweitens: Mir war nie aufgefallen, dass es keinen Lift gab.

Seit Jahren lebte ich direkt neben der U-Bahn-Station und fuhr von hier jeden Tag in die City und zurück, Hunderte von Malen war ich hier ein- und ausgestiegen und nicht einmal bei diesen Hunderten Malen war mir aufgefallen, dass es keinen Lift gab. Es waren die Tage, in denen ich leichtfüßig die Stufen hoch- oder runtereilte, frühmorgens oder abends, wie es sich für eine junge Journalistin gehörte, die entweder auf dem Weg zu ihrem tollen Arbeitsplatz ist oder gedanklich schon bei dem interessanten Film in der Spätvorstellung, falls sie sich nicht fragt, ob es noch rechtzeitig klappen wird mit der Verabredung in dem angesagten neuen Restaurant. Und nicht einmal auf meinen flotten Wegen war mir die Frage gekommen, wie Leute mit Kindern diese Treppe hinter sich bringen sollten.

Drittens: Solche Leute mit Kinderwagen oder womöglich Rollstühlen hatte ich gar nicht gesehen.

Ich gestehe es: nie. Ich hatte nie jemanden wahrgenommen, der an dieser Treppe mit Kind oder lahmen Beinen Probleme hatte, jedenfalls erinnerte ich mich nicht. Für Leute meiner Spezies waren solche Leute irgendwie nicht sichtbar gewesen. Es war ein wenig so, als hätte es zwei U-Bahn-Stationen gegeben, an ein und derselben Stelle, aber durch Sichtschutz voreinander verborgen. Zwei Welten!

Ich fragte mich mit roten Ohren, ob es trotzdem so gewesen sein könnte, dass ich mal einer Mutter mit ihrem Buggy die Hand gereicht hatte, hoffentlich.

Viertens: Ich begriff, dass offensichtlich Eltern, vermutlich Mütter, jeden Tag vor der Frage stehen, wie eine solche Treppe zu bewältigen sei – und das seit rund 90 Jahren, seit dem Bau der Hamburger U-Bahn.

Bei allen phantastischen Neuerungen, die sich die Verkehrsbetriebe in den vielen Jahrzehnten hatten einfallen lassen, von der automatischen Restzeitansage bis zur Abfahrt der Züge über das Styling der Bahnen, die violett pastellige Polsterung der Sitze und die niedlichen runden Fernsehschirme in jedem Wagen über jeder Sitzbank– gar nicht zu reden von den Modernisierungswellen, die an Fahrkartenautomaten die interessantesten Rätselstellungen hervorgebracht hatten, welche gelegentlich für Lachsalven in Quizsendungen sorgen – für Eltern und Behinderte war da nichts rausgekommen. Die ganze Modernisierung – einfach vorbeigeschwappt an Eltern und der Kinderwelt. Und nicht nur, soweit sie die Transportwege betrifft, wie sich zeigen sollte. Wenn jetzt jemand aufsteht und sagt, dass er oder sie einen Bahnhof mit Fahrstuhl kennt: Worauf es ankommt, ist, ob einer da ist, wo man wohnt. Das sollte ich bald merken.

Der riesige Kinderwagen war die Stufen hochzutragen: VORSICHT, NICHT SCHIEF HALTEN! War das meine Stimme, die da gellte, so schrill? Es war ein halsbrecherisches Unternehmen, es wurde todesmutig (wessen Tod eigentlich?) in Angriff genommen von freundlichen Passanten, ich schrie: BITTE DAS KOPFENDE HÖHER! Es gab in den folgenden Jahren nicht immer freundliche Passanten. ACHTUNG, DAS KIND RUTSCHT! Aber es war immer Knochenarbeit. Und nicht selten war sie in orthopädisch ungünstiger Haltung zu erbringen, besonders bandscheibenquälend, wenn nach dem Marktbesuch noch kiloweise Kartoffeln, Äpfel, Eier oder Gurken, Tomaten, Blumenkohl an Kinderwagen oder Schultern hingen, wenn das Ganze sich in einen 30–40 Kilo schweren Koloss verwandelt hatte.

Ich hatte bislang kaum Knochenarbeit geleistet. Als Kind hatte ich im Garten helfen müssen, Blumen hochbinden. Ich bin auf dem Land aufgewachsen. Samstags mussten die Kinder die Kuhfladen von der Straße kehren. Wir hatten Apfelwiesen, und die Kinder mussten zur Ernte auf hohe Bäume klettern und durften später die Ernte im Hof an Leute aus dem Dorf verkaufen – in Fünf-Kilo-Tüten. Ich hatte zur Finanzierung meines Studiums auch gearbeitet, in der Bibliothek, Bücher etikettieren. Später, in den Redaktionen meiner Zeitungen, gab es selbstverständlich Lifte, für alle! Und wenn ich von der Redaktion zu Reportagen in die Ferne geschickt wurde, glitt ich wie alle auf schwarzen Rollbändern zum Gate, weil die Erbauer dieser Flughäfen erahnt hatten, dass Herren in schwarzen Anzügen nicht belästigt werden konnten mit der Zumutung, ihre schwarzen Handköfferchen unassistiert die Gänge entlang zu transportieren. So lebte ich in der schönen neuen Welt. Nun aber war ich in einer Gegend gelandet, in der ich schon bei den ersten Rundblicken Zumutungen entdeckt hatte, mit deren Schilderung ich meine netten Kollegen gut bei Laune halten konnte.

Auf meiner Reise durch die Hamburger Krankenhäuser zur Auswahl einer Gebärstation hatte ich Mütter-Wellness-Badezimmer besichtigen dürfen, die gleichzeitig als Abstellkammer genutzt wurden, wo ich mein Kind zwischen Bettpfannen und den grünen Gummitüchern, die für inkontinente Patienten vorgehalten werden, ganz entspannt herauspressen sollte. Auf den Bildern zu den Reportagen in den Magazinen hatte das alles ganz anders ausgesehen. Wahlweise wurde empfohlen, bis zum Einsetzen der Presswehen auf den Fluren der Station herumzulaufen. Dort, wo die Besucher zu ihren Kranken eilten, jene Gänge, auf denen die Putzkolonnen hin und her zogen und die Schwesternhelferinnen das Essen austeilten, dort sollte ich also, womöglich im Vierfüsslerstand, wie in der Vorbereitung empfohlen, um so die Wucht der Wehen zu mildern, auf allen Vieren also um die Geschirrwagen herumkrabbeln, im Nachthemd, während über mir die Suppe ausgeteilt wurde? Man verwies auf das Geburts-Vorbereitungs-Zimmer und dort standen fünf Betten – so eng, wie ich es bislang nur auf Fernsehbildern von Seuchenstationen der Dritten Welt gesehen hatte. Zwischen den Betten standen Stühle, einer neben jedem Bett, für jeden der fünf werdenden Väter. Ich würde also neben wildfremden Männern gebären? Na, bei solchen Erlebnisberichten kicherten die Kollegen natürlich, dieselben, mit denen ich früher gerne kleine, feine Hoteltipps ausgetauscht hatte.

Hab dich nicht so, sagten sie jetzt, und ich sagte, ach, bucht ihr neuerdings auch Fünfbettzimmer auf euren Reisen? Sie sagten, so oft kriege man doch nicht ein Kind, und ich sagte: Genau! Man riet mir, nicht so anspruchsvoll zu sein. Ich sagte, wir seien doch nicht in der Zone. So begannen die Missverständnisse. Besser gesagt: Es entwickelte sich irgendwo eine Zone des Schweigens. Und ein solches Schweigen hatte es schon immer gegeben, ich merkte es aber erst jetzt.

Nie hatte mir eine meiner Freundinnen erzählt, wie es tatsächlich gewesen war, ein Kind zu bekommen. Kein Wort vom Schreien im Kreißsaal nebenan oder im eigenen. Nichts vom betörenden Duft des Neugeborenen, von den heftigen Wehen des Glücks. Oder welche Anstrengung es bedeutete, wie die Arme schmerzten und die Schultern sich verkrampften, vom Herumtragen dieses winzigen erstaunlich bleischweren Bündels auf dunklen kalten Fluren, kein Wort über den klopfenden Kopfschmerz nach durchwachten Nächten. Noch erstaunlicher: keine einzige Erzählung über diesen wunderbaren Alltag mit der neuen Liebe, mit dem Kind. Von Liebe, von herzklopfender Partnersuche, süßer Heirat und dramatischer Scheidung zu erzählen, davon leben ganze Zeitschriftengattungen, Fernsehsoaps und Breitwandfilme. Aber wer redet schon davon, mit welcher Wucht uns das Glück und die Liebe mit Kindern überfällt. Das gilt als Familienkitsch. Psst. Man möchte ja nicht, dass jemand einem mit dem Mutterkreuz droht. Man flüstert es sich allenfalls zu, so unter Eltern, wenn man unter sich ist. »Ohne Kinder? Hat man doch nicht gelebt, ohne Kind«, sagte einmal ein Freund zu mir, ein Vater von zweien, er sagte es verschwörerisch, man könnte sagen, geradezu heimlich.

Es ist, als bewahre man Menschen ohne Kinder vor einer bitteren Wahrheit, als müsse man sie schützen vor dem Wissen, dass es das Wundervollste ist, mit Kindern zu leben, auch wenn es manchmal das Stressigste ist, das Turbulenteste, Verrückteste, Chaotischste, was man sich denken kann. Und die Zahl derer, die das wissen, schrumpft. Oder wird aus dem Gesichtsfeld entfernt, rigoros.

Unser Stehitaliener machte schnell klar, dass zwischen Stehtischen kein Platz für Kinderwagen sei. Aus der Vernissage in den Deichtorhallen wurde das Baby mit seiner Mutter auf Befehl des Direktors herauskomplementiert, weil die exponierte Kunst durch Kinderwagen beschädigt werden könnte. Eine Freundin wurde mit ihrem fest schlafenden Säugling aus der

Vorlesung gebeten – und der Professor unterbrach seine Rede, bis sich hinter den beiden die Tür geschlossen hatte, welche Beschämung, noch Jahre später wird sie erröten, wenn sie das erzählt. Nun also entdeckte auch ich, dass eine Demarkationslinie zwischen Menschen in Rollstühlen und Eltern mit Kinderwagen verläuft, die einen gehören gerade noch dazu, schon weil es einen Aufstand gäbe, wenn man sie rausschmeißen würde, die anderen aber müssen leider draußen bleiben.

In meinem neuen Deutschland fuhr ich nun mit der U-Bahn mir bis dahin unbekannte Bahnhöfe an, nur weil man dort mit Kinderwagen aussteigen konnte. Wir beiden Kleinen verpassten gelegentlich den richtigen Bus, weil er im Eingangsbereich einen Bügel hat, der die Zuladung von Kinderwagen nicht erlaubte, und latschten quer durch die Stadt, weil dies einfacher schien als Experimente mit muffigen Busfahrern. Es war ein Abenteuerland, in dem ich gelandet war. Ich traf auf Leute, die ich vorher kaum gesehen hatte, die aber danach verlangten, mein teuerstes Baby auf den Arm nehmen und küssen zu können. Ich traf nun Leute, die schon immer nebenan gewohnt hatten, mir aber unbekannt geblieben waren, und plötzlich war ich mit ihnen engstens befreundet, nur weil sie auch ein Baby hatten. In meiner neuen Welt wurde selten geschlafen, aber viel geschuftet. Alle Errungenschaften der modernen Arbeitsmarktpolitik – Beschränkung der Arbeitszeit, Freizeitausgleich, Tarifvertrag – wie weggeblasen. Von wegen Nachtarbeitverbot für Mütter. Als ich eine Kinderfrau brauchte, war ich plötzlich pleite, obwohl ich gut verdiente und es schon längst aufgegeben hatte, in teuren Restaurants zu speisen. Bei der Berechnung der Kindergartengebühr lernte ich, dass Eltern bis knapp über Sozialhilfeniveau belastet werden können, nach der Miene der Sachbearbeiterin zu schließen, gerade dann nicht ungern, wenn sie geglaubt hatten, ein mittelständisches Gehalt ihr eigen zu nennen. Das Au-Pair-Mädchen, das vor der Armut in Russland geflohen war, erbot sich voller Mitgefühl, mir die neue Bluse auszuleihen, wenn ich denn mal ausgehen wollte. Ich fragte mich jeden Tag, wieso es eigentlich so schwierig war, diese Kinder, denen wir, wie es so schön heißt, das Leben geschenkt hatten, lebend durch diese Welt zu bringen: Ein kleiner wackeliger Schritt vor die Haustür und sie waren in Todesgefahr, sah das denn niemand?

Ich begriff, dass man in der Kinderwelt jede Menge Verbündete brauchte, dass die Aufgaben zu groß waren für zwei Eltern alleine. Es stellte sich heraus, dass sich die guten alten Freunde dafür in der Regel nicht qualifizierten. Sie hatten jetzt zwar viel mehr Zeit als wir, aber diese Zeit war meist ausgebucht und deshalb eigentlich doch nicht da. Die Stützen meiner neuen Welt hatten plötzlich alle weibliche Vornamen, sie hießen Paula oder Sabine oder Birgit, sie hatten wie ich kaum geschlafen und übernahmen trotzdem meine Kinder, sogar frühmorgens. Wir versicherten uns immer wieder kopfschüttelnd, wie irre schön das Leben mit unseren Kindern sei – und auch, wie anstrengend, wir fragen uns noch heute nicht selten, wo wir eigentlich leben und wie zum Teufel wir da hineingeraten sind, in dieses Familiengewurschtel.

Unablässig versuche ich zu ergründen, wie es kommt, dass die Welt, in der wir unsere Kinder aufzuziehen versuchen, darauf in so abenteuerlicher Weise gar nicht vorbereitet ist. Wieso man sich als Irrläufer fühlt, nur weil man diesem inneren Drängen nach Kindern nachgegeben hat, wieso es in der Arbeitswelt, die uns und unseren Kindern doch zur Ernährung dienen soll, geradezu als unverantwortlich gilt, den Betrieb durch die Kinderfrage zu stören, warum man zum Schmuddelkind der Wohlstandsgesellschaft wird, förderungsbedürftig und angeblich hochsubventioniert, nur weil man Kinder hat. Und wie wir es anstellen könnten, aus diesem armen Kinderland ein Familienparadies zu machen.

1. Wir haben es vermasselt

Mit welcher Sehnsucht hatten Familien auf dieses Jahr gewartet. Alles würde besser werden! Das Jahr 2002 war das Wahljahr in Deutschland, und nun würden sie es alle tun. Der Gerhard Schröder und die Christine Bergmann, Frau Merkel mit Herrn Stoiber, auch Claudia Roth mit Joschka Fischer, sogar der Westerwelle und seine FDP, sie alle würden nacheinander ans Mikrofon treten, auf den Marktplätzen dieser Republik, landauf und landab würde man sie sehen und hören können: Wie sie den Frauen und Männern und Kindern dieses Landes erklären, dass sie nun endlich wissen, wie eine Welt zu schaffen ist, in der für Leute mit Kindern gut leben sei. So einfach, wieso waren sie nicht früher darauf gekommen? Alles einfach leichter machen! Keiner müsse sich mehr vor Sehnsucht nach einem Kind verzehren und sich gleichzeitig sorgen, wie es mit dem Beruf werden soll. Niemand dürfte mehr betteln müssen um einen guten Kindergartenplatz, Familien könnten ohne finanzielle Bedrängnis leben. Sich keine Sorge um die gute Ausbildung der Kleinen machen müssen. Und später in der Rente endlich alle gleichgestellt, Eltern, die Kinder erzogen haben, und Leute ohne Kinder. Versprochen!

Was war? Gar nichts war.

Es gab eine neue Kandidatin, Frau Reiche, wir sahen sie im Fernsehen, da war tatsächlich im Fernsehen eine Frau, die hochschwanger war, keineswegs nachmittags in der Soap, sondern abends bei Sabine Christiansen, zur richtigen Politik-Talkshow![1] Unverheiratete Mutter, eine aus dem Osten – und was sagt sie? Spricht sie von anregenden Ganztagsbildungsstätten für kleine Kinder, von dem Trend im Osten zu Familien ohne Trauschein, erklärt sie, wie sie als Chemikerin das Familienleben mit ihrem Freund und der kleine Tochter meistert, weiß sie, was berufstätige Eltern brauchen? Sie redet von den Segnungen der Ehe, die ihr bald zuteil werden werden.

Es gab auch ein neues Buch, »S.O.S. Familie« von Renate Schmidt, wir hatten so viel erwartet.[2] Renate Schmidt gilt als Familienschlachtross der SPD, sie hatte sich in der Vergangenheit mutig hervorgetan. Verlangte den Abschied von überkommenen Familienbildern, wies auch darauf hin, dass Menschen ohne Kinder sich an den Aufgaben von Fürsorge und Zukunftssicherung stärker beteiligen müssen. Und was schreibt sie im

Jahr 2002? Sie schreibt von Ganztagsbetreuung, na klar.[3] Das Kindergeld anheben, *in nicht zu ferner Zeit*, und natürlich nicht, wenn dadurch Neuverschuldung nötig würde, klar. Finanzierung durch Kürzung anderer Familiensubvention, diesmal des Ehegattensplittings, das kennen wir: hier nehmen, da geben. Mehr Familienbewusstsein in den Betrieben soll es geben, ja, das wäre schön. Von einem neuen Gesetz ist nicht die Rede. Ein Familienwahlrecht hält sie für erforderlich, aber nicht für durchsetzbar. Sie möchte Kinderpausen mit Lohnersatz, aber wie alles *Schritt für Schritt*, erst mal *in einem kleinen Teil* der Elternzeit, so als Einstieg.[4]

Man ist fassungslos. Entsetzt. Das kann doch nicht alles gewesen sein! Es ist doch gerade ein Jahr her, dass in Karlsruhe das Bundesverfassungsgericht der Politik um die Ohren geschlagen hat, Familien zahlten zu hohe Abgaben an die Sozialversicherungen und dies sei nicht gerecht. Familien zahlen, und zwar Monat für Monat, zu hohe Abgaben – Änderungspläne? Null. In diesem Jahr jährt sich das so genannte »Trümmerfrauenurteil« des Bundesverfassungsgerichtes zum zehnten Mal, ohne dass Schluss gemacht worden wäre mit der gerügten Praxis, dass ausgerechnet Frauen, die Kinder erziehen, in der Rente massiv benachteiligt werden. Derweil verschlechtert sich die Lage der Menschen mit Kindern jedes Jahr, die Sozialhilfequoten der Kinder explodieren.»Diese Entwicklungen rechtfertigen es, von einem nicht mehr nur schleichenden, sondern mittlerweile sogar offenen Verfassungsbruch seitens der jeweils herrschenden Mehrheiten und damit von einer Verfassungskrise zu sprechen«, schreibt der Sozialrichter Jürgen Borchert, der das Urteil in Karlsruhe herbeigeführt hat, er formuliert es mit Zorn, und er hat Recht.[5] Wann endlich werden Familien den Aufstand wagen?

Eines ist klar: Wenn Familien es nicht tun, wird es keiner tun. Entweder sie machen sich stark, oder alles kümmert weiter so dahin. Und noch etwas ist klar: So bleiben, wie es ist, kann es nicht. Nicht nur, weil wir Rentenzahler bräuchten oder mehr Ärzte oder Computerfachleute. Sondern auch deshalb, weil es die Wünsche der Menschen nach einem Leben mit Kindern sabotiert.

Heute leben in Deutschland über sechs Millionen weniger Kinder als noch vor dreißig Jahren. Man kann seit den siebziger Jahren des letzten Jahrhunderts einen Rückgang der Kinderzahl um über 25 Prozent errechnen.[6] Dies ist ein Land, arm an Kindern. Spürt man es schon, wenn man durch die Dörfer geht, sieht es denn niemand, wenn er in den Städten umherstreift? Wie wenig Kinderwagen da rumfahren, dass man kaum noch Kinderstimmen hört? Um das zu merken, muss man vielleicht neu sein in der Welt der Familien, mit dem Kind die ersten Rundgänge durch das neue Leben machen und sich alleine fühlen. Oder im Konzert auf der Empore sitzen und unter sich ein Meer von grauen Köpfen sehen. Um das zu sehen, muss man wohl den fremden Blick haben, wie ihn unsere Kusine Gisela hatte, die 1990 aus Mecklenburg zu Besuch kam und bei einem Spaziergang in den eleganten Hamburger Alsteranlagen erstaunt die Augen aufriss: Ob die Hamburger lieber Hunde hätten als Kinder, wollte Gisela wissen und deutete auf die dahintollenden Lieblinge der Spaziergänger. So ist es. Es gibt in Deutschland statt Kinder immer mehr Erwachsene, die ein Leben mit Kindern keineswegs unbedingt mit Glück verbinden oder gar mit Zukunft. Und gleichermaßen stimmt es, dass zwar eine Mehrheit von Menschen in diesem Land immer noch Kinder haben möchte, sich ihre Wünsche aber nicht erfüllt und schließlich zu der Mehrheit jener gehört, die sich ihr Leben ohne Kinder einrichtet, bei Bedarf eben mit Hund.

Familien, die neue arme Minderheit

Kinder zu haben ist heutzutage so weit wie nie entfernt von dem, was man für eine Selbstverständlichkeit halten könnte, schon das eine Ungeheuerlichkeit. Und schon ist es so, als berühre diese Botschaft immer weniger Menschen. Proteste bleiben jedenfalls aus. Sei es, weil die Nachricht den Menschen zu schmerzlich erscheint, oder weil es ihnen schlicht egal ist. Während sich die einen noch in endlosen Diskussionen quälen, ob man denn jetzt mal solle und wie es denn zu machen wäre, das eigene Leben mit Kindern zu teilen, wann der richtige Zeitpunkt da wäre, was es denn dann noch beruflich zu melden gäbe, derweil ist es in diesem Land schon ganz normal geworden, ohne Kinder zu leben. Die deutsche Gesellschaft ist heute zweigeteilt. Sie hat sich polarisiert in eine Lebensform, die privilegiert ist, weil sie Kinder nicht mit einschließt und die über Ressourcen an Geld und Zeit verfügt, und eine Lebensform der Minderheit, die mit Kindern, die Soziologen nicht selten als benachteiligt, als überlastet und überfordert beschreiben. Eine neue soziale Dimension hat sich aufgetan. Sprach man früher von Klasse oder Schicht, organisiert sich nun die ganze Gesellschaft quer zu diesen Kategorien, auf horizontale Weise neu: in eine wachsende Mehrheit ohne Kinder, die auf allen Märkten den Standard setzt – keinesfalls nur im Lifestyle und Konsum, sondern auch in der Arbeitsweise und der Mobilität –, und die nicht zuletzt die politischen Entscheidungen majorisiert. Und auf der anderen Seite steht eine Minderheit, Leute mit Kindern, die sich zerreißen zwischen den Erziehungsaufgaben und den Arbeitspflichten, Leute, die immer weniger zu melden haben und an die immer schriller das Wort gerichtet wird, wenn es da irgendwie nicht klappt, mit dem Erziehen. Die dann abgewatscht werden, öffentlich. Mit Eltern und vor allem über sie redet man heute nicht selten wie früher mit dem Pöbel. Sagen wir es freundlicher, man weist sie zurecht wie ehemals die Kinder. Man spricht neuerdings sogar davon, man müsse sie erziehen, die Eltern, zwangsweise, und hart bestrafen, wenn sie nicht folgen; na, wenigstens in Bezug auf die Kinder ist das verboten, da gibt es ja ein Züchtigungsverbot. Deutsche Unternehmer haben vorgeschlagen, Eltern das Taschengeld, pardon, das Kindergeld zu kürzen, wenn sie nicht parieren.[7]

Eltern, stumm und wehrlos

Es sind vielleicht schon zu wenige, diese Eltern, um sich zur Wehr zu setzen, oder vielleicht sind sie einfach zu erschöpft von ihrem Alltag mit den Kindern, um entschlossen und geschlossen in der Öffentlichkeit aufzutreten. Es sind zunehmend Leute aus Schichten, die weniger zählen, Menschen aus den unteren Schichten, solche mit Looser-Image, die Kinder bekommen. Schon vor zehn Jahren hat der Bochumer Sozialwissenschaftlicher Klaus Peter Strohmeier diese Befunde in der Beilage zur Wochenzeitung »Das Parlament« veröffentlicht: Familie lebte nur noch eine Minderheit im berichteten Zeitraum. 1989 seien die vier häufigsten Lebensformen junger Erwachsener im Alter von Ende 30 kinderlose Formen gewesen, warnte der Wissenschaftler: Vor allem Abiturienten mit Mitte 30 fänden sich in der Mehrheit kinderlos, während Hauptschulabsolventen in diesem Alter schon zu über achtzig Prozent geheiratet hätten, man träfe sie an, wie sie sich mit Kindern und Berufstätigkeit abmühten. Wer sollte sich da noch wundern, dass die Vereinbarkeit von Beruf und Familie seit Jahrzehnten vollkommen inbrünstig, aber so vollkommen ergebnislos beschworen wird?

»Für die große Mehrheit der doppelberufstätigen jungen Mittelschichtspaare dagegen stellt sich die ›Vereinbarkeitsproblematik‹ mangels Kindern selbst im Alter von 30–34 nur als mögliches Problem der Vereinbarkeit der Berufstätigkeit beider Partner mit der Partnerschaft oder der Verteilung der Hausarbeit«, hält der Soziologe lakonisch fest.[8] Vierzig Prozent der deutschen Frauen mit Hochschulausbildung haben keine Kinder. Wem will man das als Emanzipation verkaufen, wenn man weiß, dass es in Schweden gerade mal zehn Prozent der Akademikerinnen sind, die kinderlos bleiben? Eine neue dramatische Form der Benachteiligung zwischen Frauen und Männern hat sich aufgetan. Kinder zu haben ist auch zu einem Privileg geworden, dem von Männern, und natürlich von Reichen, die jene Entbehrungen, die bei vielen den Wunsch nach Kindern erdrücken, besser abfedern können.

Ging diese Nachricht wie ein Schock durch die Reihen der Volksvertreter? Man stelle sich den Aufruhr vor, hätte ein Umweltgutachten ergeben, dass belastete Luft in deutschen Hörsälen fast jede zweite Studentin unfruchtbar macht – Skandal! Aber wenn die Gründe in der sozialen Atmosphäre liegen? Seit Mitte der siebziger Jahre hätten sich die Geburtenzahlen in Deutschland fast um die Hälfte vermindert, schrieb Strohmeyer, interessierte das jemanden? Schon nach dem ersten Kind erlebten die Eltern eine beträchtliche »Reduktion der individuellen Freiheitsgrade«, dies beträfe vor allen Dingen Frauen: »Nach der Geburt des zweiten Kindes sind acht von zehn Müttern Hausfrauen, wobei zwei Drittel derer, die ›wegen der Kinder‹ ihren Beruf aufgegeben haben, gern wieder berufstätig wären.« Na und? Olle Kamellen. Franz-Josef Wuermeling, der erste Familienminister der neuen deutschen Republik, hatte schon in den fünfziger Jahren den Ausdruck »sozial deklassiert« auf Familien angewandt und beschwörend davor gewarnt, es drohe eine Spaltung der Gesellschaft, es werde passieren, so Wuermeling, »dass der kinderreiche Arbeiter unter das Niveau des Arbeitslosen, der kinderreiche Mittelständler, nur weil er eine große Familie hat, auf das Lebensniveau des Hilfsarbeiters heruntergedrückt wird und dass der höhere Beamte und der Angestellte seine Kinder nicht durch Gewährung entsprechender Ausbildung auf seinem durch Arbeit und Fleiß errungenen sozialen Niveau halten kann.«[9]

Die Ohnmacht der Familienpolitik

Wir lesen die Warnung von Franz Josef Wuermeling im Buch von Renate Schmidt, das uns allerdings auch nicht erklären will oder kann, weshalb fünfzig Jahre nach Wuermeling, nach der Regentschaft aller Parteien der neuen Republik, keine dieser Parteien, die einmal die Macht hatten, sich je dazu entschließen wollte, eine Familienpolitik vorzulegen, die Menschen mit Kindern endlich das Leben so leicht macht, wie es sein muss, um Kinder mit Schwung in dieses Leben zu führen. Niemand unter ihnen, der oder die es wirklich anstößig gefunden hätte, Menschen zu benachteiligen, nur weil sie Kinder haben, sagen wir, so anstößig, dass es sich gelohnt hätte, das Ruder herumzureißen. Oder schlau genug gewesen wäre, es dumm zu finden, gerade Familien unsolidarisch zu behandeln, schließlich erwartet man doch von ihnen, dass sie ihre Kinder zu Solidarität erziehen, sie zu Respekt vor den Werten anhalten, die doch angeblich das Fundament dieser Gesellschaft sind, Gerechtigkeit zum Beispiel.

Warum also niemand den Mut hat, einen Paradigmawechsel zu wagen, von einer kinderfeindlichen Gesellschaft umzuschalten auf eine, in der mit Kindern gut leben wäre, das hätten wir doch gerne gewusst, von Renate Schmidt und all den anderen, die so gerne von Familien reden. Wenigstens gedanklich könnte man doch mal. Sich einen Ruck geben, ein Zeichen setzen, Wegweiser einrammen. Womöglich sogar Vorreiter sein. Mal was ganz Mutiges vorschlagen. Oder auch nur mal nach rechts oder links schauen, oder nach oben oder unten, in die Nachbarländer, in denen es so sehr anders läuft als bei uns – wo alle Kinder haben und viele sogar zwei oder drei. Aber noch nicht einmal symbolisch haben unsere Familienpolitiker Phantasie entwickelt. Dabei gibt es jede Menge Impulse. Forschungsprojekte sogar, so genannte Cultural Scans, kulturelles Screening also, um »auf der ganzen Welt die Wellenlänge der zeitgenössischen Lebensstile zu erforschen«, ja, davon lesen wir. Wie alle sich abmühen an »der Kreation« der Zukunft, »einer Zukunft, die vorzugsweise die Werte und Bedürfnisse der Menschen berücksichtigt heute und in drei, sechs, oder zehn Jahren von heute an gesehen«. Ja! Ist es nicht das, wonach wir uns alle sehnen, was wir dringend brauchen, weil »jeder Fortschritt, der nicht das Leben der Menschen verbessert, seinen Zweck verfehlt hat«! Genau so! Wo das steht? In einem Prospekt für Fernseher, Marke Philips, Motto: *Let's make things better.* Und wir ahnen: Eher wird man uns einen Babysitter-Roboter für teuer Geld andrehen, statt uns und unseren so lebendigen Kindern zu geben, was wir brauchen: mehr Zeit, weniger Enge, in jeder Hinsicht.

Der Stillstand muss gewollt sein

Während sich alles in dieser Welt in immer rasanterem Tempo entwickelt und erneuert – die Arbeitsformen und die Liebesobjekte, die Moden und Automodelle, die Wissenschaft und die Werte, ganz global alles sich in einem immer schneller werdenden und schwindelerregenden Tempo dreht: An dieser einen Front der Familienpolitik herrscht Erstarrung. Es möchte einem geradezu Eindruck machen, man muss es bestaunen, wie es denn gelingen konnte, über Jahrzehnte in dieser so dynamischen Gesellschaft hier nachgerade totalen Stillstand zu erzwingen, man muss sich fast bewundernd fragen, wie bärenstark die Kräfte denn sind, die da auf der Bremse stehen. Wo sonst doch immer nach der Bremse geschrien wird, bei der Globalisierung, der Netzwerkgesellschaft, dem CO_2-Ausstoß, und niemand sie jemals findet! Wo es schließlich jede Menge von Familienverbänden, Familienbünden, Familienforschungsstellen, eine Familienpartei, ein Familienministerium, Kinderhilfsorganisationen und Jugendhilfegesetze gibt, eine Kinderkommission des Deutschen Bundestages und sogar kommunale Kindervertreter – und trotz all ihrer Bemühungen die Armutszahlen der Kinder jedes Jahr steigen. Denn dieses Land ist nicht nur arm an Kindern, in diesem Land sind vor allem die Kinder arm – so arm wie sonst keine andere Bevölkerungsgruppe. Jedes siebte Kind lebt an der Armutsgrenze! Warum? Sind archaische Kräfte am Werk? Sind wir zu dumm, um für unsere Kinder zu sorgen? Zu faul? Müssen wir Eltern, wie es in diesem Jahr die Familienministerin Christine Bergmann tat, zu mehr Erwerbsarbeit anhalten, damit sie aus ihrem Finanzloch rauskommen? Oder ist es noch schlimmer, so wie es der amerikanische Biologe Edward O. Wilson sieht: »Das menschliche Gehirn ist offenbar evolutionsbedingt darauf ausgelegt, sich nur für ein begrenztes geographisches Gebiet, für eine beschränkte Zahl von Angehörigen und für höchstens zwei bis drei Generationen in die Zukunft verantwortlich zu fühlen«, schreibt Wilson.[10] – Dann gingen alle Wünsche für unsere Kinder ins Leere.

Gesellschaft in der Sackgasse

Es ist jedenfalls zu befürchten, dass sich auch in Zukunft, so munkelt man hinter den politischen Kulissen, familienpolitisch nichts Grundlegendes tun wird. Es kann sich nämlich gar nichts mehr bewegen, flüstern uns die Politiker zu. Ein halbes Jahrhundert der Familienpolitik in Nachkriegsdeutschland hätte es zu Wege gebracht, dass diese Gesellschaft sich in dieser Hinsicht festgefahren hat. Sie kann sich nicht mehr reformieren. Ein Kurzschluss der Demokratie, lautet die Diagnose. Wahlbestimmend sind in diesem Land die Interessen der Menschen ohne Kinder, von denen sich einige noch immer vormachen, sie könnten profitieren von der Deklassierung der Familien. Sollen die doch die Schulen für ihre Kinder selbst zahlen, wir brauchen schließlich keine. Sahnen wir doch die Rente ab, nach uns die Sintflut, geht mich doch nichts an, wenn die dumme Mutti, die alleine zwei Kinder großgezogen hat, mit Halbtagsjob und in Armut, heute nur 800 Euro Rente bezieht, warum sollten wir teilen? Jedenfalls kommt keiner nach, der uns interessiert, und da sind sie sogar ganz ehrlich. Solche Reden hört man abends beim Gläschen Wein. Aber was man fast nie hört, ist, dass Menschen sich mit solcher Verve für ihre Kinder einsetzen, wie sie es für die Natur tun oder gegen die Globalisierung – oder gar, dass dies Leute täten, die selbst keine Kinder haben.

Es ist ein trügerischer Egoismus, an dem vielleicht nur das eine positiv zu bemerken ist: dass er nicht funktionieren wird. Wie lange wollen wir uns denn ganz verblüfft die Augen reiben, wenn in den Zeitungen steht, dass die Krankenkassen mal wieder pleite sind und die Ärzteversorgung im menschenentleerten Osten nicht mehr zu garantieren ist und dass die Schulen schließen müssen und die Volkshochschulen auch? Das Gute an diesen schlechten Nachrichten ist, dass diese Gesellschaft gezwungen sein wird, über Veränderungen doch mal nachzudenken. Weil sich dieses Land an den Rand seiner Leistungsfähigkeit manövriert hat. Die soziale Ordnung, das gesellschaftliche Gefüge, die Wirtschaft, die politische Landschaft, unsere Demokratie – alles kommt ins Rutschen, wenn es nicht gelingt, diese Gesellschaft so zu modernisieren, dass Menschen mit ihren Kindern finden, dass hier gut leben ist – »Wenn Ihr nichts tut, dann könnt Ihr Deutschland dicht machen«, wie Trond Waage, Kinderombudsmann von Norwegen, sarkastisch sagt.

Single-Gesellschaft: typisch deutsch

Unser Problem ist typisch deutsch. Das muss man sich eingestehen. Wahr ist, es gibt auch andere Länder mit Geburtenrückkgang. Die Industrialisierung wird gerne dafür verantwortlich gemacht. Wahr ist aber auch, dass es sehr wohl moderne Industrienationen gibt, die dieses Problem so in dieser gesellschaftlich zersetzenden Ausprägung nicht kennen. Die in diesem Land typische Polarisierung von Familien und Nicht-Familien ist Folge »der bundesdeutschen Strukturen der Familienentwicklung in den achtziger Jahren«, schreibt Klaus-Peter Strohmeyer.[11] Man muss nur mal versuchen, einem Dänen etwas von Single-Gesellschaft zu erzählen – verstehen sie gar nicht, die Dänen, was das sein soll. In Dänemark ist es nicht üblich, keine Kinder zu haben. Die in Deutschland auf dem gesellschaftlichen Parkett so vorsichtig zurückhaltend formulierte Frage: »Haben Sie denn auch Kinder?« kennt man in Norwegen nicht. Weil alle Leute Kinder haben und der Trend zur Dreikindfamilie geht. »Wie viele Kinder haben Sie?« fragen sich die Norweger also gegenseitig, und sie machen sich höchstens ein bisschen Sorgen, dass ihr Gegenüber sagen könnte: »Nur ein Kind«, und dann müsste man solche Leute ja bedauern, Mitgefühl zeigen, weil sie so arm dran sind, da hat dann was nicht geklappt in ihrem Leben.

Wer in Oslo im Café sitzt, sagen wir im Grand Café an der Karl Johans Gate, vis-à-vis dem Nationaltheater, und die Menschen vorbeiziehen sieht, sieht jede Menge mächtige Bäuche, Kinderwägen werden vorbeigeschoben, von jungen Mädchen, auch von Vätern, und die Frau läuft daneben und hat ein Kind auf den Schultern sitzen. So gerne wird behauptet, es sei der moderne Trend zur Selbstverwirklichung, der Frauen dazu verführt, statt Kinder zu kriegen, eine Karriere zu machen. Aber in Norwegen sind es gerade die Ärztinnen und die Rechtsanwältinnen, die über ein drittes Kind nachdenken und keinesfalls mit einplanen, dann mit dem Beruf aufzuhören. In Belgien finden wir gerade die Kinder der oberen Schichten in den Ganztagseinrichtungen wie auch in Frankreich, und sie alle gelten nicht als Rabenmütter, oder man müsste es schon so sagen: Alle Eltern in Frankreich sind Rabeneltern, weil sie alle morgens die Kinder in Kindergärten und Schulen schicken und erst am Nachmittag wieder einsammeln. Man muss sich schon der Tatsache stellen, dass die demographischen Probleme und die daraus folgenden gesellschaftlich zersetzenden Kräfte in Deutschland eine besonders scharfe Ausprägung haben, dass dieses Land in einer sehr besonderen Weise zu einem armen Kinderland geworden ist. Wieso? Weil sich in Deutschland viele unselige Traditionen zu einem Netz verflochten haben, das Kinderwünsche abfängt.

Der Selbsthass: Die Deutschen mögen sich nicht, deshalb wollen sie auch keine Kinder haben. Was anderes soll denn der immer wieder geäußerte Satz bedeuten: »Na und? Sollen doch die Deutschen aussterben!« Das klingt so, oder soll jedenfalls so klingen, als habe man aus dem deutschen Faschismus seine Lehren gezogen. Es bedeutet aber nichts anderes als eine Erhöhung des Deutschseins, die in Selbsterniedrigung umgeschlagen ist.

Der Fundamentalismus: Man gibt vor, Kinder so sehr zu lieben, dass man findet, es sollte keine Kinder mehr geben. Weil diese Welt ja so schrecklich ist. Oder, in grüner Lesart: Man gibt vor, diese Welt so zu lieben, dass sie vor Menschen zu bewahren sei. Die Natur soll so behütet werden, dass der Mensch in ihr kein Lebensrecht hat. Fledermäuse, Eisvögel, Abertausende von fliegenden und kriechenden Insekten: Ja, sie verdienen alle unsere Liebe – aber der Mensch: nein! Diese Art darf nicht mit in die Arche Noah (es sei denn, sie gehört zur Subspezies der Umweltschützer).

Feindbilder: Die Deutschen lieben Feinde. Immer gerne wird die Witterung aufgenommen, ob der andere womöglich ein Spießer sein könnte oder ein Intellektueller oder sogar ein intellektueller Spießer. Mütter sind der Inbegriff an Spießigkeit, hier sind sich Paschas und Feministinnen einmal einig. Muttis sind Hausfrauen und machen sich unnötig Mühe oder sind berufstätig und lassen die nötige Mühe vermissen. Aber auch über Väter wird fleißig gehetzt: arbeiten nie genug im Haushalt. Die Kinder? Kinder sind sowieso schlecht erzogen. Wer eine Familie gründet, findet sich im Feindesland wieder, gibt den Watschenmann ab für Ermahnung, Anwürfe, Beschuldigungen, Vorschriften. Kein Wunder, dass die Bewerbungen für diese Rollen weniger werden. Und daran wird sich nichts ändern, wenn wir nicht endlich eine neue Familienkultur entwickeln.

Gibt es eine Perspektive für eine neue Familienkultur? Die Zukunft hängt davon ab, ob wir jene »gesellschaftliche Klugheit« entwickeln, die der Autor Gero von Randow angemahnt hat – das Vermögen, Probleme zu erkennen und sie auch zu lösen, ein Vermögen, das jedenfalls nicht einfach vererbt wird, sondern gesellschaftlich entwickelt, ja gefördert werden muss, heißt es in einem Leitartikel von Gero von Randow.[12] Es scheint, als sei uns eine solche gesellschaftliche Klugheit vollkommen abhanden gekommen, unsere Welt so einzurichten, dass wir dort mit unseren Kindern gut leben können. Tatsächlich haben wir noch gar nicht angefangen uns vorzustellen, wie eine Welt aussehen könnte, in der wir mit unseren Kindern gut leben können. Wie wir dahin kommen? Schwierige Sache. Von folgenden Annahmen können wir ausgehen:

Von alleine wird gar nichts passieren

Die Zukunft rollt genauso wenig wie der neue Autotyp auf einem Förderband heran, man muss sich schon zunächst Gedanken machen.

Man sollte nicht darauf hoffen, dass der Markt die konkurrierenden Lebensstile irgendwie schon zurechtrütteln werde, so wie verschiedene Autotypen oder Deodorants sich gegeneinander durchsetzen. Im Hinblick auf Kinder und ihr Aufwachsen in Familien gilt das, was wir im Zusammenhang globaler Wirtschaftsentwicklung lernen: Der Markt alleine wird es nicht richten. Kinder haben oder keine Kinder zu haben bedeutet, sich in sehr unterschiedlichen Lebensbedingungen zurechtfinden zu müssen – in Verhältnissen, die individuell kaum zu prägen sind. Damit die Lebensform Familie wieder an Terrain gewinnt, wird es nicht reichen, einfach an die guten alten Werte zu appellieren, im Stile von *Familien verdienen unsere Solidarität*: »Wo es ums Geld geht, hört zumeist die Solidarität auf«, schreibt Volker Wörl in der Süddeutschen Zeitung.[13] Und es geht um sehr viel Geld. Geld, das keineswegs fehlt, wie oft behauptet wird, sondern Geld, das an Familien vorbeifließt, und irgendwo nicht mehr ankommen wird, wenn Familien auf gerechte Weise am Wohlstand dieser Gesellschaft beteiligt werden.

Der Einzelne ist machtlos

Die Dinge einer privaten Lösung zuzuschieben – auch das wird nicht funktionieren. Wir haben es lange genug versucht, erfolglos. Schon die Entscheidung für Kinder ist nicht allein eine rein private. Denn die Koordinaten, in denen diese Entscheidung getroffen werden muss, stehen häufig fest. Die Regelung der Arbeitszeit, die Einrichtung von Kindergärten, das alles können

Leute, die sich fragen, ob Kinder in ihr Leben passen, nicht für sich gestalten, bevor sie ein Kind bekommen. Es liegt nicht in ihrer Macht. Und sind sie Eltern, werden sie feststellen, dass es in vielen Bereichen auch nicht in ihrer Hand liegt, die Kindheit der Kinder so einzurichten, wie sie es für gut halten würden. Die Rede ist von einer »Entmachtung der Eltern«. Der Freiburger Soziologe Baldo Blinkert schreibt: »Eltern können in die Entwicklung ihrer Kinder immer weniger steuernd eingreifen. Kindheit wird aber auch immer politischer, wird abhängiger von Medienpolitik, Sozialpolitik, Schulpolitik, Verkehrspolitik und Stadtplanung.«[14] Je stärker von all diesen Seiten Druck auf das Familienleben ausgeübt wird, desto schriller werden die Rufe nach der Elternverantwortung. Jede neue Flut von PKW-Neuzulassungen aber drängt Eltern mehr in die Rolle der Hilfs-polizisten, und wenn ihre Kinder unter die Räder kommen, haben sie bestimmt versäumt, ihrer Verkehrserziehungspflicht nachzukommen. Jedes neue Ballerspiel auf CD-ROM brennt sich in die Kinderköpfe – oder verwandelt Eltern in Gewalt-scanner. Eltern sollen ihre pubertierenden Kinder in die Freiheit entlassen, aber bei wachsender Distanz gleichzeitig die Schul-leistungen nicht aus dem Blick verlieren, obwohl man ihnen gar kein Recht mehr zugesteht, sich über den Stand der Noten ihrer Kinder auch nur zu informieren. Und wenn sie angesichts dieser Flut von Anforderungen dazu neigen, sich von ihrem Wunsch nach einem zweiten oder dritten Kind zu verabschieden, kom-men die Vorwürfe, sie seien nicht bereit, sich persönlich zurück-zunehmen für ihre Kinder, ja gar nicht geeignet, überhaupt El-tern zu werden. Nun ja. Eines dürfen wir bei diesem Spiel nicht übersehen: So ganz ohne Eltern wird es nicht gehen, wenn es denn noch Kinder geben soll.

Die obersten Gerichte sind machtlos

Juristisch ist vieles ausgereizt. Mit der Zähigkeit von Bären ha-ben unerschrockene Anwälte der Familie wie der Darmstädter Familienrichter Jürgen Borchert ganze Serien von Urteilen des Bundesverfassungsgerichtes herbeigeführt, die mit aller wün-schenswerten Klarheit die familienfeindliche Politik unserer Zeit rügen und eine neue Richtung vorgeben. In der Rente! Und den

Sozialversicherungen! Solche Urteile brauchen wir, die sagen, dass es Unrecht ist, wenn eine Mutter nicht mehr von ihren Kindern im Alter unterhalten werden kann, weil die Gesellschaft diese Kinder zwingt, Gelder in eine Rentenkasse einzuzahlen, aus der diese Mutter nichts erhält. Solche Urteile dienen dazu, »den Kopf klarzukriegen«, wie Frauke Obländer vom Deutschen Familienverband es formuliert. Aber es ist gleichzeitig wahr, dass wir nach jedem Urteil erleben, wie diese Urteile unsere Wirklichkeit nicht grundlegend verändern. Es gibt, bei allen Erfolgen, Grenzen der Wirksamkeit von juristischen Schlachten. Die Politik ignoriert die Vorgaben, missachtet einfach den Willen des obersten Gerichts oder setzt ihn in so geringem Maße um, dass es geradezu einer Verhöhnung des obersten Gerichtes gleichkommt, man könnte sagen, in staatsgefährdender Weise. Das Spiel ist endlos wiederholbar und demonstriert so immer wieder die Grenzen des Rechtsstaates. Denn wahr ist: Nur der politische Wille einer Mehrheit ist durchsetzbar – und die Mehrheit hat längst keine Kinder mehr. Sie glaubt, kein Interesse daran zu haben, dass Menschen mit Kindern gleiche Lebensbedingungen erhalten. Nur Gedankenlosigkeit? Missgunst? Egal.

Die Politik will nicht

Politisch gesehen haben wir es vermasselt. Man könnte sagen, wir haben es vollständig in den Sand gesetzt. In Zeiten, in denen es uns gut ging, als die Gemeindekassen klingelten, haben wir es nicht geschafft, jene Infrastrukturen für ein Leben mit Kindern aufzubauen, derer sich die Familien in vielen ärmeren Ländern längst erfreuen. Nun verweisen die Kämmerer darauf, dass uns das Geld fehlt, um wirksame Reformen durchzuziehen. Wir haben es gerade mal geschafft, das Recht des Kindes auf einen Kindergartenplatz zu verankern. Aber es war ein Pyrrhussieg. Niemand hatte im Kleingedruckten nachgelesen und gemerkt, dass dort keinerlei Stundenzahl für die Betreuung garantiert wurde. So entstanden Pseudo-Plätze, die nicht einmal eine Halbtagstätigkeit erlauben. Auf Kosten von Ganztagskindergärten und Schulhorten! Eltern haben heute das Recht auf einen Teilzeitarbeitsplatz, aber wir lassen ihnen nach Steuer so wenig Geld in der Familienkasse, dass sie Vollzeit arbeiten müssen. Und wieder betrogen, als die Reform des Rentensystems anstand. Noch immer muss eine Frau 23 Geburten nachweisen, um das gleiche Rentengewicht wie ein durchschnittlicher Arbeitnehmer zu erlangen, ausgetrickst, mal wieder. Auch so züchtet man Politikverdrossenheit.

Wann wäre denn überhaupt noch ein guter Zeitpunkt, ein Kind zu bekommen? Mit 20 – zu jung, obwohl es, biologisch gesehen, der beste Zeitpunkt wäre, mit 25 womöglich immer noch in Ausbildung, Ende 20 ist man im ersten Job vielleicht gut etabliert oder gerade noch nicht, und Anfang 30, da droht vielleicht schon die Trennung oder die Unfruchtbarkeit. Es gibt in diesem Land keine Vorstellung davon, wie Elternschaft aussehen könnte. Unsere Visionen der Moderne sind produktbezogen, nicht sozial.

Es herrscht eine Art von Kindervergessenheit in dieser Gesellschaft. Das hat unerfreuliche Tatsachen geschaffen. Nun sind die Spielräume in den Kassen und Köpfen verengt, und es gibt, wie Reinald Eichholz, Kinderbeauftragter der Landesregierung von Nordrhein-Westfalen, bemerkt, »eine fatale Zeitverschiebung«. Während sehr langsam die Einsicht wächst, dass die Vernachlässigung der familiären Lebensbedingungen zu einer Gefährdung der Gesellschaft führt, werden nun gerade dort, wo sich diese Lebensbedingungen jeden Tag bewähren müssen, sehr schnell die Möglichkeiten enger – die Kindergartenkapazitäten runtergefahren, die Schwimmbäder geschlossen, die Gelder für soziale Projekte zusammengestrichen. Es wird härter für Familien, obwohl es dringend besser werden müsste. Wie sollen Familien das kompensieren, wenn nun auch noch die Müllgebühren erhöht werden und die Energiepreise explodieren und sich gleichzeitig ihr Zeitbudget verengt, weil auch noch der Druck am Arbeitsplatz steigt? Da liegt, wenn man es denn wie Reinald Eichholz optimistisch sehen möchte, eine Durststrecke vor uns, die immer unerträglicher werden wird.

Schon der Zehnte Jugendbericht der Bundesregierung hatte 1998 eine »neue Kultur des Aufwachsens« gefordert, mit Dringlichkeit. Ist es nicht so, dass alle mächtig an uns herandrängenden Probleme vor diesem großen Mangel verblassen? »Wandel der Arbeit und ihr Verhältnis zur Ausbildung, die gewollte und die zugemutete Freizeit, die Auflösung der Lebensphasen, der neu zu schließende Vertrag der Generationen, die schwindende Solidarität der gesellschaftlichen Gruppen, die Ungleichheiten in der Weltgesellschaft, die Zerstörung der Natur sowie die möglichen Eingriffe in Geburt und Tod sind längst nicht mehr mit dem herkömmlichen technischen und ökonomischen Instrumentarium zu lösen, sondern werfen mit zunehmender Radikalität die Frage auf, wie die Menschen in dieser Welt miteinander leben wollen«, schreiben die Experten an die Adresse der Regierenden: »Werden wir nicht sehr bald merken, dass diese Fragen keinen Sinn haben, wenn es keine Kinder gibt, die in ihnen einen Sinn zu sehen vermögen?«[15]

Achtung, Schlagworte!

Es ist Vorsicht geboten, wenn nun das Wohlwollen der Familien mit der Versprechung auf ganztägig geöffnete Schulen und Kindergärten geködert werden soll. Kinderbonus bei Versicherungen! Kinderbetreuung, jetzt aber endlich ein satter Kinderfreibetrag! Ob sich das vielleicht doch, werden sich manche fragen, summa summarum, zu einem Kindersegen verdichten könnte? Tatsache ist: Es ist eine hektische Diskussion, verkürzt auf Schlagworte. Was darin so stört, ist die Gereiztheit, das Missgelaunte in jenen Gesten, mit denen auf gönnerhafte Weise Almosen angekündigt werden im Stile von Na-wenn-es-nicht-anders-geht. Und natürlich kein Ton der Entschuldigung von denen, die über Jahrzehnte den Familien das vorenthalten haben, was sie nun angeblich als dringend notwendig erkannt zu haben vorgeben. In Wirklichkeit hören wir nicht eine wirklich zukunftsweisende Idee, wir sehen »Kompetenzteams«, in denen nicht ein einziger sitzt, der Familiensachverstand hätte. Phantasielos glaubt man sich eines Themas entledigen zu können, mehr der Mühe scheinen die Familien nicht wert. Aber so billig wird man nicht davonkommen.

Es gibt keine billige Lösung

Wo wäre denn die Arbeitsgruppe, das Bündnis für Familie, die Offensive für Kinder, jene Taskforce Hartz-Kommission, die binnen Jahresfrist Perspektiven der Veränderung aufspürte, ähnlich wie wir es bei Problemen der Umwelt, der Zuwanderung oder des Arbeitsmarktes kennen? In eine solche Arbeitsgruppe gehören nicht die altgedienten Staatssekretäre und auch nicht erschöpfte Politiker, die seit Jahrzehnten nichts Überraschendes mehr angeschoben haben, keine Zögerlinge, die sich noch nie am Warnschild »Machbarkeit« vorbeigewagt haben, sondern Leute aus der Wirtschaft und der Philosophie, Kindheitsforscher und Städteplaner, Menschen mit Ideen, Leute mit Tatkraft. Denn Folgendes ist klar:

1. Das Leben der Familien mit ihren Kindern ist ziemlich schwierig geworden, und das hat viele Ursachen. Es ist naiv anzunehmen, dass eine einzige politische Maßnahme – sei es der Ausbau von Betreuung oder eine Kindergelderhöhung – die Lage mit einem Schlag verbessern würde. Zauberformeln sind ein fauler Zauber. Es wird sehr vieler vernetzter Maßnahmen bedürfen.

2. Nicht alle notwendigen Maßnahmen sind familienpolitischer Art und kommen aus Berlin. Es geht, wie der Freiburger Sozialforscher Baldo Blinkert schreibt, nicht nur um politische, sondern auch um tatsächliche Freiräume der Bewegung, die Möglichkeiten für Kinder und Eltern, ihre soziale Welt zu gestalten, es geht um Schulorganisation und Wohnumfeld, um Konsumterror und Medienflut. »Der Versuch, die Situation von Kindern allein durch Familienpolitik zu verändern, ist unter diesen Bedingungen von vorneherein zum Scheitern verurteilt«, schreibt Blinkert.[16] Was aber würde wirken, wenn nicht Familienpolitik? Das: Wenn jede Kommune, jeder Haushalt, jeder, der Kinder hat oder haben will, mitdenken würde und etwas tun!

3. Eine Politik der Familienfeindlichkeit hat die Sozialstruktur dieser Gesellschaft tiefgreifend verändert. Familien wieder einen gleichberechtigten Platz neben anderen sozialen Gruppierungen zu verschaffen, geht nur durch eine erneute radikale soziale Veränderung. Und sie wird schmerzhaft sein. Privilegien nichtfamilialer Lebensweisen müssen abgebaut werden. Bequemlichkeiten werden aufgegeben werden müssen. Wir brauchen nicht weniger als einen neuen Gesellschaftsvertrag.

4. Wir müssen Familien geben, was sie brauchen, um Kinder in Ruhe und Sicherheit großzuziehen. Gerade in Zeiten globalisierter Wirtschaftsexpansion und wachsendem Druck auf Arbeitsverhältnisse durch Konkurrenz, Tempo und Mobilität verlangt das eine Initiative für phantasievolle neue Beschäftigungsstrukturen. Wir brauchen natürlich den Sechsstunden-Arbeitstag für Eltern.

5. Niemand wird sich zurücklehnen können, um die Fortschritte anderer abzuwarten. Familienpolitisch ist auch das Private – dass Männer und Frauen über den Schatten ihrer alten Rollen springen und Partnerschaft leben, statt ihre Beziehung zu gefährden, dass Autofahrer nicht durch die Tempo-30-Zone brettern und Kinder in Lebensgefahr bringen und sich dabei

auch noch sportlich finden. Dass Familien den Einzelnen auf-
fangen und Nachbarn sich helfen. Es braucht tatsächlich
mehr als ein Dorf, um Kinder großzuziehen, und wie sähe es
denn aus, das erweiterte Dorf? Anders als das Global Village
jedenfalls, wir müssen es neu erfinden. Und nur, wenn wir
die Netzwerkgesellschaft endlich sozial denken, haben wir
den Hauch einer Chance.

2. Die Republik – Sozial zerfleddert

Ein halbes Jahrhundert der falschen Familienpolitik hat aus dieser Republik eine andere gemacht. Schauen wir hin. Es ist ungemütlicher geworden. Die Gesellschaft hat sich zersetzt. Die Risse gehen durch Familien und Freundschaften, sie verlaufen zwischen den Generationen, zwischen alt und jung, Eltern und ihren Kindern, sie zeigen sich zwischen Kollegen und Nachbarn, zwischen Schwestern, Freundinnen, Brüdern. Die Lebensläufe haben sich polarisiert, alle Seiten beäugen sich skeptisch, nicht selten feindselig, die Leute mit und die ohne Kinder, und keine der beiden Fraktionen kann etwas dafür, alle sind da irgendwie hineingeraten in den Schlamassel. Unsere Städte sind heute Orte, an denen die Parteien aufeinanderprallen, die neuen Reichen und die bedürftigen Familien, ganze Regionen in diesem Land driften auseinander, sie teilen sich in Zonen des Wohlstands und solche der Armut. Und der Ton der Auseinandersetzung zwischen den Fraktionen wird schärfer. Das Leben wird für Leute mit Kindern härter, je weniger Familien da sind und je kleiner diese werden. Die Zukunft sieht nicht rosig aus, wie könnte sie es, wo der Wohlstand, die sozialen Sicherungen, wo alles ins Rutschen gekommen ist, und in absehbarer Zeit hinter Millionen von Wohnungstüren ein bedürftiger alter Mensch auf Hilfe warten wird, von der wir nicht wissen, woher sie kommen soll.

Die Kindervergessenheit trifft alle

Ist es nicht erstaunlich, wie lange wir es uns mit der fernen Aussicht bequem eingerichtet haben, irgendwann könnte mal niemand mehr da sein, der die Rente zahlt? Welche Verharmlosung das war, was für eine Blindheit! Wir werden die Auswirkungen einer familienfeindlichen Politik keineswegs irgendwann mal spüren, sie sind bereits da, und sie betreffen keinesfalls nur die Rente. Wohin wir auch schauen, und schauen wir doch nur mal morgens in die Zeitung, die Auswirkungen haben mit Macht alle Lebensbereiche ergriffen, und schon bald wird es nicht mehr in unserer Macht stehen, irgendetwas daran zu ändern. Darüber sollten wir uns nicht wundern. Oder hatte wirklich jemand geglaubt, man könne, risikolos und auf Dauer folgenlos, jene Menschen von der Teilhabe an unserem Wohlstand ausschließen, auf denen andererseits alle Hoffnung für die Zukunft ruhen – die Kinder? Es wird garantiert nichts nützen, jetzt schnell ein paar Betreuungsplätze für die immer weniger werdenden Kinder aus dem Ärmel zu zaubern, wie es neuerdings gerne vorgeschlagen wird – und dann zu hoffen, dass alles wieder gut wird. Das Problem sind ja nicht die Kinder. Das Problem sind Verhältnisse, für die alle Politiker der vergangenen Jahrzehnte zusammen und nicht zu vergessen diejenigen, die sie gewählt haben, verantwortlich sind. Nun, das »Ende des demographischen Hedonismus« ist da, das haben die Volkswirtschaftler Roland und Andrea Tichy in ihrem Buch »Die Pyramide steht Kopf« mit Ingrimm beschrieben: »Deutschland steht vor dramatischen Veränderungen: Kein Stein in dieser Gesellschaft wird auf dem anderen bleiben, keine uns bekannte Ordnung den sich aufbauenden Veränderungssturm unbeschädigt überleben«, schreiben sie: »Alle Formen des Zusammenlebens, die wir kennen, familiäre, freundschaftliche, staatliche, berufliche, lösen sich auf. Unsere Form der Demokratie hat sich zu Ende gewählt, unser Wohlstand ist auf Sand gebaut, der Sozialstaat eine von Würmern zerfressene Fassade, die jedes Kind mit einem Fingerschnippen umstoßen könnte. Wenn es denn noch Kinder gäbe.«[1]

Es gibt natürlich noch immer Leute, die es toll finden, dass hierzulande die Kinder weniger werden. »Wuchernde Städte, enge Wohnquartiere, knappe Bauplätze, laute Straßen, verschmutzte Luft, überfüllter Liftraum, überfüllte Hörsäle, volle Züge, überlastete Ferienplätze, voll gepackte Strände, Warteschlangen, Staus, überlastete Landwirtschaft, knapper werdendes Wasser, bedrohte Umwelt! Gedränge, Ellbogen, Lärm, Müll! Müßiggänger, Bettler, Arbeitslose! Welch tröstliche Prognose, dass wir im Jahre 2050 nur noch 65 Millionen sein werden«, schreibt mir ein Leser: »Schade nur, dass ich das nicht mehr erlebe.« Und ein anderer schreibt: »In Anbetracht der weltweiten Bevölkerungsexplosion ist jedes weitere Kind eines zu viel – abgesehen davon, dass jeder Deutsche im Durchschnitt 20-mal so viel nicht erneuerbare Energien verbraucht wie ein Inder.«

Die Vision von mehr Raum für unser Volk ist historisch betrachtet vorbelastet. Und übersieht mit vor Begeisterung weit gestelltem Blick, dass ein Schrumpfungsprozess nicht so glatt läuft wie das Einziehen von Blumen im Herbst, wo anschließend ein paar gilbe Blätter zusammenzurechen sind, um sie dann ökologisch korrekt kompostieren zu können. Der Bevölkerungspegel sinkt nicht sanft ab, es gibt krasse Einbrüche. Die ereignen sich dort, wo es weh tut. Auch denen, die keine Kinder haben. »Wer wird uns anlächeln, wenn wir achtzig sind?« schreibt Gustav Seibt im August 2002 im Feuilleton der »Süddeutschen Zeitung«: »Man gehe auf die Straßen und zähle die wenigen Kinder.«

Alles zerbröselt

Ein Beispiel. Schon heute zeichnet sich ein Ärztemangel ab. Die Deutsche Krankenhausgesellschaft warnt, dass bereits im Jahr 2000 Stellen unbesetzt blieben. Jedes zweite Krankenhaus sei von Engpässen betroffen. Im Osten der Republik, wo sich besonders gut beobachten lässt, was passiert, wenn die Menschen weniger werden, weil sie wegziehen oder innerhalb einer Generation die Geburtenrate vollkommen in sich zusammengebrochen ist, ist die an Versorgung der Kranken auf dem Land gefährdet. Besonders gravierend, da ja die Älteren übrig bleiben, diejenigen, die besonders viel an Versorgung brauchen. Und die jetzt also verstreut in einem sich entleerenden Land leben und erwarten, dass jemand vorbeikommt, wenn es ihnen nicht gut geht. Da die Nachbarländer ähnliche Probleme haben – die Zahl der gut ausgebildeten jungen Leute ist schließlich weltweit knapp –, erleben wir, dass Großbritannien oder auch Norwegen und Schweden, die Letzteren ihrerseits dünn besiedelt, schon mit Erfolg jene Mediziner abwerben, die wir ausgebildet haben. Wir buhlen unsererseits in Osteuropa um Pflegekräfte für unsere Alten und Kranken, schon ist nämlich klar, dass in absehbarer Zeit für Alte und Kranke in diesem Land nicht mehr genug Personal da sein wird. Dabei stehen wir erst am Anfang einer Entwicklung, die in jedem Jahr die Anzahl der Alten und Pflegebedürftigen anwachsen lassen wird. Und während wir noch gönnerhaft darüber diskutieren, ob wir bereit sind, Inder ins Land zu holen, um unsere Lücken im Computerbusiness zu stopfen und welche Bedingungen wir denn bereit wären, ihnen hierfür zu bieten und über welchen Zeitraum, sind die schon längst lachend nach Amerika weitergezogen, wohin man sie mit Topkonditionen gelockt hat.

In Essen ist die Einwohnerzahl in vierzig Jahren um rund ein Fünftel zurückgegangen. Nun wird abgebaut: Das Schließen von Kindergärten ist sogar in der Diskussion – in Zeiten, in denen nichts so sehr dringend scheint wie der Ausbau genau dieser Kindergärten. Weil doch mit einem Mal ihre Mütter benötigt werden, als Arbeitskräfte. Aber wie soll man Mütter von der elterlichen Arbeit entlasten? In Frankfurt beispielsweise endet der Unterricht an den Grundschulen oft schon gegen 12 Uhr mittags, von den 34 000 Kindern im Alter zwischen sechs und zwölf sind dann 25 800 Kinder ohne Unterbringung. Selbst wenn, so viel hat man sich tatsächlich vorgenommen, wie geplant pro Jahr 150 neue Ganztagsplätze geschaffen werden sollen, wird es also 172 Jahre dauern, bis jedes Kind sicher untergebracht ist. Ein Zustand übrigens, den unsere europäischen Nachbarländer schon seit Jahrzehnten anbieten, was auch nicht gerade wie ein Wettbewerbsvorteil für deutsche Städte aussieht, die demnächst im europäischen Kontext um Arbeitnehmer werben müssen.[2] Darf man ungeduldig werden? Während unsere Gesetzgeber in diesem Jahr mit Eifer diskutieren, ob 14-Jährigen die Disko offen stehen sollte, eine Idee, die 74 Prozent der so genannten jungen Leute zwischen 14 und 34 nicht gut finden, gab es jeden Tag Eltern, die sich verzweifelt fragen, wohin mit ihrem Kind, und zwar nicht abends, sondern schon mittags, zur besten Arbeitszeit. Aber es ist eben schwierig, in Zeiten zusammenbrechender kommunaler Haushalte das bisschen Mehr anzubieten, was man in besseren Zeiten nicht bereit war zuzugestehen.

Wie es aussieht, wenn Familien rar werden, kann man im Osten der Republik studieren. In Sachsen ist die Schülerzahl von 765 000 Schülern im Jahr 1994 auf 550 000 Schüler im Jahre 2002/3 abgesunken. Das hat schlimme Folgen für die Versorgung mit Unterricht. Gibt es weniger Schüler, werden Lehrer überflüssig. Und die verschwinden nicht einfach, sondern müssen teuer abgefunden werden, damit sie gehen – Tausende von Lehrern sollen pro Kopf rund 50 000 Euro auf die Hand erhalten oder hochsubventioniert in die Altersteilzeit entschwinden. Weil die Aussichten im Lehrerberuf im Osten der Republik alles andere als rosig sind, macht sich schon jetzt bemerkbar, dass junge Kräfte dort gar nicht erst anheuern wollen. Lücken im Lehrangebot der Schulen tun sich deshalb auf: und zwar in Deutsch und Musik, in Latein, Informatik, Physik und Mathematik, nicht gerade Nebenfächer.[3] So palavern wir einerseits über den verpassten Anschluss an das europäische Bildungsniveau, aber schon heute steht fest, dass wir für Lehrmittel das Geld weiter kürzen – weniger als die Hälfte lassen wir uns Schulbücher kosten wie noch vor zehn Jahren.[4]

Es ist die Quadratur des Kreises. In vielen Städten werden Schwimmbäder geschlossen oder radikal verteuert, womöglich in teure Privatclubs umgewandelt, obwohl doch gerade eine gute Infrastruktur Menschen anziehen soll. Das tut sie dann auch, eben Menschen, die teure Privatclubs bezahlen können. Gerne Menschen ohne Kinder, junge Professionals, so genannte Jungkreative, in Hamburg allein ein Plus von fast 14 000 dieser Spezies.[5] »Hamburg in der Single-Falle«, so lauten die Schlagzeilen. An unseren Metropolen lässt sich gut ablesen, in welche Richtung alles driftet.

Die Stadt als kinderfreie Zone

Am Beispiel von Frankfurt am Main hat der Sozialwissenschaftler und Arbeitsforscher Diether Döring, Professor an der Akademie der Arbeit der Universität Frankfurt, die Einkommensverteilung der Bürger seiner Stadt analysiert. Wie viele Menschen und welche Menschen sind in Frankfurt von Armut betroffen, fragte Döring, und seine Antwort ist niederschmetternd: »Die Altersverteilung zeigt eine geradezu dramatische Schieflage zu Lasten der nachrückenden Generation mit einer Massierung von Betroffenheit bei Kindern und Jugendlichen und einem kontinuierlichen Abstieg der Raten bei steigendem Erwachsenenalter.«[6]

In den Städten leben immer weniger Menschen mit Kindern. Die deutsche Stadt, geplant mit einer gnadenlosen Gedankenlosigkeit gegenüber Kindern, entwickelt sich, wie Döring es formuliert, in »eine kinderfreie Zone in einem insgesamt kinderarmen Land«. Wer Kinder hat und es sich irgendwie leisten kann, verlässt die Stadt. Wer zurückbleibt, muss sich mit seinen Kindern in einem Milieu durchschlagen, in dem alle Weichen in ein anderes Leben führen: Da hat sich ein großstädtischer Lebensstil herausgebildet, der sich zu einem Leben mit Kindern wie Feuer zu Wasser verhält. Schnell, effizient, glamourös. Wer mit seinen Kindern in der Stadt lebt, muss sich in einem Meer von Unverständnis behaupten. Döring sagt: »Die Orientierung auf Selbstentfaltung, auf individuelle Handlungsfreiheit, auf persönlichen beruflichen Aufstieg stehen oft in Widerspruch zu den langfristigen Bindungen, die ein Kind, schon gar Kinder, bedeuten.« In vielen innerstädtischen Vierteln wohnen Leute, die ihre Wohnung nur als Startrampe für Ausflüge in ihre schöne Arbeits- und Erlebniswelt sehen, schreibt der Städteforscher Clemens Geissler, was zu einer »Bahnhofsatmosphäre« in jenen Gegenden führte, wo der Begriff Nachbarschaft seine Bedeutung verliert. Ist ja niemand mehr da von den Nachbarn, jedenfalls nicht, wenn man sie braucht. Unter den Anforderungen der Mobilität leiden auch mühsam aufgebaute familiäre Netze – die zur Nachbarin, bei der die Kinder mal essen, deren Kinder die eigenen Kinder abholen kommen zum Spielen. »Was wirtschaftspolitisch als erwünscht gilt, kommt unter dem Blickwinkel der Ressourcensicherung einer Enteignung privater Hilfsnetze gleich«, schreibt Geissler.[7] Für Familien ist es ein feindliches Umfeld, es macht den Alltag schwer, geht auf die Stimmung, denn wer ist schon gerne bedürftig in einem satten Umfeld, es schlägt sich, wie schon der Familienatlas vor zehn Jahren zeigte, sogar auf die Scheidungszahlen nieder, die sind in der Stadt höher.

Unter den Haushalten, die mit weniger als 50 Prozent des durchschnittlichen Einkommens eines Frankfurter Haushaltes auskommen müssen, sind Leute ohne Kinder fast nicht vertreten – gerade mal zu zehn Prozent. Aber schon knapp vierzig Prozent von Haushalten mit zwei Kindern sind dort zu finden, tatsächlich 73 Prozent der Haushalte mit drei Kindern oder vier. Wenn man die Altersverteilung anschaut, sieht man, dass insgesamt knapp 19 Prozent der Frankfurter sich mit einer eingeschränkten Einkommenslage arrangieren müssen – aber 42 Prozent der Kinder unter 14 Jahren. Der höchste Wert überhaupt! »Wir haben anscheinend vergessen: Es gibt ein Leben vor der Rente«, sagt Döring, der für diese Verhältnisse eine halbherzige Familienpolitik verantwortlich macht. Er vergleicht die Lage, in der Einschränkungen der Eltern durch Mehrausgaben und eine nur eingeschränkt mögliche Lohnarbeit nicht wettgemacht werden, mit Zahlen aus dem Ausland, wo sich eine gegenteilige Entwicklung zeigt: dann nämlich, wenn die Sicherung nicht an den Lohnerwerb gekoppelt ist, sondern als Grundsicherung ausgezahlt wird, wie in Holland zum Beispiel.

Bei uns werden die Effekte vernebelt mit der Floskel, wer Kinder hat, müsse verzichten! Verzichten tun, so zeigt sich, vor allem die Kinder, zum Beispiel auf Gesundheit. Arme Kinder sind häufiger krank. Sie zeigen Sprach- und Entwicklungsstörungen. In Hamburg, wo jedes sechste Kind als arm gilt, schlagen die Kinderärzte Alarm – Asthma, Diabetes werden oft zu spät erkannt, nachdem die Stadt die Schuluntersuchungen eingespart hat. Es wird zu spät behandelt, mit weitreichenden Spätfolgen.[8] In Frankfurt sind es vor allem Menschen ausländischer Herkunft, die arm sind, sodass die Bevölkerung der Stadt sich weiter aufspaltet in eine Gruppe, die wenig Geld hat, mit Kindern lebt, nicht deutsch ist und eine andere Gruppe, man könnte sagen, eine weiße, die eher kinderlos ist und über sehr viel Geld verfügt.

Jeder kann es sehen, auch die Kinder, wie sich die Menschen auseinander leben – und daran ist, man muss es betonen, keiner von ihnen individuell irgendwie schuld, sie alle sind, könnte man sagen, Geisel einer verfehlten Politik, die die eine Bevölkerungsgruppe begünstigt, die andere diskriminiert. Die Kinder kommen zurück von den lieben kinderlosen Freunden und sagen: »Mama, wieso ist deren Wohnung doppelt so groß wie unsere, obwohl wir doppelt so viele Leute sind?« Wie kann man das schnell beantworten? Soll man sagen: Weil sie niemanden ernähren müssen, der auf diesen Quadratmetern wohnt, das möchte man ja so den Kleinen nicht erklären, wir mögen ja unsere kinderlosen Freunde, wir wollen Freunde bleiben. Weil die vielen Quadratmeter nicht zweimal im Jahr neue Fußballschuhe brauchen, sagt man schon gar nicht, schließlich lieben wir unsere Kinder. Weil die Quadratmeter nicht zum Klavierunterricht gefahren werden wollen, liegt es einem auf der Zunge zu sagen, oder: weil die vielen Quadratmeter auf sich selbst aufpassen, wenn Lisa und ihr Freund bei der Arbeit sind oder abends in die Kneipe gehen, und dann keinen teuren Babysitter brauchen. Weil sie die vielen Quadratmeter nicht mal selbst putzen müssen, weil da jetzt zweimal in der Woche die Putzfrau kommt, wie doch die Freundin neulich bemerkte. Das alles sagt man den Kindern natürlich nicht, denn, wie gesagt, es sind unsere Freunde, und sie mögen unsere Kinder, wenigstens für einige Stunden, was ja auch nicht selbstverständlich ist. Also was sagt man, wenn das Kind wissen will, warum die anderen tatsächlich den superschnellen PC haben, von dem sie so träumen, irreleichte Rennräder locker auf der Schulter die Treppe hochtragen, einen silbernen Quattro vor der Tür, drei Flugreisen im Jahr, kurz alles haben, was Kinder sich wünschen? Das Kind spürt die Verlegenheit und sagt versöhnlich: »Tut mir ja so leid, du, dass wir so arm sind.«

Die Wohnquartiere der Kinderlosen legen zu, nicht nur zahlenmäßig. Sie haben schon über die Hälfte der städtischen Haushalte erobert, aber das ist nicht genug. Kinderlose leben heute im statistischen Mittelwert, geben die Tabellen des Statistischen

Bundesamtes zu erkennen[9], auf annähernd 50 Quadratmetern pro Person, während Kinder, die doch unserer Meinung nach und erst recht nach der Meinung der Kinderlosen, die sich in Gesprächen gerne besonders familienkritisch zeigen, bitte nicht vor der Glotze der einen oder anderen Art sich fett und unbeweglich hocken sollten, sondern ordentlich austoben und bewegen, während Kinder also 28 Quadratmeter pro Person zur Verfügung haben, nicht so wenig, aber immerhin 22 Quadratmeter weniger als die Großen. Je mehr Kinder da sind, desto weniger Platz ist für sie da, das ist die Formel, an die wir uns längst gewöhnt haben. Im Familienatlas des deutschen Jugendinstituts steht es, wie »die starke Zunahme der Ein- und Zweipersonenhaushalte zu einem Missverhältnis zwischen den Haushalts- und Wohnungsgrößen geführt (habe), da diese Haushaltsmitglieder oft in vergleichsweise großen Wohnungen leben«.[10]

Konkret heißt es dies: Haushalte mit vier und mehr Kindern haben nur noch knapp 19 Quadratmeter pro Person, wenn man nur Mietwohnungen betrachtet, bleiben bei drei und mehr Kindern nur noch etwa zehn Quadratmeter pro Kind übrig, in den neuen Ländern sind es gerade mal neun Quadratmeter. Neun Quadratmeter, da hört der Spaß auf, der Spaß mit Fangen spielen oder dem Besuch der Nachbarskinder, und man kann den Kindern schließlich nicht mehr anraten, nach draußen zu gehen, wohin denn, wir sind ja nicht mehr in den Fünfzigern, als die Wohnungen zwar auch klein waren, aber immerhin draußen groß gespielt werden konnte. In kleinen Wohnungen fehlt es natürlich auch an Rückzugsmöglichkeiten, wo man in Ruhe Hausaufgaben machen könnte. Oder mal in Ruhe lesen, oder auch nur für sich sein. Es ist, nebenbei bemerkt, auch eine Frage, wie viel Platz da ist für die Mäntel und Anoraks, für die kleinen Schuhe, die Hausschuhe, die Gummistiefel, das Spielzeug und das eine oder andere Haustier, das sich in einem Familienhaushalt leicht ansammelt. Wenig Platz bedeutet viel Zeit fürs Aufräumen, damit man sich überhaupt bewegen kann. Dass Leute mit Kindern in all diesen Punkten Abstriche machen, ist übrigens keine Frage der Knauserigkeit. Zwanzig Prozent der Haushalte mit drei Kindern wenden jeden Monat 30–40 Prozent ihres Nettoeinkommens für die Miete auf.[11] Da wird es schon knapp, wer wollte sich noch wundern, dass wir unter den 546 000 Menschen in Deutschland, die 1998 von Wohnungslosigkeit betroffen waren, immerhin 170 000 Kinder und Jugendliche zählen, rund 30 Prozent.

Die Schere geht immer weiter auf

Und wer wohnt bequem? Die Makler melden eine verstärkte Nachfrage nach großzügig geschnittenen Singlewohnungen. Wer es sich leisten kann, findet heute 100 Quadratmeter angemessen. Was da aufblüht, nennt man auch die Single-Society, für sie ist die Stadt ein Erlebniszentrum. Bars und Kinos, Party-Locations und exquisite Geschäfte für Lifestyle-Schnikkschnack, daran mangelt es nicht in deutschen Städten.

Die Zahl der Menschen, die dauerhaft allein leben, hat sich seit den fünfziger Jahren verdoppelt, es ist heute die häufigste Lebensform – von Menschen, die übrigens in der Regel nicht ungern allein leben. Und sich dabei unabhängig und frei fühlen und nicht merken, dass dies eine Täuschung ist, auch wenn sie ihren Arbeitsvertrag jederzeit kündigen und ihre Zweierbeziehung auf launigem Abstand halten können, sich nur zwei oder drei Mal in der Woche sehen, dann, wenn es passt, und ja nicht so lange, dass der Typ anfängt, auch noch seine eigene Musik aufzulegen. Denn niemand ist ja wirklich unabhängig. Es ist das Wesen einer Sozialgemeinschaft, dass alle aufeinander angewiesen sind, und dies ist so, auch wenn man es einfach ignoriert.

Über 80 Prozent der Singles legen Wert auf Freunde, aber die wenigsten von ihnen wollen in Notzeiten für sie da sein.[12] Sie haben keine Zeit und dafür hohe Erwartungen an das Profil der anderen, das Bedürftigkeit nicht unbedingt mit einschließt, noch nicht mal die eigene. Eine so genannte »Jungkreative« sagte dem Spiegel: »In den letzten drei Jahren habe ich so viel gearbeitet, dass ich gar keine Zeit und auch nicht den Kopf dafür hatte, noch großartig nach einer Beziehung Ausschau zu halten. Da entwickelt man in seinem beruflichen Engagement auch Ansprüche – an sich selbst, an die Arbeit –, die schließlich in der privaten Sphäre ebenso prägend werden ... Mir fällt es mittlerweile schwer, Kompromisse einzugehen.«[13] Wie armselig muss sich aus dieser Perspektive ein Elternleben ausnehmen, eine einzige Aneinanderreihung von Kompromissen, und nicht immer runterzuspülen mit einem Gläschen Pommery? Jene Leute, die es womöglich danach dürstet, den tollsten Job um 16 Uhr hinter sich zu lassen, nicht für ein Meeting oder eine Vernissage, sondern weil sie eiligst zum Kindergarten müssen, der mal wieder schließt, eiligst ohne Abfederung durch das neue Adidas-Modell übrigens oder gar die Möglichkeit, schnell in ein Taxi zu hopsen, wenn es mal wieder zu spät geworden ist, das

Geld wird schließlich für anderes noch gebraucht. Die Presse preist die jungen Alleinstehenden als »wandelnde Kreditkarten«. In den Metropolen entstehen für sie maßgeschneiderte Luxusquartiere, Lofts mit angeschlossenem Fitness-Center, vor der Tür die Austernbar und im Souterrain der Parkplatz für den Saab, in London heißen sie die Docklands, in Hamburg Speicherstadt, in Chicago liegen sie natürlich direkt am See. Aber auch mit den besten Anlagestrategien für eine satte Rente wird sich nicht vermeiden lassen, dass auch diesen schönen Menschen am Ende nicht der Coupon das Alter schön macht, nicht die Geldausschüttung die letzten Jahre vergoldet, sondern dass jemand da ist, dessen Dienste man mit dem Geld bezahlen kann, und der vielleicht auch noch freundlich zu einem ist. Langweilig, sich so was anzuhören.

Wenn man zurücktritt und den Blick von der Stadt Frankfurt hebt und auf die ganze Republik richtet, sieht man eine Explosion von Reichtum und daneben eine Ausweitung der Bedürftigkeit. Keine neue Entwicklung. Die Armutsquote des ganzen Landes ist innerhalb von 25 Jahren von 6,5 Prozent im Jahre 1973 auf 10,9 Prozent im Jahre 1998 gestiegen – um zwei Drittel! In den neuen Ländern lebte 1993 jedes dritte Kind unter sieben Jahren von weniger als der Hälfte des durchschnittlichen Einkommens.[14] 1998 war es, in Westdeutschland, jedes sechste Kind. Die Armutsquote von 17-Jährigen ist mehr als doppelt so hoch wie die von Bürgern mittleren Alters, den 35- bis 54-Jährigen, und diese Entwicklung findet statt vor dem Hintergrund einer Gesellschaft, die sich insgesamt stärker polarisiert in Vermögende und Bedürftige. Das hat Auswirkungen. Die »gefühlte Armut« ist natürlich viel schmerzlicher in einer Gesellschaft, in der man umgeben ist von solchen, die alles haben, in der, so der Politologe Ernst-Ulrich Huster, das *Leid*bild des Reichtums solchen vor Augen steht, die daran nicht teilhaben können.[15] Die Zahl der Sozialhilfeempfänger hat sich von 1980 bis 1992 mehr als verdoppelt, die Anzahl der Haushalte mit einem monatlichen verfügbaren Einkommen von 5 000 Euro aber fast verfünffacht.[16] Diese Entwicklung reißt nicht nur Städte auseinander, es werden auch ländliche, vorwiegend auch postindustrialisierte Regionen abgehängt, hat der Bochumer Politologe Ernst-Ulrich Huster beobachtet: »Es kommt also zu starken Ausdifferenzierungsprozessen *zwischen* den Regionen, Teilregionen und Städten einerseits sowie Segregationsvorgängen *innerhalb* von Regionen, Teilregionen und Städten andererseits.«[17] Die Südstadt von Essen also und dagegen die benachteiligte Nordregion. Der satte Hamburger Westen steht gegen die Oststadtteile. Es kommt zum Zusammenprall der Welten, wenn verwahrloste Jugendliche aus Altona in den grünen Elbvororten auftauchen und vor dem Steak House schicke Jacken und Turnschuhe abzocken.

Die Diskrepanz zwischen Menschen mit und solchen ohne Kinder reißt gleich in den ersten Jahren nach der Familiengründung auf und wird durch die so genannte Familienförderung höchstens eingedämmt, aber keineswegs aufgehoben. Pro Kopf haben junge Familien mit zwei Kindern nur die Hälfte dessen, was kinderlosen Paaren zur Verfügung steht, bei einer Familie mit drei Kindern sind es gerade noch 42 Prozent: »Diese Relationen sind seit 20 Jahren stabil«, schreibt der Volkswirt Erich Stutzer über das Ergebnis seiner Untersuchung an der familienwissenschaftlichen Forschungsstelle im Statistischen Landesamt Baden-Württemberg.[18] Am stärksten seien die Auswirkungen im unteren und oberen Einkommensbereich zu beobachten. Im unteren sind die Familien besonders häufig vertreten, in den obersten Einkommensbereich aber, so Stutzer, »gelingt es Familien nicht vorzustoßen«. Es gibt natürlich reiche Familien, es gibt Stadtteile, in denen nur reiche Familien zu leben scheinen, sie mögen sich fühlen wie die ganze Welt, aber sie sind es nicht. Große Einbußen müssen in der Regel Familien in allen Lebensphasen hinnehmen, jede zehnte Familie befinde sich »in einer ökonomisch defizitären Situation – aber nur fünf Prozent der Kinderlosen«. Die Bedrängnis mache sich in jener Phase bemerkbar, wenn die Kinder noch klein sind, wenn auch noch die Belastung im Beruf am größten ist, in der Ehe, die sich im neuen Familiengefüge bewähren muss, dann, wenn man es besonders nötig hätte, sich Hilfe für das tägliche Getriebe zu holen, jemanden, der mal die Wäsche macht oder eine kleine Auszeit zu nehmen, schön essen gehen, in Urlaub fahren. Das ist besonders tragisch, weil jene Zeit belastet ist, in der dann irgendwann die Entscheidung ansteht, ob man sich den Wunsch nach noch einem Kind erfüllen sollte oder nicht.

»In der Summe ist die Familienförderung gestiegen«, sagt Stutzer, »im Ergebnis aber hoffnungslos.« Der Marburger Theologe Hans-Günther Krüsselbstg sagt voller Entrüstung: »Es sind Millionen von Geldern in Bewegung – und bewirken nichts!« Wer soll das verstehen?

Die staatsgefährdenden Effekte der Familienpolitik

Die Familienpolitik der letzten Jahrzehnte hat nicht nur versagt, weil sie nicht verhindert hat, dass Familien in die beschriebenen beengten Verhältnisse geraten sind. Die Effekte dieser Politik reichen bis in den Kern dieses Staatswesens – und zersetzen ihn. Die Demokratie lebt von der Mündigkeit der Bürger und ihrer Freiheit, zwischen verschiedenen Möglichkeiten der Lebensplanung entscheiden zu können. Es ist das Verdienst von Paul Kirchhof, ehemals Verfassungsrichter in Karlsruhe, darauf hingewiesen zu haben, dass ein Staatswesen, das die Lebensform Familie in so große Bedrängnis geraten lässt, die Freiheit einschränkt, diese Lebensform zu wählen. Freiheitsrechte, sagt Kirchhof, sind Angebote – zu einer freiwilligen Annahme eines Angebots. »Aber«, macht Kirchhof klar: »der Staat ist darauf angewiesen, dass eine große Gruppe dies auch tut«; der Staat sei zum Erhalt dieses Gemeinwesens existentiell darauf angewiesen, dass eine überwältigende Mehrheit ihre Bereitschaft zu Kindern realisiert. »Dafür muss er die Rahmenbedingungen herstellen und sie dürfen nicht so sein, dass sie von dieser Lebensoption abschrecken.« Dann ist die Freiheit eingeschränkt. In einem Interview sagt Kirchhof: »Wir müssen uns bewusst machen, dass Freiheit – auf die unser ganzes System aufbaut – auch die Bereitschaft zu langfristigen Bindungen voraussetzt. Viele sagen, Freiheit sei das Recht zur Beliebigkeit. Das ist partiell richtig. Ob ich zu Fuß gehe oder das Auto nehme, Wein trinke oder ein Glas Bier, das kann ich heute so entscheiden und morgen anders. Aber die großen Freiheiten, die unser persönliches Erleben bestimmen wie auch das staatliche Gemeinschaftsleben prägen, sind die Freiheiten zu langfristigen Bindungen. Zum Beispiel bei der Wahl eines Berufes oder der Gründung einer Firma oder beim Bau eines Hauses, in dem möglicherweise noch meine Enkel leben können. Ebenso gründe ich eine Familie und übernehme ein Leben lang die Verantwortung für mein Kind. Langfristige Bindung im Sinne dieser Freiheit der ersten Entscheidung und der Bindung im zweiten Schritt geben dem individuellen Glück die beste Chance.«[19]

Gewollte Unübersichtlichkeit

Die Mündigkeit des Bürgers setzt auch voraus, dass er verstehen kann, welcher Art die Verhältnisse sind, auf die er sich einlässt, und was politisch passieren müsste, um sie eventuell zu ändern. Nur wenn das durchschaubar ist, ist die Voraussetzung dafür da, dass der Bürger eine verantwortliche Entscheidung treffen kann, für sein Leben oder auch in Wahlen, wenn er sich zum Beispiel zwischen verschiedenen familienpolitischen Vorschlägen oder Parteien entscheiden soll. Transparent müssen die Verhältnisse sein in einem Rechtsstaat, durchschaubar und veränderbar, und genau dies sind sie nicht. Man könnte sagen, dass alle, womöglich gut gemeinte, Familienpolitik der letzten Jahrzehnte genau das Gegenteil bewirkt hat: Die Lage ist unübersichtlich, die wahren Zusammenhänge sind vollkommen verschleiert, die Ursachen für die Benachteiligung des Lebensmodells Familie sind verdeckt. Wer versteht denn schon, was Kindergeld ist? Wer weiß, aus welchen Komponenten sich ein Kinderfreibetrag zusammensetzt? Wie viel von der so genannten Entlastung der Familien von diesen selbst finanziert wird? Selbst die Experten geraten darüber in Streit. Die Auswirkungen dieser Verschleierungspolitik sind fürchterlich und sie gefährden dieses Gemeinwesen auf vielfache Weise.

Familien erleben ihre Bedrängnis als individuelles Versagen, was ihre Not verschärft. Was zum Teufel machen wir denn falsch?, fragen sie sich. Das Leben mit Kindern erscheint als private Marotte, ja geradezu unverantwortlich aus der Sicht vieler, die keine Kinder haben, aber sich dem trügerischen Eindruck hingeben, sie müssten für die Kinder anderer bezahlen. Vollkommen aus dem Blick geraten die wahren Zusammenhänge, die nach einigen Jahren der Aufklärung im Bereich Natur und Umwelt eingängig mit dem Begriff »Nachhaltigkeit« beschrieben sind. Man muss etwas nachhalten, damit es weitergeht. Eine intakte Umwelt, gesunde Natur, junge Menschen voller Lebenskraft. Aber die Politiker tappen selbst im Dunkeln. Schon deshalb entwickeln sie keine adäquaten Modelle zur Verbesserung der Situation. So wird eine Politikverdrossenheit gezüchtet und eine explosive Stimmungslage.

Gewollte Missverständnisse

Der Ton ist härter geworden, das spürt man. Die Schärfe der Auseinandersetzung tut weh. Ist die Ehe tatsächlich nur noch »ein bekloppter Begriff«, wie die Schauspielerin Ulrike Folkerts jüngst in Sabine Christiansens Talkshow zum Besten gab, eine »parasitäre Lebensform«, wie die PDS sich im Wahlkampf hin-

reißen ließ zu formulieren?[20] Sind Kinder nur peinliche Verhü-
tungspannen, verursacht von Leuten, die zu blöd sind für den
rechten Kondomgebrauch, wie der Tankstellenriese Jet im April
2002 in einer Anzeigenkampagne plakatierte:»Günstiger tan-
ken, Geld für Kondome haben« – so stand es als Bildzeile unter
einem Foto von Vater und Mutter mit ihren fünf Kindern.
Stimmt es, dass Alleinerziehende den Staat dazu verführen,»fis-
kalische Bonbons« zu verteilen, wie in der Frankfurter Rundschau zu lesen war, spitz formuliert von einer Journalistin? Ist
es wirklich wahr, was mir ein Leser schreibt:»Ganze Sippschaf-
ten, in denen Jahr für Jahr Kinder gezeugt werden, leben – inzwischen in der zweiten und dritten Generation – von Sozialhilfe, Wohn- und Kindergeld, also auf Kosten der arbeitenden Bevölkerung.« Da wird aufgerechnet: kostenlose Mitversicherung
von Ehefrauen und Kindern (aber ungern, was Kinderlose im
Alter die Kasse kosten, wenn zwei Drittel der für sie erforder-
lichen Leistungen anfallen zu einem Zeitpunkt, an dem sie abhängig sind – von den Zahlungen der Kinder anderer). Da wird
behauptet, das Glück anderer Menschen, das der Familien,
werde zwangsfinanziert von Alleinstehenden.

Solidarität ist nur ein Wort, und zwar ein lächerliches.»Früher, da dachte man, man sei nicht normal, wenn man nicht selbst
Millionen an der Börse verdient«, gab der Lifestylist Florian Illies
zu Protokoll.»Wir mussten nicht so viel nachdenken über Solidarität.«[21]»Warum sollte ich die Schulen für deine Kinder finanzieren?«, fragte mich einst ein Kollege, und auf die Antwort, dass
in Schulen Leute ausgebildet werden, auf dessen Expertise auch
er angewiesen sein könnte, kam die Antwort:»Wenn die arbeits-
fähig sind, bin ich längst tot.« Kein Ausrutscher.»Warum zahlen
nicht die Leute, die keine Autos haben, auch Autosteuer?«, ent-
gegnete mir ein junger Mann provokativ auf den Vorschlag, die
Gemeinschaft müsse die Sorge für die kommende Generation
auch gemeinsam tragen. Eine Leserin schreibt:»Wenn ich sehe,
wie viel Steuern und Abgaben ich als allein stehende, kinderlose
Person zahlen muss, um das ›Glück‹ anderer Menschen zu finanzieren, macht mich dies sehr wütend.«

Die Leserbriefe zeigen es, sie kommen waschkörbeweise,
wenn das Thema Familie in den Zeitungen auf die vorderste
Seite rutscht, und da liest man: Auch die andere Seite wird
ziemlich wütend.»Kann von unseren Kindern, die sich der Mühen, Opfer, Nachteile ihrer Eltern erinnern, Bereitschaft erwartet werden, künftig für das Wohlleben Kinderloser doppelte La-

sten zu schultern? Dabei eben diesen Kinderlosen auch noch höhere Renten finanzierend als den eigenen Eltern?«

Solidarität ist ein Wort von gestern. Die Rente ist ein Betrug, die Pflegeversicherung eine Abzockerei: »Werden die Eltern pflegebedürftig und reicht die Rente nicht mehr für die Kosten, (was bei Pflegesätzen von mehreren tausend Mark wohl an der Tagesordnung ist), werden ›natürlich‹ die Kinder zur Zahlung herangezogen und verpflichtet. Ebenso ›natürlich‹ tritt bei den Kinderlosen der Staat ein – und damit nochmals die jetzt erwachsenen und berufstätigen Kinder als Steuerzahler!« Die zu der Hilfe für die Eltern auch noch in die Pflegeversicherung einzahlen müssen, sei zu ergänzen. Erbitterung macht sich breit: »Wir haben fünf Kinder, alle sozial integriert, davon ein Mädchen mit einem schweren Herzfehler, dem wir seit 17 Jahren zu einem Leben in der Gesellschaft verhelfen. Diesen Kindern wollte ich eigentlich die Freude an Kindern weitervermitteln, aber das geht beim besten Willen nicht mehr ...«, schreibt eine Mutter. Und ein Vater: »Nach 38-jährigem Geburtshelferleben, mit Verantwortung für mehr als 35 000 Geburten, mit fünf eigenen Kindern, in Erwartung des elften Enkelkindes, habe ich das ›rosige‹ Leben der deutschen Familien kennen gelernt. Während sich die Singles in der Dominikanischen Republik bräunen, in Nepal Abenteuer erleben wollen und in Squawe Valley dem weißen Sport frönen, können Akademiker mit drei Kindern gerade mal alle zwei Jahre ›Urlaub auf dem Bauernhof‹ machen. Es werden zuerst die kinderreichen Familien mit niedrigem Lebensstandard abgespeist, die jungen Mütter um ihre Berufschancen gebracht und die älteren Mütter um ihre eigenständige Altersversorgung betrogen.«

Ein anderer Vater schreibt: »Wenn ich mir vorstelle, dass mein Sohn, wenn er ins erwerbstätige Alter kommt, die Renten von den Herren und – mit Verlaub – Damen Politikern zahlt, wird mir schlecht! Aber ans Kotzen hab' ich mich ja mittlerweile gewöhnt ...«

Die wirtschaftlich Betrogenen

Der Demographieforscher Herwig Birg hält die »wachsende soziale Unzufriedenheit für die schwerwiegendste Folge« einer verfehlten Familienpolitik. Eltern arbeiten Fulltime, weil sie sich eine Reduzierung auf Teilzeit nicht leisten können, während der Nachbar sich mit rüstigem Schritt in die hochsubventionierte Altersteilzeit davonmacht. Da werden Zuwanderer ins Land geholt, ohne sie ernsthaft zu integrieren und am Wohlstand zu beteiligen, aber im Herrenton verlangt man, gute Arbeit zu sehen und vor allen Dingen möchte man gutes Deutsch von ihnen hören, bitte schon im Kindergarten. Frauen verzichten auf alle Chancen, die sie sich durch langjährige Ausbildungen erkämpft haben, und arbeiten rund um die Uhr in der Betreuung ihrer Kinder, um sich dann anhören zu müssen, das Prinzip einer »leistungsbezogenen Rente« erlaube es nicht, sie im Alter angemessen abzusichern. Kollegen, die Tür an Tür, Schreibtisch an Schreibtisch arbeiten, erleben, dass der eine seinen Wohlstand kaum in allen Aktienpaketen unterbringen kann, während der andere rätselt, wie er in die Lage gekommen ist, die anstehende Klassenreise der Tochter nicht wirklich finanzieren zu können, macht 100 Euro, und für den Sohn noch mal 50, für den neuen Trainingsanzug, und noch hat er die letzte Gasabrechnung in den Knochen, gestiegen um glatte 50 Prozent, bei gleichem Verbrauch.

Von wegen Zivilisation

Eine Entfremdung hat eingesetzt. Die Menschen spüren, dass diese Welt nicht mehr die ihre ist, nicht für sie gemacht, schon gar nicht von ihnen zu beeinflussen, sie fühlen sich eher ausgeliefert denn als mündige Bürger, oder, wie es ein Vater formuliert, »ein Leben lang zumindest aus wirtschaftlicher Sicht betrogen«. Eine allein erziehende Mutter schreibt mir: »Man ist mehr oder weniger den Gnaden oder Ungnaden des Lebens ausgeliefert.« Sie ist in der Ausbildung, sie hat einen Sohn, und »weil es keine Betreuung gibt«, schreibt sie, »gibt es nur zwei Möglichkeiten: Entweder er bleibt bis 16 Uhr alleine zu Hause, oder er geht mit mir. Mit solchen Problemen haben sehr viele zu kämpfen. Aber ist das diese hochzivilisierte Welt, auf die wir so stolz sind?« Eine Münchnerin sagt: »Hier in München wird über viele Millionen Steuergelder für ein neues Fußballstadion diskutiert, während es zu wenig Krippenplätze gibt und die Nachmittagsbetreuung von Schulkindern katastrophal ist. Nach einem erniedrigenden Spießrutenlauf in Bittstellerhaltung von Krippe zu Krippe noch während der Schwangerschaft muss ich der Stadt nun auf Knien dafür danken, dass meine Tochter einen Platz am anderen Ende der Stadt erhält. Die Folge: täglich zwei Stunden tote Fahrzeit, Reduktion der elterlichen Arbeitszeit mit sämtlichen daraus resultierenden Folgen. Ich habe gut ausgebildete Frauen, die jahrelang berufstätig waren und Steuern zahlten, weinen sehen, als sie erfuhren, dass sie in den nächsten 1 1/2 Jahren keine Chance auf einen Krippenplatz haben.« Sie sagt: »Man möchte doch sein Kind als Reichtum betrachten und nicht als Armutsrisiko.«

Man muss sich nur umgucken, und dann sieht man, wie klar die Prioritäten gesetzt sind. In Hamburg ist es ein zweifingerbreiter Marmorstreifen in der Shoppingzone, in München werden 60 Millionen Euro in den neuen Busbahnhof gesteckt, in Berlin geht es um den Aufbau des Stadtschlosses, eine symbolische Handlung von 700 Millionen Euro, »sie würden reichen, um die 60 Berliner Abenteuerspielplätze und Kinderbauernhöfe, die im Zuge der (notwendigen) Konsolidierung des Landeshaushaltes um ihr Leben kämpfen, für die nächsten 100 Jahre auszufinanzieren«, schreibt einer. Orte, wo Kinder handwerklich tätig sein können und Tiere betreuen, gefahrlos toben und spielen können! »Kinder sind in einer immer mehr von Autoverkehr und tief greifenden sozialen und wirtschaftlichen Veränderungen geprägten Umwelt auf solche Plätze angewiesen ...«

Aber wer hätte denn, unter den Eltern, noch die Energie, so etwas auch nur zu fordern, geschweige denn zu erkämpfen? Wer von den Politikern hätte das Gespür für eine Geste von ebenfalls historischer Tragweite, die all jene Projekte mit einschlösse, die aus Berlin eine Stadt für Kinder machen würden, mit dem Satz: Dies ist auch die Hauptstadt der Kinder!

Gibt es, nach allen Projekten der Kinderparlamente, Kinderbeteiligung, Kinder-AGs und Prokid-Initiativen eine einzige deutsche Stadt, in die man käme und spürte: Hier haben Kinder es gut? Hier können sie rumlaufen, hier machen sie ihre Erfahrungen, hier sind sie nicht gefährdet, sondern mittendrin? Alibiprojekte, gute Ansätze auch, die gibt es, jede Menge, begrünte Schulhöfe, eine Erlebniszone hier, Mitmachkonzerte da, Tempo-30-Zonen. Aber wann hätte man da schon mal eine Tempo-Kontrolle erlebt? So viel Mühe sind uns die Kinder nicht wert. Und so wird auch in angeblich verkehrsberuhigten Wohngebieten tüchtig gerast, und ansonsten bewegt sich gar nichts.

Was sich heute bewegt, ist der Anteil von Kindern mit allein erziehenden Eltern, der hat sich seit den siebziger Jahren verdoppelt. In den neuen Ländern ist in jeder vierten Familie nur noch ein Erwachsener da, der für die Kinder sorgt, zeigt uns der Familienatlas. Und unter den Familien, die es noch gibt, wächst, wie dargestellt, also der Prozentteil derer, die durch starke Bedürftigkeit auffallen, was einen Schatten wirft auf die Lebensform an sich. Das Familienministerium kämpft mit einer großformatigen Imagekampagne auf den Reklamewänden dagegen an. Aber damit wird es nicht getan sein. Man muss sich vor Augen führen, welche Spuren die vergangenen Jahre in der Struktur der Familien hinterlassen haben, im täglichen Erleben.

Jeder kämpft für sich alleine

Schon der beliebte Politiker-Spruch »Familie ist, wo Kinder sind« ist ja falsch. »Familie ist, wenn zwei Menschen ihr Leben teilen«, sagte Ulrike Folkerts bei Christiansen. So so, nur noch zwei. Familie, das bedeutet ein ganzes Netz von Personen. Dazu gehören Onkel und Tanten, Kusinen und Neffen, Omas und Opas, auch wenn sie nicht im selben Haushalt leben. Aber selbst das ist vollkommen aus dem Blick geraten.

Wie sieht es denn hinter den Wohnungstüren aus? Um 1900 traf man so gut wie hinter jeder Tür mehrere Menschen, die dort zusammenlebten, heute findet sich in jedem dritten Haushalt nur noch einer allein. Abendessen in großer Runde? Ist selten geworden. Nur noch in fünf Prozent der Haushalte sitzen mehr als fünf Personen am Tisch.[22] In Frankfurt ist es in 75 Prozent der Haushalte nur noch einer alleine.[23] Das muss für diese Person, die da alleine sitzt, nicht traurig sein, aber in der Summe führt es zu einer progressiven Ausdünnung von Beziehungen. Alleinstehende macht das vielleicht einsam, Familienleben macht das schwierig: eben weil es immer weniger Familien gibt. »Kinder brauchen Menschen, die ihnen nah sind, sich für sie Zeit nehmen, auf ihre Bedürfnisse eingehen, ihnen durch ihre Verlässlichkeit Sicherheit geben und mit ihnen jene Gewohnheiten, Regeln und Sinnvorstellungen entwickeln, die ihnen die Gewissheit vermitteln, dass sie Mitglieder einer gemeinsamen Welt sind«, schreibt der Zehnte Jugend- und Familienbericht. Will sagen, Kinder brauchen Mütter, Väter, Geschwister, Onkel, Tanten, Nachbarn, Freunde. Aber es gibt weniger von ihnen allen.

Drei Kinder oder mehr finden wir nur noch in elf Prozent aller deutschen Familien, in den neuen Ländern müssten wir sie zur gefährdeten Art erklären: In nur sieben Prozent aller Familien gibt es mehr als zwei Kinder. So schrumpfen die sozialen

Netze, an denen man sich einst entlanghangeln konnte: Immer mehr Kinder haben immer weniger Kusinen und Vettern. Deren Kinder haben deshalb immer weniger Onkel und Tanten. Das ist nicht nur eine sentimentale Betrachtung. Immer kleinere Familien sind eben auch immer mehr auf sich gestellt; es schrumpft der Kreis derer, die in Anspruch genommen werden könnten, wenn Not am Mann ist, wenn die Nerven reißen. Oder die Eltern einfach mal weg wollen, nur so, zu zweit, einen Abend lang, oder vielleicht sogar eine Woche, wie damals, bevor man Kinder hatte.

Wie das so sein kann, für ein Kind, das Leben in einer Großfamilie, wie interessant, wie anregend, fordernd, lustig, wirr und schön, das nehmen wir mit weit aufgerissenen Augen mittlerweile als literarisches Ereignis zur Kenntnis, zum Beispiel in den Erinnerungen des Neurologen Oliver Sacks, der als Jüngstes von vier Kindern einer Mutter zur Welt kam, die ihrerseits das sechzehnte von achtzehn Kindern war: »Dank der vielen Tanten und Onkel (von Vaters Seite kamen noch ein paar mehr dazu) zählten meine Cousins und Cousinen fast an die hundert; und da die Familie größtenteils in London ansässig war (wenn es auch verstreute amerikanische, kontinentale und südafrikanische Ableger gab), trafen wir uns häufig auf tribalistisch anmutenden Familienfesten. Dieses Gefühl für die erweiterte Familie war mir seit frühester Kindheit vertraut und lieb und verband sich mit dem Empfinden, es sei unsere Aufgabe – die Familienaufgabe – Fragen zu stellen, ›Naturwissenschaftler‹ zu sein, so wie wir Juden oder Engländer waren. Ich gehörte zu den jüngsten unter meinen Vettern und Cousinen – in Südafrika hatte ich welche, die fünfundvierzig Jahre älter waren als ich – und einige dieser Cousins waren bereits als Naturwissenschaftler oder Mathematiker tätig: Andere, nur wenig älter als ich, zeigten sich bereits für die Wissenschaft entflammt. Einer meiner Cousins arbeitete als junger Physiker, drei andere lehrten Chemie an der Universität und einer, ein frühreifer Fünfzehnjähriger, galt als große mathematische Hoffnung.«[24]

Der kleine Oliver züchtet mit seinem Bruder Kristalle, er darf ins Labor von Onkel Dave, sieht die Herstellung von Glühlampen und entdeckt die Metalle. Bei ihnen in der Familie lebt Tante Birdie, eine kleine behinderte Frau, und sie ist für die Kinder ein Zufluchtsort. Nein, nicht jede Großfamilie wird große Begabungen ausbrüten. Aber Familienzweige schaffen doch auf selbstverständliche Weise eine Vernetzung, können Eltern unterstützen und ihren Kindern auf vielfältige Weise Anregungen bieten, die vom Zentrum der Kleinfamilie aus nicht in hundert musikalischen Früherziehungskursen oder Töpfernachmittagen zu organisieren sind. Nirgendwo, sagt eine Freundin, die ein behindertes Kind hat, habe sie sich mit ihrer Tochter so aufgehoben gefühlt wie auf den riesigen Treffen der Familie ihres griechischen Ehemanns, in der Großfamilie, in der immer jemand da ist, der die kleine Nichte an die Hand nimmt, mit ihr losgeht, etwas erleben, »wenn alle da sind, merkt man gar nicht, dass sie beeinträchtigt ist«.

Familien vereinsamen. Wie kann man seinen Kindern helfen, die Erfahrung zu kompensieren, dass es immer weniger Menschen gibt, die zu einem gehören? Die irgendwie das Gefühl von Aufgehobensein vermitteln, auch wenn man sie vielleicht nicht unbedingt mag! Aber dass sie für einen verantwortlich sind, und wir für sie. Wenn man mit dem einen Bruder Krach hatte, konnte man früher vielleicht zum anderen gehen, oder zur Kusine, nebenan. War uns die in einer bestimmten Phase vielleicht näher, ist es jener in der Zeit danach. Vorbei, so viel Flexibilität. Schon weil die Kusine vielleicht gar nicht mehr nebenan wohnt. Familien werden auf ganz dramatische Weise von den Fliehkräften der Moderne erfasst, und das hat Auswirkungen. Wohnen die Generationen in unmittelbarer Nachbarschaft, gibt es mehrmals wöchentlich einen Austausch. Familien, die über einen Ort verstreut sind, sehen sich nur noch einmal in der Woche, und wenn sie in einem anderen Ort wohnen, weiter weg, kommt es nur noch zu gelegentlicher Begegnung.[25] Oder Hilfe.

Solche Entwicklung ist kaum noch zu stoppen. Selbst wenn heute das Ruder herumgeworfen würde, alle jungen Menschen sich für Kinder entscheiden würden, die Schrumpfung wird sich fortsetzen, über ein halbes Jahrhundert lang noch, sagt uns der Demograph Birg. Denn der Geburtenrückgang der achtziger Jahre ist ja nicht mehr rückgängig zu machen. Selbst wenn die Geburtenrate auf 2,1 Kinder pro Frau wieder ansteigen würde – eine Geburtenrate, wie wir sie in den sechziger Jahren hatten und bei der sich die Bevölkerung theoretisch gesehen konstant hält –, würde sich die Schrumpfung der Bevölkerung bis zum Jahre 2080 hinziehen. Selbst wenn es möglich wäre, in diesen Jahren jeweils 150 000 Menschen durch Einwanderung zu gewinnen, würde das Defizit weiterbestehen bis zum Jahre 2060. »Es gibt«, sagt Birg, »auf Dauer keinen Ersatz für Menschen.«[26] Es gibt auch keine Ausrede dafür, nicht alles zu tun, um die

Lage zu ändern. Warum etwa sollte es nicht möglich sein, dass die Geburtenrate wieder steigt?

Die depressive Gesellschaft

Wir haben uns in eine Stimmung sinken lassen, in der uns die Vorstellung von weniger Menschen geradezu als Hoffnungszeichen erscheint. Fotos, auf denen sich strahlende lachende Kinder drängeln, sind uns über die Jahre zu einem Warnbild zerstörerischer Menschenfluten geworden, besonders, wenn es Kinder dunkler Hautfarbe sind. Längst zerschlagen jene Kultur, in der die Jugend für Hoffnung steht – übrigens nicht in jenen Ländern, in denen diese Kinder mit der dunklen Hautfarbe zu Hause sind, dort empfinden Eltern sie nicht selten tatsächlich als Freude und Trost in einer Welt der Schwierigkeiten. Tatsächlich kann man in dieser Gesellschaft und ihrer Kinderfeindlichkeit das Symptom einer Depression erkennen. Darin zeigt sich eine misanthropische Grundstimmung, ein Selbsthass, dem die eigene Person und der Mensch an sich nur noch als Fehltritt der Schöpfung erscheint – nicht zuletzt bis heute in den Augen grün denkender Menschen, die nicht verstehen wollen, dass auch der Mensch Natur ist und alle so vehement vorgetragenen Forderungen nach Bestandsschutz und Erhalt von Lebensräumen auch ihm gelten. So manifestiert sich auch eine Kulturfeindlichkeit. Man muss aber schon ein wenig Optimismus im Gepäck haben, um zu Kindern zu stehen – und dazu gehört auch, demographische Zahlen nicht wie Naturkatastrophen hinzunehmen. Ach, schon wieder gesunken! Schau: So ist es doch überall! Denn das stimmt noch nicht einmal.

Demographische Verhältnisse sind zu ändern. Die Geburtenrate lässt sich zum Beispiel drosseln: Die Bevölkerungsexplosion in der Dritten Welt ist eingedämmt, das Geburtenniveau in den Entwicklungsländern fiel seit den sechziger Jahren um 45 Prozent, von sechs Geburten pro Frau auf 2,9 Geburten.[27] Wie? Große Anstrengungen der Entwicklungshilfe haben dies zuwege gebracht, Bildungsprogramme und wirtschaftliche Aufschwünge. Und anders herum: In Italien ist die Zahl der Geburten von einem historischen Tiefstand in den neunziger Jahren des letzten Jahrhunderts von 1,19 Kindern pro Frau auf immerhin 1,25 Kinder im letzten Jahr gestiegen. Dass die Geburtenrate auch zu beflügeln ist, sah man auch in der Geschichte der Deutschen Demokratischen Republik, in der Kinder zum Leben einfach dazugehörten, oder in Schweden, wo es, ebenfalls mit großen Anstrengungen der Familienunterstützung, gelang, die Menschen zu ermutigen, ihre Kinderwünsche zu erfüllen – und wer jetzt einwendet, dass dies dort nicht zu anhaltend steigenden Kinderzahlen geführt hat, verrät nur, dass er nicht bereit ist, nach weiteren Möglichkeiten der Verbesserung zu suchen. In Schweden lag Anfang der neunziger Jahre die Fruchtbarkeit bei 2,1 Frauen pro Kind, so hoch wie bei uns also seit 40 Jahren nicht mehr, tatsächlich höher als in Irland, es gab einen Trend zum dritten Kind, und wenn Schweden heute zurückgefallen ist, dann liegt dies an der wirtschaftlichen Rezession, die Frauen besonders trifft, da ihre Arbeitsplätze in besonderer Gefahr sind, abgebaut zu werden. Heute berichten die Norweger von einem Trend zum Drittkind. Und überhaupt nicht erzählen Leute in Norwegen oder Frankreich von Erfahrungen, die hierzulande so schmerzlich sind: wie die unterschiedlichen Lebensstile die Menschen entzweien.

Vom Leben in zwei Welten

Es hat etwas mit dem Verlust von gemeinsamen Erfahrungen zu tun. Es ist manchmal schmerzlich schwierig, sich mit den alten Freundinnen, die keine Kinder haben, über das Leben auszutauschen, über das irre wunderbare Leben, wie es mit Kindern so ist. Solche Gespräche über das, was gestern oder vorgestern passierte, führen nicht mehr wie früher zu gemeinsamem Lachen, zu Ratschlägen oder sich gegenseitig Dampfmachen. Sie zeigen dafür nicht selten die Gräben, die sich zwischen den Leben aufgetan haben. Erzähle ich einer alten Freundin zum Beispiel voller Stolz vom Fußballturnier des letzten Wochenendes und der Torbilanz der Söhne, sagt sie freundlich: »Ach!«. Berichte ich mit einem Seufzer der Erleichterung, dass nun, da die beiden Kinder in der Schule sind, täglich nur noch morgens eineinhalb Stunden Betreuung sicherzustellen sind und dann von Mittags um eins bis zum Gutenachtkuss um neun nur noch weitere acht Stunden, insgesamt also nur noch neuneinhalb Stunden Behütung für die beiden, reagiert sie pikiert. Sie sagt dann, was es denn beim Frühstück zu betreuen gäbe. Frühstücken müssten schließlich alle Menschen, ob sie Kinder seien oder nicht. Und auch sie stehe schließlich in aller Frühe auf, freiwillig, um ihrem Liebsten Gesellschaft zu leisten, das rechne sie dann aber auch nicht als

Betreuungszeit ab, und auch nicht die Gespräche oder die gemeinsame Zeitungslektüre. Und ob man den Tisch für zwei oder drei decke, sei schließlich egal. Und ob man Marmelade für zwei oder vier einkaufe. Ich verstumme. Denke an gestern morgen. Oder war es vorgestern?

Das kleine Kind verlangt, morgens um halb sieben, nach Zitronenkuchen. Es habe, gesteht das Kind zerknirscht, leider vergessen mitzuteilen, dass für das heutige Klassenfest eine Liste der beizusteuernden Köstlichkeiten ausgelegt habe, wo nun für Zitronenkuchen Familie M. eben eingetragen sei und außerdem noch für Pappteller, Becher, und, schuldbewusstes Säuseln, Mama, auch für Girlanden.

Das Kind braucht jetzt sofort Hilfe beim Aufstieg zum Dachboden, wo die Girlanden aufbewahrt werden, zeigt aber zugleich alle Anzeichen von Panik, als die Mutter sich auf den Weg zum Dachboden macht, während doch der Zitronenkuchen noch nicht im Ofen ist, der wird doch nie fertig, der Kuchen, schreit das kleine Kind. Das große Kind ist nach viermaligem Rufen zwar erschienen, hat sich aber gleich aufs Sofa gelegt. Leises Stöhnen aus den Kissen, so kündigen sich Klassenarbeiten an. Englisch.

Eigentlich müsste man noch mal gemeinsam auf die Liste der besonders schwer zu bewältigenden Adverbien schauen, die sich gestern Abend um sechs, als endlich alle zu Hause waren, als ziemlich wiederholungsbedürftig entpuppt hatten, wozu dann allerdings, zwischen Abendessen und Vorlesen, keine Zeit mehr war, obwohl man natürlich auf das Vorlesen hätte verzichten können, was mal wieder typisch gewesen wäre, denn Vorlesen kippt überhaupt zu leicht. Also Vokabeln noch mal anschauen, jetzt, morgens um sieben? Lieber das Kind zum Essen nötigen, obwohl es erklärt, erstens nicht hungrig zu sein und zweitens habe mal wieder jemand vergessen, Cornflakes zu holen. Das kleine Kind hat noch immer, trotz mehrfacher Ermahnungen, nichts getrunken. Und sein Nutella-Brot liegt auch noch da. Der Kuchen ist noch immer aufs Blech zu streichen, 20 Minuten im Ofen, aber es könnte gerade klappen bis um Viertel vor acht. Um Viertel vor acht sind die Kinder verpackt, wenn auch ohne Handschuhe für den Kleinen (»Waren gestern im Bus noch da!«), dafür wurde der Fahrradhelm des Großen wieder gefunden (»Hat mal wieder ein Idiot weggeräumt!«). Dann stellt die Mutter fest, dass die Kinderzimmer ein heilloses Chaos sind, obwohl doch gleich die Putzfrau kommt. Während die

Freundin, wie sie gerne erzählt, um diese Uhrzeit schon längst im Fitness-Studio an der Maschine hängt, weil man sich, wie sie erklärt hat, »in unserem Alter ja wirklich niemandem mehr zumuten kann ohne Bodystyling«, was die Mutter erschrocken hatte durchatmen lassen, bedeutet nun das Chaos in den Kinderzimmern, sich auch noch eine halbe Stunde zusätzlich aus dem Tag zu schneidern, für Aufräumen, was nach Ansicht der Freundin die Schuld einer falschen Erziehung ist. Ob man denn nicht zwei Schulkinder dazu kriegen könnte, ihren Anteil an der Hausarbeit selbst zu erledigen. Aber klar.

Wenn die Kinder um eins oder halb zwei aus der Schule kommen, nach fünf Stunden Unterricht in acht verschiedenen Fächern, bitte raus und die Treppe kehren. Statt halber Stunde Mittagspause jetzt mal flott die Wäsche aufgehängt. Nach den zwei Stunden Hausaufgaben nicht gleich zum Fußballtraining, sondern zuerst noch zu Spar, Quark und Joghurt, Kinderwurst und natürlich Tomaten kaufen. Keine matschigen! Bei der Gurke schauen, ob sie auch fest ist! Und Zimmer aufräumen nicht vergessen, wenn ihr um halb sieben vom Fußballtraining zurückkommt. Die Frage ist nur: Sollte man um halb sieben nicht längst am Abendbrottisch sitzen? Oder das Kind freundlich daran erinnern, noch vor dem Essen ein wenig Klavier zu üben, was zu der Frage führt, wer dieses ganze Erinnern, Ermuntern, Losschicken und Anordnen eigentlich übernehmen sollte, wenn die Mutter noch bei der Arbeit ist. Das Au-Pair, das kaum des Deutschen mächtig ist? Ja, so gibt das eine Wort das andere, scharfe deutsche Worte fliegen zwischen den Freundinnen hin und her, und zum Schluss sind sie ein wenig auseinander gerückt.

Bei solchen Diskussionen kann man hinterher überlegen, ob es geholfen hätte, man wäre in theoretische Diskussionen abgetaucht? Die Philosophin Angelika Krebs hat geholfen, Eigenarbeit mit Schärfe von Familienarbeit zu unterscheiden.[28] Ganz einfach eigentlich: sich selbst die Schuhe zubinden – Eigenarbeit. Jemand anderen, der erst zwei Jahre alt ist und mit dem Knoten kämpft, in die hohe Kunst einzuweisen – Familienarbeit. Ein Buch lesen: Eigenarbeit. Abends immer um dieselbe Zeit, ob es gerade passt oder nicht, dreißig Minuten verlässlich »Oliver Twist« vorlesen: Familienarbeit. Und so weiter: Wäsche aufhängen, Kinderzimmer putzen, Fußballschuhe kaufen – das Verhältnis von Eigenarbeit und Familienarbeit lässt sich kinderleicht durch den ganzen Tag hindurchdeklinieren. Trennungsschärfe entsteht, wenn man begreift, dass Eigenarbeit nur für einen selbst Nutzen hat, Familienarbeit einen Nutzen für andere produziert. Aber über so was zu diskutieren lohnt sich natürlich nur, wenn Leute an diesen Fragestellungen Interesse aufbringen, und wer tut das schon, der keine Kinder hat?

Familienarbeit hat noch andere interessante Nebenaspekte, die denjenigen, die sie nicht leisten, häufig gar nicht auffallen. Wer für andere am Frühstückstisch Butterbrote schmiert oder diesen anderen dabei hilft, kann sich nicht gleichzeitig in die Zeitung vertiefen, oder, wie die Freundin, in liebevollen Gesprächen sich um seine Zweierbeziehung kümmern. Wer abends kleine Menschen badet, kann nicht gleichzeitig die Nachrichten gucken, sondern muss aufpassen, dass die kleinen Menschen nicht ertrinken. Wenn die Kinder schlafen, darf er sich nicht einfach ins Kino aufmachen, sondern muss Wache schieben, falls sie aufwachen, von Alpträumen getröstet werden müssen. Es gibt Tätigkeiten, die sich ausschließen, weshalb man sie entweder hintereinander machen muss oder auf sie verzichtet. Also muss vielleicht von der Zeit der Nachtruhe noch eine halbe Stunde für die Zeitungslektüre oder die Fachbücher abgezwackt werden, falls man denn informiert sein möchte, man könnte sagen, man ist dann auf müde Weise informiert. Und so bleibt, obwohl man morgens um sechs aufsteht und eben nachts noch liest, trotzdem keine Zeit, die Figur zu stylen, sollte man etwa einen Babysitter engagieren, um joggen zu gehen? Solche Zusammenhänge zu erklären ist schwierig, klingt alles beckmesserisch, übel gelaunt, interessiert im Übrigen auch keinen, wie schon gesagt, außer denjenigen, die es sowieso wissen, nämlich die Eltern.

Menschen, die keine Kinder haben, schauen nicht selten kopfschüttelnd auf die Leben der Leute, die Kinder haben. So ein Chaos. Immer alles unaufgeräumt bei denen. Menschen mit Kindern neiden vielleicht den Leuten ohne Kinder nicht unbedingt den weißen Teppich. Aber sie fragen sich doch insgeheim, ob man es wagen könnte, die alten Freunde in eine Wohnung zu bitten, in der auf einem alten zerfledderten Sofa im Zweifel Schokospuren, Krümel oder ein verirrter Socken zu entdecken sind. Die Freunde haben schließlich keinen Zweifel daran gelassen, dass sie es sauber lieben und aufgeräumt. Und haben sicher keine Ahnung, was es bedeutet, wenn nicht zwei berufstätige Menschen des Abends sich die Schuhe sorgfältig abstreifen vor Betreten der Wohnung – als ob es da etwas abzustreifen gäbe –, sondern wenn Geschwader kleiner Helden den ganzen Tag über in die Wohnung rein- und wieder rausziehen, zwischen Räuber-und-Gendarm im schlammigen Garten und schnell mal eben was in der Küche trinken. Und wenn sie dabei Verhältnisse schaffen, denen weder mit einem zweiten Putzfrau-Termin noch mit der beliebten Floskel »doch auch mal fünf gerade sein lassen« beizukommen ist. Unsere Freunde weisen einen gerne darauf hin, dass das Glück mit den Kindern das Gerödel sicher wert sei, keine Frage, nur: Glück putzt nicht. Jedenfalls trifft man sich mit solchen Freunden besser gleich im Restaurant, eine saubere Veranstaltung, in vielerlei Hinsicht!

Die Lebensläufe verzweigen sich, weit weg voneinander. Die Freunde erkundigen sich gerne, wie es denn so läuft, sie äußern auch Laute der Anteilnahme, aber vielleicht klingen die doch ein wenig mitleidig, bei all den Katastrophen, die sich im Familienalltag so ereignen. Das Kind hat das Fernsehzimmer mit einem Kleiderbügel aufgebrochen, du meine Güte, nur wegen der verdammten WM! Ich kam von der Reise zurück, und stell dir vor, der Kleine hatte Dreckröllchen zwischen den Fingern! So tratscht es sich letztendlich doch am besten mit den anderen Müttern, und dann kann man kichern und gackern. In anderen Kreisen klingt so was schnell ein bisschen asozial, vielleicht, weil man nicht so deutlich sagt, dass man diese Katastrophen letztlich für das pralle Leben hält, dass sie den Tumult des wahren Seins verkörpern.

Menschen mit Kindern reden schrecklich gerne über ihre Kinder, und Menschen ohne Kinder finden es nicht selten schrecklich ätzend, wenn andere immer über ihre Kinder reden. Dann retten sich alle vielleicht auf ein gemeinsames Thema, das Urlaubmachen, wie es am Strand war, dann sagen die Freunde vielleicht in bester Absicht: »Wie gut, dass ihr auch mal was Schönes machen konntet.« Wie bitte? Endlich mal was Schönes? So können Freundschaften zu Ende gehen.

Das Leben ist einfach in einen anderen Rhythmus gefallen. Die kinderlosen Freunde leben präziser. Sie haben Terminkalender, in denen die Abende bis auf Wochen, ach Monate im Voraus geplant sind, ja, doch zunehmend mit Freunden, die sich ebenfalls als unabhängig empfinden, trotz solcher Kalender. Sie sind es jedenfalls nicht gewohnt, dass alles durcheinander geraten kann, etwa im Strudel einer Magendarm-Erkrankung, die von Klasse 2 bis 4 alles flachlegt. Sie lieben es übersichtlich. Für einige kinderlose Menschen gehört es womöglich zum Menschenrecht, bis abends spät auf der Piste zu sein und morgens dann ganz lange auszuschlafen, während im Stockwerk drüber die Vögel schon alle Lebensgeister geweckt haben und kleine Füße in die Welt hinaustapern, über den tollen langen Flur. Die Kinderlosen sind nicht kinderfeindlich, wirklich nicht, aber sie bitten doch mit Nachdruck darum, man möge den Zweijährigen wenigstens bitten, er solle *gehen*, sie sagen dies im Tone von: Ein bisschen Erziehung muss schon sein, ihr dämlichen Eltern. Gehen! Es gibt kein zweijähriges Gehen, aber wie sollte das jemand begreifen, der keine Zweijährigen kennt? So zerstreiten sich Hausgemeinschaften, die doch mal alle und eigentlich immer noch der Meinung sind, dass Alt und Jung, Familien und Singles schön bunt miteinander zusammenwohnen sollten. Ganze Straßenzüge geraten aneinander, weil die einen davon träumen, dass der Asphalt zur Spielzone wird, und die anderen finden, dass dies »die Hölle« wäre, wie es eine junge Frau ausdrückt: »Spielende Kinder? Neben meinem Haus? Ein Alptraum!«

Natürlich gibt es auch Hilfsbereitschaft. Auch mal mit dem kleinen Typ in den Zoo. Solche Verabredungen werden sorgfältig geplant, über Monate, weil, wie schon gesagt, eben der Terminkalender der Kinderlosen spontane Geschichten gar nicht zulässt, weder Ausflüge, wenn der Bub plötzlich Lust drauf hat (»Ich jetzt zu Lisa gehen!«) noch wenn die gestressten Eltern gerade dringend eine Pause bräuchten, die Durchdrehuhr auf kurz vor zwölf steht, also dann geht es vermutlich leider gerade gar nicht. Dann kommt vielleicht gerade Besuch, schon seit letztem Juni verabredet, was sollte man dann mit Kindern machen. Womöglich verkneifen sich Eltern die Frage, ob sie nach Meinung der Freunde eigentlich ganz auf Freunde verzichten sollten, weil sie als Eltern ja selten Gelegenheit haben, ihre Kinder wegzuorganisieren, bevor der Besuch kommt, und dies im Zweifelsfalle gar nicht wollen, ein Leben, zu dem Kinder nicht dazugehören. Und sich selbst ja im Übrigen Absagen an die Kinder gar nicht erlauben dürften, im Stile von »Ihr Süßen, Mama kann heute leider nicht, dringende Dienstreise, tolle Chance und so«, das brächte ihnen glatt eine Klage wegen Kindesvernachlässigung ein, zu Recht.

Der verpflichtende Charakter des Lebens mit Kindern prägt. Und ist für Menschen ohne Kinder oft gar nicht nachvollziehbar. Anders gesagt: Wer Kinder hat, wird ein anderer Mensch. Dass man nicht mit seiner kleinen Grandiosität im Zentrum des persönlichen Universums steht, das erleben Eltern manchmal sogar als Erleichterung. Sich nicht mehr so wichtig nehmen zu müssen. Verstehen, dass es jemanden gibt, der auf mich angewiesen ist. Wer das nicht erlebt hat, lebt anders, engagiert sich für andere Dinge. Da können sich Eltern die Köpfe heiß reden über eine U-Bahn, in der es von Drogendealern nur so wimmelt, und fragen sich, ob Kinder nicht auch Bürger dieser Stadt sind und ein Anrecht darauf haben, dass sie ein öffentlich finanziertes Verkehrsmittel benutzen können, ohne mit Drogen verführt zu werden. Das interessiert außer Eltern keinen. Wenn sie Pech haben, fangen sie sich eine Rüge ein, also diese Idee, Kinder überhaupt U-Bahn fahren zu lassen, unverantwortlich! »Ich fahre immer Taxi«, verkündet da die alte Freundin. Sollen sie doch Kuchen essen, sagte Marie Antoinette, als sie hörte, dass sich das Volk kein Brot mehr leisten konnte.

Die Ausrede vom allgemeinen Wertewandel

So kann man sich nicht nur in kommunalpolitischen Anliegen, sondern auch in den grundlegendsten Werten auseinanderleben. Das postmaterialistische Lebensgefühl, das finde sich, berichtet der Soziologe Hans Bertram, keineswegs bei den angeblich so erziehungsresistenten Eltern aus der 68er Generation und ihrer zur Verantwortungslosigkeit gezüchteten Brut, sondern bei denen, die ohne Kinder leben und häufig ohne die Verpflichtung, das eigene Ego auch mal zurückzustellen. Festzuhalten sei, schreibt Bertram, dass der wachsende Postmaterialismus auf eine Zunahme der Kinderlosen zurückzuführen sei und keinen allgemeinen Wertewandel darstelle.[29] Die Ablehnung von Pflicht und Leistung – finde sich gerade bei ihnen, wie auch nicht selten die negative Sicht auf jene jungen Menschen, denen diese Tugenden angeblich abgehen, weil sie ihnen nicht mehr eingetrichtert werden, vielleicht ein Symptom dafür, schreibt Bertram, »dass diejenigen, die selbst keine Kinder haben, Kinder und Jugendliche in einer Gesellschaft immer kritischer sehen, weil sie selbst nicht mehr gewohnt sind, mit Kindern umzugehen«. Auch dies ist eine Variante der vielen Möglichkeiten, sich auseinander zu leben.

Frauen gegen Frauen

Frauen treten gegen Frauen an, Freundinnen gegen Freundinnen. Die Schärfe der Entscheidung zwischen Kind und Beruf hat dazu geführt, dass sich in Deutschland mittlerweile ganze Frauengenerationen untereinander spinnefeind sind, weil jede Entscheidung die der anderen in Frage stellt. »Die Spaltung zwischen den vollerwerbstätigen Frauen ohne Kinder und den teilzeiterwerbstätigen oder nicht erwerbstätigen Frauen, die Kinder erziehen, wird vertieft«, schreibt der Theologe Friedhelm Hengsbach in »Gerechtigkeit ist nicht nur ein Wort«.[30] Und nicht nur die: Es gibt ja auch die vollerwerbstätigen Frauen mit Kindern, jene mit der 38-Stunden-Woche, die nach dem eiligen Heimweg noch die Wäsche versorgen und ihren Nachwuchs. Solche Mütter erfahren überhaupt keine Anerkennung ihrer Tätigkeit, weder rentenmäßig noch sonst irgendwie. Ihre Mühe erscheint wie ein schlecht gewähltes Hobby aus der Perspektive der kinderlosen Nachbarn. Die Kollegin, die – aus welchen Gründen auch immer – ein Leben ohne Familie führt, kann in der Regel nicht einsehen, wieso diese Muttis auch noch zusätzliche Rentenansprüche für die Hausarbeit anmelden sollten, man hat doch lange genug gelernt, dass zu Hause gerade mal die Reproduktion der Arbeitskraft fürs Kapital stattfindet und im Übrigen – »Wir wollen diese Frauen doch nicht ermutigen, zu Hause zu bleiben«, sagt eine, die ansonsten thematisch immer zu haben ist für alle Blinden, Sinti, Ausländer und andere unter Diskriminierung Leidende. Aber Mütter?

Drei Frauen, die miteinander studierten und sich einst zwischen den Vorlesungen in ein und demselben Stehcafé wiederfanden. Die damals die Köpfe zusammensteckten und Gemeinschaftsreferate hielten, »Frauengestalten bei Bert Brecht« oder »Subjektivität in der Postmoderne«, so in der Art. Jetzt, ein halbes Leben später, ist alles anders. Jetzt finden wir die eine zu Hause mit ihrem Banker, die andere allein mit ihren Kindern, heftigst das Geld verdienen, die dritte erfolgreich berufstätig und mit zupackendem Ehemann gesegnet. Jede von ihnen hat zwei oder sogar drei wundervolle kleine Kinder. Man trifft sich vielleicht noch, wie früher um einen Tisch, aber die Gemeinsamkeit ist dahin. Plötzlich geht das Messerstechen los. Du hast dein Kind in der Vorschule angemeldet? Phh! Da ist die Hausfraumutter aber empört, weiß sie doch, dass da nur die Sozialfälle landen, die Nichtstillsitzenkönner und die, die noch immer kein F nuscheln können, Kinder von Alleinerziehenden natürlich, oh Entschuldigung, du, das war jetzt aber gar nicht so gemeint. Kinder, sagt sie, gedeihen doch viel besser zu Haue, hier im eigenen Garten, und dann fragt sie sich scheinbar, laut nachdenkend, ob die ganze Abschieberei der Kinder in Betreuungs-institutionen nicht nur ein Symptom dafür sei, dass Frauen heute Kinder eigentlich nicht mögen, jedenfalls nicht lieber als die eigene Karriere. »Mir tun vor allem die Kinder leid«, sagt sie: »Diese Mütter versauen ihnen doch die Kindheit.«

Kann sein, dass jetzt jemand wissen will, ob es denn ihrer Meinung nach noch andere Formen der verantwortungsvollen Mutterschaft gibt, jenseits derer, die durch Heirat mit einem Alphatier des Bankenwesens vorbereitet und im Garten einer Vorortvilla inszeniert werden. Und wenn nein, welche Auswirkungen das dann auf die Entwicklung der Geburtenrate haben würde, na, völliger Kollaps, bei diesem eklatanten Mangel an Alphatieren. Vielleicht kommt das Thema auch wieder in weniger strudelige Gewässer, dann findet sich die Alleinerziehende womöglich plötzlich als Objekt generös geäußerten Mitleids wieder, im Stile von »Und immer wenn wir von dir sprechen, sagen wir: Die Arme! Wie sie das nur macht.« Die Attacken des Bedauerns kommen Schlag auf Schlag, während ihr Opfer, wie immer ein wenig taub im Kopf vor Erschöpfung, sich fragt, ob es in Gegenwehr erlaubt sei, darauf hinzuweisen, dass in der Regel alle Untersuchungen zur psychischen Gesundheit von Frauen aussagen, dass vor allem Hausfrauenmütter die Armen sind, dass die Werte ihrer inneren Zufriedenheit schon nach wenigen Jahren im Keller landen oder dass die Freundin in Stockholm neulich berichtete, dort gelte es als absolut parasitär, vom Verdienst des Mannes zu leben, wenn man selbst etwas gelernt hätte. Aber was, lohnt nicht. Und hält sie nicht den Mund, kann es leicht passieren, dass bis zum nächsten Treffen eine ziemlich lange Zeit verstreichen muss, bis die Wunden verschorft sind. Na, inzwischen kann man ja in der »Brigitte« das Dossier zum Thema »Frauen, vertragt euch!« lesen.

Die Kinder solcher Mütter treffen schon in der Spielgruppe aufeinander und sie spüren natürlich, dass da irgendetwas schief zueinander liegt, dass die eigene Familie irgendwie anders ist. Ein Kind empfindet in der Regel keinen Stolz, wenn es morgens von einer Mutter in den Kindergarten gebracht wird, die schon durch das Laptop auf der Schulter als eine Aushäusige gekennzeichnet ist und dann auch noch nach dem letzten Kuss sofort zum Arbeitsplatz strebt, während es ausgiebig Gelegenheit hat zu sehen, dass die Muttis der anderen Kinder noch stundenlang vor der Tür stehen und ratschen. Das Kind will Normalität. Mit gepeinigten Augen verfolgt es die Morgentoilette der Mutter, bisschen Lidschatten, Tusche, schnell doch die Lippen nachziehen, ja, da wimmert das Kind, »Mama, kannst du denn nicht einmal wie eine Mutter aussehen!«, jault das kleine Kind spitz auf, und auf die Frage, wie denn eine Mama als Mutter auszusehen hat, beschreibt es präzise jenen Freizeitlook aus Caprihose und Lacoste, wahlweise bietet das Kind auch den Schlabberlook an, indische Baumwolle mit schulterfreiem T-Shirt, das alles hat das Kind eben jeden Morgen ausgiebig Zeit, aufs Genaueste zu studieren, während das eigene Muttertier schon längst gedanklich der U-Bahn vorausgeeilt ist.

»Mama«, wird das Kind ein paar Jahre später unter Aufwendung all seiner grundschulaltersgemäßen Diplomatie nun ganz wie nebenbei einwerfen: »Könntest du dir vorstellen, auch mal in der großen Pause Milchmutti zu sein?« Kakaotüten und Apfelsaftkartons verkaufen, hat man sich darauf, verdammt noch mal, über Jahre des Studiums und Ablegung von drei Hochschulexamen vorbereitet! Na, das sagt man dann nicht. Man fragt auch nicht auf dem nächsten Elternabend, wieso denn die Hausfrauenmütter keine Zeit finden, ihren Kindern Getränkeflaschen aufzufüllen und in den Ranzen zu stecken. Die Frage ist, was sagt man nur der anderen Mutter, die man auf dem Schulhof trifft und die einen so ganz süß anlächelt und sagt: »Ach, dein armer Kleiner! Das sieht so traurig aus, wie er jeden Morgen alleine seinen Ranzen in die Klasse schleppen muss und keiner da, der ihm hilft ...«

Töchter und Mütter, auch Schwestern, belauern sich. Die Töchter sagen: »Bloß nicht so werden wie meine Mutter!« Immer zu Hause. Alles für die Kinder aufgegeben haben. Abgekoppelt von der Erwachsenenwelt. Und heute sagen diese Mütter durchaus: »Schade, dass du jetzt immer so müde bist. Na ja, war doch deine Entscheidung mit Beruf und Kindern, du wolltest ja alles.« Das hat etwas von »Soll sie mal alleine klarkommen.« Und will sagen: Rechne nicht mit mir! Viele Großmütter tragen um sich diese Aura von erzwungenem Verzicht und nun ausgleichendem Hedonismus im Stile von »Nun bin ich aber mal dran.« Eine Haltung, die sich übrigens die wenigsten Berufstätigen schon nach 15, 20 Jahren erlauben könnten. Sie habe, sagt eine elegante Oma, ihrer Tochter aber sehr deutlich gemacht, dass sie zwar mal Babysitten könne, nach vorheriger Absprache, versteht sich, aber keinesfalls zur Verfügung stünde für Notrufe im Sinne von »Mama, könntest du mal eben«. Jeder lebe eben sein eigenes Leben. Basta. »Und ich will auch nicht dieses Gejammer am Telefon, wie anstrengend alles ist, da verlange ich schon ein bisschen Haltung.« Geht doch nicht, sich so gehen lassen!

Dass ihre Töchter ganz für sich alleine klar kommen, erzählt sogar die Mutter einer Studentin, die ihr Enkelkind gleich ganze Wochen und Tage bei sich hütet. Aber sie beharrt darauf, dass ihre Tochter sehr gut alleine klar käme. Sie kommt gar nicht auf die Idee, durchscheinen zu lassen, was sie für eine wundervolle Oma ist. Da, wo Zusammenhalt funktioniert, erscheint es heute schon fast als anstößig. Aber wir werden zusammenhalten müssen, in Zukunft sehr viel mehr als bisher.

Alt, was nun?

Was ist, wenn die Älteren noch älter werden? Und ihre Töchter und Söhne, verwickelt in das tägliche Gewurschtel mit Kindern und Beruf, sich nun ihrerseits nicht frei machen können? Der Altenbericht dieses Jahres warnt, dass die Zahl der Hochbetagten, die über 80 Jahre alt sind, von zur Zeit 2,9 Millionen Menschen auf über fünf Millionen in den nächsten zwanzig Jahren steigen wird, und die der Pflegebedürftigen sich verdoppeln könnte: auf über drei Millionen im Jahre 2040. Auch eine Verdoppelung der Kosten ist für diesen Zeitraum abzusehen. Wer das bezahlen soll? Aber reden wir nicht zuerst von den Kosten, sondern davon, wie wir uns um diese Menschen kümmern wollen. Und wer sollte es tun? Die immer kleiner werdende Gruppe der Jungen, von der wir doch auch hoffen, dass sie ihrerseits ihre Kraft für die eigenen Kinder verwenden wird? Ob es nicht wahrscheinlicher ist, fragt das Ehepaar Tichy, dass die Spaltung der Gesellschaft dann endgültig aufbricht. Ist es nicht absehbar, dass die Jungen diesen Lasten einfach davonlaufen? Ohne Mitleid »die Alten in ihrer Gier und ihrer Not alleine lassen«?[31]

Wer könnte, in Ermangelung von Kindern und Enkeln, diese Arbeit tun? Dienstpersonal aus der Dritten Welt? Die Tichys malen das Schreckensbild einer ethno-demographischen Klassengesellschaft an die Wand: »Auf der einen Seite die verschwindende, alte, überalterte und durch Erbschaften immer noch reicher gewordene Ursprungsgesellschaft, die sich von Einwanderern aus armen Ländern bedienen und versorgen lässt. Die Gesellschaft ist zweigeteilt, auf eine schärfere, unbarmherzigere Art und Weise, als sie je in der Geschichte der Menschheit geteilt war.«[32]

Es werden übrigens alte Frauen sein, die auf Hilfe warten. Drei Viertel der Hochbetagten sind Frauen, die in der Regel nur geringe eigene Rentenansprüche aufgebaut haben. Wie mag es sich für sie auswirken, dass die aktive Sterbehilfe in europäischen Ländern zunehmend legitimiert wird und sich der Gedanke festsetzt, dass es geboten scheint, ein Leben zu beenden, dass nur noch Last ist?

So kommen wir vom Wunsch nach einer kindgerechten Welt zu dem nach einem würdigen Alter. »Der Staat«, führt Angelika Krebs aus, »hat auch dafür zu sorgen, dass niemand unter elenden Umständen existieren muss. Jeder muss Zugang zu Nahrung, Obdach, medizinischer Grundversorgung, persönlichen Nahbeziehungen, sozialer Zugehörigkeit, Individualität und privater wie politischer Autonomie haben. Allen muss ein menschenwürdiges Leben ermöglicht werden.« In der Tat: Das gilt natürlich auch für die Alten.

Schleichend wird sich unsere Welt weiter verändern und unsere Vorstellung von Familien, wenn nichts geschieht. Wir werden sie vielleicht ein wenig aus dem Gedächtnis verlieren, wenn sie nun immer weniger werden – selbst die Imago einer großen Familie wird aus unserem Innern verschwinden. Vielleicht werden wir ab und zu ein Woody-Allen-Video reinschieben und einen Blick auf ein schönes Familienfest erhaschen, wo tatsächlich noch alle kamen, Tanten und Onkel, Nichten, die schrecklichen Eltern, und sich alle ein wenig zankten und doch vertrugen, rein fiktional natürlich. Vielleicht wird es so antiquiert wirken wie heute die riesigen alten Herrenhäuser, Zeugnisse einer vergangenen Welt, an die sich niemand mehr erinnert. »Es verschwinden Menschen, Dinge, Tiere, Bäume, Landschaften, und jeder, der lange genug gelebt hat, weiß, dass auch die Erinnerung an alles verschwindet, was einmal existiert hat«, schreibt der große Dichter Czeslaw Milosz: »Die Verstorbenen leben nur noch in den Gedanken von einigen wenigen Verwandten und Freunden weiter, doch aus deren Bewusstsein verflüchtigen sich allmählich die Gesichter, Gesten und Worte, um schließlich, wenn auch der letzte Zeuge von uns gegangen ist, gänzlich zu verschwinden.«[33]

3. Wer braucht eigentlich Familien? oder: Dann sterben wir eben aus

Warum hat man Familie? Was soll der Aufwand? Wieso ist es so schwierig, warum lässt man es nicht einfach, wenn es so kompliziert ist? Fragen wir einen, der acht Kinder hat. Der Autor Martin Ahrends und seine Frau haben sich mit dem Mut der Wahnsinnigen in das Abenteuer Familie geworfen – und nun allerdings kämpfen sie, Ahrends und seine Frau, sie rennen an gegen die Grenzen der eigenen Kraft, erwehren sich des Kopfschüttelns und der feindseligen Blicke von anderen, stemmen sich gegen den Zusammenbruch der Familienökonomie, denn sie haben zu wenig Geld für sich und die Kinder, übrigens auch, weil sie zu wenig Zeit haben, um Geld zu verdienen, denn sie brauchen schon alle Zeit, um die Kinder zu versorgen, sie sind bedürftig, eben weil sie die eigenen und nicht anderer Leute Kinder versorgen – wären sie Eltern in einem SOS-Kinderdorf, es ginge ihnen gut. »Wir fühlen uns ein bisschen asozial«, so beschreibt Ahrends die Gefühlslage – und dann bohren da noch die eigenen Gedanken, die immer wieder begründen wollen, warum so viele Kinder, weshalb denn die Verächtlichkeit. Warum? »Wir wollten so viele!« sagt Ahrends trotzig.[1]

Einfach so: Kinder haben wollen. Eine Regung, so natürlich wie Hunger haben und Essen wollen, Durst haben und trinken. Wollen wir so viel Natürlichkeit? »Kinder!«, sagte meine Freundin Elke vor fünfzehn Jahren, mitten hinein in die quälendsten Diskussionen der Freundinnen um die ewige Kinderfrage, »Kinder kriegt man, weil man sie kriegen will und dann sehen wir weiter.« Ein befruchtender Satz, es dauerte nicht mal fünf Monate, da waren sechs ihrer Freundinnen schwanger, Spätgebärende sie alle, wie Elke selbst promovierte Problemdiskutantinnen, durch so viel Einfachheit zum Muttersein erlöst, auch wenn sie dann später sich gelegentlich und immer wieder, genauer gesagt, beinahe täglich über die Frage austauschen mussten, wie es denn nun weitergehen solle, jedenfalls sahen sie das oft nicht mehr, mit dem Beruf oder ohne Vater, der vielleicht abhanden gekommen war, mit dem zweiten Kind, nach dem plötzlich die Sehnsucht aufflackerte, und dann auch noch krank geworden und alle Planungen am Ende. Aber alles gewagt!

Die Menschen mögen sich nicht

Das Problem bestehe darin, dass so viele Menschen keineswegs einfach Kinder kriegen wollen, sie glaubten nicht mehr, dass sie Familie brauchen, teilen diesen Wunsch nicht, schreibt Ahrends: »Die, mit denen ich das Land bewohne, haben sich daran gewöhnt, Menschen für den Aussatz der Welt zu halten«, schreibt er in einem Aufsatz, in dem er die Problemlage sondiert. »Sie hören deshalb nicht auf, sich als Weltzerstörer zu verhalten, und wahrscheinlich ist diese prinzipielle Selbstverachtung die Bedingung dafür, im gewohnten Lebensstil fortfahren zu können. Allerdings sind es immer die anderen, die die Welt zerstören, die Neuzugänge zumal. Denen traut man nicht mehr zu als die eigene Verbrauchermentalität. Es ist das pervertierte schlechte Gewissen, unter dem meine Landsleute leiden. Sie mögen sich nicht – wie sollten sie ihre Kinder lieben?«[2]

Familien brauchen andere

Martin Ahrends hat präzise begründet, warum es in einer Gesellschaft, in der die Familien seltener werden und die Kinder rar, wieso es in dieser ausgedünnten Familienlandschaft so besonders mühsam wird, Kinder aufzuziehen – weil Familien einfach andere Familien brauchen –, weil es ohne Familien gar nicht gut möglich ist, Kinder zu erziehen. Es klingt wie ein Kurzschluss: Wir brauchen Familien, schon weil Familien eben Familien brauchen. »Familie braucht Familie als selbstverständliche Lebensform, sonst wird da was sehr Anstrengendes und sehr Angestrengtes draus. Das braucht Formen, die wir nie selbst erfinden könnten. Das braucht die anderen auch als eine Kultur des Zusammenlebens.« Ahrends meint Menschen, die vorbeikommen. Leute, die nebenan leben und begreifen, dass da etwas Aufregendes passiert, und teilhaben möchten: »Die Teilhabe an dem, was aus ihnen wird, aus uns: Das ist der Genuss beim Kindergroßziehen. Der Ansporn, es gut zu machen, der von den anderen kommt ... Ich muss in meinem Haus täglich eine Ordnung vertreten, die die Ordnung der anderen ist. Ich brauche dazu zumindest deren moralische Unterstützung. Wenn es die anderen nicht mehr interessiert, was ich mit meinen Kindern anstelle, wenn sie dahinleben, als gäbe es keine Zukunft, dann wird es allerdings schwer, die Kinder ›zur Ordnung‹ zu erziehen. Zu einer Ordnung, die sich nicht mehr zutraut, das Leben neu zu erfinden …«

Familie trainiert Kultur

Familien vertreten eine Ordnung, die die der anderen ist, immer auch gesellschaftlich erzeugt ist, aber auch eine eigene individuelle, man könnte sagen, familiäre, Ausprägung hat. Es ist viel über die von Eltern zu vertretende Ordnung geschrieben worden, die das Machtgefüge der äußeren in eine innere Ordnung verwandelt, sich die Seele des Kindes gefügig macht, so ist dargelegt worden, die Menschen zu unterwürfigen Exekutanten der Befehle anderer heranwachsen lässt und historisch betrachtet die monströsen von oben verordneten und ordnungsgemäß ausgeführten Gewalttaten des letzten Jahrhunderts ermöglicht hat. Das Buch der Frankfurter Philosophen mit dem Titel »Autorität und Familie« hat die Nachkriegsgeneration aufgeklärt, den Schleier von dem ach so verklärten Rührstück Vater-Mutter-Kind gerissen, es aller Heuchelei entkleidet. Vergangenheitsbewältigung, notwendig. Gelegentlich aber nicht minder autoritär vertreten, indem ein Teil der Wahrheit nicht zugelassen wurde, in dem nur »Gewalt in der Familie« ein Thema sein durfte – Schläge, Inzest, Terror – aber nicht zum Beispiel die Liebe. Oder das, was Familie leistet, eben um Gewalt zu bändigen.

Wenn wir in der »Utopia« des großen Humanisten Thomas Morus von seiner Vision eines Staatsgefüges lesen, ist dort die Ordnung des Staates jener der patriarchalen Familie nachgebildet, es ist die Utopie eines Staates, der sich auf die in der Familie vertretene und so zur inneren Ordnung gewordene Disziplin verlassen kann, damit die Exzesse öffentlicher Gewalt überflüssig werden, die zur Abschreckung von Mord und Totschlag gerade Mord und Totschlag einsetzte, auf den öffentlichen Plätzen Londons so viele Menschen hinrichten ließ, vierteilte, verbrannte, aufspießte, dass die Bevölkerung über Brandgeruch und Wehgeschrei Beschwerde führte. Es ist wenig darüber nachgedacht worden, dass auch die Eindämmung von Gewalt ein Teil dieser Ordnung ist, die Eltern vertreten. Denn das alles muss man lernen: sich beherrschen. Nicht treten, Lukas, nur weil Simon dir das Spielzeug nicht gibt! Den Kakao nicht über den Tisch kippen, weil man sich verbrannt hat. Wirst du wohl nicht mit der Gabel nach deiner kleinen Schwester stechen! Weiterspielen, ach komm, auch nach dem Foul! Jemanden nicht verletzen durch Worte, durch Gesten, durch das Fehlen von Worten und Gesten. Sich entschuldigen. Eine Freundlichkeit zeigen, den Frieden wiederherstellen, auch wenn es in der eigenen Seele brodelt.

Das Menuett der persönlichen Beziehungen verlangt ausdauernde nervtötende tägliche Übung. Familien sind Kulturtrainingsvereine. Und wo anders kann dieses Training in dieser Intensität stattfinden, wenn nicht mit Eltern und Brüdern und Schwestern? Könnte es sein, dass wir das vollständig vergessen haben, Amnesie infantile? Oder dass jene großen Philosophen, die so interessant über Familie schrieben, der banalen Alltäglichkeit dieser Übungen vollkommen entfremdet waren, sich in die Hirnstübchen der Denkerei zurückgezogen hatten, die meist so weit wie möglich entfernt liegen von den Tatorten jener Probeläufe von Kultur, von Küche und Kinderzimmer? Aber wie wichtig das doch alles ist, der Exerzierplatz der Familie, merken wir spätestens, wenn etwas schief läuft, in der Schrillheit, der überkippenden Wut, den schonungslosen Attacken, mit denen dann multimedial das Versagen der Familie angeklagt wird, auch dies letztlich ein Zeichen dafür, wie schwierig das Erlernen von guten Umgangsformen ist.

Oh, die Rituale der Höflichkeit! Doch, du schreibst jetzt Omi einen Brief, eine freundliche Einladung! Möchte ich dich zum Osterfest einladen, so oder so ähnlich. Was nicht alles zum Ausrichten eines Familienfestes dazugehört, der festlich gedeckte Tisch, die Nerven behalten, wenn alles schief geht, die Entschuldigung, aber das macht doch nichts ... All das will geübt sein. Und wo sonst sollte man es üben, wenn nicht zu Hause? Im Kindergarten? Im Kindergarten wurde vielleicht gerade beschlossen, dass festlich gedeckte Tische spießig sind, dass gemeinsames Sitzen um den Tisch zum Einnehmen einer Mahlzeit nur Zwang ist, wie es in jener Berliner Kindergartenkette passierte, 70 Einrichtungen, Hunderte von kleinen Kindern, die nun alle gleichgeschaltet auf gemeinsames Essen verzichten. Auch dazu braucht man sie: um den Terror einer obrigkeitsverordneten Gleichmacherei zu durchbrechen. Weil jede Familie es ja ein bisschen anders macht, das ist das Geheimnis eines guten Familienrezeptes. Sich eine Ordnung neu erfinden.

Das Leben neu erfinden. Oder: sich etwas Neues ausdenken, es fordern, durchsetzen! Familien sind Brutstätten für Revolutionäre. Da wachsen Leute heran, die bereit sind, alles, aber einfach alles in Frage zu stellen, umso gnadenloser, je jünger sie sind. Da muss, jeden Tag, das Selbstverständlichste begründet werden, also das, was uns so normal erscheint nach Jahrzehnten des reibungslosen Ablaufs.

»Wir wollen jetzt essen.« – »Wrohm?«, fragt das Kind. »Wir müssen jetzt los.« – »Wrohm?«, fragt das Kind. »Wir besuchen Tante Moni« – »Wrohm?« Da ringen die Eltern um Gründe, wieso, weshalb, warum, ja wieso machen wir das bloß, da kommen sie ins Schwitzen, sie, die glaubten, sich in ihrem Leben gut eingerichtet zu haben, da entdecken sie vielleicht, dass es noch andere Wege gibt, für Füße oder Gedanken. »Warum gibt es Sterne?«, will das Kind jetzt wissen oder: »Wachsen Möbel auch noch?«, und tatsächlich: »Willst du jetzt zur Arbeit gehen?« Keine Frage, so zu fragen hatte man sich doch längst abgewöhnt! Das Universum überblickt, das Unheimliche gezähmt und vielleicht auch die Wünsche.

Kinder brechen alle Regeln. Sie zerreißen jene schweigenden Übereinkünfte, in denen wir uns längst eingerichtet haben, und das kann manchmal laut werden, nicht nur in der U-Bahn oder im Schwimmbad, wenn die jungen Menschen das Terrain stürmen, brutal und mit Krach, als gehöre ihnen die Welt. Welche Unverschämtheit, wenn sie mit ihrer ganzen Energie schreien, lachen, kreischen, als gäbe es die anderen gar nicht, was dann so stört, weil wir Großen doch schon alles unser wähnten, nicht zuletzt das Vorrecht, Krach zu machen, laut zu lachen, kreischen, grölen, und vor allem in dieser Gewissheit in Ruhe gelassen werden wollen. Kinder machen neue Regeln, erfinden sich einfach andere, als sei es ein Spiel.

Kinder stellen uns Fragen, sie stellen uns, die Erwachsenen in Frage. Sie begehren auf, sie protestieren: weltweit. Sie lassen sich nichts gefallen, sie gehen auf die Straße, 1968 in Paris, noch im selben Jahr in Watts, sie zeigten uns, dass in Kalifornien nicht nur die Sonne scheint, sondern auch der Rassismus blüht, sie wagten sich raus auch in Peking, da zeigten sie auf dem Platz des Himmlischen Friedens, dass kein Friede sein kann, wenn die Menschen in Straflager gesteckt werden, die so was sagen. Sie marschierten gegen den Golfkrieg, sie protestieren gegen Globalisierung jeder Art, Genua 2001, auch Calgary 2002, selbst wenn wir ihre Meinungen nicht teilen, dass sie da sind, das sollte uns eine Hoffnung sein. Aber es ist den Älteren suspekt, auch das ist ein globales Phänomen. Selbst in den Entwicklungsländern, wo die Majorität der Bevölkerung jung ist, begegnet man ihnen mit Misstrauen, »man behandelt sie gern als potenziell straffällige Problemgruppe«, heißt es im Unicef-Bericht über die Lage der Kinder und Jugendlichen dieser Welt: »Dabei werden ihre pulsierende Lebendigkeit und ihr Idealismus dringend benötigt, um einen Wandel herbeizuführen, um eingefahrene Gewohnheiten und den verbreiteten Zynismus abzuschütteln.«[3] Will sagen: Wir brauchen Kinder, um vorwärts zu kommen.

Die gelebte Netzwerkgesellschaft

Familien erfinden das Leben also immer wieder neu, andererseits wird es zwischen den Familien ständig neu verknüpft. Man könnte sagen, dass Familien so etwas wie die Kettfäden sind, die das gesellschaftliche Gefüge miteinander verbandeln. Sie glucken zusammen, die Familien, und wie. Sie bilden kleine resistente Nester gegen die Zentrifugalkräfte der Modernisierung – über drei Viertel der Familien leben im Einstundenradius der Eltern und Geschwister.[4] Sie besuchen sich, sie geben einander das Gefühl, zusammenzugehören, selbst wenn sie sich nicht mögen. Gerade, wenn sie sich nicht mögen, ist das denn die Möglichkeit! Hat nicht jeder eine wie Tante Sannchen?

Oh, man muss sich nur erinnern, diese Aufregung, wenn Tante Sannchen um die Ecke bog! Dies geschah in Zeiten, wo es noch kein Telefon gab, es waren die finsteren fünfziger Jahre, damals, als man noch auf den Dorfradardienst angewiesen war, und der morste immer wieder vollkommen überraschend und wenn es gerade überhaupt nicht passte, mit hysterischen Ausrufezeichen: Tante Sannchen aus dem Bus gestiegen! Tante Sannchen schon beim Friedhof vorbei! Gleich ist Tante Sannchen da! Schreck, Eil, Kreisch. Wo sind die Kinder! Weg.

Tante Sannchen war so etwas wie die Kusine zweiten Grades meiner Großmutter. Sie kam natürlich unangemeldet, von weit her, sie wohnte mindestens mehrere Busstationen weit weg. Sie trug ein Samtband um den faltigen Hals und nannte meinen Vater tatsächlich »Hänschen«. Wenn sie kam, wurde meine Mutter blass, wenn sie ging, hatte meine Mutter rote Flecken, aber niemand hätte gezögert, Tante Sannchen mit Kaffee und Kuchen, Butterbroten und Saft ausführlich zu bewirten. Die Kinder beobachteten aus ihrem Versteck die kunstvolle Übung, wie man höflich die Zähne zusammenbeißt. Tante Sannchen gehörte dazu, wie jeder sicher jemanden in der Familie hat, der eben dazugehört und trotzdem schwer erträglich ist, na, mehrere vermutlich. Und das ist schön und gut so. Es zeigt, wie Familien zusammenhalten. Noch in den Horrorerzählungen auf der Couch des Therapeuten wird immer und immer wieder heruntergebetet, wie Familienfäden halten und nicht zerreißen, selbst wenn man das will. Das ist die dunkle Seite des Familienzusammenhaltes, das Kranke. Die andere, die helle Seite zeigt uns dies: Familie kann sogar gesund machen. Eine gute Einbindung in Partnerschaft und Familiengewühle, in das Netz von Geschwistern und Opa und Oma und Besuchen bei der Tante, das führt, ermittelten die Soziologen, zu einer Halbierung der Prozentzahlen in der höchsten Stresskategorie. Vielleicht deshalb: Weil jemand da ist, dem man alles erzählen kann. Der zuhört. Oder einen auf ganz andere Gedanken bringt

Familienmenschen sind weniger häufig arbeitslos[5]. Und wenn sie arbeitslos werden, fallen sie nicht so tief, denn Familien sind die wahre Netzwerkgesellschaft, lange vor Erfindung der Netzwerke. »Während Familien auf gemeinsamer Herkunft beruhen, gründen Freundschaften auf Zuneigung und persönlicher Wahl. Was die traditionelle Familie an Zusammenhalt bietet, folgt keineswegs alles aus Liebe, sondern häufig aus Pflicht, unter dem Druck von Gewissen, moralischem Zwang, sozialer Erwartung«, schreibt die Soziologin Elisabeth Beck-Gernsheim.[6] Andere sprechen auch von einer »Zwangsläufigkeit« in den Beziehungen der Familie.[7] Jeder Besuch eine Prüfung! Nicht nur wenn Tante Sannchen kommt. Die Kinder, gezwungen zum Händewaschen und Freundlichtun, versteckten sich, der Vater lächelt mit Mühe, hinterher, wenn Tante Sannchen oder Onkel Otto wieder im Bus sitzen, stecken alle die Köpfe zusammen und gackern und prusten und wischen sich die Lachtränen aus den Augenwinkeln.

Das wollen wir alles nicht mehr? Nur noch Umgang mit denen, die man sich ausgesucht hat, nur so lange, wie es wirklich nicht nervt? Dann muss man natürlich bereit sein, im äußersten Falle gar keinen Besuch mehr zu erwarten. Wie das wohl im Fall von Onkel Willi aussähe, der in seinem Altersheim sitzt, Blick ins Grüne, ein paar Platten im Regal, noch von früher, ein paar Fotorahmen, in denen man die sieht, die ihn besucht hätten, wenn sie denn noch leben würden. Ob das genug sein wird, für die langen letzten Jahre?

Verrat am Ego

Das Interessante an Familien ist, dass innerhalb der Generationen Verbindungen gepflegt werden, die nicht auf der Gegenseitigkeit der Zuneigung, der Gespräche, der Hilfe beruhen. Man könnte sagen, es ist ein aufmüpfiges Element, das da im Schoße der Familie überlebt. Etwas, das komplett gegen den Trend geht, gegen die Maximierung des Eigeninteresses, der individuellen Karrierechancen, alles einfach subversiv ignoriert. Familien sind, so gesehen, der Abgrund an Verrat gegenüber der Egogesellschaft. Der Soziologe Christian Alt formuliert es so: »Dass die Hilfeleistungen, die dabei erbracht werden, nicht nach dem Motto des ›do, ut des‹ (ich gebe, damit du gibst) stattfinden, sondern vielmehr aufgrund der Tatsache, dass ein Familienmitglied wirklich Hilfe braucht.«[8] Kein schlechter Ansatz, eigentlich. Wenn auch gelegentlich unbequem, nervig. Und dennoch: »Eine durch eine Querschnittsbetrachtung derzeit nicht ausgeglichene Bilanz bedeutet demnach nicht einen Status des Unwohlseins oder Unzufriedenseins mit der Familie. Die Erwartungen an Kinder, aber auch an die Partner in einer Familie sind so geartet, dass sich über einen bestimmten Lebenszeitraum entweder das Geben oder das Nehmen als dominant herausstellt.«

Eltern überweisen ihren Kindern nicht selten bis weit ins Erwachsenenalter kleine und große Geschenke. Kinder pflegen manchmal ihre Eltern, über Jahre, unter den größten Opfern. Oder: *Sie* kocht immer. *Er* setzt sich immer an den gedeckten Tisch. Familien zementieren, ja, auch Rollenklischees, und das, was die Individuen zusammenkittet, über Jahrzehnte, trotz heftigster Aufklärungskampagnen. »Dies wird darauf zurückgeführt, dass sich die Austauschbeziehungen unter Familienmitgliedern auf eine gemeinsame Geschichte zurückführen lassen und eine gemeinsame Zukunft mit einer dabei zu leistenden gegenseitigen Hilfe zu erwarten ist, was dazu führt, dass die Beziehungen weitaus weniger anfällig sind und sich auch bei Unausgewogenheit nicht so schnell auflösen.«[9] In guten wie in schlechten Zeiten also, das ist mit Zukunft gemeint. Zusammengebunden, manchmal auch aneinander gefesselt – zwei Seiten von Zugehörigkeit. In der Familienhängematte aufgehoben, manchmal vergeblich daraus flüchten wollen. Es sind andere Gesetze jedenfalls als die des Marktes, wo jeder rausfliegt, wenn er sich nicht mehr rentiert oder einfach deshalb, weil die Aktionäre eine höhere Rendite wollen.

»Zum psychologischen Netzwerk – geknüpft aus Personen, an die sich Menschen wenden, um Persönliches zu besprechen, ihr Herz zu offenbaren, Probleme zu bekennen, Hilfe zu suchen – gehören in allererster Linie die Lebenspartner und, immerhin fast gleich oft genannt, die Mütter. Freunde machen in dieser Kerntruppe der wichtigsten Bezugspersonen nur gut 30 Prozent aus, stellt der Familiensoziologe Franz-Josef Neyer fest.[10] Das familiäre Zusammengehörigkeitsgefühl wird durch Ehe und Kinder geknüpft:»Befragte ohne Kinder nehmen um zwölf Prozent seltener ihre PartnerInnen als Familienmitglieder wahr. Nur 68 Prozent der nicht verheirateten Befragten betrachten ihre Partner als Familienmitglied. Offenbar sind ›Elternschaft‹ und ›Familienstand‹ zwei bedeutsame Bedingungen dafür, subjektiv von einer eigenständigen Familie zu sprechen«, schreibt Neyer.[11] Und Tatsache ist wohl auch, dass gerade die Ehe – jedenfalls bei denen, die sie wählen – Beziehungen auf außergewöhnliche Weise bewahrt. Wenn die Eltern eines Kindes sich zur Heirat entschließen, liegt die Wahrscheinlichkeit einer Trennung bis zur Volljährigkeit des Kindes unter 20 Prozent – aber über 80 Prozent derjenigen Kinder, deren Eltern unverheiratet sind, erleben einen Zusammenbruch der Beziehung.[12]

Wenn es gut geht, kann das Gefühl der Zusammengehörigkeit ein Leben begleiten – Neyer sieht darin eine Art von »Begleitschutz«, der zuverlässig mit durch die Jahre reist, einen »*Entwicklungskonvoi*«, der sich ständig neu formiert, aber doch hält. Für Kinder jeden Alters heißt es, wenn es gut geht: geliebt werden. Ohne Vorbehalte. Familie brauchen wir, damit es einen Raum gibt, wo man sich auch mal gehen lassen kann, ohne dass gleich die Freundschaft im Eimer ist. Wo man man selbst sein kann, ohne allein zu sein. Gelegentlich!

Wie ganz anders aber funktionieren Freundschaften, angeblich die moderne Alternative zum zähen Familienkitt. Freundschaften, erläutert Beck-Gernsheim, etablieren sich in der Regel nur zwischen den Mitgliedern einer Generation, die dann, wenn es denn hält, gemeinsam durchs Leben gehen und altern – und dann allerdings auch gemeinsam alt sind. Falls sie denn wirklich so lange einen Lebensweg begleiten, denn Freundschaften kann man kündigen, sie können einfach vergehen, sich verkrümeln, anders als die Beziehungen zwischen Eltern und Kindern, die sich nicht auflösen, selbst wenn man möchte, dass sie vergehen. Denn Mutter oder Vater ist man immer, wie auch Sohn, wie auch Tochter. Nicht aber wie Freunde. Wenn Freunde gemeinsam gealtert sind, ist das sehr schön, vielleicht sind sie sich näher gekommen, Wahlverwandte geworden, dann können sie sich gegenseitig besuchen, können telefonieren. Wenn es mit dem Hören noch klappt. Aber helfen? Vermutlich nein. Denn das gemeinsame Alter setzt der Erwartung, durch Freunde gepflegt zu werden, eine natürliche Grenze.

Ganz altmodisch: die Schule des Dienens

Die meisten Menschen werden im Alter zu Hause gepflegt. Die meisten Pflegenden sind Frauen, Töchter, Ehefrauen, Schwiegertöchter. Ob das ein Skandal ist oder nur die Tatsache empörend, dass diese Arbeit nicht abgesichert und bezahlt ist, von kleinen Gestern einmal abgesehen, wäre zu diskutieren. Unzweifelhaft aber verlangt die Fürsorge, ob sie sich auf ältere oder jüngste Mitglieder der Familien erstreckt, eine Haltung, die zutiefst unmodern ist. In Familien wird da etwas geübt, was ziemlich neben dem Zeitgeist liegt und deshalb kaum wahrgenommen werden kann, höchstens in höhnischen Bemerkungen. Dienen. Man muss es nicht für eine mütterliche Aufgabe halten wie Martine Liminski, Mutter von zehn Kindern, eine auch politisch aktive Familienfrau, die über das »Abenteuer Familie« zusammen mit ihrem Mann ein interessantes Buch[13] geschrieben hat, gibt es doch wundervolle Beispiele von Männern, die als Ehemänner, als Söhne ihre kranken Frauen oder Mütter pflegen, als Väter sich um die Kinder kümmern. Nachts aufstehen, noch mal und noch mal. Geduldig warten, bis der Löffel im Mund ist, immer wieder die Sauereien beseitigen, die auf dem Weg dahin entstehen, das Tropfen, Krümel abwischen, auch andere Körperteile säubern, selbst wenn es würgt. Nicht nur einmal, auf Monate und Jahre hinaus sich überwinden und nicht aus Missmut heraus, sondern aus Zuneigung.

Man kann es schrecklich finden, aber es ist notwendig. Man kann es ignorieren, aber es findet statt. »Familie entfaltet sich in einem Prozess, der hohes personelles Engagement auf Dauer erfordert«, lesen wir im Fünften Familienbericht, »in einem Prozess der permanenten Umwidmung persönlicher Zeit und persönlicher Verfügungsgewalt über Ressourcen im Hinblick auf andere.«[14] Es gibt Leute, die bieten solche Dienste professionell an. Aber das kostet dann richtig, und im Übrigen trifft auch auf die professionelle Pflege zu, dass man diese Haltung erst einmal gelernt haben muss. Die Frage ist: Wo lernt man es? »Wo lernt der

Mensch solches Dienen? Die erste und wichtigste Schule zwischenmenschlicher Beziehungen, mithin der Liebe und des Dienens, ist die Familie. Das Dienenlernen und Dienenlehren verleiht der Familie ursprünglichen und prioritären Charakter«, schreibt Martine Liminski, mit Mut zu unpopulären Meinungen.[15] Dienen, man könnte auch sagen, sich selbst zurücknehmen und damit für jemanden gerade stehen. Teilen, richtig viel abgeben. Tatsächlich geben heute über 30 Prozent der Deutschen an, dass die Unterstützung durch Angehörige ihre hauptsächliche Einnahmequelle sei, da liegt die so wertgeschätzte eigene Erwerbstätigkeit mit 41 Prozent gar nicht mal so weit darüber.[16] Und für Kinder liegt die Zahl natürlich bei nahezu 100 Prozent. Wenn das kein guter Grund dafür ist, dass wir Familien brauchen! Eltern zahlen, die Schätzungen schwanken zwischen 350 und 500 Euro[17] pro Monat, für ihr Kind, und darüber stöhnen die Eltern vielleicht, aber hätte man je von ihnen so zähe Feilscherei über diese Ausgaben gehört wie bei den Politikern? Selbst die steuerliche Freistellung des Existenzminimums für Kinder bedurfte eines Urteils der höchsten Instanz, des Karlsruher Bundesverfassungsgerichts. Jedes Jahr wieder stehen die Ressourcen für die Kindergartenplätze zur Disposition, bangen Eltern darum, ob denn die Kommune einmal mehr geneigt ist, die paar Stunden für die Bildung unserer Kinder zu finanzieren. Sie selbst aber zahlen über Jahrzehnte und darüber hinaus, schränken sich ein, in Konsum, Ernährung oder Teilhabe an Kultur und Bildung.

Die Verantwortung der Gesellschaft für ihren Nachwuchs

Eltern zahlen in der Regel freiwillig, man könnte schon dies für ein starkes Argument für die Aufzucht der Kinder in privaten Kreisen halten. Eine Auslagerung der Kinder in Heime bietet sich jedenfalls nicht an, um das leidige Thema Familie beizulegen. Heimeltern können sich jedes Jahr wieder und wieder fragen, ob sie nicht Besseres zu tun haben, als Kinder großzuziehen, ob irgendwo sonst ein Job winkt, der lukrativer wäre, sie kündigen womöglich, wenn Anerkennung und Lohn ausbleiben. Wir brauchen Familien, damit für Kinder jemand da ist, 24 Stunden am Tag. Eltern, die zahlen und sich kümmern und natürlich Kinder lieben. Eltern, so ist bereits im Fünften Familienbericht der Bundesregierung von 1994 nachzulesen[18], leisten für die Versorgung und Betreuung eines Kindes einen Aufwand von rund 400 000 DM, berechnet nach den notwendigen Ausgaben, weiter nach dem Stundenlohnsatz einer Arbeiterin für die zeitliche Betreuung der Kinder und drittens zum gleichen Satz für Verrichtung der für die Kinder notwendigen Tätigkeiten im Haushalt. Nicht eingerechnet sind die Verluste, die Eltern hinnehmen, wenn sie ihren Beruf zugunsten der Kindererziehung aufgeben, und dennoch ergeben sich für die Aufzucht einer Generation der Menschen in diesem Land, Beispiel Geburtsjahrgang 1984, tatsächlich 250 Milliarden Mark, die von den Eltern dieser Menschen aufgebracht wurden und deren Kompetenzen und Einsatzbereitschaft dann als Nutzen der Gesellschaft zur Verfügung stehen. Ohne nennenswerte Anerkennung. »Es ist allerdings außerordentlich bedenklich, dass das Gemeinwesen die tief in der Elternschaft begründete Überzeugung, für Kinder sorgen zu müssen, ausnutzt, um an der gemeinsamen Verantwortung einer Gesellschaft für ihren Nachwuchs zu sparen«, wird noch Jahre später der Zehnte Kinder- und Jugendbericht feststellen müssen.[19]

Wer, wenn nicht Familien, wäre zu solchen Opfern bereit? Tatsächlich kann sich nur ein immer geringer werdender Teil der jungen Menschen entschließen, unter diesen Bedingungen die Verantwortung für Kinder zu übernehmen, und auch deshalb sind wir familienbedürftig. Oder hätte jemand tatsächlich die Phantasie, sich auszumalen, welche Bedürfnisse nach Unterstützung von Kindern, Älteren, Kranken aufbrechen, wenn das familiäre Netz dünner wird? Wer teilt dann mit wem? Wer wollte sich in der Konkurrenz um Hilfe auf jenes altmodische Wertegerüst von »Pflicht und Leistung« beziehen, das wir in der moderneren Variante als Verantwortungsbewusstsein, Verständnis für andere und Kritikfähigkeit so gerne formulieren und das Familien von Generation zu Generation neu zimmern, wie der Familienforscher Hans Bertram gezeigt hat?[20]

Wir können die Lage auch aus anderer Perspektive betrachten und uns einmal wundern, dass die Menschen nicht aufhören, Familien zu gründen, dass es offensichtlich immer noch Leute gibt, die glauben, dass sie Kinder und Familie brauchen, dass Kinder »das Wichtigste im Leben« sind. Das sagen knapp ein Drittel aller Bürger dieses Landes, auch wenn wahr ist, dass immer mehr Menschen, schon über zwanzig Prozent der Zwanzigjährigen, sich das Leben ohne Kinder besser vorstellen.[21] Fragen die Meinungsforscher nicht nur nach Kindern, sondern nach Familie und Partnerschaft, setzen zwei Drittel aller Menschen sie auf Platz 1 der Wichtigkeiten. Arbeit rangiert weit dahinter: Nur sieben Prozent der Deutschen behaupten, dass Arbeit in ihrem Leben das Wichtigste sei, und so muss es doch erstaunen, wie wenig es uns gelingt, im Alltag unsere Wünsche und Werte, unsere Ansichten und Ziele in Einklang zubringen. Jeder dritte Arbeitnehmer hat das Gefühl, die Seinen wegen der Arbeit zu vernachlässigen. Arbeit verspricht Geld und Ansehen, soll einen auch innerlich weiterbringen, neue Anreize bieten, zur Selbstverwirklichung beitragen, trotzdem muß es erstaunen, dass immerhin mehr als 60 Prozent der Bürger bei einer Umfrage angeben, auch dann nicht auf einen Karrieresprung verzichten zu wollen, wenn er zu Lasten der Familie ginge. Verkehrte Welt. Oder sollte es bei solchen Entscheidungen nur um die erste Aufgabe von Eltern gehen, die da ist, das Überleben der Ihrigen zu sichern? Schwierige Verhältnisse.

Kinder oder Selbstverwirklichung, die falschen Alternativen

Was brauchen Familien, brauchen wir Familien? Zwischen diesen Polen wird die Diskussion ewig hin- und hergetrieben. Familien sind ein Ort der Selbsterfahrung. Kinderhaben ist eine der ganz großen Möglichkeiten des Glücks, wie Paul Kirchhof sagt, die das Leben für uns bereithält. »Ich weiß natürlich, dass heute viele junge Menschen Kinder als Bedrohung ihrer Freiheit ansehen und sich auf diese Entdeckungsreise gar nicht einlassen mögen«, schreibt der Pädagoge Andreas Flitner. Das Ideal der Selbstverwirklichung habe sich scheinbar der Liebe- und Hingabefähigkeit in den Weg geschoben – zu Unrecht! »Kinder wahrnehmen und verstehen – das sehe ich nicht als eine ›Aufgabe‹ an, die dazu dienen soll, mit besseren psychologischen Kenntnissen die Kinder besser zu lenken. Ich werte das als Teil dieser Partnerschaft und grundlegenden Erfahrung, die Eltern (und andere Erwachsene) mit Kindern machen können und die, wie alle Erfahrungen gelingender Kommunikation, zu einer großen Bereicherung unserer Existenz, einem wichtigen Stück unseres Selbst werden können.«[22] Ein Leben mit Kindern, muss es denn tatsächlich betont werden, weil es für viele schon so weit weg ist, verspricht »einen Gewinn, eine Dimension des Lebens, die ihnen andere Freundschaften und Sozialbeziehungen nicht verschaffen können«. Und Flitner zitiert Ronald Laing: »Unser Verständnis von uns selbst verkümmert sehr stark, wenn wir den Kontakt zur Kindheit verlieren.«[23]

Dem Glück eine Chance geben. Wir sind es gewohnt, unser Mitleid auf diejenigen zu lenken, die ungewollt kinderlos bleiben, es scheint manchmal geradezu, als bewahre sich in diesem Mitleid ein Rest der Anerkennung jener Dimension des Lebens, die Elternsein bedeuten kann. Medizinisch steril: Die ethisch waghalsigsten Experimente werden mit Hinweisen auf das große Leid der ungewollt Kinderlosen als medizinisch notwendig gerechtfertigt. Aber sozial steril? Wer empfindet das als Tragödie? Interessanterweise sind wir nicht zu ähnlich mutigen Manövern bereit, wenn es darum geht, sozial verursachte Sterilität zu beheben, also jenen zu helfen, die durch ungenügende gesellschaftliche Bedingungen in die Kinderlosigkeit gedrängt werden, die sich von Jahr zu Jahr genötigt sehen, ihren Wunsch nach einem Kind vor sich herzuschieben oder ihn sich endgültig zu versagen. Aber das schlägt womöglich nicht minder tiefe Wunden. Wer sich Kinder einmal wünschte, aber keine hat, so sagt es eine, die sich mit ihrer Kinderlosigkeit abfinden muss, sei gezwungen, sich und die eigene Existenz ständig neu zu begründen. Wenn solche Lebensziele aufgegeben werden, müssen andere Ziele an ihre Stelle treten. Aber was könnte das sein, wenn doch die Elternschaft, das Leben mit Kindern, in uns einem tief liegenden, nicht unbedingt in Worten zu formulierenden Bedürfnis entspricht, das so viel umfasst wie Menschsein und Zukunft haben, auch über das eigene kleine Sein hinaus?

Kinder haben macht glücklich, behauptet auch der Philosoph Dieter Thomä.[24] Gewagt! Ist das Familienglück nicht hoch suspekt? Lächerlich, verlogen, illusionär? Hat die Aura von Biederkeit, den Hochglanz eines Margarinereklameposters, höhnen da nicht alle gleich von der Heiligen Familie, hoho! Sollen sie. Wer davon spricht, dass wir Familien für unser Glück brauchen, ist mutig oder klug oder beides zugleich. »Wenn Eltern ein Kind zur Welt bringen, so liegt darin die *nicht wirklich begründete* Unterstellung, dass dies einen Sinn gebe, dass das Kind und auch die Eltern von dem, was sie tun, etwas haben«, schreibt Dieter Thomä: Elternschaft sei »eine Bestätigung im ›Noch-einmal‹«. Elternschaft erfüllt uns mit einer Hoffnung, die sich darin ausdrückt, dass »man nicht nur sich selbst am Leben lässt, sondern auch noch einem anderen Menschen beim Einleben ins Leben hilft«[25]. Einem Kind Mutter zu sein oder Vater, sagt Thomä, sei eine gute Möglichkeit, mit dem Leben Freundschaft zu schließen. Auch deshalb brauchen wir Familien, umso mehr, je weniger Menschen sich das trauen.

Man könnte sagen, Familien und Kinder sind das, was wir an Zuversicht für die Zukunft aufbringen können. »Alle Erziehung ... geht ja doch von der Hoffnung aus, dass es besser werden möge; dass in den Kindern ein neuer Anfang, neue Möglichkeiten uns gegenübertreten; und dass aus unserem eigenen Leben das Bessere, das Vernünftigere und Humane zur Geltung kommen kann«, schreibt Flitner. »Erziehung im Sinne der Neuzeit ist auch darin eine Tochter der Aufklärung: deren Hoffnungen haben sich mit der Erziehung verbunden – die Hoffnung auf Freiheit und Vernunft, auf liberale und demokratische Ordnungen, auf Gerechtigkeit und Frieden. Und von diesen Hoffnungen können wir nicht lassen, im kleinen nicht und nicht im großen.«[26] Auf was sonst wohl sollte sich die Hoffnung, jenseits unseres eigenen kleinen beschränkten Lebens, erstrecken?

4. Warum wir es nicht hinkriegen

Leben mit gefälschten Bilanzen

Wie ist es möglich, dass inmitten einer Wohlstandsgesellschaft, in Zeiten des wirtschaftlichen Aufschwungs, eines beispiellosen Ausbaus des Sozialstaates, in einem Jahrhundert, in dem sich alle Lebenschancen in der westlichen Welt vervielfältigt zu haben scheinen, warum werden in so guten Zeiten ausgerechnet Kinder und ihre Eltern an den Rand gedrängt? Kann es denn sein, dass in diesen letzten zwanzig Jahren die Zahl der Kinder mit Sozialhilfebezug um 370 Prozent gestiegen ist – und die der älteren Bürger nur um 40 Prozent?[1] Wir wissen, dass schon zwei Kinder eine Familie mit einem Durchschnittseinkommen so belasten, dass alle zusammen an die Sozialhilfeschwelle rutschen – und warum ändern wir es nicht, wenn wir es denn wissen? Alle Maßnahmen des Familienlastenausgleichs greifen nicht[2] – ja sind wir zu beschränkt, sie besser zu zimmern? Oder wollen wir zu schlau sein?

Dass die Gattung Mensch sich gegen die Arterhaltung entscheiden kann und jenen Instinkt ausgeschaltet hat, der jede Maus, jeden Vogel, noch die Affen zur Sicherung der Fortpflanzung drängt, mag sie ja gerade zu den technischen und wirtschaftlichen Höhenflügen befähigt haben, die wir so gerne bewundern. Produktionsprozesse und Ressourcen auf ein Ziel zu konzentrieren, ohne Rücksicht zu nehmen auf das, was stören könnte: Kinder zum Beispiel. Zuwachsraten statt Nachwuchs sichern. Gerade diese Zukunftsvergessenheit der Gattung Mensch hat jene phantastischen Blüten der Wirtschaftsentwicklung hervorgebracht, die nun, weil nichts nachwächst, verwelken. Der Fünfte Familienbericht hat uns vorgerechnet, wie alle Bilanzen aufgebläht sind, weil wir schlicht vergaßen, jene Kosten zu berücksichtigen, welche die Produktion von Kompetenz und Tatkraft verlangt, die noch jede Wirtschaft braucht. Aber diese Gegenrechnung ist auch schon fast zehn Jahre alt, und haben wir die Bilanzen korrigiert? Natürlich nicht. Und warum nicht? Wir leben in einer Hochleistungsgesellschaft, wir sind willens, die blutigsten Konflikte zu lösen, weltweit – an dieser Front versagen wir. Innovationskraft null. Wir sind blockiert, mental. Diese Gesellschaft leidet unter Wahrnehmungsstörungen, unter partieller Blindheit.

Im Herzen der grotesken Fehlentwicklung steht die Unfähigkeit, Personen, die Familie ausmachen, Mütter, Väter, Kinder wahrzunehmen. Wir lassen sie nicht an den Modernisierungsschüben teilnehmen – weil wir sie übersehen. Familienarbeit kann nicht wahrgenommen werden, solange sie eben als Frauenarbeit gilt und Frauen in allen Bereichen des Lebens diskriminiert werden, mit Ausnahme des Grundgesetzes natürlich, wo solche Diskriminierung verboten wird. Kinder sind in weiten Teilen des Alltagslebens, auch im Recht, einfach ausgeblendet, werden glatt übersehen, weshalb ihr allmähliches Verschwinden aus der Gesellschaft durch demographischen Einbruch nur als Nachvollzug schon bestehender Verhältnisse gewertet werden kann. Und noch immer befinden wir uns auf der Suche nach den modernen Vätern. Wo sind sie? Wie könnte eine moderne Familie funktionieren? Wir haben noch gar nicht angefangen, uns tatsächlich zu überlegen, wie in der hochtechnisierten, globalisierten Gesellschaft Männer und Frauen mit ihren Kindern gut leben können.

1. VON MÜTTERN

»Also, wenn die Kinder um fünf noch leben, ist mein Job erledigt, dann mach' ich Feierabend!«
(Mutterwitz)

Mütter gibt es nicht. Nicht in Deutschland. Es gibt in diesem Land keine Möglichkeit, eine Mutter zu sein, die nicht den Zorn, die Kritik, die Ablehnung, zumindest übel gelaunte Diskussionen hervorrufen würde. Und sei es auch nur im eigenen Kopf. Mutter wird man zu früh oder zu spät, man kümmert sich um seine Kinder zu viel oder zu wenig. Man wird als deutsche Mutter beschimpft, als habe man sich mit dem dicken Bauch die ganze Last der deutschen Geschichte aufgeladen, man muss sich die Unterstellung gefallen lassen, die ganze Fürsorglichkeit und Liebe sei nur das Symptom einer Verblendung, wahlweise wird gerügt, die ganze Hetze, Mühe, die endlose Plackerei, die eine versuchte Vereinbarung von Beruf und Mütterlichkeit so mit sich bringt, sei nur das Resultat einer bösen Verführung durch den Emanzipationswahn einer vergangenen Zeit.

Die große Selbsttäuschung

Mütter sind Frauen, ein Zusammenhang, der gerade Frauen, wenn sie Mütter werden, nicht selten gleich in den ersten Monaten des neuen Lebens in den Hintergrund gerät, bei all dem Stillen, Windeln und dem Rest, den man eine komplette Neuorientierung ihres Lebens, ein Durcheinanderwirbeln alles bisher Erlebten und Geglaubten, nennen könnte. Aber es lohnt sich doch, der Tatsache wache Aufmerksamkeit zu widmen, weil nur mit dem Frausein der Mütter erklärt werden kann, weshalb die menschliche Gattung dazu neigt, Mütter beiseite zu schieben. Und sie sich dann, hierzulande, schon kurz nach der Geburt des ersten Kindes, als zunehmend unzufrieden erleben – mit sich und dem Partner, mit der Arbeitsteilung und dem Auskommen, mit der Anerkennung, die ausbleibt.[3]

Es gibt übrigens auf der ganzen Welt kein Land ohne Diskriminierung von Frauen. Es findet sich, man schreibt es nur mit Widerwillen nieder, tatsächlich kein einziges Land auf dieser Erde, in dem Frauen im täglichen Leben wirklich gleichberechtigt wären – und das immerhin ein gutes halbes Jahrhundert, nachdem die Vereinten Nationen am 10. Dezember 1948 die Allgemeine Erklärung der Menschenrechte verabschiedet haben – ohne Gegenstimme! Man könnte sagen, die Diskriminierung von Frauen ist die erste globalisierte Ideologie, mit desaströsen Auswirkungen. In der dritten Welt sehen wir ganze Erdteile verwüstet, keineswegs nur von Kriegen, sondern durch das Unvermögen der Menschen, zwischen den Geschlechtern eine Balance von Belastung und Beteiligung zu finden. Frauen werden als Arbeitstiere missbraucht, wir sehen sie in Afrika frühmorgens auf die Felder ziehen, schwere Wasserkanister auf dem Kopf, auf dem Rücken die Kinder, während ihre Männer sich unter den Chausseebäumen niederlassen, zum Plausch mit ihresgleichen, während die Frauen also bis zur völligen Erschöpfung die Arbeit verrichten und gesundheitlich geschwächt, ausgeblutet von den vielen Geburten, sich fügen. Die Feststellung, dass die Gleichstellung von Frauen der Schlüssel ist für eine vorteilhafte Entwicklung der Gesellschaft, gilt heute im Bezug auf die Drittweltländer – man könnte sagen: nur im Bezug auf Drittweltländer – nicht als feministische Verirrung, sondern als Richtlinie bei der Verteilung von Fördermaßnahmen. »›Investitionen in die Bildung von Mädchen‹, so die Weltbank, ›stellen wahrscheinlich die rentabelsten Investitionen dar, die sich in den

Entwicklungsländern tätigen lassen‹«, so liest man im Unicef-Bericht. Man habe sich überzeugt, »dass eine verbesserte Bildung von Mädchen der beste und schnellste Weg ist, die Armut zu bekämpfen und eine gerechtere Gesellschaft zu schaffen.«[4] Wenn man sie denn die Chancen der Bildung auch nutzen lässt, möchte man warnend ergänzen. Denn in diesem Punkt sind auch die Industrienationen reine Entwicklungsländer, hier hinken sie hinter den Expertenmeinungen hinterher, ebenfalls mit desaströsen Folgen für Kinder und Frauen.

Bildung von Frauen: eine Fehlinvestition

Frauen in der ersten Welt, sagen wir: Frauen in Deutschland, neigen dazu, sich im Vergleich mit Frauen der Dritten Welt als unendlich privilegiert zu empfinden, und dafür gibt es auch Gründe. Sie überleben in der Regel die Geburt ihrer Kinder. Sie leben im Wohlstand, sie haben seit 50 Jahren alle Chancen der Bildung. Aber: Sie können die Früchte dieser Bildung nicht ernten. Frauen haben zwar Zugang zu Bildung, stellen heute über die Hälfte der jungen Akademiker, aber es wird ihnen die Nutzung dieser Bildung versagt, wie die Statistiker ausweisen, nur in kaum nennenswerten Zahlen steigen sie auf in jene Hierarchien, die Einfluss und Geld auf sich versammeln, was ihre jahrelangen Anstrengungen verhöhnt, weil es alle Mühe vergeblich macht und die öffentlichen Kosten zur absurden Fehlinvestition. »Ein Recht auf Gleichbehandlung hat kaum etwas mit faktischer Gleichbehandlung zu tun«, bemerken Pamela McCorduck und Nancy Ramsey, zwei amerikanische Wirtschaftsberaterinnen, in ihrem Buch »Die Zukunft der Frauen«[5] mit kühler Professionalität.

Das 20. Jahrhundert, schreiben die beiden, habe eine der gewaltigsten sozialen Veränderungen erlebt – und sie meinen damit vor allem die veränderte Stellung der Frau, ihre dramatisch gewandelte Einstellung zu sich selbst, zu ihren Rechten und ihren Fähigkeiten.[6] Aber bei genauer Betrachtung der Umstände müsse man feststellen, dass diese Einstellung und die mit ihr einhergehende Zuversichtlichkeit einer grandiosen Selbsttäuschung erliege. Der Sieg der Gleichberechtigung erscheine zwar immer zum Greifen nahe, alle Verzögerungen würden gewertet, als seien sie nur ein Boxenstopp vor dem Endspurt, es herrsche ein Optimismus im Stile von »Wir sind im Landeanflug, und ehe Sie sich dessen versehen, werden wir schon da sein. BEINA-

HE sind wir ja schon da.«[7] Eine große Illusion! Der Fortschritt ist nicht linear, es geht keineswegs immer weiter nach oben, es ist durchaus zu befürchten, dass wir »auf einem Gletscher festsitzen, anstatt im Landeanflug zu sein«, schreiben die beiden: »1970 waren 99 Prozent des US-Spitzenmanagements Männer ... Fünfundzwanzig Jahre später waren nur noch 95 Prozent des Spitzenmanagements Männer. Wenn es in diesem Tempo weitergeht, wird es im Jahr 2270 endlich so weit sein, dass Männer und Frauen die gleichen Chancen auf einen Platz im Spitzenmanagement haben.«[8] Und zu fragen wäre noch, zu welchem Preis.

Welche Chancen also vertan werden, seit Generationen, die Bildung der Frauen tatsächlich zum Wohle der Gesellschaft auch zu nutzen – und man lasse sich nicht täuschen von lobenden Worten über die Erwerbsbeteiligung von Frauen – die Quote ist erstens rückläufig und sagt zweitens nichts darüber aus, in welchem Umfang Frauen erwerbstätig sind. Die Erwerbsquote der deutschen Frauen hat sich seit den siebziger Jahren allein durch Zunahme der Teilzeittätigkeiten gesteigert.[9] Die meisten Frauen in Deutschland arbeiten geringfügig, sie können sich von dem Verdienten nicht ernähren, so rutschen sie zum Beispiel bei einer Scheidung mit ihren Kindern in die Bedürftigkeit. Ausgerechnet in einer Gesellschaft, die sich so viel darauf zugute hält, die Kosten, Ausgaben, Gewinne haarscharf zu bilanzieren, wird darüber geflissentlich hinweggesehen. Vielleicht ein Glück, dass die Kammerjäger von Mc Kinsey ihre Scheinwerfer noch nicht in diese Richtung gerichtet haben, wer weiß, vielleicht würden sich die jungen *Men in Black* zu der Empfehlung versteigen, Frauen gnadenlos aus den Universitäten zu scheuchen, sie machen ja doch nichts daraus, diese Weiber. Und wenn doch, dann bleiben sie kinderlos, auch ein Desaster.

Wir sehen also die kleinen Mädchen auf dem Spielplatz, wie sie mit wichtiger Miene ihre Welt zusammenbauen, Papamamakind üben, wir applaudieren ihnen, wenn sie voller Stolz mit der Schultüte zum ersten Schultag schreiten, wir sehen sie – selbstbewusst wie nie, gierig auf das, was jetzt doch kommen muss – auf dem Abiturfoto in der Schülerzeitung: Glückwunsch! möchte man ihnen zurufen. Aber die Glückwünsche bleiben einem im Halse stecken, weiß man doch, selbst die Töchter unserer Töchter werden vermutlich keine Chance haben, jene gelungenen Karriereläufe zurückzulegen, für die Frauen der Müttergeneration schon vor Jahrzehnten trainierten.

Wenn wir mit ihren Müttern um den Tisch sitzen und die Augen schweifen lassen, kann es passieren, dass da tatsächlich, an einem schön gedeckten Dinner-Tisch in gepflegter Runde, frischer Spargel, neue Kartoffeln, fruchtiger Riesling, dass da drumherum satte zwei Millionen Euro an Fehlinvestitionen im Bildungssektor versammelt sind. Studium der Jurisprudenz. Medizin bis zum Anerkennungsjahr. Germanistik und Sport oder sogar Betriebswirtschaft, dann abgebrochen, schon im Studium, oder nach zwei Jahren, und nun als Hauswirtschafterinnen und Erzieherinnen tätig, was man ohne weiteres mit einer dreijährigen Lehre sich hätte aneignen können, außeruniversitär. Das alles wirkt sich auch nachteilig aus, wenn sich die unangenehme Frage stellt, ob Frauen ihre Kinder ernähren können – dazu brauchen sie im Übrigen, bei geringerem Durchschnittsverdienst, immer noch mehr Stunden als ein Mann, und auch dies wirkt sich nachteilig auf ihre Fähigkeit aus, ihre Kinder zu bemuttern, weil sie immer mehr Stunden arbeiten müssen, um aufs selbe Geld zu kommen wie ein Mann.

Das Tabu vom vereitelten Kinderwunsch

Auch Frauen in der ersten Welt werden übrigens daran gehindert, ihre Kinderzahl nach ihren Wünschen einzurichten. Während die meisten von ihnen sich Kinder wünschen, auch der Meinung sind, dass mehrere Kinder zu ihrem Lebensglück gehören, finden sie sich – und vor allem die Jungen und viele von denen, die nicht bereit sind, ihr Jura-Studium, die lange Medizinausbildung, die tolle erste Stelle im neuen Betrieb einfach abzuschreiben – in eine Lage gedrängt, in der es ratsam erscheint, ihre Wünsche vor sich herzuschieben. Oder ihnen zu entsagen. Die sinkenden Kinderzahlen in diesem Land, die angesichts der objektiv registrierten Schwierigkeiten, Familie in diesem Land zu leben, von feministischer Seite oft so gedankenlos als »Gebärstreik« tituliert werden, verbergen nicht selten eine Tragödie von unerfüllten Sehnsüchten, abgeschnittenen Wünschen, abgetriebenen Hoffnungen. Niemand scheint wirklich wissen zu wollen, welche Entsagung es bedeutet, wenn 40 Prozent der Akademikerinnen in diesem Land keine Kinder haben. Keine Debatte darüber, wie ungerecht das ist, im Vergleich mit ihren ehemaligen Studienkameraden, Ärzte sie, gerne mit einer Krankenschwester verheiratet, die bereitwillig den Beruf aufgibt. Oder wie gemein das ist, im Vergleich zu den Schwestern in

Finnland, deren Kinderlosigkeit nur halb so hoch ist. Gemein auch der Vergleich mit den Französinnen, die gute Jobs haben können und doppelt so häufig sogar drei Kinder haben, oder nochmals mit den Schwedinnen, von denen sogar 30 Prozent drei Kinder haben – und in Deutschland können sich das gerade mal zehn Prozent der Frauen erlauben.[10]

Die Kinderlosigkeit der gut ausgebildeten deutschen Frau ist ein Skandal, aber kein Thema. Es gibt tatsächlich keinerlei Aufstand, diese Frauen selbst protestieren ja nicht. Über gescheiterte Lebensperspektiven, das Sichabfinden mit einer Zukunft ohne Kinder, darüber wird nicht gesprochen. Es ist eines der letzten Tabus, könnte man meinen. Man könnte auch sagen, so viel weibliches Seelenleben interessiert nicht.

Abtreibungsschein statt Ganztagsschule

Das kann wütend machen. Wie reduziert muss das Interesse einer Gesellschaft an Müttern und ihren Kindern sein, die schwangeren Frauen, die an der Frage verzweifeln, wie sie ein Kind gleichzeitig ernähren und betreuen sollen, einen Abtreibungsschein entgegenhält, statt erst mal einen Gantagsplatz in Kindergarten und Schule zuzusichern und eine familienverträgliche Arbeitsstelle? Kein Missverständnis. Die Erlaubnis des straffreien Schwangerschaftsabbruchs in den Schranken einer Dreimonatsfrist ist unverzichtbar, wenn Lebenswege nicht aufgezwungen werden sollen. Aber moralisch vertretbar ist sie nur, wenn es eine Wahlmöglichkeit gibt.

Es hat lange gedauert, bis solche Wahrheiten auch in die Köpfe von Frauen durchsickerten. Sie verstehe nicht, »warum die Abtreibung immer wieder als unser wichtigstes besonderes Recht gefeiert wird«, schreibt Maureen Freely, Mutter von drei Kindern, Ehefrau mit verschiedenen Lebenspartnern, berufstätige um die Existenz ringende Mutter in ihrer »Bilanz eines feministischen Versuchskaninchens«, einer Art von traurigkomischer Abrechnung mit den alten Kämpfen. Wer kann schon gegen Chancengleichheit sein? »Das heißt aber doch auch, dass es neben dem Recht, keine Kinder haben zu wollen, auch das Recht geben müsste, Kinder haben zu wollen.«[11] Das zu sagen war lange nicht angesagt. Darüber wachten – und wachen noch immer – jene Frauen, die – nicht selten kinderlos – so messerscharf erkannt hatten, dass Kinder unweigerlich ihre Gebärerinnen in die Küche beförderten, und wer zu dumm war, das zu verhüten, sollte den Mund halten. Jedenfalls nicht jammern über Unvereinbarkeit, Partnerquerelen und Blähbabys, das ging allen wirklich auf die Nerven, jenen, die sich mit der Symbolik des Gender-Diskurses und dem Signifikanten des Phallus gut amüsierten. »Wir werden wie nörgelnde Kinder behandelt, die den faszinierenden Diskurs über das Sklavenhalsband mit der überflüssigen Frage nach Saft gestört haben«, schreibt Freely mit angelsächsischem Witz.[12]

»Mütter werden laut«

Als Gisela Erler, Familienforscherin, Mutter, ein wenig grün orientiert und natürlich sehr frauenbewegt, sich im Jahre 1987 nach einer langen, mühseligen politischen Nachtsitzung hinsetzte und, böse, scharf und ein wenig ironisch, das so genannte Müttermanifest formulierte, trat sie eine Lawine los. Eine Lawine aus Beschimpfungen, Protest, Hohn und dünnen Lauten der Zustimmung. »Leben mit Kindern – Mütter werden laut«, stand über dem Manifest und unter diesem Motto waren die unerhörtesten Thesen und Forderungen aufgelistet.[13] »Es ist an der Zeit für eine neue Frauenbewegung, eine Bewegung, die die Wirklichkeit, die Wünsche und Hoffnungen von Müttern mit Kindern ebenso konsequent und nachdrücklich vertritt wie die Interessen kinderloser Frauen«, stand da. Und Frauen hätten es satt, sich vorschreiben zu lassen, »wie ihre Lebensplanung, ihre Gefühle für Kinder und Männer, ihre Einstellung zu Beruf, Karriere, Haushalt, Gesellschaft und Kindererziehung auszusehen haben.« Haushalt! Erziehung! Alles Ekelvokabular!
»Mütter lassen sich nicht mehr fragen, ob und warum sie Kinder haben dürfen, sondern sie fragen die Welt, warum sie ihnen und ihren Kindern nicht den legitimen, notwendigen, sinnvollen Raum gibt – wo doch die Zukunft von ihnen abhängt und die Grundlagen des psychischen und physischen Wohlbefindens letztlich der gesamten Gesellschaft von ihnen geschaffen werden.« Es fiel tatsächlich der Satz »Motherhood ist beautiful!« Darunter standen Namen wie Waltraud Schoppe und Antje Vollmer. Dagegen stand eine ganze Generation von Frauen auf, die sich angegriffen fühlten und mit der Erbitterung derer wehrten, die sich vielleicht nicht eingestehen wollten, worauf sie verzichtet hatten, als sie ein kinderloses Leben wählten. Oder ging es darum, sich gegen einen konkurrierenden Machtanspruch zu verteidigen?

Noch immer kein Lebensmodell für Mütter in Sicht

»Das tat weh«, sagt Gisela Erler rückblickend. Berufstätige Frauen glaubten sich der häuslichen Welt ihrer Mütter entkommen und wurden, endlich aufgenommen in die Männerwelt, nun mit Wünschen konfrontiert, diese Erwerbswelt doch bitte-bitte an den Rhythmus von Kinderzimmer und Küche anzupassen! Mütter, mussten sie lesen, seien »immer weniger bereit, sich damit abzufinden, dass Berufsleben, Terminplanung, Veranstaltungen, jede Form von Öffentlichkeit, de facto davon ausgehen, Mütter hätten kein Recht dabei zu sein, oder wären selbst dafür verantwortlich, sich die Möglichkeit der Teilnahme zu schaffen …«

Die Frauenbewegung sei, sagte Erler, damals eine töchterzentrierte Frauenbewegung gewesen, in der Kinder nur als Last galten, als bedauerliche Symptome einer intimen Kollaboration mit dem Feind. Es sei eine Zeit gewesen, in der das Bewusstsein der Bevölkerung dem der Frauenbewegung weit vorausgeeilt war, denn schon damals hatten alle Umfragen ergeben, dass Frauen sich beides wünschten, Beruf und Kinder.

Gisela Erler, damals als Mutterhexe verteufelt, die mit düsterer Magie die Frauen an Kochtopf und Kind fessele, ist heute Wirtschaftsmanagerin – im Dienste von Elternkarrieren: Vermittlerin zwischen den Welten von Kindern und Wirtschaftsbossen. Mit ihrem »Familienservice« bietet sie sich als Dienstleister für Firmen und Familien an, um mit Arbeitszeitmodellen oder konkreter Kinderbetreuungshilfe den Alltag von Eltern entspannter zu gestalten. Eine kleine Erfolgsgeschichte, 14 Standorte in der Bundesrepublik, das Know-how nun anbietend auch für andere Familienprobleme, als da wären: Betreuung der Alten, Beratung bei Rechtsfragen bis Schulproblemen. Man könnte sagen, Gisela Erler hat die Mutterschaft professionalisiert. Aber tatsächlich bedient sie, so ausgedehnt und bundesweit ihr Angebot auch gilt, nur eine Minderheit – Frauen, die etwas anzubieten haben am Arbeitsplatz, die nicht so einfach zu ersetzen sind, an denen Arbeitgeber langsam ein Interesse entwickeln. Grundsätzlich ist es in diesem Land bis heute nicht gelungen, für Frauen, die Mütter werden, das zu schaffen, was im Müttermanifest vor 15 Jahren gefordert wurde: »Ein insgesamt tragfähiges, sinnvolles Emanzipations- und Lebensmodell.«[14]

Es ist bis heute nicht gelungen, Mutterschaft vom Opferstatus zu befreien. Mutterschaft gilt noch immer den einen Ideologen geradezu als Verrat am Frausein, den anderen aber, wenn die Mutterschaft nicht eintritt, als böswilliges Versagen von Weiblichkeit, als Resultat irregeleiteter Selbstverwirklichungsambitionen. Bedauerlicher Auswuchs von Modernisierungstendenzen! Dabei ist das Gegenteil richtig: Nicht dass viele Frauen keine Kinder mehr bekommen, sollte uns erstaunen, sondern dass immer noch so viele Frauen bereit sind, Kinder großzuziehen unter höchst feindlichen Bedingungen. Wie verrückt nach Kindern muss man denn sein, um vier Jahre Grundschule, womöglich neun Jahre Gymnasium, fünf Jahre Studium, nach Serien von Examen und Einstellungstests, nach der ganzen Anstrengung der ersten Berufsjahre einfach alles an den Nagel zu hängen, nur um ein Kind bekommen und es gut versorgen zu können, wie es immerhin die Hälfte aller jungen Mütter tut?

Man könnte sagen, da bricht der Selbsterhaltungstrieb der Gattung brutal durch. Alles hergeben, damit die nächste Generation auf die Spur kommt, in Richtung Zukunft. »Erwerbstätige Mütter sind offensichtlich in ihrer Mehrheit bereit, unter den obwaltenden Umständen ein Modell der Unterstützung der Familien mit neugeborenen Kindern zu akzeptieren, das ihnen mit einem minimalen finanziellen Ausgleich ermöglicht, sich ohne Arbeitsplatzverlust für ein Jahr, manchmal aufgrund von Absprachen auch für länger aus dem Erwerbsleben zurückzuziehen. Sie nehmen dabei in vielen Fällen Nachteile in ihrer Berufslaufbahn hin«, so formuliert staunend der Zehnte Kinder- und Jugendbericht.[15] Gisela Erler nennt es »einen gesellschaftlichen Amoklauf«, dass hochqualifizierte Frauen aus dem Beruf gezogen werden, nur weil sie Kinder bekommen. Aber auch die Alternative hat eben ihren Preis: Kinderlosigkeit.

Vor die Wahl gestellt, ihre Kinder in die Obhut von Kindergärten zu geben, die nicht selten als qualitativ bedürftig eingeschätzt werden, durch frühen Unterrichtsschluss in den Schulen auf den großen Schwarzmarkt unkontrollierter Kinderbetreuung verwiesen, jeden Tag in abenteuerlicher Balance und nervenzerreibendem Tempo alles organisieren zu müssen, oder den Beruf aufzugeben und die Kinder in der eigenen Obhut heranwachsen zu lassen, wählen nicht selten gerade Frauen der Mittelklasse, gut ausgebildete Frauen, den Weg in das

Hausfrauendasein. Nun haben sie sich zwar der Chance begeben, ihr eigenes Vermögen, die Ausbildung, die errungene Position, ja, auch zum Unterhalt ihrer Kinder, nutzen zu können. Aber das erscheint auf den ersten Blick gar nicht mal so unvernünftig. Es ist, auch im Deutschland des neuen 21. Jahrhunderts, selbst für eine Akademikerin immer noch einfacher, ein komfortables Leben des Mittelstandes durch Heirat zu sichern denn durch eigenes Einkommen. Aber der Zwang zu wählen erweist sich dennoch, wenn es schief geht, wenn die Ehe scheitert, wie so viele andere gescheitert sind, ganz schnell als eigenes Versagen, weil dann all das, was aufgegeben wurde und nun existentiell gebraucht wird, in unerreichbare Ferne gerückt ist. Ein Arbeitsplatz, ein festes Einkommen, Unterhalt für sich und die Kinder. Denn nicht allein erziehen ist das Risiko, wie die Statistiken lehren, sondern allein erziehen und Frau sein. Männer, die allein erziehen, befinden sich in satter Mehrheit in guter Verdienstposition.

Die Hausfrauenehe ist noch immer eine natürliche Wahl, könnte man sagen – aber eben auch nicht natürlicher als das Einstellen von Geburten, wie es in diesem Land im epidemischen Ausmaße zu beobachten ist. Was ist überhaupt Natur, in diesem ganzen Business von Kinderkriegen oder nicht? Davon haben wir keine Ahnung, natürlich nicht. In der faszinierenden, klugen und unglaublich umfassenden Untersuchung über die Natürlichkeit von Mutterschaft, in dem Buch »Mutter Natur«, hat die amerikanische Anthropologin Sarah Blaffer Hrdy die Bedingungen von Mutterschaft untersucht. Was meinen wir, wenn wir sagen, dass irgendetwas natürlich an der Mutterschaft sei, ausgerechnet an Mutterschaft in einer so hochindustrialisierten Gesellschaft wie der unseren? Spricht dann aus uns nur das Wunschdenken oder doch die Gattung?

Elefantenweibchen sind anders

Was sagt es über unser Bild der Natur, wenn wir ausgerechnet das Sorgende und Nährende, das Kuschelnde und Sanfte mit der Natürlichkeit von Mutterschaft assoziieren und nicht die Entschiedenheit des Elefantenweibchens, das Angriffe auf seinen Nachwuchs gnadenlos niedertrampelt – oder etwa die Durchsetzungskraft einer berufstätigen Mutter, die um eine gute Stelle und angemessene Entlohnung kämpft, auch gegen

Konkurrenz? Wir finden es entsetzlich unnatürlich, wenn wir in der Zeitung lesen, dass Mütter es erdulden oder geflissentlich übersehen, wenn ihre neuen Lebensgefährten das Kind aus der früheren Verbindung malträtieren – und ziehen es vor, nicht zu wissen, dass die Weibchen der Languren-Affen sich dem neuen Alphatier der Truppe sogar zur Kopulation anbieten, nachdem es den Nachwuchs seines Vorgängers zerbissen hat. Alles aber Natur. Unter ungünstigen Umweltbedingungen resorbieren Bärenweibchen ihre Föten, dann nämlich, wenn es ihnen nicht gelang, ausreichend Vorratsspeck unter dem Pelz anzusammeln. Andere Tiere beißen die Jungen tot, wenn die Aufzucht gefährdet erscheint. Wenn Frauen also unter ungünstigen Umständen – ein mildes Wort für die gemeine Alternative, die wir ihnen zwischen Beruf und Existenzsicherung auf der einen Seite und einem Leben mit Kindern und der Vergabe aller Chancen auf Selbsterhalt (mit Ausnahme der immer prekärer werdenden Eheverhältnisse) auf der anderen Seite eröffnen, die Fortpflanzung hinausschieben oder darauf ganz verzichten, dann kann dies geradezu natürlich anmuten. Und vielleicht ist es ja auch für die Gattung lehrreich, weil wir endlich merken, dass alles Kalkül auf die Gebärinbrunst des weiblichen Geschlechts nicht aufgeht.

Wenn Frauen trotzdem Mütter werden, treten sie ein in eine Domäne der Nichtbeachtung und Missachtung. Was sie leisten, wird nicht wahrgenommen, und wenn ihre Arbeit wahrgenommen wird, unterliegt sie nicht selten der Geringschätzung und Häme, Sonntagslobreden ausgenommen, Mutter sein – das impliziert alles, was Frauen vernünftigerweise nicht wollen – Rückständigkeit, geistige Enge, wabernde Gefühligkeit und bloß kein Make-up, und im Hintergrund wird schon mit hämischem Grinsen mit dem Mutterkreuz gewedelt. Deutschland ist womöglich das einzige Land der Welt mit einer veritablen Tradition von mütterfeindlicher Literatur: von Otto Weiningers »Geschlecht und Charakter«, über Dorothea Dieckmanns »Unter Müttern. Eine Schmähschrift« bis hin zu Gerhard Amendts »Wie Mütter ihre Söhne sehen«, vom Kursbuch über »Mütter« bis zu Barbara Vinckens »Die deutsche Mutter« – Denunziationen, Beschimpfungen und eine unerbittlichen Bevormundung, als seien Frauen, nur weil sie Mütter geworden sind, heute wie früher die Kinder – Objekte, die jeder abkanzeln darf. Solche Stimmungslage legt sich auf die Seele. Solange es so ist, sollten wir uns nicht über die hohen Depressionswerte von Hausfrauenmüttern wundern oder darüber, dass die Bedingungen für Familien in diesem Land so unglücklich gestaltet sind.

Arbeit, die nicht zählt

Damit aus Kindern Erwachsene werden, bedarf es der Arbeit, der Fürsorge und der Erziehung. Dass dieser Aufwand reine Privatsache sei – ähnlich wie die Wartung des Zweitwagens, innen staubsaugen, den Reifendruck prüfen und das Ding endlich TÜV-fertig machen, ist gesellschaftlicher Konsens. Wer das zu mühsam findet, kommt ohne aus! Und wehe, dieser Aufwand wird nicht geleistet, na dann schrillen einem aber die Ohren von den Vorwürfen, Anforderungen und Anwürfen! Die behauptete Privatheit dieser Arbeit ist Rechtfertigung dafür, dass der ganze Aufwand aus den Systemen der Entlohnung, die die Produktivität der Gesellschaft angeblich so befeuern, herausgenommen ist oder allenfalls mit einem jederzeit rückrufbaren Almosen honoriert wird. Auch dies bewirkt, dass Frauen mit ihren Kindern so oft in die Bedürftigkeit abrutschen, obwohl doch so gerne beteuert wird, Leistung müsse sich lohnen. Frauen in Deutschland leisten ganz schön viel – über die Hälfte der anfallenden Arbeit. Aber nur ein Drittel dieser Arbeit wird ihnen bezahlt, nur das bisschen Erwerbsarbeit, wie Angelika Krebs in ihrer schon erwähnten Untersuchung zu »Arbeit und Liebe« anführt, in der sie, so der Untertitel, »die philosophischen Grundlagen sozialer Gerechtigkeit« auseinander nimmt.

Lachnummer Haushalt

Wir schlagen die Zeitung auf, wir sehen ein Bild. Das Bild zeigt eine Frau, sie kniet auf dem Fußboden. Der Fußbodenbelag weist Dreckspuren auf, die grüngestrichene Wand dahinter ist ebenfalls schmutzverkrustet. Die kniende Frau trägt eine Kittelschürze und neben ihr steht ein gelber Plastikeimer, aus dem der Schaum quillt, daneben steht eine durchsichtige Flasche mit grünem Putzmittel. Die Frau bückt sich nach vorne, ihre geröteten Hände verschwinden in einem Gewuschel aus Seife und Putzlappen und unter diesem Bild sind zwei Sätze zu lesen: »Alles sauber. Aber auf der Strecke bleiben die genussvollen Momente der Entspannung ...«

Alles unnötig, diese Plackerei. Irgend so ein Putztick treibt die Weiber zum Schrubben, eine einzige Peinlichkeit, wo doch

Wellness angesagt ist, dies ist ja schließlich eine Freizeitgesellschaft. Putzen ist uncool. Selbst wenn deutlich zu sehen ist, wie auf diesem Foto in der Frankfurter Rundschau[16], dass Putzen notwendig ist, dass Putzen auch unerfreuliche, knochenzerschindende und hautaufweichende Arbeit sein kann, wenn da viel Dreck wegzumachen ist, dann kann dies trotzdem nur als Folge einer neurotischen Störung wahrgenommen werden, sozusagen als Symptom von Dreckspuren im Hirn – »Warum viele Menschen die Inseln des Glücks nie erreichen« erklärt uns der Artikel – Antwort: weil sie zu blöd sind, so blöd wie Muttis, die putzen.

Man konstatiert es mit Erstaunen. Was machen wir uns nicht alles vor, um der Erkenntnis zu entgehen, dass hier eine Frau womöglich Dreck wegschrubbt, den es gibt. Dreck, den sie im Zweifelsfalle gar nicht selbst hinterlassen hat, aber der doch irgendwie beseitigt werden muss, von irgendwem, vielleicht weil die, die ihn gemacht haben, ihn noch oder nicht mehr wegmachen können. Vielleicht Kinder. Und dass dies nicht selten kostenlos zu Hause geschieht (wenn es auch Muttis gibt, die in anderen Haushalten zusätzlich putzen, für Geld, um für sich und die Kinder den Unterhalt zu verdienen), es ist, wollte man sich dieser Erkenntnis nicht stellen, denn sonst müsste man tatsächlich über Arbeitsbedingungen reden, einsteigen in eine Diskussion, wieso alle Fortschritte der Arbeitsregelung, als da sind: Arbeitszeitbegrenzung und Arbeitsteilung, Entlohnung und Ferienregelung, Versicherung gegen Verlust von Arbeit und natürlich die Rente, dann müsste man sich ja der Frage stellen, wieso diese ganze Woge an Fortschrittlichkeit an Frauen vorbeigeschwappt ist. Besser, da kommt der Psychiater und zaubert diese Probleme alle weg, zumindest die im Kopf der Hausfrauen, die dunkle Stimmung, das mangelnde Selbstwertgefühl, ja daran sollen sie mal arbeiten, die Muttis. Warum nicht in einer kostenlosen Selbsthilfegruppe, bitte, soviel Initiative muss schon sein. Und alle anderen haben sowieso ihre Putzfrauen.

Es ist, als vollziehe sich alle Hausarbeit hinter einer Wand aus Nichtbeachtung oder Missachtung, eine Wand, die sie jedenfalls unsichtbar macht. Versuche, die Qualität dieser Arbeit zu würdigen, verfallen der Lächerlichkeit. Sauberkeit? Ordnung schaffen? Gar Wohnlichkeit herstellen? Alles Lachnummern. Jede noch so belanglose Tätigkeit im Rahmen der Lohnarbeit bewahrt sich ihre eigene Würde – Konservendosen einräumen, Käse in Zellophan einschlagen, Tickets knipsen, Kugelschreiber einsortieren: All das hat mit Sorgfalt und Präzision zu geschehen und ist lohnwürdig. Aber Betten machen? Töpfe blank putzen? Da muss unsere Mutti schon Glück haben, um nicht gleich mit einem Hinweis auf den Fluch der deutschen Tugenden abgewatscht zu werden, und nicht selten kommt dann gleich der Hinweis hinterher, so etwas habe ja geradewegs zum Ordnungssinn der KZs geführt.

»Der gesellschaftliche Charakter von Familienarbeit«

Tatsächlich hat sich während des vergangenen Jahrhunderts eine zunehmende Entwertung der familialen Arbeit vollzogen. Im bürgerlichen Haushalt des frühen 20 Jahrhunderts noch gab es die Köchin und das Stubenmädchen, die Kinderfrau und den Gärtner und es war, wenigstens über die Entlohnung des Personals, klar, dass hier echte Arbeit geleistet wurde. Und wenn nicht, flog man raus. Noch bis in die sechziger, siebziger Jahre hinein war es selbstverständlich, Mädchen in Kochen zu unterrichten, sie Haushaltsführung zu lehren, das Lüften der Betten, die gründliche Entstaubung von Teppichen und Zimmern. Alles verschwunden heute, verdeckt unter dem Mythos, für die Hausarbeit gäbe es ja Maschinen, als bediene sich die Waschmaschine selbst, als gäbe es in jeder Wohnung Staubsauber, die auf Zuruf über die Teppiche schwänzeln. Wer immer diese Arbeit heute macht, und bei mehreren Personen im Haushalt, die dort leben, arbeiten, spielen und nicht etwa den guten lieben Tag lang im Office sitzen, wo unsichtbare Geister des Nachts hinter ihnen herwischen, bei vielen kleinen und großen Menschen ist da jede Menge zu räumen, zu säubern, herzurichten, und doch verschwindet diese ganze Mühe immer vollständiger aus der Wahrnehmung. Privatsache. Geht doch niemanden was an, muss ja auch niemand für zahlen! Selbst der Anspruch, dass es schön sein soll und sauber, der selbstverständlich an jedes Büro gestellt wird – zu Hause, heißt es gerne, könne man mal »Fünf grade sein lassen«.

Angelika Krebs hat es geschafft, den »gesellschaftlichen Arbeitscharakter von Familienarbeit« endlich gründlich herauszumeißeln.[17] Nicht, dass die Hausfrauengewerkschaft dies alles nicht schon seit Jahrzehnten beschrieben hätte, oder der Fünfte Familienbericht es nicht auch schon vorgelegt hätte aber es hilft schon, wenn Frauenarbeit sich als tiefschwarzes Suhrkamp-Taschenbuch in der Reihe Wissenschaft präsentiert, damit sie wahrgenommen wird. Arbeit, schreibt Krebs, sei »Tätigkeit im Rahmen des gesellschaftlichen Leistungsaustausches«.[18] Es geht also, wir haben es schon im zweiten Kapitel erwähnt, um Tätigkeiten für andere. Krebs gibt uns einen Grundkurs, so einfach, dass auch jeder Nichthausfrauenidiot es versteht. Familienarbeit ist nicht: das eigene Frühstück auf den Tisch bringen, sondern: das Müsli für andere anrühren. Nicht: die eigene Wäsche waschen, sondern: die Klamotten für andere sauber halten. Krebs schreibt, es empfehle sich, »auch Tätigkeiten, die innerhalb einer privaten Aufgabenteilung stehen, als ›private Arbeit‹ zu kennzeichnen, dass sie, genauso wie gesellschaftliche Arbeit, einen Anspruch auf Annerkennung mit sich führen«[19], und setzt hinzu: »Der Begriff *privater Arbeit* erlaubt einen nüchterneren Zugang zu Freundschafts- und Liebesbeziehungen, als er derzeit in der philosophischen Literatur gang und gäbe ist.«[20]

Familienarbeit vollzieht sich, wie gesagt, jenseits aller Grenzen, die je für diese Arbeitsgesellschaft ausgehandelt wurden – für sie gilt keine Wochenarbeitszeit und kein Nachtarbeitverbot, wer je ein Kleinkind betreut hat, weiß von keinen einzuplanenden Pausen, es gibt kein Streikrecht und keine Möglichkeit, den Arbeitsplatz bei Nichtgefallen zu wechseln, dies gelingt in der Regel höchstens den Vätern, die sich verstärkt auf Erwerbsarbeit verlegen. Je anstrengender es zu Hause wird und je mehr Kinder dort zu bearbeiten sind, um so mehr hat Papi anderswo zu tun.[21] Wer sich einmal für Familie entschieden hat, kann nicht kündigen. Es sei denn, jemand erwirtschaftet außerhalb der Familie ein Einkommen, das so hoch ist, dass Familienarbeit delegiert werden kann. Tatsächlich sind es aber gerade Menschen mit vielen Kindern und daher viel Arbeit, die dazu nicht die Mittel haben. Und so treffen wir die Mütter an, wie sie nachts bügeln, auf dem Fensterbrett balancieren und die Fenster wienern, während im Bad die Waschmaschine wummert.

Familienarbeit, darauf weist Krebs hin, unterliegt einer »doppelten gesellschaftlichen Arbeitsteilung: zum einen einer Aufteilung zwischen Männern und Frauen, zum anderen einer Arbeitsteilung zwischen allein oder zu zweit lebenden Erwachsenen (Singles oder Dinks – ›double income, no kids‹) einerseits und Erwachsenen, die mit hilfsbedürftigen Kindern, Behinderten, Schwerkranken und Alten zusammenleben, andererseits.«[22] Will sagen: Arbeit, die man nicht selbst macht, bemerkt man nicht so leicht. Sie ist schon getan, anderswo, von anderen, deshalb ist sie weg. Frauen übernehmen also Arbeitslasten von ihren Männern, andererseits verrichten sie eine Arbeit, deren Nutzen auch jenen Singles und Dinks zugute kommt. Was diese Arbeit wert ist, fällt erst auf, wenn Mutti ausfällt. Und man sie ersetzen muss. Dann muss eine Haushälterin, ein Babysitter, eine Kinderfrau her – was das dann kostet! Viel Geld, das niemand bereit gewesen wäre, an eine Mutter zu zahlen.

Es gibt für Muttis Dienste keinen Verdienst außer dem, der sich aus dem Status des Verheiratetsein ableiten ließe, Ehegattensplitting, Hinterbliebenenrenten. Mütter, die nicht verheiratet sind oder waren, versorgen deshalb den Haushalt mit den Kindern umsonst. Aber auch alle Frauen, die über einige abgeleitete Ansprüche verfügen, merken schmerzlich, was die wert sind, wenn mal gerade wieder die nächste Rentenreform ansteht oder über die Höhe der Hinterbliebenenrente gefeilscht wird. Dann entlarvt sich alles Gerede von der Solidargemeinschaft der Ehe als Floskel.

Kein Einkommen, aber Schuldzuweisungen

Die erzieherische Leistung von Familienarbeit ist etwas, das Frauen alles abverlangt, schon weil in der Regel sonst niemand sich dafür hergibt, aber für das sie nicht selten nach vollbrachter Arbeit Vorwürfe ernten. Gerade die Hingabe, die diese häusliche Arbeit verlangt, besonders in einer Gesellschaft der Berufstätigen, die nicht selten das Absehen von allen anderen Lebenszielen erzwingt, gerade diese Hingabe schlägt als Schuldzuweisung gegen die Frauen zurück. »Als Inhaberin der wichtigsten Familienrolle kann sie einen Machtgewinn verbuchen, der die Herrschaft über alle unmittelbaren Lebensvorgänge einschließt«, so beschreibt die Publizistin Dorothea Dieckmann in ihrer Schmähschrift »Unter Müttern« die Tätigkeit der Mutter: »Sie ist die Reichsmutti im Mutterreich. Liebe ist ihre Investition und Macht die Form von Kapital, die sie erstrebt, raffgierig, spekulationstüchtig, hortend und heckend.«[23] Einsatzbereitschaft (»zuckende Hände«), Know-how (wie Pampers anzulegen sind) bis zur Empathie in das noch sprachlose Kind (»Hunger? Durst? Kuscheln? Schlafen!«) – es gibt nichts, was »im Mutterdunstkreis« nicht Sünde wäre. Da ist alles gewaltsame »Kinderprägung«[24]. Es geht in der »Daueraktion: ›Ich definiere mein Kind bis zur Unkenntlichkeit‹«[25] nur darum, »dem kleinen Blutsauger ihren Stempel aufzudrücken«[26], Erziehung ist nichts anderes als »Förmchen, in die Kinder gepresst werden«[27], und zwar von Muttern, die kein Mensch ist, höchstens ein Teilmensch:»In der Rolle des Familienober*bauchs*, alles fressend, alles versorgend, alles verwertend.«[28] Freiwillige vor, kann man da nur sagen: Wer hat Lust auf den Job?

Dem Soziologen Günter Amendt ist noch jede mütterliche Zuwendung suspekt:»Was ist nun das Wesentliche am Beschämenden des mütterlichen Verhaltens und was bedeutet es für den Sohn?« fragt Amendt und antwortet sich selbst:»Eigentlich ist es zweierlei. Einmal, dass die Mutter die Fähigkeiten des Sohnes zu gering ansetzt und sie nicht richtig sieht ... Zum anderen besteht das Beschämende darin, dass die Mutter dem Sohn zu viel zutraut, ihm Erwartungen aufbürdet und Wünsche an ihn heranträgt, die er ihr gern erfüllen würde, die ihn aber überfordern.«[29] Zu viel, zu wenig, dazwischen passt gar nichts, jedenfalls nichts Positives, schon gar kein gutes Wort über Mütter.

Mütter müssen sich Geschichtslosigkeit vorwerfen lassen, einerseits:»Mütter machen sich weniger angreifbar, indem sie sich in die Sphäre der Geschichtslosigkeit flüchten«, philosophiert die Feuilletonistin Ina Hartwich im Kursbuch»Unsere Mütter«, das Essays versammelt, die nach dem Kriterium der Mütterschelte ausgewählt sind. Man stelle sich vor: ein ganzes Buch der Häme über Schwarze, na, das verbietet sich natürlich von selbst. So was wäre ja rassistisch. Sexistisch aber geht. Mütter unterwerfen sich andererseits dem Diktat der Geschichte, schreibt die Romanistik-Professorin Barbara Vinken und webt ein Netz aus Vorwürfen, mit Hilfe von bedeutungsschwangeren Wörtern wie»Volkskörper«[30] und»Sonderweg«[31], und so konstruiert sie einen»bruchlosen Anschluss des nationalsozialistischen Diskurses an das, was ich ›Politik der Mütterlichkeit‹ nennen möchte«[32]. Fazit: Eine gute deutsche Mutter gibt es nicht. Mütter sind entweder Opfer der Geschichte oder ihre eitlen Nutznießer.»Offensichtlich können die meisten Mütter von ihrem Narzissmus, der ihnen vom Kind widergespiegelt wird und der ihnen vormacht, dass sie die einzig wirklich Geliebte sind, nicht lassen«, schreibt Vinken.[33] Mütter sind wie ein Alptraum, von dem nichts bleibt außer einer schlechten Erinnerung, die am besten getilgt wird. Man könnte auch sagen, das Beste an Müttern ist noch, dass über sie gesprochen werden darf, wie wir es glücklicherweise uns längst versagen, über andere Minderheiten herzuziehen:»Unseren Kindern sollten wir deutsche Mütter ersparen und ihren Schatten, der sich erst über Generationen verlieren wird, durch die Vielfalt anderer Verhältnisse aufhellen.«[34] Die beste Mutter ist keine Mutter. Es lebe die Petrischale!

Mütter haben eine undankbare Rolle in einem Land, das selbst in Zeiten des Wirtschaftswunders und Wachstums nicht geneigt war, die Versorgung mit Kindergärten und Ganztagsschulen einem Niveau anzupassen, das vielen europäischen Nachbarn selbstverständlich ist. So wenig war man geneigt, sich vom Gedanken der kostenlosen Versorgung der Kinder durch ihre Mütter zu lösen, dass man selbst Bildungseinschränkungen bei unseren Kindern bereit war hinzunehmen. So zwängte man Mütter in eine permanente Double-Bind-Situation. Einerseits wird ihnen alle Verantwortung für die Kinder zugeschoben, andererseits machen sie sich hochverdächtig, wenn sie Expertise im Umgang mit Säuglingen und Schulkindern erwerben. Es ist nicht selten hochprofessionelles Wissen um diätische Probleme, Stillen wie oft und wie lange, Zufütterung mit Reisschleim oder Banane, die kundige Handhabung von Krankheiten, Bauchwickel bei Koliken, Zwiebelsäckchen auf entzündete Ohren, Calendula auf neurodermitisch quälende Haut. So was fällt gerne unangenehm auf. Als wollten sich die Weiber qualifizieren, um dann auch noch bei Gigabyte oder Nemex und Nasdaq mitzureden! Aber wehe, wenn die Weiber etwa vergessen, die Lateinvokabeln abzuhören oder versagen darin, dem Töchterchen für die Physikstunde noch schnell das Gesetz der Beschleunigung zu erklären, oder wenn sie es womöglich nicht hingekriegt haben, zum 1. Advent schon weihnachtliche Stimmung herzustellen, Kerzen auf den Tisch, Girlanden um die Tür zu winden! Man muss doch Kindern nicht nur vier Wände bieten, sondern ein richtiges Heim, Atmosphäre inklusive. Und wer hat die hübschen Vorhänge fürs Kinderzimmer ausgesucht? Und genäht? Daran gedacht, dass die Lehrerin morgen Geburtstag hat und eine Blume braucht? Wer wohl, wenn nicht Mutti.

Mütter haben immer da zu sein. Mütter sind, im familialen Netzwerk, die zentralen Gestalten – ob es um Aussprachen geht, um Hilfe, um das Klären von Problemen: Mütter sind noch die ersten Ansprechpartner von Paaren, die selber Eltern sind. Erstaunlich! findet das Franz Josef Neyer, »wie groß die Bedeutung der Mütter noch im frühen Erwachsenenalter ist. Dass in der Kindheit der Befragten die Mütter vermutlich meist die primären Bezugspersonen waren, scheint im frühen Erwachsenenalter einen deutlichen Niederschlag zu finden.«[35]

Mütter leisten den größten Anteil der Unterstützung, die in privaten Netzwerken von einem Haushalt in den nächsten fließt. Tatsächlich sind 35 Prozent aller Frauen engagierte Helfer bei anderen – aber nur sieben Prozent der Männer.[36] Fast die Hälfte der Hilfe für Familien mit Kindern kommt von den Müttern und Schwiegermüttern, aber nur 18 Prozent von den dazugehörigen Männern.[37]

Mütter hören zu. Mütter helfen, Mütter betreuen doppelt so oft Enkel wie die Väter. Mütter bemühen sich. Mütter nerven auch. Bei einer Umfrage unter den Deutschen, was im Leben so wirklich ätzend ist, tauchen Mütter immerhin an neunter Stelle auf, »Wenn Mütter ständig über ihre Kinder reden«, geht das den Mitbürgern auf die Nerven, platziert gleich hinter: »Wenn jemand immer zu spät kommt«, und noch vor »Wenn jemand über das Wetter klagt«.[38] Nicht genannt werden in jener Nervliste übrigens jene Arbeitstiere, denen nie etwas anderes einfällt als ihre wichtige Tätigkeit, die keine Abendeinladung durchstehen, ohne ihren wichtigen Vortrag von neulich zu erörtern, man findet auch keine Klagen über die Typen, die nur Fußball im Kopf haben, die Bundesligatabellen abspeichern und dann für keine andere Information mehr Platz haben auf der internen Festplatte, auch keine Erwähnung jener Tussies, denen höchstens der neue Adidas-Turnschuh der Seele näher treten darf – alles tolerabel, bis auf die Muttis. Die sind verdächtig. Bemühen sich ja so. Da wagt der Soziologe Marbach tatsächlich die missgünstige These, »dass sich dieses Engagement möglicherweise der Absicht der alten Frauen verdankt, sich bei ihren Nachkommen durch Vorleistungen ein soziales Guthaben zu erwirtschaften, das sie bei Bedarf abrufen können«.[39]

Mütterarbeit: mehr als ein Rechenexempel

Mütter arbeiten sich ab. Das, was man so gerne »das bisschen Haushalt« nennt, macht bei den Müttern kleiner Kinder jeden Tag gute neun Stunden aus, und damit ist nicht berücksichtigt, dass diese Arbeit keineswegs en bloc passiert und Mutti sich danach der Freizeit hingeben könnte. Die Arbeit zu Hause mit den Kindern verteilt sich über den Tag und nicht selten auch über die Nacht, sie unterliegt ständigen Unterbrechungen, dafür sind meist mehrere Dinge gleichzeitig zu tun und alles zusammen will organisiert sein. Das Älteste in den Kindergarten bringen, aber nicht, wenn das Jüngste gerade schläft. Das Jüngste mitnehmen, aber gefüttert, damit es unterwegs nicht die Busladung babyentwöhnter Mitfahrer zusammenbrüllt. Rechtzeitig wieder in der Wohnung sein, weil die Heizung abgelesen wird. Gute neun Stunden also am Tag, ohne geregelte Nachtarbeitszeit und festgeschriebenen Urlaubsanspruch.

Für Mütter, die einen Teilzeitjob haben, addiert sich die Arbeit zu einer durchschnittlichen 60-Stunden-Woche. Die Mütter kleiner Kinder, die dazu eine volle Berufstätigkeit ausüben, arbeiten zwischen Montag und Freitag jeden Tag 11 Stunden, über die Woche verteilt tatsächlich 69 Stunden – eine Belastung, so halten die Autoren der Zeitbudget-Studie des Familienministeriums fest, »deren Umfang im krassen Gegensatz zur Hypothese steht, dass wir in einer Freizeitgesellschaft leben«.[40] Völlig ausgeschlossen vom angenehmen Treiben des modernen Lifestyles sind allein erziehende Mütter: »Mit einer Wochenarbeitszeit von über 77 Stunden kristallisieren sie sich als die mit Abstand am stärksten belastete Personengruppe heraus. Vor allem von Montag bis Freitag und weniger am Wochenende zeigt sich das Ausmaß: Mit knapp 12 1/2 Stunden Gesamtarbeitsbelastung pro Tag arbeiten sie im Vergleich zu den vollzeiterwerbstätigen Ehefrauen und Ehemännern mit Kindern über eine Stunde mehr am Tag.«[41]

Also einen vollen Arbeitstag mehr pro Woche abgerissen, jene so gerne als Sozialschmarotzer gerügten Alleinerziehenden. Dafür belohnte sie der Staat jüngst mit der Streichung des steuerfreien Haushaltsfreibetrags, der wenigstens im Ansatz die steuerliche Besserstellung von verheirateten Eltern durch die Möglichkeit des Ehegattensplittings ausgleichen sollte. Man könnte sagen, allein erziehende Frauen sind in einem System, das verheiratete Eltern privilegiert und die Erwerbsarbeit am Muster des männlichen Arbeitnehmers ausrichtet, das zugleich Kinder nur im eingeschränkten Maße an den Vergünstigungen des Wohlfahrtstaates teilnehmen lässt, in ganz besonderer Weise diskriminiert. Trotz höchster Arbeitsbelastung haben Alleinerziehende, die Geld verdienen, am wenigsten Zeit für ihre Kinder – und trotzdem die höchsten Armutsraten. Und dazu noch ohne Frage die höchsten Misstrauensquoten: Was aus diesen armen Kindern werden soll! Also, die verwahrlosen doch! Ja, diese Last wird ihnen auch noch gerne auf die Seele gepackt.

Wenn Mütter berufstätig sind, leisten sie noch immer jeden Tag fünf Stunden Haushaltsarbeit. Damit das alles in den einen Tag von 24 Stunden passt, verzichten sie auf Gespräche und

Geselligkeit, sie erlauben sich weniger Zeit für Freizeiterho-
lung.[42] Jeden Tag haben sie also für die leichten Dinge im Leben
eine halbe Stunde weniger Zeit als ihre Partner, dreieinhalb
Stunden weniger in der Woche, vierzehn Stunden weniger im
Monat für Zeitung lesen oder sich abends in die Badewanne
packen, eine CD auflegen und einfach genießen oder was sie
sonst gerne tun würden. »Das Problem um die Vereinbarkeit
von Beruf und Familie ist damit fast ausschließlich Frauenange-
legenheit«, heißt es in der Zeitbudgetstudie.[43] Wenn alles Zurückstecken noch nicht reicht, um die anfallende Arbeit in eine
Vierundzwanzigstundeneinheit zu pressen, reduzieren Frauen –
natürlich nicht die Kinderzeit, sondern die Berufsarbeit. Und
dafür, wie wir wissen, zahlen sie – mit weniger Einkommen, weniger Berufschancen und ganz zum Schluss mit kleineren Renten. »In Anbetracht dieser hohen Gesamtbelastung muss dringend über andere Arbeitsverteilungsmuster diskutiert werden«,
fordern die Autoren der Zeitbudgetstudie: »Bei Verhandlungen
um Arbeitszeiten und damit Verteilung von Arbeit sollte der
Tatsache des zweiten Arbeitsplatzes insofern stärker Rechnung
getragen werden.«[44]

Wertschöpfung ohne Lohn

Mütter sind Almosenempfänger. Was immer sie bekommen, es
kommt mit einer Geste der Herablassung. Ehegattensplitting –
berechnet sich nach des Herren Einkommen, und steht nun zur
Disposition: Damit sollen Kindergartenplätze finanziert werden, was einmal mehr zeigt, dass Arbeit mit Kindern nur honoriert wird, wenn sie nicht von den Eltern geleistet wird. Ein
wenig Anerkennung in der Rente – natürlich nur, soweit es er-
zieherisch wirken soll: nur wenn sie bereit ist, halbtags zu arbeiten, aber nicht, wenn sie ganztags arbeitet, also dann kriegt
sie gar nichts. Man stelle sich vor, irgendeine andere Berufs-
richtung würde solchen Schikanen unterworfen. Sagen wir: Ein
Arzt müsste sich anhören, sein Engagement für die Patienten
sei lobenswert, könne rentenmäßig betrachtet leider aber nur
mit einem halben Arbeitstag vergütet werden. Man stelle sich
vor, eine Lehrerin würde für ihre Bemühungen um die Erziehung der Kinder mit einem Gehalt entlohnt, das je nach dem
Einkommen ihres Ehemanns mal höher, mal niedriger ausfiele.
Absurde Vorstellung! Mit Müttern macht man das. Mütter
wehren sich ja nicht. Sie arbeiten Jahre ohne Lohn, und wird

die Ehe geschieden, sind ein Drittel von ihnen sozialhilfebedürftig.

Mütter fallen schon unangenehm auf, wenn sie noch gar nicht Mütter sind. Unerträglich, so schrieb mir eine prominente Feministin, sei es doch, in der Straßenbahn einem dicken Bauch gegenüberzusitzen und das selbstzufriedene Lächeln darüber zu sehen. Wann immer eine ihrer Freundinnen von ihrer Schwangerschaft erzähle, sagte mir eine, dann denke sie:»Ach. Auch die eingeknickt.« Wie gesagt: Es gibt keine gute Art, eine deutsche Mutter zu werden oder es zu sein.

Wertschöpfung mit Lohn – und schlechtem Gewissen

Frauen, die wie Männer arbeiten, aber Kinder haben, leben mit dem Gefühl, als Mütter zu versagen. Obwohl sie doch für die Ernährung der Kinder sorgen, Essen, Kleidung, Bildung sicherstellen. Berufstätige Mütter sind immer suspekt, auch wenn sie es schaffen, ihren Kindern ein Heim zu sichern, den Musikunterricht organisieren, die neuen Fußballschuhe kaufen und abends auch noch Griesbrei kochen.»Die Erziehung funktioniert ja leider gar nicht mehr in den Familien, dazu kommen doch berufstätige Mütter gar nicht mehr«, seufzt die Mutter eines Klassenkameraden meines Sohnes, mit der ich auf einem Schulfest mir gerade ein Zigarettenpäuschen gönne. Durchatmen! Meint sie das? Will sie sich als Hausfrauenmutter profilieren? Wo doch *ihr* Sohn gerade des Mobbings überführt ist? Sollte man sie darüber aufklären? Schweigen? Hat sie recht? Sind die Kinder der Berufstätigen arme Kinder? Oder ihre Mütter arme, böse, blöde, dumme Mütter? Besonders kluge, fleißige, alle Achtung verdienende Mütter? Vorbilder oder Schreckensbilder? Wir haben Diskussionsbedarf.

2. VON VÄTERN

Vater unser, der du bist im Himmel und auf Erden!
(Gottesanbetung)

Väter gibt es. Aber wo? Väter werden händeringend gesucht, jedenfalls in Deutschland, wo das Bundesministerium für Familie, Senioren, Frauen und Jugend kostenlos eine Broschüre verteilt, die auf dem Cover ein Pampersbaby zeigt, das vertrauensvoll die kleine Pfote auf einen väterlichen Unterarm legt. Innen

Bilder, Karikaturen, Aufsätze von Experten der Materie: Väter sind Männer, wird da erklärt, die mit Kindern leben. Was macht ein Vater mit seinen Kindern? »Man legt sich auf eine Wiese, beobachtet die Wolken und versucht, darin Tiere, Menschen und andere Dinge zu sehen.«

Sieben Tipps für Väter lesen sich wie sieben Tipps für Analphabeten: »Achten Sie auf die Wünsche und Bedürfnisse ihrer Kinder. Sprechen Sie viel mit ihnen ...« In der Anlage ein Arbeitsbogen, das soll ein Kind mit seinem Vater tun – ihn fragen: Auf welche Musik stehe ich? Und andersherum soll das Kind sich fragen: Was gefällt meinem Papa an seiner Arbeit? Weiß ich das? Empfohlen wird für Vater und Kind zum gemeinsamen Tun die Herstellung von Brotherzchen und Radieschenmäusen. Schneide das Grün nicht zu kurz, das ist der Schnurrbart ...

Haben Väter so was nötig? Oder ihre Kinder? Was brauchen Väter eigentlich, und wie viel Vater brauchen Kinder, wie viel Vater brauchen Mütter neben sich? Alles unbeantwortete Fragen. Vaterschaft ist ein flüchtig Ding. Schnell passiert, schlecht zu verfolgen. Ob eine Vaterschaft vorliegt, zu einer Beantwortung dieser Frage kann es langwieriger Tests bedürfen. Was Vaterschaft sein soll in einer Gesellschaft, die das Thema künstliche Befruchtung mit weitaus größerer Inbrunst diskutiert als die Aufgaben der modernen Familienpolitik, bedarf tieferer Betrachtung. Was könnte denn noch Vaterschaft sein, wenn in einer gleichgeschlechtlichen Partnerschaft gleich zwei Männer in der Elternrolle auftreten und keine Frau mehr da ist, die den Gegenpart spielen könnte als Mutter? Sehen wir nicht neuerdings Ehen, in denen zwei Frauen die Eltern sind, und sind sie dann beide Mütter oder Väter oder beide beides?

Wenn Väter und Mütter gleichermaßen wichtig sind, was heißt dies für die vielen Eineelternfamilien, doch hoffentlich nicht, dass ihre Kinder alle misslingen. Und wenn Kinder vor allem Zuwendung, Zärtlichkeit, Schutz und Anerkennung brauchen, und dies hoffentlich auch kriegen, von der allein erziehenden Mutter oder dem allein erziehenden Vater, wozu brauchen wir dann Mütter *und* Väter? Die Lage ist einigermaßen verworren und nicht erst, seit in den jüngsten Pariser Modeschauen die jungen Männer im Faltenröckchen auf den Laufsteg geschickt werden.

Väter haben es schwer, so zeigt sich, schon weil sie Männer sind. Burn-out, Herzinfarkt, Verkehrsunfälle mit Todesfolge, sexueller Missbrauch: »Männer, immer Männer«, schreibt der australische Psychologe Steve Buddulph.[45] Wer stört den Unterricht? Wer sitzt im Gefängnis? Zu 95 Prozent Männer.[46] »Und erst seit kurzem ist uns bewusst geworden, dass Männer keine Gewinner sind und dass es nur sehr wenige glückliche Männer gibt.«[47] Wie sollten dann Männer, die sich als Verlierer fühlen, als Väter ein Gewinnertyp sein?

Widersprüchliche Rollenerwartungen

Väter haben allen Grund, unglücklich zu sein. Sie geben den Prügelknaben in der Familiendiskussion. Väter waren einst die Autoritätsfigur in der Geschichte der Familie, die »traditionelle bürgerliche Familie definiert sich durch den Vater, wird durch den Vater beherrscht«, schreibt der Soziologe Wolfgang Walter und verfolgt durch ein Jahrhundert, wie die Autorität des Vaters, die »emblematische Figur der bürgerlichen Familie« verschwindet – demontiert in der Autoritätskritik der sechziger Jahre des vergangenen Jahrhunderts, verblasst neben einer Figur der Mutter-Kind-Innigkeit. Der Vater, dem im germanischen Recht ein Eigentumsrecht am Kind zugefallen war, wird als Herrscher entthronisiert. Eine Art von Vatermord! Das Kind, nicht mehr der Vater, ist plötzlich die zentrale Familienfigur, ist der letzte Zweck von Ehe und Familie, und wie ihm und seiner Aufzucht zu dienen sei, welche Rollen Vater und Mutter in dieser »kindzentrierten Veranstaltung«, wie Franz-Xaver Kaufmann sie genannt hat, zufallen könnten, darum dreht sich nun der Streit.

Schwere Geschütze werden aufgefahren, Heinz Walter selbst legt einen eineinhalb Kilo schweren Wälzer vor, 861 Seiten zum Thema »Männer als Väter«![48] Verschwundene, wiederaufgetauchte, allein erziehende und schwule, geschiedene und anonyme Väter … Die umfassendste einzelne Untersuchung zum Thema Väter hat der Münchner Soziologe Wassilios E. Fthenakis durchgeführt, und man könnte sagen, es ist ein Versuch, die Rolle des Vaters mit chirurgischer Präzision herauszuschälen.[49] Knapp 300 Paare wurden durchleuchtet, sie sollten erklären, wie sie sich einen Vater vorstellen. Die Antworten waren erstaunlich. Sie sahen den Vater als Brotverdiener oder als einen, der Wissen vermittelt und erzieht, als einen, der das Kind vor allem seelisch stützt und ihm den Rücken stärkt. Der Vater, so einige, müsse jemand sein, der den Beruf zurückstellt, für die

Mutter und das Kind. Die Befunde sind erstaunlich, sie erklären, warum wir uns mit dem Vaterbild so schwer tun und weshalb an ein befriedigendes Familienleben gar nicht zu denken ist, solange wir das im Kopf nicht klar kriegen. Unsere Vorstellung von Vaterschaft, so Fthenakis, hebt seine Rolle als Erzieher hervor, und rückt die brotverdienende Funktion in den Hintergrund, tatsächlich über 70 Prozent der Familien denken so.[50] Aber wir leben nicht, was wir wünschen! Zwei Drittel aller Väter sehen sich nach der Geburt des Kindes in der Rolle des Haupternährers gedrängt, die Frauen finden sich im Kinderzimmer wieder und in der Küche. Jeder Tag ein Kompromiss. Das belastet die Familie, das kann die Liebe zerstören. Denn zwei Drittel aller Familien leben ein Leben, das sie nicht leben wollen, und zerreiben sich daran. Und selbst das letzte Drittel der Eltern ist nicht zufrieden, denn auch die, die sich ein ganz konventionelles Leben wünschten, machen schon bald die Erfahrung, dass man sich auseinander gelebt hat, der Vater und die Mutter. Weil der Vater sich aus dem Gemeinsamen entfernt, weil die Mutter sich allein gelassen fühlt.

Mit Kindern ist die Gleichberechtigung dahin

Junge Paare sind gleichberechtigte Partner, immerhin. Wenn junge Paare daran denken, Eltern zu werden, stellen sie sich vor, dass sie das Kind und die Hausarbeit gemeinsam wahrnehmen. Das ist die gute Nachricht. Die schlechte Nachricht ist, dass kaum ein Paar der Enttäuschung entgeht.

Nur sechs Monate nach der Geburt haben elf Prozent der Väter am Tag der Befragung ihre Kinder noch gar nicht gesehen. Ein großer Teil der Aufgaben mit Kind und Haushalt sind in die alleinige Zuständigkeit der Mutter gerutscht, natürlich auch der allergrößte Batzen, der da »Betreuung« heißt.

Die Enttäuschung ist, wie könnte es anders sein, besonders groß bei denen, die sich besonders stark etwas anderes gewünscht hatten. Sie fällt geringer aus bei denen, die vor der Geburt über große Zärtlichkeit berichteten. Männer, die vor der Geburt ein sehr zärtliches Verhältnis zu ihrer Partnerin hatten, sind eher bereit, die Hausarbeit zu teilen. Bei den anderen kommt es zu dramatischen Einbrüchen der Gemeinsamkeit, die sich über die Jahre vertreten und noch besonders schmerzlich sind, in jenem üblen siebten Jahr: Von erhofften 25 gemeinsamen Aufgaben liegen nun 14 allein bei der Mutter. Eine gute Partnerschaft ohne gemeinschaftliche Versorgung von Haus und Kind, so sagt die Studie ohne Einschränkung, gibt es nicht: »Es kommt also für die Zufriedenheit und das Erleben von Gerechtigkeit nicht nur darauf an, wie viel Mutter oder Vater im Vergleich zum Partner tun, sondern darauf, dass möglichst viele Aufgaben in den gemeinsamen Aufgabenbereich fallen.«[51]

Frauen, die sich von ihrem Partner im Stich gelassen fühlen, erleben weniger Freude am Familienleben, selbst der Wert des Kindes nimmt für sie ab. Doch meist schultern sie die ganze Last des Familienbetriebs, sogar wenn sie selbst Vollzeit arbeiten, liegt der Löwenanteil der Arbeit noch immer bei ihnen.[52]

Anwesenheit gefragt

Männer, das schält sich heraus, eignen sich besonders gut als Väter, wenn sie vor der Geburt sich sehr intensiv vorstellen können, dass sie ihr Kind emotional unterstützen, im Umgang mit sich selbst und anderen. Solche Männer sind eher bereit, die Arbeit zu teilen. Sie bieten ihren Frauen mehr Zärtlichkeit, mit ihnen gibt es weniger Streit.[53] Wenn Männer konfrontiert sind mit der Enttäuschung ihrer Partnerin, dann sinkt die Zärtlichkeit in dem Maße, wie die Intensität des Streits zunimmt, dann gehen Väter auf Distanz, auch zum Kind, sie ziehen sich zurück in Richtung Arbeitsplatz. Je mehr sie sich zurückziehen, umso mehr fühlen sie sich durch das Kind beeinträchtigt, desto fremder wird es ihnen. Andersherum: »Väter, die sich in hohem Maße an kindbezogenen Aufgaben beteiligen, erleben nicht nur selbst ihre Kinder als erfüllend und wenig beeinträchtigend, sie tragen auch dazu bei, dass ihre Partnerinnen die Kinder so erleben.«[54]

Männer, so zeigt die Studie auch, die im Beruf auf Erfolg aus sind, eignen sich in gar keiner Weise dazu, dass man die Arbeit und die Betreuung des Kindes mit ihnen gut teilen könnte.[55] Wenn der Vater sich hauptsächlich als Ernährer definiert, wird man noch Jahre später bei der Stichprobe, wenn das Kind längst in der Schule ist und die Mutter mittlerweile schon berufstätig, bei einer Nachfrage an einem Stichtag herausfinden, dass er am selbigen Tag nicht einmal sich mit seinem Kind beschäftigt hat.[56] Aber fast allen Vätern geht es früher oder später so, dass sie das Familienleben eher vorsichtig vom Rande miterleben. Nur jeder zweite Vater frühstückt mit seinem Kind, nur jeder sechste Vater bringt seinen Sprössling in den Kindergarten oder in die Schule, nur jeder siebte Vater kocht auch mal.[57]

Wie sollte es denn auch gehen? Männer, die Vollzeit arbeiten, sind in der Regel gute 50 Wochenstunden außer Haus. So ist es denn unausweichlich, dass Männer, die gute Väter sein wollen, auf Karriere verzichten müssen. Steve Biddulph formuliert es so: »Männer zeigen ihre Liebe gerne, indem sie hart und ausdauernd arbeiten. Und sie erhalten dafür noch nicht einmal Dank. Denn ihre Kinder sehnen sich nach der väterlichen Gegenwart, nicht nach dem Reichtum des Erzeugers«, schreibt Biddulph[58] und benennt präzise, was er von einem guten Vater erwartet: Besonders ihren Söhnen müssten sie sich »*jeden Tag mehrere Stunden lang*« widmen. »Anders ausgedrückt: Wer einem anspruchsvollen Job nachgeht, täglich zwischen Wohnung und Arbeitsplatz pendelt, der kann unmöglich Söhne richtig aufziehen. Eins von beidem kommt immer zu kurz.«

Jeden Tag mehrere Stunden Vater sein! Ein großes, ein beinahe unerhörtes Vorhaben! Wie können Männer dazu gebracht werden, als Väter im Beruf zurückzustecken? Nun, wenn Mütter zu Hause bleiben, ermutigen sie den Rückzug des Mannes vom Kind, wie sollte es auch anders sein, er hat schließlich am Arbeitsplatz genug zu tun. Väter, die das Geld alleine verdienen müssen, sind im Durchschnitt jede Woche vier Stunden weniger zu Hause. Aber wenn Mütter einem Beruf nachgehen, dann machen sie zu Hause Platz für Väter. Wenn die Mutter zur Arbeit geht, verbringt der Vater die doppelte, ja dreifache Zeit mit seinem Kind.[59] Und die Beschäftigung des Vaters mit dem Kind ist nicht nur für Vater und Kind förderlich, »sondern auch für beide Eltern, indem sie zu deren Zufriedenheit beiträgt«, schreibt Fthenakis[60], aber natürlich brauchen die Kinder sie besonders. Kinder, besonders Söhne, schreibt Biddulph, leiden geradezu an Vaterhunger: »Der Vaterhunger gründet in einem tiefen, biologisch verankerten Bedürfnis nach einem starken, humorvollen, behaarten, wilden, zärtlichen, liebevollen, fürsorglichen männlichen Gegenüber.«[61] Vater Bär sozusagen. Aber eben nicht unbedingt das Alphatier, das heute als so begehrenswert gilt, besonders im aufstrebenden Bürgertum.

Es fehlt nicht an Beschwörungen, um die Situation zu ändern. Sie werden privat geäußert, erbettelt, erfleht, je nachdem auch erschrieben, gekreischt, und wenn das alles nutzlos ist, gibt es jene Ermattung, die an den einst so hoffnungsfrohen Paaren gut beobachtbar ist, nicht zuletzt an den Scheidungsraten. In der Broschüre des Familienministeriums zur Beförderung besserer Vaterschaft werden jene lästigen Versorgungsaufwendungen, die bei Kindern anfallen, Wäsche, putzen, kochen, noch nicht mal erwähnt, die macht vermutlich Mama, während ihr Liebster mit dem Nachwuchs Wolken zählt. Aber, so viel muss schon klar sein, es wird das Unternehmen Familie nicht weiterbringen, wenn die lästigen Dinge unentwegt Mutti zugeschoben werden und Vati dann Anlass bekommt, sie für eine Zicke zu halten, weil sie immer mit ihm schimpft. Ebenso wenig wird es etwas ändern, wenn Mütter sich einerseits dazu entschließen, die Kinder zu Hause ganz »zu erleben« und dann am Abend, wenn der Ernährer entkräftet nach Hause wankt, heftige Mithilfe in Haus und Garten einfordern. Wie machen es eigentlich die Nachbarn – sagen wir die Schweden, die Norweger? Erziehungsurlaub nur für Papa, bei 80-prozentiger Lohnfortzahlung! Und wie wäre es mit einer Arbeitszeitreduzierung, das käme nämlich seinen geheimen Wünschen durchaus entgegen?

Balance gefragt

Tatsache ist: Der typische deutsche Vollzeitackermann fühlt sich überbeschäftigt[62], so eine Untersuchung, die an der Freien Universität Berlin vor 15 Jahren schon durchgeführt wurde. Tatsächlich zehn Prozent der befragten Männer – 3 890 befragte Personen insgesamt, sehnten sich nach weniger Arbeit, bei den Männern mit Abitur oder Hochschulabschluss waren es sogar 18 Prozent.[63] Fast jeder fünfte männliche gut situierte Arbeitnehmer träumt von mehr Zeit nach der Arbeit! Dreißig Stunden, finden sie in der Mehrheit, sei die ideale Arbeitszeit, um auch noch für das andere Leben da zu sein. – Der Traum heißt Sechsstundentag. Die tatsächliche Teilzeitquote: zwei Prozent. Die Forscher sprechen von einer »Realisierungslücke«[64], die Rede ist auch, im Hinblick auf all jene, die jetzt dem Arbeitsmarkt hungrig zuschauen, von einem »beträchtlichen Umverteilungspotential«.[65]

Moderne Männer verlangt es nach einer Balance in ihrem Leben. Aber die wird schwieriger, je besser ausgebildet sie sind. Dann sind sie Teil einer Arbeitskultur, in der es geradezu als anstößig gilt, nebenher noch andere Interessen zu verfolgen – eine Klemme, in der sich zunehmend auch gut ausgebildete Frauen befinden. Je besser Männer qualifiziert sind, desto eher werden sie von ihrem Beruf verschluckt, dann arbeiten sie ohne weiteres 50 Stunden und mehr, dazu kommen, bei einer durchschnittlichen Fahrzeit von zwei mal einer halben Stunde am Tag, zusätzliche fünf Stunden, die sie unterwegs sind, das bedeutet, wie gesagt, jede Woche 55 Stunden Abwesenheit von zu Hause.[66]

Sollte man denken, dass solche Väter dann aber besonders interessant und anregend wirken auf die Kinder, wenn sie nach Hause kommen? Vermutlich sind sie dann vor allem besonders müde. Und wer sich anschaut, welche Werte solche Väter vertreten, im Vergleich zu jenen, die Arbeitszeit reduzieren, dann bleibt die Schlussfolgerung nicht aus, dass es vielleicht sogar die besonders Angepassten sind, die so viel ackern: Sich etwas leisten können steht bei ihnen hoch im Kurs, Erfolg, na klar, Haus bauen natürlich. Die Teilzeitväter aber wollen etwas von der Welt sehen. Zugleich finden sie es wichtig, für andere da zu sein. Sich politisch und gesellschaftlich zu engagieren, ist ihnen doppelt so dringlich wie den Vollzeitmännern.[67]

Das verpasste Leben

Man könnte sagen, Männer landen auf diese Weise in einem falschen Leben. Sie werden Menschen, die im Beruf zwar Beziehungen pflegen, auch solche, die eng sind, doch sind sie meistens nicht nahe. Die, denen sie nahe kommen könnten, halten sie häufig auf Distanz: schnelles Frühstück, vielleicht reicht es sogar zum gemeinsamen Abendessen, aber die Kinder sind dann oft schon im Bett. Gerade das, was nicht passiert, hinterlässt Spuren in der Kindheit. Steve Biddulph hat in einer Radiosendung Männer gebeten, sich über die Beziehung zu ihrem Vater auszusprechen. »30 Prozent der Männer sprechen kaum mit ihrem Vater und mögen ihn nicht. 30 Prozent haben ein Verhältnis zum Vater, aber es ist von der Art, die wir hier in Australien eine ›Kaktus‹-Beziehung nennen. Und bei 30 Prozent ist das Verhältnis eher oberflächlich, sie fahren mal hin oder rufen an, man redet über Möbel oder den Garten und das war's. Nur ein Mann von zehn sagte: ›Ich fühle mich meinem Vater wirklich nahe, er ist eine emotionale Stütze in meinem Leben, ich liebe ihn, und ich weiß, dass er mich liebt.‹«[68]

Erst langsam gewinnen wir die Einsicht, dass ohne Väter die Familie nicht zu retten ist. Aber wir sollten uns davor hüten, einzelne Väter abzuwatschen. Väter werden durchaus auch in die Ernährerrolle gedrängt. Alles wurde modernisiert, die Maschinen, die Produkte, aber im Kern der Arbeitswelt gab es immer diesen modernisierungsresistenten Rest an patriarchalem Gepränge. Wer aber zu spät kommt, der bezahlt: »Den Männern selbst wird vielleicht als Letzten zugebilligt, Opfer der resistenten Geschlechterverhältnisse zu sein«, lesen wir nun von Werner Sauerborn, Verdi-Sekretär aus Baden-Württemberg: »Zu viele Kompensations- und Ablenkungsmöglichkeiten machen nicht nur andere, sondern oft genug sie selbst glauben, die Gewinner des Status quo zu sein. Wie verunsichernd und mit schmerzhaften Krisen in der Erwerbs- wie in der Familiensphäre gepflastert der Weg weg von der eindimensionalen Erwerbsorientierung ist, erleben viele einzelne.«[69] Insbesondere bei älteren Männern sehen wir es: das Bedauern im Rückblick auf das eigene Leben. Nicht ein Mal, in diesen ganzen Jahren, die Kinder ins Bett gebracht ... Der Geschiedene, der gar nicht erst darauf gekommen wäre, die Kinder zu sich zu nehmen – weil er sie auch vor der Trennung nicht sah. Und bei allem Klagen über die wenigen Wochenenden, die er seine Kinder nun bei sich hat, einräumen muss, dass er sie, unterm Strich nun ausführlicher an seinem Leben teilnehmen lässt als damals, als sie noch zusammen wohnten: nun gehört wenigstens jedes zweite Wochenende ihnen!

Wir sehen also die Väter hauptsächlich am Wochenende auf dem Spielplatz, wo sie das lange Teleobjektiv zwischen sich und den Nachwuchs schieben, als sei ihnen der handgreifliche Kontakt mit dem kleinen Geschöpf zu unheimlich oder als wollten sie die wenigen Momente, die sie mit den Kindern haben, doch wenigstens für die Ewigkeit festhalten. Tatsächlich gibt es bis heute keine schlagkräftige Bewegung der Väter, nur ein paar kleine Grüppchen, nachdenkliche Bücher, heftige Angriffe gegen Mütter in Sorgerechtsfragen. Aber kein Vatermanifest. Bei aller jahrtausendelangen Erfahrung in Männerbündelei und der Aufstellung schlagkräftiger Truppen, hier sind sie zögerlich, die Buben. Bei aller Philosophiererei ist, zwei Jahrhunderte nach der Französischen Revolution, noch keine Geschlechterdemokratie hergestellt. Männer bleiben an Geschlechterrollen gefesselt, die ähnlich wie ihre Anzüge und trotz aller modischen Ermunterung in der Regel den unveränderten Zuschnitt des 19. Jahrhunderts haben. Und sind dabei natürlich heftigem Feuer im Geschlechterkampf ausgesetzt.

Für das eigene Selbstwertgefühl scheinen familiäre Dinge nebensächlich. »Viele Männer ziehen nach wie vor ihre Selbstachtung einseitig aus ihrer beruflichen Stellung und Anerkennung«, heißt es im zehnten Jugendbericht.[70] Nein, es wirkt nicht diskriminierend, wenn man zugibt, über Jahre die eigenen Kinder höchstens beim Frühstück gesehen zu haben, weil der Chef einen jeden Abend brauchte. Keine Zeit für Kinder gehabt zu haben, das einzugestehen wirkt durchaus akzeptabler als zuzugeben, man habe keine Zeit für Sex gehabt. Stellen Sie sich vor, einfach zu viele Gutachten und Dienstreisen, dann abends nur noch ins Bett gekippt, also das hat man ja noch nie jemanden sagen gehört. Aber als Erzieher ein Versager gewesen zu sein, das wird gelegentlich geradezu kokettierend in die Runde geworfen – und hingenommen. Wer würde sich an eine Diskussion erinnern, ob die Schulschwierigkeiten eines Kindes womöglich darauf zurückzuführen sind, dass Papa nur eine entfernte Gestalt in seinem Leben war, kaum je einen Elternabend besucht, auch das Klassenfest verpasst, einfach keinen Anteil genommen hat? »Dennoch hat ein wenig liebevolles Verhalten des Vaters in der Kindheit noch immer Anteil an der Entstehung rechtsextremistischer Orientierung und autoritärer Dispositionen bei Jugendlichen«, hält der Jugendbericht fest.[71]

Familienarbeit, nein, danke!?

Männer sind deutlich weniger in ihre Familien eingebunden als Frauen. Selbst ihre erwachsenen Kinder reden mit ihnen sehr viel seltener als mit ihren Müttern, nur elf Prozent der erwachsenen Frauen wählen ihre Väter als Gesprächspartner in persönlichen Dingen, die Mutter aber, wie erwähnt, immerhin zu 37 Prozent.[72] Im Netzwerk der familiären Unterstützung stehen sie am Rand. Drei von vier Großvätern kümmern sich nie um Betreuung ihrer Enkel, regelmäßig tun dies nur gerade mal vier Prozent.[73]

Gibt es Hoffnung? In Dänemark haben Männer in den vergangenen Jahren ihren wöchentlichen Beitrag zur Hausarbeit von drei Stunden auf über 13 Stunden gesteigert! Das ist ein Glück, denn in dem gleichen Zeitraum haben Frauen einen großen Teil der Arbeit auf dem Arbeitsmarkt übernommen – sie haben so tatsächlich ökonomische Unabhängigkeit erreicht. Aber trotzdem ist es auch dort so, dass zwei Drittel der unbezahlten Arbeit noch immer bei ihnen liegt. Männer halten sich aus diesem nicht sehr lohnenden Sektor erfolgreich raus.

In Schweden passiert es tatsächlich, dass fast 90 Prozent der

Männer den zehntägigen Vaterurlaub nehmen, der ihnen bei Geburt eines Kindes zusteht, und der verfällt, wenn sie ihn nicht nehmen, 85 Prozent von ihnen nehmen täglich teil an der Sorge für die Kleinkinder, sie gehen sogar mit ihnen zum Arzt. Aber auch in Schweden nehmen Väter nur sieben Prozent aller Elternurlaubstage in Anspruch. Wenn sie ihn denn nehmen, nehmen sie ihn gerne, wenn die Mutter gleichzeitig zu Hause ist und die häusliche Grundversorgung gewährleistet ist. Sie nehmen Elternurlaub als eine Möglichkeit der Selbsterfahrung wahr, weniger als Startrampe für eine wirklich andere Lebensplanung.

Obwohl es für schwedische Väter breite Möglichkeiten gibt, sich an der Erziehung der Kinder zu beteiligen, nutzen Männer sie kaum. Weder ergreifen sie das Angebot, ihre Erwerbsarbeit zugunsten der Familie zu reduzieren, noch nutzen sie die Elternurlaubstage, die bei Krankheit des Kindes und anderen Notfällen genommen werden können. Nicht einmal auf den vielen zusätzlichen Arbeitsstellen im breit ausgebauten Netz von Kinderbetreuungseinrichtungen sind Männer zu finden. Alle Chancen zur Herstellung einer größeren Geschlechtergleichheit laufen so ins Leere – »die größte Entlastung erfahren Mütter nicht durch die Väter, sondern durch die kommunalen Tagesstätten – und hier sind zu über 90 Prozent Frauen als Erzieherinnen angestellt«, so die Schlussfolgerung der Soziologin Wiebke Kolbe von der Universität Bielefeld.[74]

Es gibt fast keine modernen Väter, wie sollte es dann eine moderne Familie geben?

3. Von Kindern

»*Wenn die Erwachsenen nicht intelligent sind, dann denken sie nicht und beschützen die Kinder nicht.*«
»Die ungehörten Stimmen der Kinder«[75]

Am Anfang war das Kind vielleicht nur ein Ding. Kam irgendwie, ging oft ganz schnell wieder. Wir wissen nicht, wie Menschen des Neolithikums gegenüber ihren Kindern empfanden, aber wir sehen später auf mittelalterlichen Bildern, wie sie dahinstarben mit ihren Müttern, kleine Gestalten sehen wir auf den Grabplatten, angeordnet in abfallender Größe, in die Unendlichkeit entschwindend. Wir hören, dass sie an den Höfen des Mittelalters als lustige Lärvchen amüsierten – oder, so schnell es ging, ihre kleinen Hände eingesetzt wurden, zum Putzen oder zum Servieren. Zum Schleppen, Harken, zum Kühetreiben und Ziegenhüten, so waren sie nützlich, auch als Dienstboten, Knechte und Mägde. Erziehen? Befehlen! Dass Kinder freie Menschen sind, mit einer Persönlichkeit und unveräußerlichen Rechten, ist eine Erkenntnis, die zwar schon in der Renaissance geboren wurde, aus jener Zeit schauen uns ihre Gesichter zum ersten Mal voller Innerlichkeit an, Hans Holbeins »Eduard VI als Kind«, um 1540, ein kleiner Mensch im Staatsgewand, schon mit Herrschergeste, aber Kinn und Wangen mit feiner individueller Linie gezeichnet. Oder später Murillos Buben, »Trauben- und Melonenesser«, von 1645, zerlumpt und schmutzig, der eine schelmisch, beide sich anblickend, zwei, die sich zugehörig fühlen, Freunde. Aber was diese Erkenntnis bedeutet, hat sich in das Bewusstsein der Menschen nur zögernd eingefräst und wurde im Regelsystem unseres Rechtsstaates nur zögernd umgesetzt – ein Prozess, der sich bis heute nicht vollendet hat. Dies ist einer der Gründe dafür, weshalb Familien gezwungen sind, sich mit ihren Kindern in einem ziemlich unangepassten Milieu durchzuschlagen.

Kinder als eigenständige Subjekte ...

In diesem Land leben fünfzehneinhalb Millionen Kinder und rund 82 Millionen Erwachsene, und man muss sich fragen, weshalb es uns solche Schwierigkeiten macht, ihnen in unserer Mitte die besten Bedingungen für ihr Aufwachsen zu bieten. Warum wir es nicht einrichten können, dass es ganz einfach, leicht und natürlich, will sagen: ganz selbstverständlich ist, unser Leben mit ihnen zu verbringen. Dass Kinder eigenständige Subjekte sind, keineswegs zu kurz geratene, noch unvollständige Ausgaben der wahren Personen, die sich dann Erwachsene nennen und glauben, sich anmaßen zu dürfen, über Kinder zu herrschen, hat niemand besser ausgeführt als Reinald Eichholz, Jurist, Vater von fünfen, Kinderbeauftragter der Landesregierung Nordrhein-Westfalen, jahrzehntelang im Dienst und nun zum Schaden aller Landeskinder bald im Ruhestand. In seinem Aufsatz »Die Subjektstellung des Kindes als Auftrag und Maßstab der Politik«[76], beschreibt Eichholz einen Paradigmawechsel von der Sicht des Kindes als Objekt bis hin zur Anerkennung des Kindes als eigenständiges Subjekt, Träger eigener Rechte, wie sie auf internationaler Ebene im Übereinkommen der Vereinten Nationen über die Rechte des Kindes aus dem Jahr 1989 formuliert sind und auf nationaler Ebene erste Spuren zeigen in der Novellierung des Jugendhilfegesetzes. Dort wurde zum Ende des letzten Jahrhunderts beispielsweise ein eigenständiges Umgangsrecht des Kindes mit seinen Eltern festgeschrieben. Kinder haben heute ein verbürgtes Recht auf gewaltfreie Erziehung, sie haben ein Recht auf einen Kindergartenplatz. Sie dürfen in Kinderparlamenten mitdiskutieren, sie werden um Ideen und Mithilfe gebeten, wenn es um die Neugestaltung des Schulhofes geht. Und weiter?

... und eigenständige Rechtsträger?

Schon vor dem Schulhoftor, wenn es darum geht, ob wir ihnen eine Chance einräumen, lebend nach Hause zu kommen, durch den Verkehr, ist es aus mit Rechten – auf gleichberechtigte Nutzung des öffentlichen Raumes beispielsweise, auf Schutz vor Gefahren, auf unversehrtes Leben, wozu wir uns doch immerhin durch Unterzeichnung der UN-Charta der Rechte des Kindes verpflichtet haben. »In der Sozialhilfe, im Kindergeldrecht, auch im Recht der Jugendhilfe – überall stellt sich die Frage, ob Kinder nur abgeleitete Rechte innehaben und von ›Rechtsreflexen‹ profitieren oder ob sie eigenständige Rechtsträger sind«, schreibt Eichholz.[77] Betreuung von, Hilfsangebote für, Erziehung zum – so läuft unser übliches Schema, so denken wir in Bezug auf Kinder, herablassend, gerne karitativ, öfters zurechtweisend. Das aber ist nicht genug.

Wie Erwachsene meinen, sich über Kinder erheben zu dürfen, hören wir nicht selten im Klang ihrer Stimmen, die ein Nachbarkind zurechtweisen – Lauft hier nicht rum! Hört auf zu schreien, macht, dass ihr fortkommt, spielt woanders! Als sei das Kind ein Hund, der den Gehweg oder gar den großen leeren Platz vor den Garagen besetzt und verschmutzt. Und Fußball spielt womöglich. Als seien Kinder irgendwie vermeidbar, jedenfalls ihre Lebensäußerungen.

Man vergleiche den Mut, mit dem Leute aus dem Haus stürzen, um ein krakelendes Kind zum Schweigen zu bringen – man vergleiche diesen beherzten Eingriff mit dem Gleichmut, der sie dröhnende Motorräder erdulden lässt, aufheulende Sportmaschinen, Rasenmäher. Nur einen Moment lang stellen wir uns vor, Kinder würden sich diese Tonart einem Erwachsenen gegenüber erlauben. »Steh hier nicht so rum, glotz mich nicht an, geh doch mal auf die Seite«, nein, so etwas wollen wir uns lieber nicht vorstellen. Die Lebensäußerungen von Kindern sind Erwachsenen nicht selten zutiefst suspekt, ihr wildes Rennen, das ungezähmte Lachen, das Kreischen während des Spiels, Hüpfen, Laufen in der Wohnung, Zappeln in der U-Bahn, Hungergebrüll und müdes Weinen. Warum? Ist es Neid? Die Kreischer aus dem Damenkaffeekränzchen, das firmamenterschütternde Heulen der Flugzeuge, das Stammtischgedröhne derer, die zu Hause bleiben – all das wirkt aus Erwachsenenperspektive vollkommen normal, störend sind die Stimmen der Kinder und natürlich immer ungewohnter. Als sei da, in der alternden Bevölkerung, schon eine tiefe Sehnsucht nach Grabesruhe.

In der Diskussion um die Schulen ist die Befindlichkeit der Kinder Nebensache. Wir wollen Leistung sehen und sonst gar nichts, jedenfalls kaum darüber nachdenken, was es denn für die langen Jahre der Kindheit bedeutet, in Institutionen zwangsweise verwiesen zu sein, die so häufig nicht funktionieren. Schulen, in denen oft die Langeweile herrscht, in denen, wie die Tests zeigen, noch nicht mal genügend gelernt wird, aus denen nur die Lehrer die Flucht ergreifen dürfen und dies ja auch in Scharen tun, sie immerhin in die gut abgepolsterte Frühpensionierung. Was es für ihre Schüler bedeutet, dort zurückzubleiben – kein Thema.

Seit Jahrzehnten diskutieren wir über die Vereinbarkeit von Familie und Beruf, ohne zu klären, welche Art von Familie wir unseren Kindern denn bieten wollen, wie sich Kindheit entfalten könnte im Spannungsfeld unserer Wünsche. Von Ganztagsbetreuung ist jetzt viel die Rede, flexibel soll sie sein, mal morgens um sechs beginnen, auch bei Bedarf in die Nacht hineinreichen, aber eines fragen wir nicht: Gibt es ein Recht des Kindes auf Elternzeit? Auf freie unbeschwerte Stunden, und wie viele pro Tag möchten wir ihm zugestehen, außerhalb von Institutionen?

Wie viel Platz darf abfallen von unserem riesigen und super ausgebauten komfortabel asphaltierten Netz der öffentlichen Räume, wie viel Bewegungsraum für junge Bürger wird eröffnet in unserer mobilen Gesellschaft, in jenen Jahren vor dem Führerschein, wohlgemerkt? Für den Naturschutz gibt es zehn Prozent des Raumes, und für Kinderschutz? Welchen Raum bieten wir ihnen im Diskurs um die Urbanität der Moderne, was wäre das überhaupt, eine Kindheit der Moderne? Wir haben erst begonnen, über solche Fragen nachzudenken. Längst ist uns der

Instinkt abhanden gekommen, solche Fragen aus dem Bauch zu lösen. Der Kinderbeauftragte Reinald Eichholz hat auf seine Weise die Schlüsse daraus gezogen: Freundlich zäh hat er es geschafft, die Verfassung für das Land Nordrhein-Westfahlen um vier Absätze zu erweitern, in denen die Rechte der Kinder vorsichtshalber festgeschrieben sind:

Art. 6, Absatz 1: »Jedes Kind hat ein Recht auf Achtung seiner Würde als eigenständige Persönlichkeit und auf besonderen Schutz von Staat und Gesellschaft.«[78] Und was das in den Auswirkungen bedeutet, skizziert Loris Malaguzzi, Gründer jener italienischen Kindergärten von Reggio Emilia, die weltweit ein Beispiel geben für den respektvollen und förderlichen Umgang mit Kindern: »Kinder haben das Recht, überall als eigenständige Subjekte individueller, juristischer, bürgerlicher und sozialer Rechte anerkannt zu werden. Sie sind Träger und Schöpfer eigener Kulturen. Und damit sind sie aktiv daran beteiligt, ihre Identität, Autonomie und Kompetenz auszubilden, insbesondere in den Beziehungen zu Gleichaltrigen, Erwachsenen, zu Ideen, Gegenständen, realen Erlebnissen und fiktiven Ereignissen in den Lebensbereichen und Welten, in denen Kinder kommunizieren.«[79]

Kinder sind Bürger dieses Staates

Kinder als Träger von Kulturen! Von dieser Einsicht sind wir aber meilenweit entfernt, sofern wir Kinderkultur nicht mit jenen Wellen von Plastikschrott verwechseln wollen, die sich von Industrieseite her über die Kindheit ergießen. Es gibt eine Vereinbarung der Vereinten Nationen über die »Rechte der Kinder«, es gibt im deutschen Recht jede Menge Vereinbarungen, die Kinder betreffen – aber es gibt kein grundsätzliches Einverständnis darüber, dass Kinder Bürger dieses Staates sind. Kinderrechte sind nicht selten kleine Rechte, Einschränkungen, Minderungen im Vergleich zu den Rechten der Erwachsenen. Das ist ungerecht. Der Theologe Friedhelm Hengsbach, Professor für Christliche Gesellschaftsethik an der Philosophisch-Theologischen Hochschule Sankt Georgen in Frankfurt am Main, hat vorgeschlagen, »den Begriff der Gerechtigkeit an dem Leitbild der Menschenrechte zu orientieren.«[80] Hengsbach macht darauf aufmerksam, dass die Forderung zur Gewährung von Menschenrechten – bürgerliche Freiheitsrechte, soziale Grundrechte, politische Beteiligungsrechte – lange Zeit beschränkt war auf Männer, Bürger, Rassen und Klassen – bis feministische, soziale und ethnische Befreiungsbewegungen die Stimme erhoben. Nun ist es an der Zeit, sich um den Ausschluss der Kinder Gedanken zu machen.

Alles Tricks!

Wer nicht genau hinschaut, merkt oft gar nicht, wie oft Kinder übersehen werden, wie wir unsere Welt eingerichtet haben, als existierten sie gar nicht. Zum Beispiel werden die Beiträge zur Sozialversicherung nach dem Bruttoeinkommen berechnet und abgezogen, ungeachtet der Tatsache, ob in den Haushalten vielleicht noch drei oder vier Kinder leben und mit ernährt werden müssen, diese Kinder werden nicht wahrgenommen, man tut so, als gäbe es sie nicht. Es ist interessant zu beobachten, wie schnell Kinder aus der Wahrnehmung der Welt verschwinden. Oft passiert das, wenn es ums Geld geht. Da gibt es, nun, nennen wir es, den Lufthansa-Trick: Ab zwölf ist das Kind vom Bildschirm verschwunden, wie weggeklickt, dann zahlt es den vollen Preis, als sei es plötzlich ein Erwachsener und hätte ein eigenes Einkommen.

Es gibt auch den Museums-Trick: Der setzt bei Kindern ab vierzehn ein – Schwuppdiwupp, weg sind sie. Der Staat verteilt seine Sparzulagen an Alleinstehende und Verheiratete, innerhalb bestimmter Einkommensgrenzen, und auch dabei übersieht er oft, dass neben einer Alleinstehenden vielleicht noch drei Kinder mit im Haushalt leben, dass es zusammen vier Leute sind, die dennoch schon die Förderung verlieren, obwohl ihr Einkommen nur halb so hoch ist wie das des Ehepaares nebenan, die immer noch förderungswürdig sind, obwohl nur zwei davon leben. Man könnte es also den Spartrick nennen. Hier ist der Rententrick: Auch für Rentenkassen gibt es viele Kinder nicht, wenn sie zum Beispiel vor dem 1.1.1992 geboren wurden, zählen nicht, die Kleinen, jedenfalls nicht als Kinder, die von ihren Eltern länger als ein Jahr erzogen werden, gerade mal ein Jahr wird anerkannt, während Kinder nach diesem Stichtag immerhin für drei Jahre im Blickfeld bleiben. Und nach drei Jahren gibt es aus der Perspektive der Rentenpolitiker nur noch Kinderbruchstücke, jedenfalls was die Anerkennung der Erziehung betrifft, die höchstens als Halbtagsjob zählt, als gäbe es halbe Kinder, und mit zehn Jahren, ja da sind sie sozusagen schon erwachsen, die Kleinen, weshalb man sich weitere Anerkennung der Erziehungsleistung schenken kann. Was würde die Obrigkeit wohl sagen, wenn die Eltern dieselben Schlüsse zögen und ihre Kinder mit zehn vor die Tür setzten. »Troll dich, jetzt ist es aber Zeit, für dich selbst zu sorgen, so in der Art?

Bruchstückhafte Existenzen

Kinder existieren in der Wahrnehmung der Ökonomen also nur bruchstückhaft. Wie Gegenstände, ein wenig absetzbar, was die Kosten für den Unterhalt betrifft, aber natürlich nicht auf der Ebene des Dienstwagens oder anderer Sonderausgaben. Ein paar Sonderrechte haben sie – steuerliche Freibeträge für ein Existenzminimum oder für die Ausbildung, aber in der Regel sind das Beträge, die weit unter denen liegen, die Erwachsene genießen. Kinder sind zwar Bürger dieses Staates, aber mit eingeschränktem Anspruch auf ein Existenzminimum, das ihr Essen, ihre Kleidung, die Wärme im Winder garantieren soll. Wenn Kinder mit dem Steuerblick betrachtet werden, kommt gar nicht in Sichtweite, was ihre Bedürfnisse sind, die riesigen Packungen Pampers passen in einen Standard-Warenkorb ja gar nicht rein, auch nicht die vielen Hosen, die so ein Kind jedes Jahr verschleißt, die neu gekauft werden müssen, weil die alten schon wieder zu klein sind, die Fußballschuhe natürlich auch, solche Kinderbedürfnisse sieht der Steuerberechner gar nicht, merkt auch nicht, dass so ein Heranwachsender keineswegs halb so viel isst wie ein Erwachsener, sondern gerade doppelt so viel. Fatal, diese Blindheit. Kein Wunder, dass Kinder immer öfter in Verhältnissen der Armut heranwachsen. Und dass es immer weniger werden.

Kinder können ab neun Jahren für Verkehrsvergehen zur Verantwortung gezogen werden, aber sie haben kein Wahlrecht. Millionen von Bürgern – bei Wahlen ist es so, als gäbe es sie nicht, obwohl sie doch auch mit einem Pass ausgestattet sind. Man sagt, sie seien noch nicht fähig, die politische Lage einzuschätzen, ein Argument, das viele Bürger dieses Staates ihr Wahlrecht kosten würde, wenn man es denn ernst nähme. Man stelle sich vor, Kinder könnten mitreden, bei der Gestaltung der Umwelt oder in der Schulpolitik, wenn man sie fragte, wie interessant der Unterricht ist! Kinder haben gelegentlich das Recht mitzureden, in Kinderparlamenten, Mitbestimmung zu spielen. Apropos spielen: Das Spielen der Kinder findet heute in Reservaten statt, eingezäunten Räumen, die Bewegung und Wahrnehmung beengen. Und erst in jüngster Zeit beginnt eine Diskussion darüber. Das Subjekt, erinnert Eichholz, sei »praktisch identisch mit schöpferischer Aktivität. In der Aktivität wird das Subjekt als ›Selbstentwicklungsinstanz‹ – statisch-physiologisch ebenso schwer auffindbar, wie Virchow dies schon für die ›Seele‹ sagte, doch im Handeln unübersehbarer Ausweis menschlicher Individualität.«[81]

Die Beschränkung der Erfahrungsräume

Sich ausprobieren, alles versuchen. Über den Bach springen, reinfallen, auf den Baum klettern, merken, ab wann die Angst steigt. Etwas herstellen mit den eigenen Händen, etwas beobachten mit eigenen Augen. Allein sein, sich mit anderen verbünden. Die Pädagogin Donata Elschenbroich hat in ihrem Buch über das »Weltwissen der Siebenjährigen«[82] ausgelotet, was Kinder für die Entwicklung ihrer Persönlichkeit brauchen, und damit zugleich beschrieben, was wir ihnen zu oft vorenthalten: Erfahrungsräume. Erlebniszonen, dazu gehörend auch die Grenzen des eigenen Könnens. Grenzen, sagt Eichholz, erfahre das Kind naturgemäß »an der Sache«, und er bringt, geradezu bestechend, sein Argument in Anschlag, man müsse sich doch nicht wundern, »dass beim heutigen Mangel an derartigen Erfahrungsmöglichkeiten eine besorgte Diskussion über ›Grenzsetzungen‹ und ›strenge Erziehung‹ aufbricht.«[83]

Elschenbroich ist eine Spezialistin der Frühpädagogik, und ihr Thema ist der Umgang von Eltern und Erziehern mit den kleinen Kindern. Eichholz ist Politiker und sein Blick ruht auf dem, was Politik für Kinder gestaltet. Die Subjektstellung des Kindes führe zu der »existentiellen Frage, ob die konkrete Lebensumwelt des Kindes diesen notwendigen Erfahrungsfreiraum bietet oder bereits im Ansatz alles vorgegeben ist«, schreibt er.[84] Das zielt keineswegs nur auf Spielplätze und ihre ewig langweiligen Instrumente. Man müsse sich fragen, schreibt der Kinderbeauftragte Eichholz, »ob Verkehrsplanung und Städtebau ihren unerlässlichen Beitrag zur Entwicklung dieser Eigenständigkeit leisten«, und wenn man doch Ansätze sehe, so seien sie doch zu selten und nicht erkennbar ein Ausdruck eines Bewusstseins, »hier vor Herausforderungen mit Verfassungsrang zu stehen«.[85]

Reinald Eichholz ist ein höflicher Mann, sonst hätte er das anders formuliert. Niemand muss *sich fragen*, ob Verkehrsplanung und Städtebau ihren Beitrag geleistet haben, Kindern optimale Bedingungen zu geben. Dazu gibt es Untersuchungen, die *klar zeigen*, dass genau das Gegenteil der Fall ist!

In Freiburg wurden Anfang der neunziger Jahre (1991–1993) die Wohn- und Spielbedingungen von rund 2 000 Kindern im Alter von fünf bis zehn Jahren untersucht.[86] Man kann versuchen, das Resultat positiv zu interpretieren. Tatsächlich finden in Freiburg die Hälfte der Kinder Bedingungen vor, die es ihnen ermöglichen, draußen zu spielen, ohne dass sie in Gefahr sind oder ihre Eltern in Sorge. Andersherum betrachtet heißt dies aber: Mehr als die Hälfte aller Eltern beurteilten die Spielmöglichkeiten ihrer Kinder als schlecht. Gerade mal jeder dritte Fünfjährige darf ohne Aufsicht nach draußen und bei der Hälfte aller Neunjährigen ist es noch so, dass sie zwar draußen sind, aber die Eltern das nur mit Bauchgrimmen erlauben. Nur jeder zweite Fünfjährige kann seine Freunde alleine erreichen. Und das in einer Idylle wie Freiburg!

Im Detail sieht das so aus: Kinder, die im Erdgeschoss wohnen, können im Durchschnitt mehr als 70 Minuten draußen spielen, ohne beaufsichtigt zu werden, wohnen sie im dritten Stock, nimmt ihnen das fast eine halbe Stunde Freispiel jeden Tag weg. Kinder, die vor der Haustür einen Platz finden, auf dem sie gefahrlos spielen können, und sei dies nur ein breiter Bürgersteig, verbringen doppelt so viel unbeaufsichtigte Zeit draußen wie Kinder, denen man geparkte Autos vor die Haustür stellt. Sechsjährige, die in einem Haus mit Garten wohnen, sind jeden Tag eine Stunde draußen, ist es eine noch so elegante Wohnung mit Balkon, die ihr Zuhause ist, haben sie im Durchschnitt nur noch eine Viertelstunde draußen. Will man Kindern aber Spielzeit schenken, muss man den Verkehr verlangsamen, ihn runterfahren statt draufhalten, und das gilt natürlich auch für Eltern am Steuer. Sechs- bis Siebenjährige, deren Wohnung in einer Tempo-50-Zone liegt, haben gerade mal 20 Minuten draußen ohne Aufsicht; ist es verboten, schneller als Tempo 30 zu fahren, haben sie schon die doppelte Zeit für draußen gewonnen: 40 Minuten! Wird die Straße eine Spielstraße, dann ist da was los in dieser Kindheit: Jeden Tag noch mal fast eine halbe Stunde freies Spiel dazugewonnen, insgesamt schenken wir jedem jeden Tag eine Stunde im Freien! So könnte der Spaß losgehen.

Kinder verlieren, nur weil wir uns als unfähig erweisen, ihre Umwelt nach Erkenntnissen zu gestalten, die seit Jahrzehnten vorliegen, nicht nur Spielzeit draußen, sondern auch Gelegenheit, etwas zu erleben. Denn selbst wenn kleine Kinder vor der Tür sind, sind sie oft auf Plätzen, auf denen die Geist tötende

Wackeltiernorm herrscht, wo nur Geräte sind, welche im Detail die Bewegungen der Kinder diktieren. Mal hüpfen oder schaukeln, mal baggern oder schaufeln – und sonst ist wirklich gar nichts möglich. Nicht gebaut wird auf solchen Plätzen, auch nichts entdeckt. Die Kinder, schreiben die Forscher, »leben zu einem großen Teil nur noch in Secondhand-Wirklichkeiten. Ihre Aktivitäten finden fast nur noch in Reservaten statt.«[87]

Ihr Drängen nach Erfahrungen aus erster, eigener Hand nimmt ab, wie Eltern nicht selten beobachten können, die versuchen, ihren Nachwuchs zu Aktivitäten zu bewegen, die anstrengend erscheinen: selbst Skateboardfahren statt am Computer rumzuklicken. Neue Dinge ausprobieren statt auf dem Hüpfband herumzuhopsen. Ob es vielleicht auch daran liegt, dass die sprachlichen Fähigkeiten so verkümmern, wie Pisa jüngst festgestellt hat? »Man kann nichts erzählen, wenn man nichts erlebt hat«, schreiben Blinkert und seine Kollegen: »Was ist erzählenswert, wenn man sich den ganzen Nachmittag auf einem Spielplatz mit Rutschen, Wippen und Wackeltieren aufgehalten hat?«[88]

Nichts erlebt, natürlich auch mit niemandem zusammen was ausgeheckt. Kinder, die immer unter wachsamen Augen von Erwachsenen stehen, sind eingeschränkt in ihren Möglichkeiten, selbst Kontakte zu knüpfen, sie gewinnen keine Kompetenz darin, auf Kinder zuzugehen, kein Wunder, wenn Mutti das immer für sie übernimmt. Und was ist, wenn Mutti das dann nicht leisten kann, wenn sie vielleicht allein erziehend ist, keine Zeit hat für all das Kutschieren und Termine machen? Wie eine Umwelt aussieht, die Kinder erfreut, dass wissen übrigens alle, sagen wir alle, bis auf die Stadtplaner, sagen wir: alle Kinder. Gefragt, wie ihr Spielplatz sein solle, verlangten Kinder in Hellersdorf nach der Wende eine Wiese mit Ziegen und Kaninchen. Gefragt, wie denn die schönen Plätze unserer Kindheit aussehen, hören Erwachsene, die sich noch an die eigene Kindheit erinnern können, gar nicht mehr auf zu erzählen, weil sie ins Schwärmen kommen. Das Brachland nach den Bombenangriffen, sagen sie, die schlammigen Einschlaglöcher. Oder sie sagen: das Gerümpel auf dem Dachboden, der Wald zum Höhlenbauen! Irgendwo war jemand, in dessen Küche es Kakao gab oder eins hinter die Ohren. In Freiburg ließen sich Soziologen von Kindern an ihre liebsten Spielorte führen. Es waren: der Hohlraum unter der kleinen Brücke, das leere Abflussrohr. Besser jedenfalls als das, was wir ihnen so bieten, das zeigt ein letzter

Blick auf den Standardspielplatz. Und so wundern wir uns dann, wenn die kleinen Kinder, nun größer geworden, uns in virtuelle Welten entfleuchen, alles pseudo, schimpfen wir dann, wie kommt es, dass ihr gar nicht merkt, dass dies alles nur Ersatz ist. Ersatz für was? fragen uns die Kinder dann mit großen Augen.

Alles weist darauf hin, dass sich für Kinder schlechte Bedingungen in unseren Städten addieren. Ist das Wohnumfeld schlecht, gibt es eine schlechtere Versorgung mit Kinderspielplätzen. In den besten Regionen gibt es fünfmal so viele Spielplätze wie in den schlechtesten[89], in einer guten Wohngegend teilen sich etwa 90 Kinder einen Spielplatz, in einer schlechten Umgebung drängen sich an die 200 Kinder darauf – und das, obwohl jeder dritte Spielplatz in ungünstigen Wohngegenden auch noch Tummelplatz für Stadtstreicher, Betrunkene und Drogenabhängige ist.

Verkehrsgerechte Kinder und kindgerechter Verkehr

Unser Fürsorgeinstinkt scheint schwach ausgeprägt. Gibt es wirklich kein öffentliches Interesse daran, dass in Deutschland, 1999 zum Beispiel, 50 000 Kinder im Straßenverkehr verunglückt sind? Im Jahr 2000 kam alle elf Minuten ein Kind im Straßenverkehr zu Schaden, immerhin nach Zahlen des Statistischen Bundesamtes, nachzulesen im Taschenbuch der Kinderpresse, für Eltern, Kommunalpolitiker, für den Verkehrsminister und die kühnen Architekten der modernen Metropolen. Wer die Kurven für die Tagesverteilung studiert, sieht die dramatischen Ausschläge morgens gegen acht und mittags gegen eins, da passiert es besonders häufig, auf dem Weg zur Schule. Ein Drittel aller Sterbefälle bei Kindern bis 14 Jahren wurde 1997 durch Unfälle verursacht, und davon wiederum gehen immerhin fast die Hälfte (45 Prozent) auf das Konto des Straßenverkehrs, wobei sich unsere Art der Verkehrsführung besonders für Jungen als ungeeignet erweist, deren Sterberate gegenüber der von Mädchen um 70 Prozent erhöht ist, allein rund 10 000 von ihnen verunglücken mit ihren Fahrrädern. Und keiner sage, dass sei das Ergebnis falscher Verkehrserziehung. Verkehrserziehung, stellt der zehnte Kinder- und Jugendbericht fest, benötigen beide, Erwachsene *und* Kinder. Denn wahr ist, dass natürlich das Gros aller Unfälle von Erwachsenen verursacht wird!

Nur ein paar aufmerksame Augenblicke am Rand einer Straße können jeden Skeptiker darüber belehren, dass nahezu jeder Erwachsene am Steuer eines Autos offensichtlich nicht in der Lage ist, sein Tempo der geforderten Geschwindigkeit anzupassen, am Zebrastreifen rechtzeitig abzubremsen oder auch nur Sicherheitsabstände zu vorherfahrenden Wagen oder gar zu Fahrrädern einzuhalten. Unfähig, der Homo sapiens, die für das Steuern eines Autos erforderliche Weisheit aufzubringen. Umso heuchlerischer ist die gebetsmühlenartige Forderung, Kinder müssten – selbstverständlich von ihren Eltern – auf die stetig wachsende Fahrzeugflut vorbereitet werden, um die Unfallzahlen zu begrenzen. »Unter Verkehrserziehung wird in der Bundesrepublik Deutschland die Anpassung der Kinder an das vom Auto dominierte Verkehrssystem verstanden«, so formuliert es der Zehnte Jugendbericht: »Ein fragwürdiges Ziel dieser Verkehrserziehung, deren Erfolg aufgrund der bereits erwähnten entwicklungsbedingten Verhaltens-›Defizite‹ von Kindern auf Grenzen trifft, ist das ›verkehrsgerechte Kind‹, und nicht ein Umbau des Verkehrsystems zu einem kindgerechten Verkehr.«[90]

Kindgerechter Verkehr! Das bedeutet, stellen die Kinderexperten klar, dass sich die Verkehrsplanung »*stärker am Kind als am Auto orientieren*« muss (Hervorhebung SM). Das mag verwegen klingen. Aber die Frage erhebt sich doch, wieso eine Gesellschaft, die erkannt hat, dass ihre Jungen so gefährdet sind, einfach weil sie im ersten Lebensjahrzehnt noch nicht die körperlichen Voraussetzungen mitbringen, rasende Autos einzuschätzen, wieso eine Gesellschaft darauf nicht reagiert und die Jungen nicht schützt. Wieso wir Straßen sperren, um die Überquerung von Kröten zur Laichzeit gefahrlos und arterhaltend zu erlauben, aber keine durchdringenden Maßnahmen ergreifen, um unsere Kinder vor Schaden zu bewahren, zum Beispiel durch die Sperrung von Straßen vor Schulen vor und nach dem Unterrichtsbeginn. Über 12 000 Kinder werden als Fußgänger jedes Jahr in unseren Kommunen angefahren, die Hälfte von ihnen beim Spielen. Weitere 30 Prozent, weil parkende Wagen und andere Sichthindernisse es unmöglich machen, die kleinen Mitbürger zu sehen. Und die einzige Konsequenz, die wir daraus ziehen, scheint zu sein, die Kinder nicht mehr vor die Tür zu lassen, sie überall hinzukarren, zum Freund, zum Schwimmen, zum Fußball – was wiederum die Gefahr für andere Kinder erhöht, sich zu Fuß dorthin zu bewegen.

Die Zahl der Todesfälle ist zurückgegangen, so viel ist richtig, aber man täusche sich nicht. Sicherheitsgurtpflicht und Airbags, Spielverbote für draußen, Taxidienste der Eltern haben dafür einiges getan, umso erschreckender ist es, dass die Zahl der verletzten Kinder in Hamburg beispielsweise steigt – bei dramatisch schrumpfender Kinderzahl. »Recht auf Leben« heißt es in Artikel 6 der Konvention der Rechte des Kindes: »Die Vertragsstaaten gewährleisten in größtmöglichem Umfang das Überleben und die Entwicklung des Kindes.«[91] Wir warten auf die Umsetzung. Ungeduldig. Denn bald ist die Kindheit unserer Kinder vorbei, so oder so. Vielleicht benötigen wir den Blick von außen, um im Straßenverkehr auf die richtige Spur zu kommen: »Ihr braucht Geburtenkontrolle für Autos!« verkündeten jüngst Umweltexperten aus der Dritten Welt, die auf Einladung der Heinrich-Böll-Stiftung in den Norden gereist waren, ihren erstaunten Gastgebern, die in der Regel nicht geizen mit wohlmeinenden Ratschlägen in umgekehrter Richtung und dem Rest der Welt gerne eine Beschränkung der Kinderzahl empfehlen.[92]

In England, so eine Untersuchung, ist die Zahl der Sieben- und Achtjährigen, die alleine in die Schule gehen, von 80 Prozent auf weniger als zehn Prozent gefallen, welch eine Einschränkung ihrer Erlebniswelt! Andererseits: Die Kinder vor Schaden zu beschützen ist die vorrangige Aufgabe, die Eltern haben. Nicht, als gäben wir uns keine Mühe. In den vergangenen Jahren haben die Staaten der OECD auf atemberaubende Weise zugelegt, zwischen 1970 und 1995 sind tatsächlich 25 000 Kinder weniger gestorben, als die Zahlen der frühen Siebziger hätten erwarten lassen. Unglaublich: 25 000 Kinder davor bewahrt, Opfer eines Unfalls zu werden, lesen wir im Bericht der Unicef-Forschungsstelle zur Kindheit.[93] Aber wer einmal verstanden hat, dass die Todeszahlen eben kein unabänderliches Naturgeschehen verkörpern, betrachtet auch die nun so schön gesenkten Zahlen mit Misstrauen. Von 100 000 kleinen Schweden sterben fünf durch Unfall, von 100 000 kleinen Deutschen aber acht. Drei Tote mehr, und wer einmal erlebt hat, was es für die Familien bedeutet, ein Kind zu verlieren, hat verstanden, dass sich Leid nicht addieren oder substrahieren lässt. Drei Leben nicht gelebt. Was nützt es, auf die Liste der Todesraten zu schauen und sich damit zu beruhigen, dass in Portugal die doppelte Zahl von Kindern bei Unfällen stirbt wie in Deutschland? Oder sich zu sagen, dass hierzulande immerhin die Anstrengungen so groß waren, dass die Todesraten um 70 Prozent gefallen sind. Hätten wir uns Schweden und seine Vorsichtsmaßnahmen zum Vorbild genommen, so wären in Deutschland in den Jahren 1990 bis 1995, in fünf Jahren, vermutlich 2 000 Kinder weniger gestorben. Tatsächlich 2 000 nicht tot, hätten wir das getan.

Es ist, als zögen wir uns hinter dem Begriff »Verkehrsopfer« zurück, als sei es Konsens, dass da eben ein paar Kinder geopfert werden müssten. Der Unsinn solcher Begrifflichkeit, sagt der Pädagoge Rolf Strassfeld, dessen Kind vor einen Geländewagen lief und starb, das Feige daran sei die Verschleierung: Wer wollte wohl noch davon reden, dass solche Opfer hinzunehmen seien, wenn es gälte, wie bei dem Blutopfer vergangener Zeiten jemanden aus der Mitte der Familien heraus als Opfer zu bestimmen? Das halten wir heute für ganz barbarisch. Ohne aber den Schluss zu ziehen, dass gegenüber den Kindern nur ein Ziel vertretbar ist: Null Unfallopfer. Vision Zero, wie die Verkehrspolitik heißt, die sich zum Beispiel die Schweiz und die Niederlande vorgenommen haben.

Störfaktor Kind?

Das Recht auf Leben. Das Recht auf Entwicklung. Bildung. Irgendwie gerät uns das alles immer wieder aus dem Blick. Was das für die Eltern bedeutet, denen also die Aufgabe zufällt, in einer kindvergessenen Welt ihre Kinder aufzuziehen, sie vor Gefahren zu beschützen, sie durch eine unangepasste Welt zu lotsen, wollen wir im Kapitel »Familiengewurschtel« näher betrachten. Alle Überlegungen zusammen müssen in Maßnahmen münden, diese Welt kinderfest zu machen – die Straßen und Plätze, die Hausgemeinschaften, die Kindergärten und die Schulen. »Ausgangspunkt ist, dass Kinder – und damit auch jedes einzelne Kind – über natürliche Gaben und Potentiale von ungeheurer Vielfalt verfügen. Werden diese natürlichen Voraussetzungen der Kinder nicht erkannt, nicht geachtet und nicht genutzt, dann werden Leiden der Kinder und eine oft nicht mehr rückgängig zu machende Verarmung ihrer Entwicklung provoziert«, schreibt Loris Malaguzzi.[94]

Es geht ja nicht nur um Förderung. Es geht auch darum zu verstehen, dass wir von Kindern lernen können, von ihrer Vitalität und Klugheit. Zu begreifen ist, dass es sich lohnt, ihnen zuzuhören. Es gibt ein Dokument, das eine solche Übung der Erwachsenenbildung aufgezeichnet hat. Jeder kann da nachlesen, wie Kinder über das sprechen, was sie unter »Intelligenz« verstehen, uns erklären, was »Kultur« ist oder »Freundschaft«. Das Buch heißt »Mädchen und Jungen zwischen 5 und 6 sprechen über die Rechte der Kinder«.[95] »Jeder mag lesen und staunen«, schreibt Malaguzzi: »Von unserer Seite müssen wir sagen, dass die Kinder uns viele Dinge gelehrt haben, die wir nicht wussten; vor allem jedoch, wie begrenzt die Skala unserer Werkzeuge und Möglichkeiten ist. Was uns am meisten beeindruckt hat, ist der Sinn für Gerechtigkeit, Gleichheit, soziale Reife, für Urteil, Verantwortlichkeit und Solidarität, der sich in den Gedanken und Konzepten der Kinder unserer Zeit bemerkbar macht wie eine aufgehende Saat.«[96]

Kinder lernen, so oder so, jedenfalls besser als alle Erwachsenen zusammen. Sie lernen heute leider aber auch dies: dass es einen heimlichen Lehrplan gibt für diese Welt, in dem sie irgendwie nicht vorgesehen sind. Sie spüren: Sie sind Störfaktoren, für den Verkehr, für den Ablauf der so wichtigen Arbeitswelt. Für die Alltagsbewältigung ihrer gestressten Eltern wäre es besser, es gäbe sie nicht, diese Kinder. Kann man es besser erklären, warum in diesem Land eine Generation herangewachsen ist, die es unsäglich schwer findet, sich ihrerseits für eigene Kinder zu entscheiden?

5. Lassen Sie uns über Geld reden

Was diese Familien nicht alles leisten! Jeden Tag 24-Stunden-Dienste, viele Jahre lang, unbegrenzte Fürsorge und Haftung für die Kinder über Jahrzehnte. Und keinesfalls nur für sich allein geschuftet. Denn wie immer das gelingt, die Versorgung, Betreuung, Erziehung und Bildung der Kinder, es wird sich, durch ihr Leben, zu dem entfalten, was die Gesellschaft ist. Mehr Solidarität ist nicht, als da gelernt wird. Was an Phantasie, an Elan, an Neugier, Wissen in einer Gesellschaft benötigt wird, es wird nicht mehr da sein, als von dort her kommt, von diesen Kindern, die in Familien zu Erwachsenen werden. Sie werden die Atmosphäre der Gesellschaft vorgeben, ihre Wettbewerbsfähigkeit, auch den Wohlstand gestalten, an ihnen muss sich auch beweisen, ob die Gesellschaft fähig ist, mit Krisen umzugehen. Oder nicht. »Ohne die Entwicklung von Selbstvertrauen und Selbstverantwortung einerseits und ohne die Fähigkeit und Bereitschaft zur Kooperation und Solidarität andererseits, die in Kindern und Jugendlichen erzeugt wird, kann eine Gesellschaft kein Sozialsystem entwickeln, in dem Menschen gemeinsam ihre Probleme lösen, soziale Gerechtigkeit anstreben und sich um sozialen Frieden bemühen«, heißt es im Bericht des Wissenschaftlichen Beirates im Bundesfamilienministerium über »Gerechtigkeit und Familien«.[1]

Familien sind Geldmaschinen

Wenn man sagt, dass eine Gesellschaft arm an Kindern sei, heißt es, dass sie auch arm an Kompetenzen, an Ideen, an Tatkraft ist. In Kindern bildet sich das Vermögen, über das die Gesellschaft verfügen kann, da summiert sich, was neben den Sachwerten einer Gemeinschaft in die Zukunft einzubringen ist: Die Wirtschaftswissenschaftler nennen es das Humanvermögen. Das ist nicht wenig, was da entsteht, der Fünfte Familienbericht hat ermittelt, welches Humanvermögen an einem bestimmten Zeitpunkt der Gesellschaft, im Jahre 1990 zum Beispiel, zur Verfügung stand – ein Schatz, mit dem sie tatsächlich wuchern kann: »Unterstellt man für 1990 realitätsnah ein Erwerbspotential in der früheren Bundesrepublik in Höhe von 38,7 Millionen …, dann ergibt sich unter der weiteren Annahme, dass diese Erwerbspersonen einen den Gegenwartsverhältnissen entsprechenden Versorgungs- und Betreuungsaufwand verursacht haben, ein Beitrag der Familien zur Humanvermögensbildung bzw. zur Bildung des volkswirtschaftlichen Arbeitsvermögens in Höhe von 15,286 Billionen DM.«[2] Mehr als sieben Billionen Euro, fast geschenkt! Von Familien! Darüber müssen wir reden, wenn wir über Familien und Geld reden oder über die allgegenwärtige Unterstellung, in Familien würde so viel Geld gepumpt. Dem Humanvermögen standen, an Sachvermögen, zu diesem Zeitpunkt gerade mal 3,5 Billionen Euro gegenüber. Familien sind Maschinen, die Reichtum produzieren!

Familien sind nicht selten ausgepumpt, sie haben ihre Ressourcen an Geld und Kraft erschöpft, sind deshalb auch Armutszonen in einer Wohlstandsgesellschaft, davon war schon die Rede. Wie diese Familien hoch belastet sind, wie oft sie in Not geraten! Im Jahr 2001 lag eine vierköpfige Familie mit einem durchschnittlichen Einkommen von 30 678 Euro nur um 17 Euro über dem steuerrechtlichen Existenzminimum.[3] Im Jahr 2002, rechnet der Familienrichter Jürgen Borchert vor, wird sie trotz des Kindergeldes von 5 544 Euro das Existenzminimum um 378 Euro unterschreiten.[4] Ein Hohn auf das gerne beschworene Kredo, dies sei eine Leistungsgesellschaft, *Leistung muss sich lohnen*, man erinnert sich. Familien können täglich erleben, wie neben ihnen Menschen bei gleicher Erwerbsarbeit und ohne Mühen von Fürsorge für andere bequemen Wohlstand genießen, dass Menschen, die niemand anderen versorgen, selbst wenn sie nicht alle im Wohlstand leben, immer noch so reich sind an dem, was in Familien große Mangelware ist, reich an Zeit. Eltern wenden beträchtliche Teile ihres Einkommens für ihre Kinder auf,[5] um ihnen gute Lebens- und Entwicklungsmöglichkeiten zu bieten, sie wenden durchaus auch mehr Geld auf, wenn sie mehr verdienen, und das ist gut so. Erstaunlich ist, dass eben trotz sinkender Geburtenraten immer noch ein großer Teil der jungen Menschen bereit ist, unter erheblichen Risiken das Glück einer eigenen Familie zu wagen. Schade, dass sie sich so immer öfter in Verhältnisse der Bedürftigkeit verstricken, obwohl sie dort so viel Reichtum produzieren. Wieso eigentlich?

Arbeiten Familien zu wenig? Immer wieder wird vorgeschlagen, Familien müssten sich stärker an der Erwerbsarbeit beteiligen, sie gerieten eben in Schwierigkeiten, weil sie um ihrer Kinder willen sich von Lohnarbeit zurückzögen und nun also, durch Bereitstellung öffentlicher Kinderbetreuung, wieder mehr

Erwerbsarbeit leisten könnten, sich also quasi selbst von der Armut erlösen sollten. Ein nahezu unumstrittener Ansatz. Doch welche Haltung steckt dahinter? Letztlich wird suggeriert, dass Eltern zu wenig Geld haben, weil sie nicht genug leisten. Stimmt das? Ist es nicht vielmehr richtig, dass Eltern sogar mehr arbeiten als alle, die keine Kinder erziehen? Und dass sie so oft bedürftig sind, weil dies nicht honoriert wird?

Man könnte anders argumentieren, Familien brächten sich in Schwierigkeiten, weil sie eben ein Produkt herstellen, dass nicht marktgängig ist, sich nicht verkaufen lässt, ja das zu verkaufen verboten ist, einfach unpraktisch, diese Kinder. Hübsch, aber eben unverkäuflich. Weshalb wir auch in gedankliche Engpässe geraten und es so schwierig finden, Familienleistung einzuschätzen, schreibt der Wissenschaftliche Beirat zu »Gerechtigkeit« – weil »familiale Leistungen nicht in Märkten ausgetauscht werden«[6], und deshalb kein Preisschild haben. Man stelle sich vor, jeden Morgen ließe sich nicht nur der Goldpreis in der Zeitung ablesen, sondern der aktuelle Marktwert eines Kindes. Abwegig? Keineswegs, denn sobald der Kinderkram auf dem Markt gehandelt wird, steckt immer ganz viel Geld drin.

Sobald die kostbare Leibesfrucht auf dem Markt angeboten wird, kommen ganze Finanzströme in Fluss. Man betrachte die Geschichte der Leihmutterschaft. Als eine Amerikanerin jüngst übers Internet versuchte, eines ihrer Kinder zu verkaufen, lagen die Angebote schnell auf der Höhe eines mittleren Einfamilienhauses in guter Lage. Im kommerziellen Kinderhandel – wo Kindersoldaten verhökert werden, Kinderdienstboten oder Kinderprostituierte – da stecken Milliardengewinne, und sie werden gemacht, auch hierzulande, obwohl es natürlich verboten ist, damit Geld zu machen. Aber auch alle, die hierzulande auf erwünschte legale Weise, beruflich sozusagen, an der Erzeugung oder Erziehung von Kindern mitwirken, Ärzte, Lehrer zum Beispiel, denen geht es gut.

Die Zeugung von Kindern im Labor zum Beispiel ist ein hart umkämpfter Wirtschaftsfaktor. Wer Kinder im Auftrage des Staates erzieht, in Schulen, hat die besten Arbeitsverträge, die in dieser Republik, ja in der Welt überhaupt zu haben sind – hohe Entlohnung bei minimaler Präsenzpflicht, üppigste Freizeitregelung und Unkündbarkeit, privilegierte Absicherung bei Krankheit und Alter, alles Superkonditionen – ganz im Gegenteil zu den Eltern, die für Betreuung und Erziehung derselben Kinder zuständig sind, vor und nach den Schulstunden, jeden Tag für alle restlichen 19 Stunden, die nach Schulschluss noch übrig sind, und das, ohne auch nur einen halben Rentenanspruch zu erwerben.

Ein fiskalischer Glücksfall

Kinderärzte, Kinderschwestern, Kinderkleider, Kinderspielzeug. Allesamt mit Geld bezahlt. Ein Kind, das nach der Jugendhilfe in einer Pflegestelle untergebracht wird, kostet den Staat jeden Monat 600 Euro, aber nur, bis es sieben Jahre alt ist. Danach sind 60 Euro mehr fällig, ein Jugendlicher kostet, bei öffentlicher Fürsorge, den Staat 758 Euro jeden Monat, kein Wunder, dass man es gerne sieht, wenn die Eltern sich selbst um ihre Kinder kümmern. Da ist es dann mit einem Kindergeld von 154 Euro getan.[7] Wer im Monat zur zweimal ins Theater geht, hat schon mehr an staatlichen Subventionen kassiert – 90 Euro pro Karte! Dass Eltern ihre Kinder nicht abschieben, ist ein fiskalischer Glücksfall für diese Gesellschaft. »Ich kann meine Kinder doch nicht ins Heim geben und komplett auf Staatskosten erziehen lassen«, sagt Dagmar Feldmann, stellvertretende Vorsitzende der Familienpartei Deutschlands. »Ich kann auch nicht an Zuwendung und Kindesunterhalt sparen, weil ich mich verantwortlich fühle, drei einigermaßen lebenstüchtige und engagierte Menschen großzuziehen. Streik oder Kapitalflucht sind alles Möglichkeiten der Einflussnahme, die nur für andere Gruppierungen der Gesellschaft offen stehen.« Eltern versagen als Pressure Group.

Es ist die Bereitschaft der Eltern, das Letzte für ihr Kind zu geben, die gnadenlos ausgenutzt wird. Sie schützt im Übrigen diejenigen, die keine Kinder erziehen, man stelle sich vor, in welche Verhältnisse sie gerieten, wenn eine Absicherung im Alter, nur mal hypothetisch betrachtet, wenn eine existenzsichernde Rente nur zu erhalten wäre für diejenigen, die zusätzlich zu monetären Beiträgen den Beweis erbringen würden, sich an den realen Leistungen in der Erziehung eines zukünftigen Beitragszahlers beteiligt zu haben. Wenn Eltern die Nutzungsrechte am Ertrag eines Kindes – für Rentenzahlung, im Gesundheitssystem – verhökern könnten, was sie nicht können, weil diese Nutzung in unseren Sozialversicherungen kommunalisiert ist, unter Ausschluss der Erziehenden. Was würde passieren, wenn die Möglichkeit geschaffen würde, von Leihmüttern die Herstellung eines Rentenzahlers zu kaufen! Nach dem Motto: Ich baue mir ja auch nicht mein Auto selbst, nur weil ich eines brauche. Nun, vor solchen Verhältnissen bewahren uns glücklicherweise die Barrieren des ethischen Empfindens. Doch das Empfinden versagt unglücklicherweise dort, wo es darum geht, die Erziehung der Kinder zu honorieren. »Es ist allerdings außerordentlich bedenklich, dass das Gemeinwesen die tief in der Elternschaft begründete Überzeugung, für Kinder sorgen zu müssen, ausnutzt, um an der gemeinsamen Verantwortung einer Gesellschaft für ihren Nachwuchs zu sparen«[8], schreibt der zehnte Jugendbericht.

Der doppelte Verdienstausfall

Dass Eltern die Leistung für ihre Kinder ohne leistungsgerechte Entlohnung erbringen und deshalb arm dran sind, darauf hat auch der Wissenschaftliche Beirat zum Thema »Gerechtigkeit« im Jahr 2000 abgehoben. Eltern werden danach auf zweifache Weise nicht entlohnt. Zum einen werden sie nicht durch ihre Kinder entlohnt. Vorbei die Zeiten, als die Kinder als Dank für genossene Fürsorge eine halbe Generation später nun ihrerseits fürsorglich tätig wurden, in der Versorgung der Alten, nun nicht selten bedürftig wie die Kinder. Na ja, nicht ganz vorbei, denn noch werden ja 70 Prozent der alten Leute zu Hause von ihrer Familie, besser gesagt zumeist von den weiblichen Mitgliedern dieser Familie, versorgt, auch dies in großen Teilen ein kostenloser Service. Aber es ist vorauszusehen, dass sie dazu immer weniger in der Lage sein werden, wenn sie außerhalb des Hauses verstärkt einer Arbeit nachgehen, schon um die Kinder zu ernähren, und weil diese Arbeit einen immer größeren Raum einnehmen wird und ihnen von dem so verdienten Lohn immer höhere Beiträge für die Sozialversicherungen abgezogen werden – nicht zuletzt zur Versorgung der Älteren, die ihrerseits keine Kinder haben.

Eltern werden – was zeitliche und finanzielle Unterstützung im Alter betrifft – immer weniger von ihren Kindern erwarten können, deren Dienste vom Rest der Gesellschaft abgefordert werden, und die selber von dieser auch nichts zu erwarten haben. »Zum anderen werden die Leistungen von Eltern nicht leistungsgerecht entlohnt, wenn die Gesellschaft nicht bereit ist, den von den Eltern durch die Versorgung und Erziehung ihrer Kinder der Gesellschaft geleisteten Beitrag zur Bildung des Humanvermögens der Gesellschaft, dessen Erträge nur teilweise den eigenen Kindern zugute kommen, in einem bestimmten Umfang finanziell zu entgelten«[9], so der Beirat.

Familien treten also in Vorleistung, aber gerade mal 20 Prozent ihrer Aufwendungen, so der Fünfte Familienbericht, fließen an sie zurück.[10] Wie heißt es dort? »Die aufgezeigte Entlastung von Eltern durch die öffentliche Hand ist zu gering, um die erheblichen lebenslangen Unterschiede zwischen den Familien auf der einen und den Alleinlebenden und den kinderlosen Doppelverdienerpaaren auf der anderen Seite auf ein nach Maßstäben der sozialen Gerechtigkeit akzeptables Maß zu reduzieren. Diese Lebenslagen sind außerordentlich groß und noch nicht in das öffentliche Bewusstsein gedrungen.«[11] Familien werden besonders hart von der Verdopplung der Abgaben getroffen, die seit den sechziger Jahren eingetreten ist, Wasser, Abwasser, Müll, Energie, alles von einem Haushaltseinkommen erhoben, egal, wieviele Personen davon leben.[12]

Suche nach der verlorenen Solidarität

Wieso werden die Leistungen der Familien nicht anerkannt und entgolten? Warum versagen hier alle Werte, auf die wir so stolz sind, die doch angeblich die Basis dieses Gemeinwesens sind – Solidarität, Gerechtigkeit? Weshalb steht ausgerechnet der Familienlastenausgleich immer zur Debatte? Diese Gesellschaft ist ja keineswegs zurückhaltend in der Vergabe von Subventionen. Allein im vergangenen Jahr subventionierte der Steuerzahler die deutsche Wirtschaft mit 79 Milliarden Euro.[13] Gab es darüber eine Debatte? Sagen wir, ähnlich wie über das leidige Kindergeld nun mal über das »Wirtschaftsgeld«? Die Subventionen in der deutschen Landwirtschaft, pro Betrieb nun auf 300 000 Euro zu begrenzen, für häufig noch nicht einmal artgerechte Tierhaltung – ohne Diskussion, das »Schweinchengeld«, wie wir es behelfsmäßig nennen wollen. Geld für Familien? Da regt sich sofort in jeder Seele der Widerstand: Geld *für* die Familien, da sieht der deutsche Bürger sogleich Horden von kreischenden, verdreckten, gleichzeitig mit Markenklamotten rausgeputzten Plagen in seine Nachbarschaft einfallen, aus Indien womöglich, und ihre Mutti sieht er vor dem Fernseher sitzen, die Kinder vernachlässigen, aber womöglich noch mehr Kinder ausbrütend, alles finanziert von *seinem* Geld, oh Horror familiae!

Woher kommt dieser Ekelreflex? Die ständige Furcht, man könnte womöglich gezwungen sein, Geld *für* die Kinder der anderen rauszurücken, Kinder, die diese sich *angeschafft* haben, obwohl sie sich die Kinder eben *nicht leisten* können, woher diese Abwehr? Vielleicht wird sie genährt von der attavistischen Furcht, die Brut des feindlichen Stammes, jene Meute also, die mit den meinigen um Ressourcen konkurriert, könnte einen Vorteil erringen. Ich zahl' doch nicht für die Kinder anderer! Man spürt ihn noch, diesen primitiven Impuls, wenn von Jahr zu Jahr kopfschüttelnd der Nation vorgerechnet wird, welch unglaubliche Summen die Familienförderung verschlingt, zu der nun sogar das Geld für Bildung dazukommt, auch Kindergartenplätze und Schulen, Universitäten hinzugerechnet werden. Man stelle sich vor, dass der Wissenschaftliche Beirat, um diesen Horror richtig aufzupeitschen, tatsächlich »rechn. Steuer f. priv. Zeitaufw.«[14] hinzuzählt, Steuer, die dem Staat angeblich von Müttern vorenthalten wird, weil die Mütter ihren Beruf aufgegeben haben, um ihre Kinder zu erziehen, und deshalb keine Steuer erwirtschaften konnten. Sie arbeiten also nicht nur ohne Einkommen, sondern bekommen dies auch noch negativ auf ihrem Nullkonto verbucht.

Endlich die Gesamtbilanz verstehen

Tatsächlich zählt der Deutsche Familienverband für die steuerliche Freistellung durch Kindergeld und Freibeträge rund 30 Milliarden Euro.[15] Aber sie bewirken nichts! Wieso nicht? Weil das, was abgebildet ist, nur ein kleiner Ausschnitt aus der Gesamtbilanz ist. Wir sehen Geld, das zu Familien fließt – aber nicht, was an ihnen vorbeifließt. Oder was ihnen an Steuern und Abgaben zuviel genommen wird. Wir sehen nicht, dass das, was ihnen angeblich gewährt wird, sich zusammenfügt zu einem System, das in sich widersprüchlich ist, sich gegenseitig aufhebt. Alles falsch ausgedacht.

Wahr ist, man spürt, es reicht irgendwie nicht. Tatsächlich wissen die meisten gar nicht, wie wenig sie bekommen. Man muss Eltern dringend empfehlen, jene Zeitungen zu abonnieren, in denen das alles haargenau drinsteht, Monat für Monat, die Zeitschrift des Deutschen Familienverbandes, des Familienbundes der Katholiken oder die des Verbandes der Alleinerziehenden, denn jenseits der nicht gerade verkaufsfördernden Namengebung dieser Vereine kann man bei ihnen die spannendsten Neuigkeiten erfahren, lebensnotwendige Neuigkeiten sozusagen. Wo den Familien Geld abgezwackt wird, wie man sich dagegen wehrt, und wer mal kurz einsteigen will, findet das Wichtigste zusammengefasst in dem neuen Band »Der Aufstand der Familien« von Josef Pütz und Carsten Riegert, alles einfach erklärt, dazu gute Grafiken.[16]

Wir müssen also über Geld reden, aus drei Gründen. Erstens muss jede Familie verstehen, woran sie ist. Das gilt im Übrigen auch für jeden, der nicht in einer Familie lebt. Weil im Dickicht der undurchsichtigen angeblichen Fördermaßnahmen das Misstrauen wuchert und die Verdächtigungen der gegenseitigen Vorteilsnahme um sich greifen, weil jede Seite vermutet, dass die andere es sich auf ihre Kosten gemütlich macht. Weil zweitens die Grundprinzipien der Demokratie verlangen, dass Gerechtigkeit herrscht und alle Bürger gleiche Chancen auf Beteiligung an Wohlstand und politischem Handlungsraum haben. Gerechtigkeit, so der Bericht des Wissenschaftlichen Beirats zu diesem Thema, sei ein der Natur des Menschen innewohnendes Empfinden. Der Mensch konstruiere seine soziale Welt durch einen Vergleich der eigenen Lebenslage mit der anderer und ziehe daraus weitreichende Schlüsse für das, was das Sozialwesen ihm an Sicherheit, Wohlergehen, Schutz vor Unheil bieten könne.[17] Wir müssen verstehen, warum das ganze System der angeblich so üppigen Familienfördermaßnahmen so vollkommen widersprüchlich, ungerecht und ineffizient ist. Drittens müssen wir es anders anpacken, das Thema Familien und Geld, denn Familien werden nur überleben, wenn sich ihre finanzielle Lage ändert, wenn sie über genügend Mittel verfügen, die ihrem alltäglichen Leben jene Leichtigkeit verleihen, die für das Zusammenleben mit Kindern so wichtig ist.

Existenzminimum ist nicht gleich Existenzminimum

Warum wissen die meisten nicht, wie wenig ihnen bleibt, wie viel ihnen genommen wird? Das Steuerformular weist es vorsichtshalber gar nicht aus, auch nicht der Gehaltszettel. Könnte jede Familie jeden Monat auf dem Gehaltszettel ablesen, dass jedem erwachsenen Mitglied der Familie ein steuerfreier Grundfreibetrag zusteht, für Essen und Trinken, für Heizung und Kleidung, also ein Sockelbetrag von 7235 Euro, und dass für die Kinder der Familie gerade mal die Hälfte für ein jährliches *Existenzminimum* angesetzt ist, 3648 Euro, dann gäbe es monatliche Empörung, anwachsenden Protest, womöglich die Erwartung an die Politik, das zu ändern. Wie es denn möglich wäre, dass das Existenzminimum eines volljährigen Bürgers mit einem Freibetrag von jährlich 7 235 Euro (14 150 DM) gesichert ist, aber einem Kind 3 587 Euro (rund 7 000 DM) weniger zugebilligt sind, würden die Leute wissen wollen, die doch jeden Tag sehen, dass ihre Kinder mehr Kleidung brauchen als Erwachsene, nicht aus modischen Erwägungen, sondern weil die Kleinen von Tag zu Tag aus den alten Sachen herauswachsen, dann Schuhe, Unterhosen, Anoraks und natürlich auch Fahrräder, Roller, Kinderstühle und Autositze ausgetauscht werden müssen, größer, größer, größer muss alles sein und natürlich teurer, teurer, teurer. Dass Heranwachsende doppelte Erwachsenenportionen am Mittagstisch verdrücken, weiß sowieso jeder. Wie so was denn zu erklären ist, dass das in der Steuer ignoriert wird, würden die Menschen von ihrem Finanzminister zu wissen verlangen. Ob er es zugeben würde? Weil sich das sächliche Existenzminimum aus den Sätzen der Sozialhilfe herleitet, die aus Gründen des Sparens so niedrig gehalten werden wie möglich.

Es ist so nicht nur ein Skandal, dass jede Familie, die Sozialhilfe bezieht, im Bezug auf ihre Kinder unterversorgt ist, so wird zum Beispiel in Nordrheinwestfalen für jedes Kind zwischen sieben und vierzehn Jahren jeden Monat 40 Euro weniger gezahlt als für ein volljähriges Haushaltsmitglied, sondern dass *jedes* Kind *jeder* Familie selbst zur Deckung existentieller Bedürfnisse von seinen Eltern auch aus versteuertem Einkommen unterhalten werden muss. Davon steht im Grundgesetz übrigens gar nichts, das feststellt, dass Eltern ihre Kinder unterhalten müssen. Jedes Jahr für jedes Kind also 3 587 Euro mehr zu versteuern als für einen Erwachsenen, das ist es, was der Begriff »Existenzminimum des Kindes« bezeichnet, eine Mogelpackung, in der zu wenig drin ist. Das macht, bei kleinem Steuersatz, schon etwa 717 Euro im Jahr an zu viel gezahlten Steuern aus, bei zwei Kindern fehlen in der Familienkasse mindestens 1 400 Euro im Jahr, das bedeutet, dass die Angestellten-WG mit den vier netten jungen Aufsteigern in jedem Jahr trotz ihrer vier Gehälter schon über 7 000 Euro weniger versteuert als die vierköpfige Familie nebenan, die vermutlich nur mit ihrem einen Einkommen auskommen muss, aus dem sie also, Jahr für Jahr, viele, viele Euro zu viel an Steuern zahlt. Geld, das sich so schön umrechnen ließe in Mittel für Musikunterricht oder Ferien, für das Schülerlexikon oder eben eine Wohnung, die ein bisschen mehr Bewegungsraum hat, darüber hatten wir schon nachgedacht, im Kapitel 2.

Von dem, was netto übrig bleibt, zahlen Familien noch einmal einen hohen Prozentsatz an Steuern – weil sie nicht selten gezwungen sind, das meiste des so genannten verfügbaren Einkommens auszugeben, Hosen, Socken, schon wieder Turnschuhe, alles mal drei oder vier Personen und alles satt mit Verbrauchssteuern belegt, Geld also, das zweimal versteuert wird, einmal bei der Lohn-Auszahlung und ein zweites Mal beim Ausgeben, ganz anders als jenes Geld von Menschen, die ihr Gehalt gar nicht im Alltag aufbrauchen, vielleicht, weil sie es für sich alleine haben und in Immobilien oder Aktienfonds stecken können, ohne zweiten Steuerdurchgang. Autokindersitz, das Hipp-Gläschen, die Lauflernschuhe, die nach wenigen Wochen ersetzt werden müssen, Babypuder, die vielen Tüten Waschpulver, die für einen Haushalt mit Kindern hergeschleppt werden müssen – bei jeder noch so notwendigen Ausgabe, bezahlt aus schon versteuertem Einkommen, wird noch mal abkassiert. »Selbst die teuersten Luxuslebensmittel oder das Katzenfutter der Besserverdiener wird mit sieben Prozent geringer besteuert als das Klopapier oder Waschpulver einer kinderreichen Familie«, schreiben Josef Pütz und Carsten Riegert[18]: »Das Finanzamt erstattet Firmen anstandslos Zehntausende Mark Mehrwertsteuer auf die Luxuskarossen für die Vorstandsetage. Dagegen sind die 32 Mark auf den Autokindersitz für Familien unwiderruflich weg.«[19] Anstandslos – kann man es besser sagen?

Wir kommen zur *Ökosteuer*. Die Ökosteuer ist eine ganz perfide Art, Eltern das Geld aus der Tasche zu ziehen. Jeder Kilometer, den die Kinder zum Kindergarten, zur Schule, zum Sport, zum Musikunterricht gebracht werden müssen – und man muss sagen, auch deshalb gebracht werden müssen, weil das deutsche Schulsystem eben Musik und Kunst, Sport ausgelagert hat und anders als unsere europäischen Nachbarländer zum Beispiel weitgehend der privaten Initiative der Eltern überlassen hat, gefahren werden müssen auch deshalb, weil es bislang nicht einer einzigen deutschen Kommune gelungen ist, eine Umwelt herzustellen, in der Kinder sich ohne Lebensgefahr alleine bewegen könnten. Jeder Kilometer bedeutet für Eltern nicht nur ein Abzocken ihrer Zeit (in der sie mit ihren Kindern Schöneres machen könnten als Autofahren, Zeit, in der andere vielleicht auch noch verdienen), sondern gleich noch zusätzliche Steuer, die jene eben nicht zahlen müssen, die niemanden herumfahren. Und so subventionieren die Eltern, weil sie eben Kinder haben, gleich auch noch ein weiteres Mal die

Rentenkassen mit, die sich leeren, weil so viele andere keine Kinder haben. Natürlich bezahlen Familien auch noch aus dem angeblichen verfügbaren Einkommen die Prämien zu den Sozialversicherungen, die für einen Vier- oder Fünfpersonenhaushalt genauso hoch sind wie die für einen kinderlosen, obwohl eben eine einzelne Person ihr Einkommen mit niemandem mehr teilen muss. Familien müssen zahlen, ohne Rücksicht darauf, wie viel pro Kopf an verfügbarem Einkommen noch übrig bleibt.

Geschenke, die keine sind

Aber das Kindergeld! Und die Kinderermäßigung! Das Baukindergeld, die Familienbahncard, alles Wohltaten, Wahnsinnsförderbeträge, Geschenke für Familien, doch finanziert von Kinderlosen, oder nicht? Eben nicht. Man muss Familien raten, bei allem, wo Kind drauf steht, sehr skeptisch zu sein, eher zu vermuten, dass etwas zu klein Geratenes drinsteckt, als dankbar zu wedeln wie ein argloses Hündchen. Man muss Politikern raten, dies ganze Gedöns von Kindergeld und Kinderfreibeträgen, alles in Bausch und Bogen auf die Müllhalde zu werfen, schon um sich selbst das Leben zu erleichtern, schließlich verstehen die meisten von ihnen auch nicht, worum es da geht.

Oder wusste der Kanzler etwa, was das ist, Kindergeld, als er tönte, er verstünde gar nicht, warum Besserverdienende so etwas bräuchten? Hat man je schon mal einen gehört, der auf das Ehefrauengeld, pardon, den Ehegattensplitting-Vorteil verzichten wollte, wegen guter Einkommenslage? Natürlich nicht! Politiker sollten vor allem eines unterlassen: bei jeder sich bietenden Gelegenheit dem Volk die so genannten tollen familienpolitischen Leistungen zu präsentieren. Erstens ergötzen wir uns auch nicht rituell an den steuerlichen Abschreibungsmöglichkeiten der Ärztehaushalte, boooah, alle herhören, so viel Ärztegeld! Und welcher Politiker wäre im Wahlkampf aufgestanden und hätte mit der Höhe von Steuersubventionen für Dienstwagen angegeben – da wird lieber geschwiegen. Zweitens sagen alle Milliardenbeträge so lange nichts über die Höhe der Förderung aus, solange wir sie nicht ins Verhältnis zu anderen Etats setzen oder an ihrer Wirksamkeit messen. Da sieht es dann gar nicht mehr so wunderbar aus, wie der deutsche Familienverband vorgerechnet hat, da ist der Bundeszuschuss zu den Renten mit rund 69 Milliarden Euro immerhin dreimal so hoch wie die angebliche Familienförderung. Ein Zuschuss, der notwendig ist, weil es zu wenige Renteneinzahler gibt, vielleicht könnte man sagen: ein Zuschuss für Kinderlosigkeit?

Es gibt kein Kindergeld

Das *Kindergeld* ist, anders als sein Name suggeriert, kein Geld für Kinder. Noch mal: Für Kinder wird kein Geld gezahlt. Das Kindergeld ist auch keine Prämie fürs Gebären, schon gar kein Wahlgeschenk für Familien, hat nichts mit Mutterkreuz zu tun, will keine armen Mädchen zum Brüten verführen, sondern zahlt im Wesentlichen zurück, was der Staat bei Eltern im ersten Zug durch eine zu hohe Besteuerung zu viel einkassiert hat – weil Eltern zunächst etwa so besteuert werden, als hätten sie keine Kinder. Diese Ungerechtigkeit wird in einem zweiten Zug korrigiert und ein Teil der zu viel gezahlten Steuer als »Kindergeld« wieder zurückgegeben. Ein umständliches und unvernünftiges Verfahren. Und vor allen Dingen gefährlich, weil es so unverständlich ist. Denn um jede einzelne Münze dieser erst dummerweise erhobenen und dann gönnerhaft zurückgezahlten Steuer wird gefeilscht, vor Gericht, im Wahlkampf, immer wieder, seit Jahrzehnten. So, als würde ein erwischter Dieb uns erklären, er könne es sich nicht leisten, die geklauten Fernseher zurückzugeben, wie es ein Familienpolitiker einmal formulierte, als würde er stattdessen aber die Zimmerantenne zurückgeben. Unsere Politiker weisen gerne darauf hin, dass das Kindergeld auch einen Anteil von Fördergeldern enthalte. Wie viel, das sagen sie meist nicht. Dabei kann man sich das gut merken. Eine Förderung mit dem Kindergeld erhalten nur Familien, die weniger als 15 000 Euro im Jahr verdienen, bei denen wenig Steuer anfällt und ergo nur wenig zurückzuzahlen ist. Ab einem Jahreseinkommen von 20 000 Euro beträgt die Fördersumme rund 35 Euro im Monat, bei einem Durchschnittseinkommen von 30 000 Euro nur noch ganze 25 Euro für all das Versorgen, Hüten, Ausstatten, Füttern. Und ab 50 000 Euro Jahreseinkommen machen Eltern das alles ganz umsonst.[20]

Ein gemeingefährlicher Begriff

Der Begriff Kindergeld führt also zu falschen Vorstellungen. Er lässt Familien als Empfänger von Almosen erscheinen und erweckt bei kinderlosen Menschen die irrige Vorstellung, sie würden Familien unterstützen. Der Begriff Kindergeld wirkt also sozial desintegrierend, was in einer Gesellschaft, in der eine Mehrheit keine Kinder mehr hat, gemeingefährliche Auswirkungen hat. Wie irreführend dieser Begriff ist, sieht man daran, dass selbst Familienpolitiker immer wieder Kindergeld unter »Leistungen für die Familie« subsumieren, welch ein Unsinn, oder hätte schon mal jemand von »Erwachsenengeld« gehört, gab es schon je eine Debatte darüber, dass ein steuerlich freigestelltes Existenzminimum für Erwachsene zu viel der staatlichen Leistung sei?

Das Kindergeld gehört abgeschafft. Wir brauchen kein Kindergeld, wenn wir anerkennen, dass jeder von Geburt an ein Bürger dieses Staates ist und wenn wir dann den Kindern geben, was jedem erwachsenen Bundesbürger selbstverständlich ist: ein steuerfreies Existenzminimum in voller Höhe. Dann zahlt also eine Familie mit einem Bruttoeinkommen von 30 000 Euro so gut wie keine Steuer mehr? Genau. Und wer das bezahlen soll? Ganz einfach: alle. Alle zusammen. Oder so: Sollte der Fiskus zu dem Schluss kommen, dass auf diese Weise zu wenig Steuern eingenommen werden, könnte man eine Einschränkung des Existenzminimums der Gerechtigkeit halber auf alle Bürger verteilen. Jeder bekäme dann also ein bisschen weniger Steuererlass. Wahlweise könnte man vorschlagen, zur Abwechslung mal Bundesbürger anderer Altersgruppen zu diskriminieren, anstatt der Jugend im Alter von 0-18 Jahren nun etwa die Altersgruppe der 40- bis 58-Jährigen, danach die Altersgruppe der 60- bis 78-Jährigen, ein Verfahren der nun verteilten rotierenden Ungerechtigkeit. Na, das gäbe eine Empörung, die schon längst angebracht wäre!

Das Kindergeld ist mit der Begründung eingeführt worden, nur so ließe sich festschreiben, dass »jedes Kind dem Staat gleich viel wert ist«. Das klingt wundervoll und mag gut gemeint sein. Der Gedanke ist aber falsch gedacht, speist sich doch aus dem immer lauernden Verdacht, Wohlhabende könnten an ihren Kindern verdienen. Oder: aus der Furcht vor Steuerausfall. Wahr ist, dass *jeder* steuerliche Freibetrag, je nach fälligem Steuersatz des Betroffenen, mehr oder weniger entlastet. An der steuerlichen Freistellung des steuerrechtlichen Existenzminimums der Hausfrau verdient, wenn man denn diesen Terminus nehmen will, ein Bankdirektor mehr als ein Taxifahrer, das trifft auf die Geltendmachung der Computerkosten zu, auf jede Art von steuerlicher Abzugsfähigkeit. Dass Wohlhabende von der Freistellung des steuerrechtlichen Existenzminimums des Kindes profitieren könnten, wird allerdings als Entschuldigung dafür missbraucht, den weniger Wohlhabenden zu viel zu nehmen. Es ist heute tatsächlich so, dass jedes Kind dem Staat gleich viel weniger wert ist als ein Erwachsener. Und so verdeckt der schöne Satz den Tatbestand einer Diskriminierung. Dass für jedes Kind ein Teil des existentiellen Bedarfs aus dem verfügbaren Einkommen der Eltern – aus dem, was nach dem Abzug von Steuer und Versicherungsbeiträgen übrig bleibt – aufgestockt werden muss, das trifft in Wahrheit wohlhabende Eltern viel weniger hart als solche, die nicht viel übrig haben und somit samt ihren Kindern in bedrängte Verhältnisse geraten. Dass jeder Bundesbürger dem Staat gleich viel wert sein müsse, ist ein netter Gedanke und ließe sich tatsächlich offensiv vertreten, wenn man denn zu grundsätzlicher Gerechtigkeit neigt. Wer so was verkündet, müsste allerdings als Erster damit Ernst machen und auf die Geltendmachung aller abzugsfähigen Kosten am besten gleich verzichten.

Gleich ist gleich – der einfachste Weg, Ungleichheit zu verhindern, bestünde dann darin, alle Möglichkeiten der steuerlichen Freistellung einzuschränken, allen Bundesbürgern stattdessen einen einzigen großzügigen steuerlichen Grundfreibetrag zuzugestehen, wie es der Verfassungsrechtler Paul Kirchhof vorgeschlagen hat, 16 000 DM pro Nase, 8 000 Euro vom ersten Schrei an, »egal wie laut oder leise der ist«.[21] Jeder, der auch nur die Grundrechenarten beherrscht, könnte erkennen, ob das Geld für alle Köpfe reicht, erst, wenn das Einkommen der Bürger hinter der entsprechenden Summe zurückbliebe, würde staatliche Stütze eingesetzt und niemand müsste sie Kindergeld nennen oder gar Frauen- oder Männergeld, sie hieße Sozialhilfe, so einfach wäre das.

Mogelpackung Kinderfreibetrag

Wir kommen zum *Kinderfreibetrag*. Der Kinderfreibetrag ist, ähnlich wie das Kindergeld, eine echte Mogelpackung. Der Kinderfreibetrag trägt der Tatsache Rechnung, dass Eltern verpflichtet sind, ihren Kindern Unterhalt zu zahlen. Das Gesetz schreibt dies vor und zwar in sehr weitgehendem Maße: »Der Unterhalt umfasst den gesamten Lebensbedarf einschließlich der Kosten einer angemessenen Vorbildung zu einem Beruf, bei einer der Erziehung bedürftigen Person auch die Kosten der Erziehung«, heißt es im BGB § 1610 (2). Der Kinderfreibetrag, der 5 808 Euro beträgt, enthält drei Päckchen – den schon erwähnten Freibetrag für das sächliche (zu niedrig angesetzte) Existenzminimum, dazu ein Päckchen für den Betreuungsbedarf und ein drittes für den so genannten Erziehungsbedarf, den Computer zum Beispiel, oder das Lexikon, den teuren Rechenschieber. Das tritt auf mit der Geste der Großzügigkeit und verschleiert so, dass die im Kinderfreibetrag zusammengefassten Posten für Betreuung und Erziehung durch diese Zusammenfassung zugleich gewährt werden, aber auch gedeckelt – anders als die Kosten für den Betreuungsbedarf der Post durch eine Sekretärin zum Beispiel oder die des Bildungsbedarfs eines Arbeitnehmers. Die Unübersichtlichkeit wird noch dadurch gesteigert, dass es auch jenseits des Kinderfreibetrags noch eine steuerliche Absetzungsmöglichkeit für die erwerbsbedingte Betreuung von Kindern gibt – nach einem Schlüssel, der die Kompliziertheit – man möchte sagen: gezielt – steigert und so weiter vernebelnd wirkt: Die Kosten müssen über 1 538 Euro betragen, damit weitere 1 500 Euro steuerlich abgesetzt werden können. Wer höhere Kosten hat, wegen eines höheren Betreuungsbedarfs, hat Pech gehabt. Und wer Kosten unter 1 538 Euro hat, muss diese in Gänze aus versteuertem Einkommen bezahlen, egal wie hoch oder niedrig das auch sein mag, und es ist, bei Alleinerziehenden zum Beispiel, in der Regel denkbar niedrig.

Werbungskosten für Kinder: Fehlanzeige

Die Betreuung der Kinder, für viele Eltern notwendig, schon um einer Beschäftigung nachgehen zu können, die sie und die Kinder ernährt, kann für einen Mittelklassehaushalt gut und gerne bei zwei Kindern und zwei Kindergartenplätzen mit 8 – 10 000 Euro zu Buche schlagen. Aus versteuertem Einkommen zu entrichten das meiste, obwohl die Kinderfrau für die Ausübung des Berufes vieler Eltern nicht minder wichtig ist als die Sekretärin für den Chef, deren Kosten natürlich voll absetzbar sind von den Gewinnen, obwohl die so verursachten Steuerausfälle weit höher liegen, doppelt und dreifach so hoch! Und obwohl ein Kindergartenplatz in jedem Falle kein Luxusservice-Angebot für Eltern ist, das man sich eben leisten können muss, sondern eine notwendige Bildungseinrichtung, wie unsere Nachbarn in England, Frankreich und Skandinavien längst erkannt haben. Hierzulande ist die Gemeinschaft aller Bürger aus der Pflicht entlassen, gemeinsam für die Aufzucht der nächsten Generation Verantwortung zu tragen, man bittet die Eltern zur Kasse, im privaten Kreis können sie sich schon mal anhören, wie viele Kosten sie verursachen durch ihre Kinder, die Kindergärten und Schulen brauchen. Diese Tendenz setzt sich in der Diskussion um Schulgeld und Studiengebühren fort. Wie ganz verschieden Kinder und Erwachsene im Steuerrecht behandelt werden, lässt sich leicht am Arbeitsplatz Schule erklären.

In und für Schule arbeiten – neben Sekretärin und Hausmeister – Lehrer und Schüler. Die Aufwendungen des Lehrers sind steuerlich abzugsfähig, die Aufwendungen für den Schüler sind dies nur im engen Rahmen der Pauschale für Erziehungsbedarf. Fahrten zum Arbeitsplatz – da zählt jeder Kilometer für den einen, für den anderen gar nichts. Jener setzt die Autokosten ab, die Familie muss zwar, je nach Verkehrslage, die Kinder schon zu ihrer Sicherheit in die Schule fahren – den Familienwagen aber selbst finanzieren. Der Brockhaus für den Lehrer – mitfinanziert vom Steuerzahler, für den kleinen Brockhausnutzer – großer Privatbedarf. Das Fachbuch für den Lehrer – bis über 90 Prozent abschreibbar, inklusive Berücksichtigung der anfallenden Fahrtkosten, Parkgebühren etc. Das Mathe-Übungsbuch des Schülers, die Nachhilfe: ein reines Privatvergnügen. Weil der Lehrer am Nachmittag zu Hause seinen Unterricht vorbereiten sollte – Absetzbarkeit des Arbeitszimmers bis zu 1 250 Euro im Jahr, in einem typischen Zweilehrerehepaarhaushalt sogar zwei Arbeitszimmer absetzbar (weil einem Lehrer, anders als vielen anderen Arbeitnehmern, nicht zugemutet werden kann, im Großraumbüro zu arbeiten). Obwohl der Schüler ebenfalls zu Hause seine Hausaufgaben machen sollte, er also auch zu Hause an seinem Schreibtisch sitzt, wenn er denn einen eigenen hat, dessen Anschaffung allerdings dem persönlichen Bedarf seiner Eltern zugerechnet wird – nicht abziehbar, dieses Schülerarbeitszimmer.

Klassenreise: bringt für den Lehrer bares Geld, für seine Schüler und deren Eltern nur Kosten. Während ein bestverdienender Topmanager noch den Sprachkurs auf Malta inklusive Flug, Restaurantrechnungen, Trennungsentschädigung und, bei längeren Reisen, Zwischenheimflüge in der Steuererklärung in Anschlag bringen kann, sofern er nachweist, dass die neue Sprache zur Arbeitsführung unerlässlich ist – im Bezug auf Schüler sind die Sprachaufenthalte nur teure Ferien. Der Kunstmaler kann noch die Studienreisen durch das Quattrocento als

Verlust abschreiben, ja, da kommen gut und gerne in drei Jahren 10 – 20 000 Euro zusammen, der Schüler, der Griechisch lernt, sieht die Stätten der humanistischen Kultur nur, wenn das Portemonnaie der Eltern alles hergibt, aus versteuertem Einkommen, versteht sich.

Ausbildungskosten werden, so die Faustregel, als Privatvergnügen deklariert, sofern sie für Kinder und Jugendliche anfallen, ausgenommen also der kleinen Ausbildungspauschale. Sobald aber der Bürger erwachsen ist, gewährt der Staat üppige Abzugsfähigkeit. Jede enge Verbindung zur Familie wird zum Nachteil gewendet. Wohnt der Student zu Hause (womöglich um Geld zu sparen?), verlieren seine Eltern das Recht, seinen Unterhalt abzusetzen – was sie auch nur bis zu einer Obergrenze von 924 Euro pro Jahr können, wenn er auswärtig studierte, von ihrem Geld, wohlgemerkt. Da werden noch nicht mal zwei von zwölf Unterhaltsmonaten anerkannt in der elterlichen Steuererklärung, der Rest ist eine Art von teurem Laster verwandelt: Bildungsgier! Und wie gerne wird dann scheinheilig über zu lange Studienzeiten in Deutschland gejammert, ohne mitzubeklagen, wie viele Studenten, statt zu studieren, Geld dazuverdienen müssen.

Im Bereich der Kindheit herrscht also ein anderes, ein gemindertes Recht. Selbst die wenig erfolgreichen Töpferkünste einer Ehefrau sind noch super als Verluste in die Steuererklärung einzubringen, wenn man denn vorgibt, sie habe die Absicht, mit ihren Kunststückchen einen Geschenkhandel zu betreiben, aber die Ausübung jener hohen Wissenschaft, die Erziehung heißt – ein Hobby. Die Zuwendungen der Eltern an ihre Kinder erscheinen als steuerlich schlecht geplante Marotte. Es sei denn, sie zahlen nicht, die Eltern. Also dann kann man sie natürlich verklagen.

In der Wirtschaftsgemeinschaft Ehe sind Kinder außen vor

Wir kommen zum *Unterhalt*. Das Grundgesetz verpflichtet Eltern, wie schon erwähnt, ihre Kinder im Rahmen eines ihrem eigenen Lebensstil angemessenen Niveaus zu unterhalten. »Das Maß des zu gewährenden Unterhalts bestimmt sich nach der Lebensstellung des Bedürftigen (angemessener Unterhalt).« BGB 1610. Aber natürlich steht dort nichts davon, dass es aus versteuertem Einkommen gezahlt werden muss. Betrachtet man Ehe und Familie als – nach dem Grundgesetz schützenswerte – Wirtschaftsgemeinschaft, muss man konstatieren, dass diese

Vorstellung nur im Bezug auf die Ehe umgesetzt ist, über die Möglichkeit, das Einkommen auf die beiden Köpfe der Partner zu verteilen und so pro Person geminderte Steuer auf ein rechnerisch durch Umverteilung gemindertes Einkommen zu zahlen. Diese Möglichkeit wird Eltern und ihren Kindern aber vorenthalten, obwohl sie gezwungen sind, als Wirtschaftsgemeinschaft füreinander einzustehen, ein Leben lang – »Verwandte in gerader Linie sind verpflichtet, einander Unterhalt zu gewähren.« (BGB §1601) –, wenn der andere in Not gerät, durch Pflegebedürftigkeit zum Beispiel. Wahr ist zwar, dass zwischen Eltern und Kindern, anders als zwischen Ehepaaren, in den Jahren des Zusammenlebens keine Zugewinngemeinschaft besteht, aber das allein kann noch keine Rechtfertigung dafür sein, die enge Beziehung zwischen Eltern und Kindern, die durch Geburt begründet und auf natürlichste Weise also verankert ist, gegenüber der Wahlfreiheit der Ehe, man könnte auch sagen, gegenüber der durch Bekenntnis legitimierten (und widerrufbaren) sexuellen Beziehung der Ehepartner zu benachteiligen.

Tatsächlich muss man Eltern selten verklagen, denn die meisten zahlen ja freiwillig – gelegentlich bis zur Erschöpfung. Die meisten Eltern sagen sogar selbst, dass sie sich »das eben leisten, dass jemand für die Kinder zu Hause ist«, meist ohne zu ahnen, was das tatsächlich bedeutet, in ein paar Jahren, wenn der Weg zurück in den Beruf versperrt ist, oder später, bei der Rente. Sie werden zu diesem Denken verführt, weil sie die Möglichkeit haben, über das Modell des *Ehegattensplittings* steuerlich Vorteile einzuheimsen. Die höchsten Vorteile entstehen, wenn einer der Partner die Berufstätigkeit aufgegeben hat, sein Einkommen also gegen null geht. Den besten Gewinn zieht man daraus, wenn die so erzielte steuerliche Einsparung nicht gleich für ein Kind wieder ausgegeben werden muss, wenn man also kinderlos ist. Bei einem mittelständischen Einkommen von etwa 50 000 Euro, zu versteuernden 40 000 Euro, ergibt das immerhin einen Vorteil von rund 3 700 Euro im Jahr. Liegt das zu versteuernde Einkommen bei nur 20 000 Euro, beträgt der Gewinn immer noch rund 1 000 Euro im Jahr, für Topverdiener springen sogar rund 10 000 Euro raus, wenn die Ehefrau zu Hause bleibt, denn darauf läuft es ja meistens hinaus, auf ihren Verzicht.[22] Alles hübsche Summen.

Das Ehegattensplitting scheint dem Gebot des Grundgesetzes zu folgen, das den Schutz von Ehe und Familie verlangt, es subventioniert die elterliche Betreuung von Kindern und erkennt doch immerhin im Ansatz an, dass Ehe und Familie eine Wirtschaftsgemeinschaft sind. Oder? Tatsächlich gehört das Ehegattensplitting abgeschafft, denn es tut dies alles in höchst unvollkommener und widersprüchlicher Weise und führt zu einer sozialen Ungleichheit. Für Frauen ist das Ehegattensplitting eine Demütigung, denn es macht sie abhängig vom Lohn des Mannes, es erweckt den Eindruck des parasitären Nutznießens. Und es ist futsch, wie der Job, den man aufgegeben hat, wenn die Ehe geschieden wird.

Sofern das Ehegattensplitting seine Rechtfertigung aus dem Hinweis auf die Wirtschaftgemeinschaft von Ehe und Familie herleitet, muss man feststellen, dass diese Wirtschaftsgemeinschaft dann so konstituiert ist, als gehörten Kinder gar nicht dazu, obwohl sich doch gerade erst im Hinblick auf Kinder die Rechtfertigung einer Förderung ableitet. Würde mit der behaupteten Wirtschaftsgemeinschaft Ernst gemacht, müsste das Einkommen auf alle Köpfe der Familie verteilt, durch ihre Zahl geteilt und dann individuell versteuert werden. Es ist Unsinn, die Beziehung der Eheleute auf Kosten ihrer Kinder zu privilegieren; wenn ein Splitting Sinn macht, dann nur als Familiensplitting, bei dem, wie oben dargelegt, das Einkommen des Haushaltes auf alle Familienmitglieder verteilt und erst dann versteuert würde. Unabhängig davon, ob Eltern verheiratet sind!

Mutter mit Kind ist weniger Familie als Mann mit Frau

Sofern man die Zuwendungen über das Ehegattensplitting als Hilfe bei der Fürsorge der Kinder verstehen will, verstrickt man sich in weitere Widersprüche. Denn das Sorgen für Kinder ist ja keine Tätigkeit, die je nach Verdienstlage des Ehepartners mehr oder weniger Sorgfalt verlangt. Niemand käme auf die Idee, das Honorar einer Lehrerin zu staffeln – je nach Einkommen ihres Ehegatten oder womöglich nach Verdienstlage der Väter der Schüler. Das Ehegattensplitting subventioniert die Versorgung von Kindern verheirateter Paare mit jährlichen Beträgen, die nicht selten die Höhe von Kindergeld weit überschreiten, die allerdings für die Versorgung von Kindern Alleinerziehender nicht zu Verfügung stehen. Allein erziehende Eltern erhalten nicht selten weniger Kindergeld als kinderlose Paare an Steuersubvention für ihre Ehe genießen. So leben dann Tür an Tür Menschen, die in dem einen Falle Kinder versorgen und den Lebensunterhalt ranschaffen und Steuern erwirtschaften und den

Haushalt schmeißen, alles im Eiltempo, versteht sich, und nebenan also genießt eine Gattin schöne ruhige Tage in Müßiggang, hochsubventioniert durch Steuergelder, wie sie nebenan kaum erarbeitet werden können, man möchte sagen – erarbeitet werden müssen. Denn eine Arbeitszeitreduzierung muss man sich ja leisten können. So züchtet dieser Staat Neid und sozialen Unfrieden.

Allein erziehende Eltern müssen nicht nur die Kinderarbeit selbst schultern – unter Verzicht auf Beruf und Einkommen, wahlweise durch Anstellung einer Kinderfrau, deren Kosten – siehe oben – im Wesentlichen ohne Steuerhilfe, also aus versteuerten Einkommen, zu tragen sind, sie haben in der Regel nur knappes Geld und keine Muße. Was das bedeutet, erklärt einer, der seine Frau verlor – durch Tod, und sich plötzlich als allein erziehender Vater wiederfand: »Unsere beiden halbflüggen Kinder und ich mussten uns nun mit einem um zwölf bis dreizehn Prozent reduzierten Nettoeinkommen begnügen, ohne die Möglichkeit, die Kosten einer leidlich adäquaten Haushaltsführung steuerlich abzusetzen, bis auf einen lächerlichen Haushaltsfreibetrag, dessen Mickrigkeit den Wert der Hausarbeit in beleidigender Weise herabsetzte«, sagt er, der erst durch traurige Umstände begriff, wie privilegiert er einmal war: »Fast 23 000 DM betrug der Steuernachlass für ein Alleinverdiener-Ehepaar mit über 240 000 DM Jahreseinkommen, und das nur für die Registrierung einer echten oder vorgetäuschten Sexualgemeinschaft! Was hat der Fiskus in diesem höchst intimen, persönlichen Bereich zu tun?«

Man könnte sagen, das Ehegattensplitting bestraft allein stehende Eltern für das Inzestverbot. Weil eine allein erziehende Mutter ihren Sohn nicht heiraten kann, wird ihrem Kleinfamilienhaushalt mit den zwei Personen eine Förderung versagt, die das kinderlose Ehepaar nebenan genießt – in vollen Zügen und noch dazu, weil eben einer der beiden so schön gefördert zu Hause bleiben kann, auch noch einen Haushalts-Service bekommt, den das Kind der Alleinerziehenden ihr in der Regel nicht bieten kann, vielmehr dringend erforderlich macht. Es wird also getan, als sei eine Mutter mit ihrem Kind, das sie immerhin geboren hat, ein bisschen weniger Familie als ein Mann und seine Frau, nur weil die beiden einen Ehevertrag miteinander eingegangen sind, der, wie leidvolle Erfahrung zeigt, keineswegs für immer ist.

Das Ehegattensplitting privilegiert also die Legitimierung sexueller Beziehungen. Dieses Privileg hat verdeckte Schattenseiten. Wir sehen die Damen der Gesellschaft, wie sie nach dem Auszug ihrer erwachsenen Kinder nun den Hund Gassi führen, da stehen sie am Grünstreifen oder im Park, während der Rest der Welt bei wichtiger Arbeit ist. Was werden sie abends zu erzählen haben? Die Subvention ihres Müßiggangs ist beträchtlich, aber eben doch nicht so hoch, wie sie es wäre, hätten sie selbst Ansprüche an die Sozialversicherungen erworben oder wäre ihnen die Erziehung ihrer Kinder wirklich als Arbeit anerkannt worden. Von dieser Perspektive aus gesehen ist das Ehegattensplitting ein Abspeisen mit Gnadenbrot, und wie würdelos das gehandhabt wird, ist spätestens dann klar, wenn es mal wieder zur Disposition steht. Irene Dingeldey hat in einem schmalen Band verglichen, wie sich Familienbesteuerung in verschiedenen Ländern auswirkt, und festgestellt, dass besonders in Deutschland Frauen aus der Erwerbstätigkeit gezielt herausgedrängt werden. Alle Impulse, nach der Kinderphase wieder eine Arbeit aufzunehmen, werden durch das ehemals so förderlich erscheinende Ehegattensplitting nun unter einer Steuerlast erstickt. Und noch schlimmer: Die Instabilität von Partnerschaften, die Notwendigkeit einer eigenständigen Sicherheit, die sinnvolle Nutzung langer Ausbildungszeiten und die Sehnsucht nach egalitären Rollen von Mann und Frau, all das hätte es längst erforderlich gemacht, eine Individualbesteuerung vorzuziehen, wie sie in unseren Nachbarstaaten selbstverständlich ist.

Wider die Privatisierung der Kosten für die nächste Generation

Das Ehegattensplitting gehört abgeschafft, nicht etwa, wie in diesen politischen Tagen gerne empfohlen, nur für die oberen Schichten, um das Geld in Ganztagsbetreuung zu investieren. Dieser Vorschlag zeigt nur, dass in Berlin die wahren Zusammenhänge von Familienarbeit, Ehesubvention und dem staatlichen Auftrag für Bildung noch immer nicht verstanden werden. Dies wäre ein Schritt weiter in die irrige Richtung, die Kosten für die nächste Generation zunehmend zu privatisieren. Wieso denn sollten nur besser gestellte Familien alleinverantwortlich für bessere Bildung zeichnen? Ganztagsplätze in Schule und Kindergarten gehören in die finanzielle Verantwortung aller – in die des Steuerzahlers, sofern wir uns dem Gemeinschaftsgedanken noch verbunden fühlen. Ein Blick nach Frankreich zeigt, wie es laufen muss: Ehepaare werden nach demselben Koeffizienten besteuert wie zwei Einzelpersonen oder wie ein Alleinerziehender mit seinem Kind – alle erhalten den Koeffizienten 2. Eine Person mit drei Kindern (also ein Vierpersonenhaushalt) zahlt nach dem Koeffizienten 3,5 und ist, auf Grund der besonderen Belastung, damit ein wenig bessergestellt als ein Paar mit zwei Kindern (ebenfalls Vierpersonenhaushalt, Koeffizient 3).[23] Es geht also, mit ein wenig Commonsense.

Bei uns sind Ehe und Familie nach wie vor für Frauen höchst riskante Unternehmen, weil sie nicht selten für diese Lebensform alle Chancen aufgeben, die ihnen aus einer guten Ausbildung erwachsen. Wenn die Ehe schief geht, merken Frauen oft zu spät, was das ganze Gerede von der partnerschaftlichen Aufteilung von Aufgaben und Kosten wert ist, dann, wenn es um den *Unterhalt* geht.

Unterhaltsansprüche der Frau ergeben sich offensichtlich nicht aus dem Gedanken der Leistung eines Erziehenden innerhalb der Ehe, sondern im Rahmen der Versorgung von Bedürftigen. Diese Versorgung entfällt zum Beispiel, wenn die Frau in einer neuen Beziehung lebt, ja selbst die Wohngemeinschaft einer Frau mit einem schwulen Mann verführte jüngst ein deutsches Gericht zur Auffassung, die Frau habe durch die neue Beziehung zu einem Mann ihr Recht auf Unterhalt verwirkt, das sich aus ihrer vorherigen Ehe abgeleitet hatte. Frauen, die Unterhalt für ihre Kinder beziehen, beziehen häufig zu wenig. Unterhaltszahlungen bleiben für die überwältigende Mehrheit von ihnen in voller Höhe aus. Alle staatliche Obrigkeit versagt in der Regel darin säumige Zahler heranzuziehen. Ein Drittel aller Frauen findet sich nach der Scheidung in der Sozialhilfe wieder. Unterhaltsvorschuss leistet der Staat nur bis zum zehnten Lebensjahr der Kinder, aber wie die Mütter wissen, ist in den Jahren danach sehr wohl noch Betreuung, Erziehung und Förderung nötig. Und selbst wenn Unterhaltszahlungen fließen, dann sind sie in der Höhe in abenteuerlicher Weise abgestuft.

Unterhaltszahlungen werden mit dem Gedanken festgelegt, dass sich Eltern die Kosten für ihre Kinder nach der Trennung zu zwei Hälften aufteilen, dass diejenigen, die mit ihrem Kind zusammenleben, für Betreuung zuständig sind, und die, die woanders leben, alle notwendigen Sachleistungen finanzieren müssen. Ausgangspunkt ist also die Annahme, dass beide Leistungs-Pakete – hier Versorgungsleistung, dort Geldleistung – gleich viel wert sind. Das ist aber aus zwei Gründen nicht richtig. Erstens richtet sich der Wert der geforderten Geldleistung keineswegs nach den Bedürfnissen des Kindes, sondern nach dem Geldbeutel des Vaters. So ist es möglich, dass eine Alleinerziehende mit einem Kind den doppelten Betrag für die Erziehung dieses einen Kindes erhält wie eine andere für zwei Kinder – weil irgendwie angenommen wird, dass die Ansprüche von Kindern hälftig zurückgefahren werden können, wenn eben nur die Hälfte des Geldes eintrifft. Die so genannte Düsseldorfer Tabelle, in der die Höhe der Unterhaltsleistungen festgelegt wird, weist als geringstmöglichen Unterhaltsbeitrag für ein Kind von sechs bis elf Jahren 227 Euro aus, 444 DM, als höchsten aber 454 Euro – blind gegenüber der Tatsache, dass der Mindestbedarf bei etwa 511 Euro liegt, rund 1 000 Mark. Für die Rumpf-Familie bedeutet dies, dass jeden Monat ein Minus von mindestens 30 Euro ausgeglichen werden muss, bei zwei Kindern schon 60 Euro, im Jahr 720 Euro, hergezaubert irgendwie, die 1 400 DM, wo doch schon 60 Prozent aller Alleinerziehenden so wenig Einkommen haben, dass sie überhaupt keine Steuern zahlen.

Die staatliche Abwertung der Erziehungsleistung

Solche Kalkulationen rechnen mit der Opferbereitschaft von Eltern – damit, dass sie sich für ihre Kinder alles vom Mund absparen. Solche Unterhaltsberechnungen sind blind gegenüber der Tatsache, dass eine Betreuungsleistung des erziehenden Elternteils für zwei Kinder nie und nimmer für 227 Euro zu haben ist. Denn entweder übernehmen allein erziehende Mütter und Väter die Betreuung selbst, selbstverständlich unter Verlust des Arbeitsplatzes, macht bei einem durchschnittlichen Einkommen einen Verlust von rund 30 677 Euro brutto/Jahr, oder sie delegieren die Betreuung. Macht allein auf dem Schwarzmarkt, sagen wir für drei Stunden am Tag, bei einem Satz von gut zehn Euro und fünf Arbeitstagen pro Woche 150 Euro und im Monat 600 Euro, und das für nur drei Stunden am Tag, und wer sorgt dann für den Rest der Zeit für das Kind?

Wir haben es mit den lächerlichsten Ungereimtheiten zu tun, und sie führen in der Summe und auf vielfältigste Weise dazu, dass Leute mit ihren Kindern ins Hintertreffen geraten. Kosten, sagen wir, für Musikunterricht, können anfallen, der ist ja, so allgemeiner Konsens, so wichtig. Aber für zwei Kinder kann das im Jahr 1 500 Euro kosten. Kinderbetreuung ist steuerrechtlich gesehen nur ein Posten, wenn ich die Kinder der

Nachbarin gegen Honorar betreue, das Honorar wäre zwar zu versteuern – aber alle anfallenden Kosten sind dann dagegenzusetzen – zum Beispiel dann, wenn alle Nachbarinnen die Kinder im Ringtausch betreuen und das als Tagesmutterdienst melden.

In der *Rente* zählt Kindererziehung als eine Leistung im Sinne einer durchschnittlichen Arbeitsleistung für drei Jahre – aber nur für Kinder, die nach dem 1.1.92 geboren sind, und für die darauf folgenden Jahre überhaupt nur, wenn gleichzeitig ein wenig gearbeitet wird, und auch nur bis zum zehnten Lebensjahr des Kindes, allerdings mit der Einschränkung, dass die Mutter nicht voll berufstätig ist, also diese Mutter zählt als Mutter gar nicht, rentenmäßig jedenfalls ist das alles ein Privatvergnügen, eben teurer als Jogging, auch so eine anstrengende Feierabendübung. Die Erziehung von 23 Kindern zählt für die Rente gerade so viel wie das Arbeitsleben eines Klempners, besser gesagt, die Erziehung von einem Kind zählt nur 1/23 davon, und das ist jetzt kein Witz.

Die Rentenreform, die notwendig wurde, weil die Zahl der Beitragszahler sinkt, hat es versäumt, jene Leistung gerecht zu honorieren, aus der die Beitragszahler erwachsen. Die Rente ist nach wie vor so konstruiert, als hätte man im Auge gehabt, die Frauen als selbstverständliche Vertragspartnerinnen auszuschließen. Der ideale Rentner, auch Eckrentner genannt, hat 45 Jahre durchgearbeitet, ohne Unterbrechung, und durchschnittlich verdient. Der Eckrentner ist eine Minderheit (und männlich), dumm ist nur, dass es einer Mehrheit von (meist) Frauen bedurfte, um ihn herzustellen. Nach der Rentenreform werden Frauen in der Solidargemeinschaft der Versicherungszahler auf eine erstaunliche neue Weise benachteiligt – sie sollen sogar höhere Beiträge entrichten bzw. haben niedrigere Renten zu erwarten, selbst wenn sie arbeiten wie ein Mann – weil sie statistisch gesehen länger leben. Ihre Kinder sind noch mal ausgegrenzt: Im Todesfall des Ernährers müssen sie Zulagen und Steuervorteile aus dem Rentenvertrag zurückzahlen, ausgerechnet die Kinder.

Die systematische Benachteiligung der Alleinerziehenden

Alleinerziehende geben in diesem Chaos die Vollidioten. Einmal tragen sie die Lasten alleine. Weshalb es bislang möglich war, einen Haushaltsfreibetrag von rund 5 616 DM steuerlich abzusetzen, um Spielraum für eine Hilfe zu schaffen. Kein Riesengewinn, wo ja so viele Alleinerziehende sowieso keine Steuern zahlen, wegen Bedürftigkeit, der Rest auch nicht zu den Gutverdienenden zählt, bei einem Steuersatz von 20 Prozent ergab das einen Gewinn von 1 123 Mark im Jahr, rund 570 Euro, immerhin knapp ein Viertel dessen, was die Subvention der Kindererziehung eines verheirateten Paares durch Ehegattensplitting hermacht. Und nun: abgeschafft der Haushaltsfreibetrag. Und die letzte Hilfsleine, die in der Vergangenheit vielleicht noch zu ergreifen war, wurde auch eingeholt. In der Vergangenheit erlaubte es die Steuerbehörde, die Aufteilung des Kinderfreibetrages auf die getrennten Eltern rückgängig zu machen, damit im Falle des fehlenden Unterhaltes die erziehenden Eltern ein wenig Nutzen aus der Übertragung des hälftigen Freibetrages haben – abgeschafft. »Voraussetzung für die Übertragung (des halben Kinderfreibetrages) ist, dass der andere Elternteil seine Unterhaltspflicht nicht im Wesentlichen erfüllt hat«, heißt es in den Ausführungsbestimmungen: »Nach Auffassung der Finanzverwaltung ist die Unterhaltspflicht im Wesentlichen erfüllt, wenn die Unterhaltsleistung *mindestens 75 Prozent* der Verpflichtung ausmacht.« Hundert Prozent ist gleich 75 Prozent! Ist das nicht ein Wunder? Eine neue Rechenkunst? Ob sie auch für die Begleichung von Steuerschulden gilt? Für die Wasserrechnung, die Energiekosten? Die Übertragung des halben Freibetrags macht, bei niedrigem Steuersatz, wie er für Alleinerziehende wahrscheinlich ist, rund 600 Euro im Jahr aus; selbst das einzuziehen, war es den Finanzbeamten noch wert, 600 Euro von einer der bedürftigsten Gruppen der Bevölkerung, den Kindern der Alleinerziehenden.

Die Benachteiligung von Alleinerziehenden und ihren Kindern ist so systematisch und wird mit jedem Schritt weiter ausgebaut, dass dahinter System vermutet werden muss. Die Lebensform allein erziehend ist die Familienform mit dem größten Zuwachs. Hier spart sich auf Dauer – aber mit katastrophalen Auswirkungen. Die Benachteiligung von Alleinerziehenden ist ein wunderlich Ding, widersinnig, schädlich, absolut unvernünftig und doch mit einer Härte betrieben, die frösteln macht.

Man möchte doch zu gerne wissen, wie jemand aussieht, der Pläne austüftelt, wie ausgerechnet Alleinerziehende noch um 600 Euro zu bringen sind. Nun, bei zwei Kindern würde die Übertragung des Freibetrages natürlich schon fast 1 200 Euro ausmachen, na, da könnten die drei ja womöglich in Urlaub fahren, auch noch Ansprüche entwickeln!

Allein erziehende Frauen haben immer schon verloren. Bei den allein erziehenden Männern finden sich in den alten Ländern jedenfalls drei- bis viermal so häufig monatliche Nettoeinkommen von mindestens 1 500 Euro, 3 000 DM, als bei den Frauen.[24] Tatsächlich beziehen rund 60 Prozent der allein erziehenden Männer ein Einkommen zwischen 920 und 2 000 Euro, 1 800 und 4 000 Mark, Frauen aber zu über 60 Prozent nur ein Einkommen von rund 300 bis 1 300 Euro, 600 bis 2 500 DM.[25] Allein stehende Frauen mit Kindern finden sich mehr als doppelt so häufig wie Männer in der miesesten Einkommenskategorie »Einkommen unter 600 DM (300 Euro)«. Ein mittelständisches Nettoeinkommen von rund 2 050 Euro, 4 000 DM, erzielen Ehepaare ohne Kinder doppelt so häufig wie allein erziehende Frauen, die also auch in einem mindestens zwei Personen zählenden Haushalt leben – die ihre Kinder zu versorgen haben und anders als Ehepaare nicht etwa auf die Mitarbeit der Partner setzen können. Wohlhabende Frauen, die allein mit ihren Kindern leben, gibt es praktisch gar nicht – weniger als ein Prozent von ihnen haben satte Einkommen von 5 000 DM netto, 2 550 Euro, bei allein erziehenden Männern sind es immerhin sechs Prozent. Und der Trend geht für Frauen nach unten, der Familienatlas weist für die beiden letzten Jahrzehnte des letzten Jahrhunderts eine Verschlechterung der Situation allein erziehender Mütter aus.

Wie das kommt? Wir schauen auf die Berechnung über »verfügbares Einkommen«, die der Deutsche Familienverband angestellt hat.[26] Die Tabelle weist auf den ersten Blick gesehen eine geradezu glückliche Situation für Alleinerziehende aus: das zweithöchste Einkommen im Spektrum zwischen ledig, ohne Kinder und Ehepaar mit drei Kindern: knapp 21 000 DM für zwei Personen, 10 700 Euro. Allerdings nur unter der Voraussetzung, dass ein Mindestunterhalt gezahlt wird, was in der überwiegenden Zahl der Fälle, wie erwähnt, nicht oder nicht in voller Höhe geschieht. Und ohne Einfluss der Tatsache, dass die zweite oder dritte Person im Haushalt der Alleinerziehenden in der Regel eine Betreuung braucht, was hohe Kosten verursacht.

Und, sollten Alleinerziehende voll berufstätig sein, vielleicht doch auch noch eine Hilfe für den Haushalt brauchen, weil bei kleinen Kindern der Haushalt ein zweiter Job ist, sofern man nicht argumentieren wollte, dass ausgerechnet Alleinerziehende einen doppelten Job wahrnehmen *sollten* – und aber bitte auch noch ganz viel Zeit für ihre Kinder aufwenden, denn gerade ihre Kinder brauchen ganz viel Zeit, nachdem sie die Trennung der Eltern erlebt haben.

Vergleicht man eine ledige Person ohne Kind mit einer mit Kind, vergleichen wir, sagen wir, zwei Freundinnen, gleiche Ausbildung, gleiche Arbeit, gleicher Lohn von 30 000 Euro brutto, dann hat die kinderlose Freundin für sich mehr als doppelt so viel Geld zur Verfügung wie die andere für sich und ihr Kind, und in diese Rechnung ist noch nicht eingeflossen, was an Unterhalt nicht gezahlt wird, aber an Kinderbetreuung fällig ist. Und noch gar kein Wort davon, dass der Haushaltsfreibetrag für Alleinerziehende, wie erwähnt, gestrichen ist, so viel Grausamkeit musste sein.

Abschied vom Fördergedanken

Alle Ungereimtheiten zusammen addieren sich zu jener prekären Einkommenssituation der Familien, zu der Hoffnungslosigkeit, aus der keine Mehrarbeit und kein Sparen den Ausweg finden. Es wurde schon beschrieben, wie alle angebliche Familienförderung der letzten Jahrzehnte den Familien nicht ein Mehr gebracht hat – kein Mehr an finanziellen Ressourcen, das zugleich natürlich auch ein Mehr an Zeit bedeutet hätte, die für die Familien zur Verfügung stünde. Denn Geld kauft Zeit – Zeit, in der jemand anderes schon mal die Wäsche macht oder die Fenster putzt. Oder mich ganz schnell von der Arbeit zu jener Theateraufführung fährt, in der mein Sohn gleich seinen Auftritt hat.

Alle Ungereimtheiten addieren sich auch zu einer Missachtung des Kindes, dessen Bedürfnisse nicht in ähnlicher Weise berücksichtigt werden wie die erwachsener Mitbürger und kommen natürlich aus der grundsätzlichen Geringschätzung der Familienarbeit, ihrer Abwertung gegenüber dem Erwerb.

»Mein Vater ist zehn Jahre nach Erhalt einer Rente, die, bedingt durch den Krieg und die Wirtschaftskrise in den dreißiger Jahren, fast unter dem Sozialsatz lag, gestorben. Er hat für die Ernährung der Familie als Arbeiter im Hamburger Hafen gearbeitet.

Meine Mutter, die alles in ihren Möglichkeiten Stehende getan hat, ›ordentliche Jungs‹ aus uns sechs Brüdern zu machen, hat heute eine Rente von knapp 900 Mark. Wäre sie nicht in zweiter Ehe verheiratet, wäre sie heute ein Sozialfall. Immerhin würde sie dann nicht verhungern«, so bitter beschreibt ein Sohn die Lage.

Bevor der Gedanke einer Familienförderung überhaupt greifen könnte, müssten all diese Ungerechtigkeiten beseitigt werden, bräuchten wir Chancengleichheit zwischen den Bürgern, ob sie nun Kinder haben oder nicht. Paul Kirchhof sagt es so: »Erst wenn der Wille zum Kind gelebt werden könnte, ohne dass rechtliche und wirtschaftliche Nachteile daraus erwüchsen, erst dann kommen Förderung und Schutz zum Tragen.«

Wenn wir also über Geld nachdenken und über Familie, dann sollten wir über völlig neue Wege nachdenken und den überstrapazierten Fördergedanken erst einmal verabschieden. Alle so genannte Förderung der Familie hat nicht verhindert, dass Familien im Vergleich zu Menschen ohne Unterhaltspflichten in Not geraten. Bevor jemand in die Situation der Förderung gerät und davon profitieren kann, müsste er zunächst in einer gleichen Ausgangslage sein. Aber schon bei einem mittleren Einkommen, so der Deutsche Familienverband, gerät eine Familie mit zwei Kindern in den gefährlichen Sog der Armut. Einer der bedauerlichsten Effekte ist, dass sich die Menschen das nicht selten als eigenes Versagen anrechnen.

Es gibt keinen vernünftigen Grund, warum Menschen, die Kinder erziehen, mit diesen schlechter gestellt sein sollten, es gibt dagegen jede Menge gute Gründe, warum sie besonders gut gestellt sein sollten. Gerade unter den Bedingungen von Berufstätigkeit brauchen Familien Entlastung – Hilfe im Haushalt oder die Möglichkeit, ein gutes Essen abends einfach mal einzukaufen statt im Akkord herzustellen, einen zu bestellen, der kommt und die Fenster putzt oder einen, der das Fahrrad repariert, das schon wieder einen Platten hat – ein ganzer Dienstleistungssektor tut sich auf, schon gibt es einzelne Kindergärten, in Hamburg, in Oslo, in Großbritannien, die einen Bügeldienst vermitteln oder eine warme Suppe abends anbieten, für die Eltern, die im Eilschritt von der Arbeit kommen. Wenn Eltern mehr Geld haben, haben sie auch mehr Zeit für ihre Kinder. Und dass sie die brauchen, na, darüber gibt es doch Konsens!

6. Das tägliche Familiengewurschtel

Kopfschütteln, herablassendes Staunen, Bewunderung und Fassungslosigkeit begegnen Eltern, die ihre Kleinen durch die Kindheit begleiten und, Gipfel der Unmöglichkeit, auch noch Geld verdienen, für sich und die Kleinen. »Wie du das schaffst!«, sagen die Freundinnen, »Gott, was für 'ne Arbeit«, seufzen sie. »Wie machen Sie das eigentlich?«, fragen die Kollegen skeptisch. Und auch mal: »Übertreibst du nicht?«, ja so fragen sie, wenn sie sehen, was das Familienleben so mit sich bringt. »Für Kinder zu sorgen und sie beim Aufwachsen zu begleiten, ist keine Lebensform, für die in dieser Gesellschaft in ausreichendem Maße die notwendigen Vorkehrungen getroffen, Zeit und Räume bereitgestellt und die materiellen Mittel angeboten werden«, stellt der Zehnte Kinder- und Jugendbericht der Bundesregierung fest: »Kinder und die Bedingungen ihres Aufwachsens sind nicht einer der zentralen Lebensbereiche der Gesellschaft, von dem aus Entwürfe des persönlichen Lebens, Berufslaufbahnen, Institutionen und Zuteilungssysteme so strukturiert sind, dass es leicht ist, sein Leben mit Kindern zu teilen.«[1] Ach, leicht ...

Eltern als Sündenböcke

Es ist ein täglicher Hindernislauf. Die Tagesabläufe vieler Familien gestalten sich aus einer oft notdürftigen Verkettung von widersprüchlichen Ansprüchen, Vorsätzen, Zumutungen und besten Absichten. Weiß noch jemand, was Kinder heute zu lernen haben? Die alten Werte? Neue Technik? Eltern sollen die Kinder in Geborgenheit hüllen, aber realitätsnah erziehen, dabei nicht zu früh die Tagesschau sehen lassen, doch mit Holz und Farbe basteln wie anno dazumal. Sie sollen zur Leistung erziehen, aber vor Überforderung schützen, sie möchten bitte der Gesellschaft durchsetzungsfähige Zampanos abliefern, solche mit höchsten EQ-Werten, einfühlsam, konfliktgewandt, wenn auch nicht konfliktsuchend. Je unübersichtlicher alles wird, umso hysterischer kommt der Ton, in dem diese Forderungen an die Eltern herangetragen werden, und desto härter werden Eltern abgekanzelt, wenn etwas schief läuft: Elternkatastrophe! Erziehungsversagen! Die öffentlich geführte Debatte überschlägt sich nicht selten in Anwürfen, Vorwürfen, Vorschriften, und verrät dabei auch immer eins: Ganz so sehr Privatsache, wie andererseits gerne behauptet, ist das mit den Kindern und der Familie wohl doch nicht. Die Erwartung an die so privat zu entfaltende Kompetenz der Eltern könnte nicht höher gesteckt sein. »Aber gleichzeitig weist die moderne hochindustrielle Gesellschaft in weiten Bereichen eine ›strukturelle Kinderfeindlichkeit‹ auf, d. h. ihre Vorgaben passen nicht mit den Bedürfnissen, dem Bewegungsdrang, dem Zeitrhythmus von Heranwachsenden zusammen (man denke z. B. an Wohnungsbau, Straßenverkehr, Schadstoffe in Luft und Nahrung)«, schreibt die Soziologin Elisabeth Beck-Gernsheim[2]: »Einerseits optimale Förderung, andererseits strukturelle Kinderfeindlichkeit – in diesem Widerspruch müssen die, die für Kinder verantwortlich sind, sich dauernd bewegen, müssen kompensieren und ausbalancieren, nach allen Seiten verhandeln, zwischen vielen Fronten vermitteln und immer wieder: das Schlimmste verhüten.«

Eltern müssen für einfach alles gerade stehen, das muss man nicht selbst erfahren haben, dass kann man durchaus mit offenem Blick von außen wahrnehmen: »Eltern müssen permanent Abwehrschlachten gegen erwiesenermaßen ungünstige Einflüsse auf die Kinder schlagen, wie gegen übermäßigen Konsum von Fast Food, Süßigkeiten, Computerspielen, Fernseher sowie eine ständige Berieselung durch Werbung, die Wünsche nach In-Markenwaren weckt. Erschreckend ist der in den letzten Jahren deutlich gewachsene Zigarettenkonsum von Kindern. Die Abwehr dieser Einflüsse wird vollständig auf die Eltern abgewälzt. Die Einschränkung wird aus öffentlicher Sicht als Wirtschaftshemmnis dargestellt.«

Der Kampf mit den Institutionen

Eltern, die Kinder aufziehen, haben verrückterweise gerade dort mit Schwierigkeiten und Widrigkeiten zu kämpfen, wo es um Einrichtungen geht, die sich vorrangig um die Kinder kümmern sollen: in Schule und Kindergarten. Oder im Familienheim, in der Wohnung und dem, was drum herum ist, nennen wir es ganz genau das Wohnumfeld. Genau da, wo Eltern mit ihren Kindern leben, wird es für Eltern so schwierig wie irgend möglich gemacht, mit den Kleinen durch den Alltag zu surfen. Das führt nicht selten zu grotesken, geradezu komisch wirkenden Widersprüchen, wie wenn das Kind möglichst viel mit anderen spielen soll und zu diesem Zweck festgezurrt auf dem Rücksitz stundenlang zu diesen Kindern hinkutschiert wird, wenn ganze Familienabende den schwierigen Streitereien über die neueste Offensive der Spielzeugindustrie geopfert werden müssen. Das ist alles zusammen eine unnötige Belastung des Familienalltags. Der wird so nicht selten zum Familiengewurschtel. Und ärgerlich daran ist nicht nur, dass es unser Leben mit Kindern unnötig kompliziert macht, sondern dass es auf alle, die zuschauen, nicht selten abschreckend wirkt, womöglich auf die, die sich gerade überlegen, ob es denn für sie auch irgendwie zu schaffen wäre, mit Kindern. Und dann sehen sie einen Alltag, der alles andere ist als das, was das Leben mit Kindern sein sollte, nicht beschwingt, leicht, eine gute Übung für das, was an Leben noch kommt, sondern nicht selten Stress. Nur mal so: Es geht auch anders. In Deutschland sagen 31 Prozent der Menschen, dass die Freiheit von Eltern durch Kinder stark eingeschränkt sei. In Schweden sagen das nur fünf Prozent.[3]

Alles der reinste Kindergarten

Vorhänge nähen, Fenster putzen, nachts Staub wischen. In den Ferien die Räume streichen, am Wochenende den Sand im Hof austauschen, immer wieder mal die Gartenarbeit übernehmen. Einmal in der Woche Mittagessen für die Bärchengruppe kochen, alle sechs Wochen zur pädagogischen Besprechung antreten und natürlich die Elternversammlungen sowie die Gruppendiskussion zur Seltersfrage: Wie oft welche Eltern mal wieder die drei, vier Kisten Selters nicht rechtzeitig besorgt haben, zum Kindergarten gefahren, über den Hof in den Gruppenraum geschleppt und so korrekt angeliefert haben. »Bei uns können Sie Ihr Kind jedenfalls nicht einfach abgeben«, hörte ich eine Stimme huldvoll am Telefon verkünden, kaum dass ich begonnen hatte, auf der Suche nach einer der wenigen Ganztagseinrichtungen jene anzutelefonieren, die auch nur halbwegs erreichbar waren (es waren drei) – »Wir verlangen hier die stetige Mitarbeit der Eltern«, sagte die Stimme. Ich versuchte zu erklären, dass ich einen Ganztagsplatz brauchte, eben weil ich schon stetig anderswo viel arbeitete – für Lohn. Die Stimme sagte, dann sei der Kindergarten für mich nicht geeignet. Aber es gab ja keine Wahl. Und so begann meine doppelte Haushaltsführung. Abendessen, Küche putzen, Kinder ins Bett, rüber ins Kinderhaus und dort die Küche putzen. Spielecke abstauben, nach Hause gehen und da die Wäsche aufhängen. Kinder ins Kinderhaus bringen, Wäsche mitnehmen, zur Arbeit rasen. Das ist zu viel? Das ist eine blöde unsinnige Organisation? Meine netten Freunde empfahlen mir bei solchen Klagen immer gerne, ich sollte doch selbst einen Kindergarten gründen, immer hatten sie gerade in einem Magazin von solchen Gründungen gelesen. Über Eltern, die alles auf die Reihe kriegen, die Kinder, die Kindergärten, die Verkehrsberuhigung, sogar den Schulmittagstisch – das ganze Leben selbst gemacht, sozusagen. Ich fragte meine Freunde, die ja in der Regel keine Kinder hatten, ob sie die Neugründung des Kindergartens nicht für mich übernehmen könnten, schließlich sei ich mit der Arbeit für den alten Kindergarten schon ziemlich ausgelastet ...

Putzen für den Frieden

Ich erinnere mich an eine Konferenz mit dem Titel »Gerechtigkeit für Familien«, auf der die Vertreterin des Verbandes für allein erziehende Eltern schilderte, welche Arbeiten eine allein erziehende Mutter in Kauf nehmen musste, um im einzigen Ganztagskindergarten der Region einen Platz für ihre kleine Tochter zu ergattern, den sie brauchte, um eben ganztags arbeiten zu können, für sich und das Kind. Nach diesem Ganztagsjob also folgten Stunden um Stunden, Wäsche waschen, Kinderklos putzen, Ausflüge organisieren und die Stundenpläne der Erzieher ausarbeiten. Vor mir stiegen die nächtlichen Stunden auf, die ich allein im dunklen Montessori-Haus verbracht hatte, in Gedanken bei den Kindern zu Hause. Ob der Kleine wohl hoffentlich keinen Hustenanfall bekommen würde? Der Große bitte keinen Alptraum! Ob es nicht doch richtig gewesen wäre, einen Babysitter zu bestellen, um in Ruhe das Kinderhaus putzen zu können? Ich überlegte mir in solchen Nächten, ob es nicht sinnvoller sei, einen Putzdienst anzustellen, aber die Leitung des Kinderhauses hatte die Meinung vertreten, es würde die Beziehung der Eltern zur Einrichtung stärken, wenn sie selbst putzten, nicht nur zu Hause, sondern auch im Kinderhaus. Unvergesslich der Ton, in dem neulich am Elternabend eine Mutter abgemahnt wurde, die es gewagt hatte, sich dieser Regelung zu widersetzen und eine Putzfrau ins Kinderhaus zu schicken, eine resolute allein erziehende Ärztin hatte das gewagt, also nee! Empörtes Kopfschütteln, natürlich vor allem in den Reihen der Hausfrauenmütter, die berufsmäßig eine Verbindung zwischen Putzen und Liebe herstellen ...

Den Berg dieser Arbeit auf den Schultern der sowieso schon hoch belasteten Eltern abzuladen, sagte die Vertreterin der Alleinerziehenden, sei ein vorsintflutliches Unterfangen. Zu überlegen sei doch, ob denn die ganzen Putz- und Versorgungsarbeiten, die Instandhaltung des Gebäudes und die Verpflegung der Kindergartengruppen nicht genauso gut als wertvoller Arbeitsplatz angesehen werden könnte, wahrscheinlich mehrere Arbeitsplätze abwerfen würde, eine Gelegenheit für Dienstleister, im Übrigen ein Job, wie er in Abertausenden von Betrieben üblicherweise vergeben wird, oder hat schon jemals jemand davon gehört, dass ein Angestellter einer Krankenkasse oder Bank nach Dienstschluss die Kassenräume putzen, die Drucker abstauben, die Tastaturen reinigen muss und das dann auch noch als wertvolle Selbsterfahrung mit den Gegenständen am Arbeitsplatz lobt?

Wo sind die Nachbarn?

Es ist ein Widersinn, dass in Deutschland ausgerechnet die Institutionen, die das Familienleben entlasten könnten, genau das Gegenteil tun. Das ist besonders schwerwiegend, da Familien heute in einem Umfeld leben, in dem es auch an anderer Unterstützung mangelt. Die Betreuung von Kindern verlangt ja mehr als einen Kindergarten. In der Zauberwelt von Astrid Lindgren, die ebenfalls eine allein erziehende Mutter war, gibt es deshalb auch jede Menge Nachbarn, alte Tanten, schrullige Typen, die einspringen, wenn zu Hause mal wieder alles drunter und drüber geht oder der kleine Feger mit dem Fahrrad in eine Hecke gerast ist und dabei auch noch das Armband verloren hat. Wenn abends die Wogen hochschlagen und Lasse, der fünf ist, mal wieder nicht ins Bett will, sein »Nein! Nein! Nein!« durchs ganze Mietshaus gellt. Dann kann es in der schönen Lindgren-Welt passieren, dass der aufgewühlte Lasse bei Tante Lotte anbrandet, die eine Treppe höher wohnt und immer Zeit für ihn hat. Die Lasse zu sich aufs Sofa setzt und mit ihm irgendeinen Zauber veranstaltet, der in der Summe dazu führt, dass das Schreikind kurz darauf leise die Treppe wieder runterstiefelt, sich geräuschlos auszieht und schon im Bett liegt und schläft, bevor seine Mutter überhaupt merkt, dass er wieder zu Hause ist. »Oh, wie erstaunt sie ist, als sie sieht, dass Lasse schon schläft«, schreibt Astrid Lindgren: »Sie kann es beinahe gar nicht glauben, dass es wirklich wahr ist.« Sie kann es gar nicht glauben![4]

Tante Lotte hieß in meiner Kindheit übrigens Tante Gretchen. Sie ging mit den Kindern die Enten füttern. Tante Gretchen wohnte bei Tante Susi und half ihr mit den Zwillingen.

Tante Susi kaufte mir einen kleinen Eimer, damit ich bei ihr die Treppe putzen konnte, während zu Hause also im Akkord die Kirschen entsteint wurden, das Gemüse geschnippelt, der ganze Haushalt mal wieder auf Vordermann gebracht werden musste, Teppiche raushängen, Schränke von den Wänden ziehen, mütterliche Aktionen, deren Know-how heutzutage auch kaum noch jemand beherrscht und bei denen Vierjährige durchaus schnell unter die Räder kommen konnten, zumindest die mütterlichen Nerven zum Flattern brachten. Also da hatte Tante Susi einfach immer Zeit, um mit den kleinen Nichten und Neffen Kuchen zu backen oder eben zu putzen. Mit einer Hingabe betrieb sie das, dass vor allem eines hängen blieb: wie schön es sein kann, mit Kindern zu backen oder zu putzen.

Tante Susis und Tante Gretchens gibt es heute nur noch selten, dafür aber jede Menge eilige Mütter. Man könnte sagen, Susis und Gretchens sind beinahe ausgestorben. Und wer ist dann da, wenn eine Mutter mal schnell einkaufen muss, wer passt denn auf, eine halbe Stunde, bis die Mutter wieder da ist mit der Milch? Keine Kleinigkeit angesichts der Größe der Aufgabe, Kinder über einen Zeitraum von vielen, vielen Jahren lückenlos, also 24 Stunden am Tag zu betreuen – eine Aufgabe, die sich potenziert, wenn zum Beispiel zwei Kinder im Haushalt sind, von denen zwar das Ältere schon längst eine halbe Stunde allein gelassen werden könnte, aber keinesfalls mit der Verantwortung, in dieser Zeit für einen Säugling zu sorgen, oder gar das Rechte zu tun, wenn dieser sich verschluckt.

Was tut eine gute Mutter, wenn das Kleinkind zu Hause schläft, das Großkind aus der Schule geholt werden muss, weil der Weg für Kinder alleine zu gefährlich ist, weil das Kind sich vielleicht den Fuß im Sportunterricht verrenkt hat und nicht Fahrrad fahren kann, wer springt dann ein, wenn die Mutter gerade einen anderen wichtigen Termin hat? Dann findet sie vielleicht jemanden, nachdem sie vergeblich an drei Türen der Nachbarschaft geklopft hat und eine halbe Stunde am Telefon gehangen hat, mehr Zeitaufwand, als das ganze Abholen erfordert, aber das Abholen ist eben erst am nächsten Tag dran und telefonieren kann man abends ... Die Kleinfamilie ist heute immer häufiger eine Kleinstfamilie unter Maximalanforderung, mit nur Mutti und Kind, und sie braucht dringend Unterstützung, und damit ist nicht nur Kindergeld gemeint. Diese Unterstützung ist manchmal da – aber keinesfalls in dem Umfang, in dem sie gebraucht würde.

Kindergarten als Partner der Eltern

Nur ein Drittel aller Familien mit Kindern unter 18 Jahren erhalten Hilfe von außen, wenn auch die Hälfte aller Familien mit Kindern unter sechs Jahren.[5] Das heißt: Jede zweite Familie mit kleinen Kindern wird also gar nicht unterstützt. Tatsächlich bekommen drei Viertel aller Familien, die überhaupt bei den Kindern unterstützt werden, Hilfe von Oma oder Opa. Aber keineswegs regelmäßig, verlässlich. Und so bleiben viele Eltern hängen in den vielen sich verzettelnden Fäden von Sollen-Müssen-Sollten. Der Kindergarten ist allzu oft kein Partner der Eltern, sondern stellt eigene Anforderungen, setzt die Eltern heftig unter Druck, nicht selten mit der Autorität von Übereltern, das führt zu 1 000-Volt-Stromstößen in müden Elternherzen! Bus verspätet, Hort schon zu, niemand erreichbar, weil in einem deutschen Kindergarten niemand ans Telefon geht, es vollkommen unmöglich ist, einem modernen Kindergarten im Zeitalter der neuen Medien auch nur mitzuteilen, dass man sich um zehn Minuten verspäten wird und daher darum bittet, das Kind doch mit seinem Freund nach Hause gehen zu lassen. Und dann kommt unweigerlich die Rüge, in einem Ton, den sich ein Kindergarten hoffentlich den Kindern gegenüber nicht erlaubt.

Es gibt auch andere Kindergärten. Einen, von dem war neulich zu hören, an den gleich ein Café angeschlossen ist, in dem sich die abgehetzten Mütter und Väter erst mal ein Eis gönnen können, Erdbeervanille: erste Sahne! Oder jener, wo die Eltern über E-Mail ein Abendessen bestellen können, wenn es mal wieder so besonders hetzig zugegangen ist, dass der Kühlschrank zu Hause gähnende Leere zeigt. Kindergärten gibt es, mit einem veritablen Elternkinderservice-Angebot, inklusive Wäschedienst! Die mit dem Kind zum Arzt gehen, damit dafür nicht schon wieder ein halber Ferientag von Mutti flöten geht. Es gibt Kindergärten, die nicht etwa Putzdienst verlangen, sondern einen anbieten, damit man zu Hause nicht auch noch nach Feierabend die Fenster wienern muss, statt sich mit seinem Kind an ein schönes Brettspiel zu setzen oder die Kugelbahn aufzubauen. Solche Kindergärten gibt es. Und wo? werden nun alle wissen wollen. Nun: Einer ist in Eimsbüttel, das liegt in Hamburg, und einer ist in Oslo, das liegt in Norwegen, noch einer ist in Salzgitter, das liegt überhaupt nicht zentral, man möchte wetten, dass es da, wo man selbst wohnt, so einen wundervollen Kindergarten einfach nicht gibt und jedenfalls nicht geben wird, solange unsere Kinder noch Kinder sind.

Schule des Wahnsinns

Meine Freundin Rita sagt, sie müsse noch Latein machen, wahrscheinlich den ganzen verdammten Nachmittag lang, morgen schreibe ihre Tochter die Vergleichsarbeit, zu dumm auch, denn sie ist selbst Lehrerin und ob sie jetzt dazu kommt, ihren eigenen Unterricht vorzubereiten? Louise sagt, es sei ein Glück, dass sie Kunstgeschichte studiert habe, so konnte sie neulich nächtens mit den verzweifelten Freundinnen ihrer Tochter die Bücherregale plündern, Vorlagen über die Ornamentik des Jugendstils rausziehen, Beispiele anbieten dafür, wie Oberflächenstrukturen von Brettspielen zu gestalten seien, ein Thema, das die Kunstlehrerin verkündet hat und zu dem sie aller Voraussicht nach in drei Wochen Schülerwerke höchster Qualität erwartet und diese sicherlich auch benoten wird, aber irgendwie keine Zeit hatte, selbst mit den Schülern zu erarbeiten. Nun, auch Louise, berufstätige allein erziehende Mutter, hätte noch einiges anderes zu tun, und sei es auch nur mal ausruhen, aber das eigene Kind geht natürlich vor, und so passiert es mal wieder, dass die paar Stunden freie Zeit am Sonntagnachmittag sich in Arbeitszeit für das Kunstreferat verwandelt haben.

Karin hat neulich mit einem Referat ihrer Tochter eine 1 in Bio eingefahren, immerhin ihre erste 1 in Bio, kichert sie nicht ohne Stolz, obwohl sie doch entschieden war, sich ab sofort nur noch um die Fächer zu kümmern, die sie selbst kann, Geschichte zum Beispiel, da kann sie Miriam helfen, nach Quellen zu suchen, Material aufstöbern, zur Kenntnis nehmen, sortieren, auswerten, das war im Unterricht zwar nicht vorgekommen, wurde aber abgefragt. Und neulich, bei der Arbeit über Stalin, eine Textvorlage vom Lehrer, die kein einziger Schüler der Klasse wirklich verstanden habe, auch sie selbst nicht, obwohl sie immerhin auch Politik studiert hat. Und jetzt kommt auch noch das Problem mit der Physik dazu, neue Lehrerin, das Kind stumm frustriert, man habe sich jetzt ein Lehrerheft zur Physik besorgt, irgendjemand müsse es den Kindern ja erklären, was wie abläuft, irgendwie werde sie das schon schaffen, nachdem sie es sich selbst vorerarbeitet habe, wat mut dat mut, wie man in Hamburg sagt. Wo die Lehrerin doch erklärt hatte, nach Pisa müssten sich die Kinder daran gewöhnen, selbst zu denken, statt Fragen zu stellen. Wie gewöhnt sich ein Schüler daran, Physik nicht zu verstehen? Im Zweifelsfalle unter Tränen. Auch das ist dann ein Fall für Mütter.

Die Elternbeschäftigungsmaschine

Die deutsche Schule ist eine Elternbeschäftigungsmaschine. Schon weil es nicht genug Schule gibt, weder stundenmäßig noch inhaltlich. Die deutsche Grundschule bietet gerade mal 25 Wochenstunden an – damit steht sie im europäischen Vergleich an vorletzter Stelle. Ein niederländischer Grundschüler hat zum Beispiel in jeder Woche 32 Stunden – das sind 160 Stunden mehr im Jahr! Macht bis zur Sekundarstufe 1 tatsächlich ein mehr an 644 Schulstunden, in denen niederländische Schüler etwas lernen konnten. Weiter so: Pisa hat enthüllt, dass ein Hamburger Schüler bis zur 9. Klasse 1 500 Stunden weniger Unterricht hat als einer in Bayern. Das Institut der deutschen Wirtschaft hat errechnet, dass in deutschen Schulen eine viertel Million Unterrichtsstunden ausfallen. Aber die Ergebnisse sollen natürlich gleich sein, und das geht nur durch kostenlosen Unterricht von Mutti, kostenlos natürlich nur für den Steuerzahler, die Mutti selbst zahlt für diesen Unterricht, den sie selbst abhält, meist mit der Aufgabe ihrer eigenen Berufstätigkeit. In den Diskussionen um Pisa wird gerne darauf hingewiesen, dass die deutsche Schule Kinder aus der Mittel- und Oberschicht besser ausbilde als die aus bildungsfernen Schichten, wo sie versage. Richtig aber ist vermutlich, dass sie alle Kinder gleich schlecht unterrichtet und die bessere Leistung der einen Kinder durch die zusätzliche Schule der Eltern erzielt wird, nachmittags, des Abends, am Wochenende.

Mehr als jeder dritte Schüler an Haupt-, Realschulen und Gymnasien erhielt 1999 Nachhilfe – bezahlte oder unbezahlte, wie man denn die familiär geleistete Nachhilfe so nennt, ohne sich klar zu machen, was sie kostet, an Geld, Nerven, guter Stimmung. Befragt man Eltern nach den Gründen für diesen Extraservice, nennen immerhin ein Drittel dieser Eltern »didaktische Defizite von Lehrern«. Was von Eltern verlangt wird, ist nicht nur Geistesarbeit, Schulaufgabenhilfe, Betreuung von Arbeitsgruppen, Assistenz bei der Anfertigung von Arbeitspapieren oder Interpretationshilfe bei Vorlagen von Seiten der Schule, die nicht immer ganz verständlich sind, oder auch ergänzender Unterricht, wenn das Kind in der Schule nur an Hand von grobschlächtig auf graues Recyclingpapier gezeichneten Baumsilhouetten oder Blattformen gelernt haben soll, eine Eiche von einem Gingko zu unterscheiden, und seine einzige praktische Übung darin bestand, diese Zeichnungen anzumalen, mit Buntstiften, was vor Jahren im Kindergarten schon als langweilig erkannt war. Nun, dann liegt es natürlich an den Eltern, die Exkursion in den botanischen Garten zu organisieren. Nicht zu vergessen das Motivationstraining, wenn demotivierte Lehrer einen so langweiligen Unterricht runterreißen, dass er alle Geister erlahmen lässt. Es gibt ein riesiges Kontingent von Handlangerdiensten, für die Mutti vorgesehen ist, Mittagstisch herrichten, Knabberzeug kaufen für den Elternabend. Muttis sind die geborenen Handlanger, vielleicht sogar die letzten ihrer Art, wo dieser Beruf ansonsten doch beinahe ausgestorben ist.

Geben wir ein Beispiel, ein ganz kleines, sagen wir, ein Beispiel für strukturell vorgesehene Elternarbeit. Das Kind hat zum Schuljahrsbeginn, nehmen wir die kleinstmögliche Zahl an, vier neue Schulbücher bekommen und die sind in Folie einzuschlagen. Das Kind weint, denn es ist in Gefahr, sich eine Note 6 einzufangen, weil das Geschichtsbuch noch fünf Wochen nach Schuljahrsbeginn *immer noch nicht* eingebunden ist und die Lehrerin auf Erledigung dieser Hausaufgabe drängt und der Ton zwischen ihr und dem Kind schärfer wird: wegen der fehlenden Erledigung einer Mutterhausaufgabe wohlgemerkt.

Die Mutter knirscht daheim mit den Zähnen, um einen hysterischen Schreianfall niederzukämpfen. Das Einschlagen eines Buches mit sich bockig einkringelnder, an den Fingern klebender, leicht einreißender und immer Blasen schlagender Klarsichtfolie ist ein Vorgang, der gut und gerne fünfzehn Mutterminuten pro Buch brauchen kann. Wann hat eine berufstätige Mutter Zeit und Laune, solche Klebdienste zu verrichten? Morgens, eilig vor dem Frühstück, so um 6 Uhr? Oder nach dem Frühstück, dann kommt sie vielleicht zu spät zur Arbeit, auch nicht so gut. Abends, wenn Abendessen angesagt ist, danach, wenn ja auch noch der Haushalt wartet, später, wenn die Kinder im Bett sind und man endlich die Beine hochlegen könnte? Und gerne möchte man anmerken, dass es ja kostenlos zu erbringende Arbeit ist, anders als die in der Welt der großen Arbeit abzurechnen, wo es nicht unüblich ist, auch noch je eineinhalb Stunden Fahrzeit für die Besorgung der Folie in Ansatz zu bringen, man ist versucht, wie in der großen wichtigen Welt Kilometergeld dazuzurechnen, was halt so üblich ist in der Welt der Erwachsenen, in der solche Arbeit bezahlt wird oder zumindest sich steuerlich gesehen als Verlust auswirkt. Aber das geht ja in diesem Falle nicht, denn beim Einschlagen von Büchern für die Kinder handelt es sich in keinem Falle um bezahlte Arbeit, wenn auch wohl, finanziell und nervlich gesehen, um einen erheblichen Verlust.

Rechnen wir mal so: Eine Stunde kostenlose Klebefummelei also für jedes der beiden Kinder zu Beginn eines Schuljahres, zwei Stunden für beide, kann ja nicht so schlimm sein, würde man denken. Nun, denken wir weiter. Bei 13 Schuljahren ergibt das für die Mutti von zwei Kindern insgesamt 26 Stunden kostenlos erbrachte Kleberei. Noch immer na und? Sehen wir mal, welches Ausmaß das hat: In einem deutschen Gymnasium von 900 Schülern wird pro Schuljahr 900 Stunden geklebt. Die Mütter dieser Schüler kleben, gerechnet auf die gesamte Schulzeit ihrer Kinder, 11 700 Stunden an Büchern herum – oder sollten wir, da es sich um eine Art von technischem Vorgang handelt, die Väter als potentielle Kleber mit einrechnen? In jedem Falle ist es eine vollkommen unnötige Arbeit.

Ein Schulbuch, das ohne robusten abwaschbaren Umschlag vom Verlag geliefert wird, ist so unfunktional wie ein Schuh, der ohne Sohle gefertigt ist. Und es gibt auf dem Buchmarkt jede Menge von Büchern in praktischen Umschlägen – die kleinen gelben Lexika zum Beispiel, die Ratgeber, natürlich Kinderbücher, die es nun schon in Ausfertigungen gibt, die mit in die Badewanne genommen werden können. Man stelle sich vor: Es gibt badewannenfeste Bücher, aber keine schulfesten. Das würde dann natürlich ein wenig mehr pro Buch kosten, es schulfest zu liefern. Und wieso man diese Kosten aufbringen sollte, wo doch die Mütter umsonst kleben – und die Folie auch noch stellen – das beantwortet sich von selbst. Es rechnet sich nicht, nicht für die Verlage jedenfalls.

Neben dieser immer schon eingerechneten Mitarbeit kommt jene Elternleistung, für die von Schultag zu Schultag neue Stundenpläne entstehen. Hinter einer Schallmauer von Klagen über die verwahrloste Familie, die ihre Erziehungsprobleme auf die Lehrer abwälze, haben sich Heerscharen von Lehrern verschanzt und hecken dort vermutlich gut gelaunt Beschäftigungsprogramme für die Eltern aus. Man möchte einmal dabei sein, ob sie kichern, laut lachen, sich die Lachtränen aus den

Augen wischen? Man ist ja nur dabei, wenn diese Programme dann verkündet werden, an den Elternabenden, wo die Eltern in der Klasse mit gebeugtem Rücken auf den kleinen Kinderstühlchen hocken und mit gesenktem Kopf sich das Ergebnis anhören. Zehn Eltern eingeplant, die während des Zirkusprojektes mit aufbauen, die Schminkgruppe betreuen. Jawoll! Noch mal fünf, die bei der Ralley der Öffentlichen Verkehrsbetriebe die Kinder begleiten, wer meldet sich? Okay! Fahrradtraining? Klar! Aufsicht bei der Prüfung? Gerne. Wer kann an den Vormittagen, an denen wir Marionetten bauen wollen? Eintragen in die Liste. So kriecht einem der Schrecken den Nacken hoch, so kommt es Schlag auf Schlag, da wird aber so was von klar gemacht, dass eine gute Mutter innerhalb von fünf, sechs Wochen mindestens drei Mal zum Appell anzutreten hat, vormittags, ja sogar zur besten Halbtagstätigkeitszeit. So kommt es also, dass jene Mütter beschämt aus der Wäsche gucken, nur weil sie für ihre Kinder nur das Brot verdienen und die Miete, nur die Klamotten besorgen und die Wochenenden gestalten und einfach diesen ganzen Zirkus gar nicht mitmachen können. Wenn die Kinder größer werden, nimmt der Schulbetreuungsbedarf keineswegs ab, sondern zu. Manchmal schneller, als die Kinder wachsen. Das deutsche Gymnasium ist eine Klasseninstitution und wohl dem Schüler, der Eltern von Klasse hat, Biologen oder Mediziner, Literaturwissenschaftler oder Historiker.

Das läuft alles so, man könnte sagen, nicht selten läuft es so, dass man sich wegen der Schule kaum noch um seine Kinder kümmern kann. Neuer Chemie-Lehrer, das Kind, welches immer ein wenig chemieverrückt war, ja schon in den Kindergartentagen gerne herumexperimentiert hat, sagt nun über sein ehemaliges Lieblingsfach, also das sei sowieso alles Scheiße, und sein Freund Paul sage das im Übrigen auch. Die Mutter bespricht das Problem mit der Mutter von Paul, die die Angelegenheit mit der Elternsprecherin diskutiert, die sich mit der Klassenlehrerin austauscht und dann das Ergebnis wiederum mit den Müttern diskutiert, denn es wurde ein Gespräch mit dem Chemielehrer empfohlen. Der Chemielehrer lässt in diesem Gespräch durchblicken, dass sich in der Schule irgendwann die Spreu vom Weizen trennen müsse, was die Eltern nun wieder besprechen, ob es denn sein könne, dass ihre Kinder, die noch vor wenigen Wochen hoffnungsvolle Ernte in Chemie einzufahren gedachten, nun ermattet als Spreu rumhängen. Es werden bittende Briefe geschrieben, worauf weitere Gespräche fällig sind. Das Chemie-Problem hat sich über Nacht zu einem Zweitjob ausgewachsen, der sich nicht selten bis weit in die Abendstunden hinzieht, aber wer würde schon im Jahr nach Erfurt zu den Eltern zählen wollen, die sich nicht kümmern? So fließt die kostbare Zeit dahin. Bei jedem Gespräch kommt die Mutter nicht umhin, innerlich festzustellen, dass diese Gespräche immer unbezahlt sind, ganz anders als für die Lehrer am anderen Ende der Leitung, denen sogar daraus Rentenansprüche erwachsen, ohne eigene Zuzahlung!

Die Schularbeiten der Eltern, erzwungenermaßen erbracht, unbezahlt, von niemandem honoriert, sind ein Skandal. Der Fünfte Familienbericht hatte schon vor acht Jahren darauf hingewiesen: »Auch für die Phase des Schul- und Jugendalters gilt, dass die Leistungsanforderungen an die Eltern während der vergangenen 25–30 Jahre, und zwar in allen sozialen Schichten, gestiegen sind: einerseits durch den zeitlichen Betreuungsumfang, zum anderen auch die ökonomischen Aufwendungen ...« Besonders der Zeitaufwand, schrieben die Experten, »ergibt sich aus dem Tatbestand, dass die Schule Funktionen an die Familie zurückverlagert hat, und zwar in Form von Hausaufgabenbetreuung.«[6]

Ganztagsschulen werden diesen ganzen Aufwand nicht notwendigerweise überflüssig machen. Denn die ganze Organisation der Schule und des Unterrichts müsste sich ja ändern, und wenn sie das nicht tut, wird nur die Zeit knapper werden, in der diese elterlichen Reparaturdienste erbracht werden müssen. Die Schule würde sich vollständig anders organisieren müssen, wenn Mütter berufstätig wären und nicht mehr in den Kulissen geduldig auf ihren Einsatz warten. Die Kinder müssten auf Theaterexkursionen und Picknicks oder Schulsommerfeste verzichten. Oder die Lehrer müssten diese Mehrarbeit übernehmen, wobei es sehr unwahrscheinlich ist, dass sie dazu eine Neigung verspüren, schließlich hören wir schon heute ihre Klagen über die Last der Arbeit, die Konferenzen am Nachmittag, die Klausurredigatur am Abend und immer wieder die handfest vorgetragene Anklage, man sei es total leid, für Eltern die erzieherische Arbeit zu übernehmen. Auch wenn es Eltern manchmal so zu sein scheint, dass ihr Einsatz, zumindest was die Stundenzahl betrifft, die ganze Hausaufgabenhilfe, die Problemgespräche, das Aufrichten demotivierter Kinder, das Trösten zusammengeschissener kleiner Seelen, also zumindest was die Stundenzahl betrifft, den der Lehrtätigkeit überflügelt. Und da ist das elende Einbinden von Schulbüchern noch nicht drin, der ganze Folienkrieg. Oder das, was Eltern nebenher noch alles organisieren müssen oder wollen, der zusätzliche Unterricht in den musischen Fächern zum Beispiel, deren Platz im Stundenplan im Verlauf der letzten Generation, immerhin Zeiten des Wohlstandes, auf die Hälfte zusammengestrichen wurde, auf Kunst *oder* Musik. Eltern müssen möglichst ein Mittelklassemonatsgehalt zusammenverdienen, um das privat zu finanzieren, und bitte schön zusätzlich aber auch noch Zeit haben , um ihre Kinder zum Musikunterricht zu bringen, zu holen und in der Zwischenzeit brav zu warten.

Würden Eltern ihren Zweitjob bei der Schule kündigen, müssten die Ergebnisse von Pisa neu geschrieben werden.» Seit acht Jahren bin ich allein erziehende Mutter von zwei Söhnen (inzwischen elf und vierzehn Jahre alt)«, schreibt mir eine Mutter: »Das Leben ist ein Spagat zwischen beruflicher Anforderung und der Sorge um die Kinder. Um uns ein Leben in einem angemessenen Umfeld zu garantieren und um den Kindern eine umfassende Ausbildung, die über das oft kümmerliche Schulangebot hinausgeht (z. B. in Sport, Musik, Kunst, Literatur) zu ermöglichen, gehe ich ganztags arbeiten. Dadurch fehlt mir andererseits die Zeit, um nachmittags bei ihnen sein zu können, mir ihre Sorgen und Freude anzuhören und sie beim Hausaufgabenmachen und Lernen zu unterstützen ...« Ja, es ist mühsam, aber zum Jammern bleibt nicht viel Zeit, da liegt nämlich schon das nächste Schreiben des Schuldirektors – zur Lesenacht in der Schule: »Für die Zusammenstellung des Büfetts, die Betreuung und das Abräumen benötigen wir Ihre Hilfe!«, formuliert der Direktor auf dem Handblatt für Eltern. Wir haben, erläutert das Handblatt, die Wahl zwischen Hackbällchen oder Mini-Schnittchen, Käsespießen, Käsehappen oder Muffins, wir werden nicht ohne strenge Hintergrundklänge darauf hingewiesen, dass wir auf fertig gekaufte Chips, Erdnussflips oder Ähnliches verzichten sollen. Tragen Sie sich rechtzeitig in die Listen ein! Aber sicher. Die Kuchen bitte um acht Uhr in der Schulküche abgeben, auch wenn der Artikel noch nicht fertig geschrieben ist. Aber das Kostüm des Kindes für die Aufführung des Tierchors sollte in der Tüte stecken. Mama, ich darf Nachtigall sein!

Der Norm-Arbeitnehmer hat mit Glück 32 Ferientage oder 33. Der Schulbub hat ebenfalls 33 Ferientage – in den Sommerferien. So weit, so gut. Dazu hat der Bub noch zehn Tage zu Weihnachen und zehn Tage zu Ostern, zehn Tage zu Pfingsten oder im März, zehn Tage im Herbst. Dazu kommen noch die so genannten »beweglichen Ferientage«, die jederzeit auftauchen können, meistens, wenn Eltern damit am wenigsten gerechnet haben. Das Schulkind hat also zusätzlich zu den Standardferien von 33 Tagen tatsächlich weitere 50 Ferientage, die seine Eltern nicht haben, es sei denn, sie sind Lehrer. Es steht: 33 gegen 83!

Die Ferienzeit bietet einige der seltenen Momente, in denen allein erziehende Eltern über die intakten Familienwelten triumphieren – weil getrennte Eltern in der Regel auch gerne getrennt mit ihren Kindern in Urlaub fahren, was das Elternferienzeitkontingent theoretisch betrachtet immerhin auf insgesamt 66 Tage anwachsen lässt. Bleibt ein harter Rest von über 20 Tagen, kurz gesagt, von vier Wochen, in denen auch berufstätige Eltern ihre Kinder schließlich nicht alleine in der Wohnung lassen dürfen. Womöglich vor dem Fernseher geparkt! Ferientage sind für Eltern ganz harte Tage, was auch Arbeitgeber gelegentlich daran merken, dass viele Eltern an Ferientagen einfach plötzlich erkranken. Und wenn das Krankwerden ausgereizt ist, die plötzliche Grippeattacke überstanden, die unbestimmten Schwindelgefühle gebändigt, der Brechdurchfall vorbei, verlässliche drei Tage zu Hause verbracht sind, ja was dann? Niemand möchte dabei erwischt werden, wie er seine Kinder vernachlässigt. Jeden Tag ist von verantwortungslosen Eltern in der Zeitung zu lesen, die es nicht schaffen, die Computerzeit ihrer Söhne unter Kontrolle zu halten. Es ist verboten, die Kinder einzusperren, wie es noch meiner lieben Freundin Lene passierte, weil ihre Mutter aus dem Haus musste, jeden Tag im Weinberg mitschuften, dies war zu Zeiten, als es normal war, dass auch Mütter mit im Familienbetrieb arbeiten oder einmachen mussten oder mit der Hand waschen, Pullover selbst stricken, Kinderkleider nähen, jedenfalls schallend gelacht hätten, hätte man ihnen gesagt, es sei Elternaufgabe, mit ihren Kindern *zu spielen*, sie herumzufahren, zur Musik oder zu Oliver oder Pamela, wie denn auch, ohne Auto. Es waren andererseits Zeiten, als es noch nicht als unverantwortlich galt, ein Kind auf die Straße zum Spielen zu schicken. Wir möchten jetzt bitte nicht auf die Ferienangebote in deutschen Großstädten hingewiesen werden, das Maskenbasteln im Völkerkundemuseum von 10–12.30 Uhr, welcher Arbeitgeber würde es schon erlauben, die morgendliche Arbeitszeit seiner Sekretärin auf 10.30–12.00 Uhr einzuschränken, damit die Arbeitnehmerin Lottchen zum Museum bringen und rechtzeitig wieder abholen kann. Auch die Ferienangebote der Kommunen sind stundenmäßig gezielt so abgefeilt worden, dass sie in keinem Fall die Kinder während eines Normarbeitstages sinnvoll beschäftigen. Es bleibt sozusagen ein Privatgeheimnis, was berufstätige Eltern mit ihren Kindern machen. Dieses Geheimnis wächst in dem Maße, in dem immer mehr Eltern auf zusätzliche Lohnarbeit angewiesen sind, andererseits aber immer weniger Eltern es sich erlauben können, ohne zusätzliche Erwerbsarbeit in diesen endlosen Wochen der Sommer-Herbst-und-Winterfreizeiten tatsächlich wegzufahren. So telefonieren und verabreden und managen die Eltern, möglichst ohne ihren Kindern das Gefühl zu geben, sie müssten aus dem Alltag irgendwie beseitigt werden.

Was heißt eigentlich Betreuung?

Wer macht es? Die Mutter müsste es tun, der Vater sollte es tun, die Großeltern wollen es manchmal tun. Die Kindergärtnerinnen tun es oft, aber schimpfen über die Bezahlung. Die Schule will es nicht tun, sie schimpft über die ungezogenen Kinder, aber soll es in Zukunft noch länger tun, ganztags. Wer Glück hat, hat Nachbarn, die es auch mal tun oder Freundinnen, das nennt man dann eine Notgemeinschaft. Betreuung ist nur so ein Wort. In Betreuung steckt trieuwe, mittelhochdeutsch für Stärke, stark wie ein Baum, ein Kind wird zu treuen Händen jemandem überlassen, ohne Rechtssicherheit heißt das allerdings, streng juristisch betrachtet, allein vertrauensvoll zur Aufbewahrung übergeben. Aufbewahrung. Das klingt heute stark durch, wenn von Vertrauen die Rede ist, in diesem Wort Betreuung schwingt immer ein genervtes, überfordertes Einer-muss-es-ja-tun mit. Betreuung ist das Gegenteil von Zusammensein. Beim Betreutsein ist einer Objekt, das Kind. Weil man mit dem was machen muss. Betreuung ist die Last, die entsteht, wenn man ein Kind hat und das Kind nicht einfach so abzulegen ist wie die schönen Photos vom Kind. Das Wort Kinderbetreuung sollte vielleicht einfach gestrichen werden. Betreuung in Bezug auf Krippe, Kindergarten und Schule? Das ist eine vollkommen irrige Idee. Dort sollen Kinder nicht betreut werden, sondern etwas miteinander lernen. Es ist Zeit, einige Jahrzehnte, nachdem die Kinderärzte, die Psychologen und Neurologen in unzähligen, auch für Laien verständlichen Büchern dargelegt haben, dass schon Kleinstkinder kompetente, gierige, ja rasante Lerner sind, die so genannten Kinderbetreuungseinrichtungen als Lernstätten zu begreifen. Bleiben die vielen Stunden, die sich vor dem morgendlichen Beginn von Kindergarten oder Schule und nach dem Schließen derselben erstrecken. Was tun wir dann mit den Kindern? Mit ihnen leben? Jemandem einfach überlassen? Und wem? So geraten wir in tiefe Wasser.

Die Nachbarin, der Vater, die Freundin. Meine Freundin M. überließ ihr Kind einer Kinderfrau, die sie mit anderen Freunden sorgfältig ausgesucht hatte. Es war eine Frau, die charaktervoll wirkte, aber doch eines Tages merkwürdige Verhaltensweisen entwickelte. Von Schwermut überfallen, von Endzeitgedanken heimgesucht! Als die Eltern die Warnsignale endlich richtig interpretierten, schrillten alle Alarmglocken. Sie versuchten vergeblich, bei der Betreuerin anzurufen, sie stürmten die Wohnung, da lag sie, schon voller Drogen, auf dem Bett, die Kinder wurden schnell in Sicherheit gebracht.

Ich besichtigte nach einer Anzeige eine Kinderfrau in ihrer Zweizimmerwohnung, in der nicht ein Quadratmeter Platz für ein Kind war. Eine Frau, die das Baby meiner Freundin Louise hüten sollte, und zwar zu Hause, wurde dabei ertappt, wie sie mit dem Kind, Minuten nach der Übergabe, verschwand, sich in die eigene Wohnung davonmachte, wie sich herausstellte, wo das Babybündel neben dem fernsehschauenden Gatten auf dem Sofa geparkt wurde, damit sich die Kinderfrau der Pflege ihrer eigenen Wohnung widmen konnte. Ich kenne Leute, die wundervolle Kinderfrauen beschäftigen und ein sattes Mittelstandsgehalt dafür ausgeben (»Das Kind soll schließlich noch leben, wenn ich nach Hause komme«), was sich natürlich nur Eltern leisten können, die über zwei Mittelstandsgehälter verfügen. Ich kenne die unglaublichsten Geschichten über Kinderbetreuung, weil Eltern solche Erlebnisse gerne erzählen und wenigstens im Nachhinein mal drüber lachen und mühelos ganze Abendrunden damit unterhalten können.

Betreuung der Betreuung

Meine Pläne für die Betreuung meiner Kinder in Zeiten mütterlicher Abwesenheit, für Reisen in meinem Beruf beispielsweise, sind als Kuriosa im Photoalbum abgeheftet, sie muten an wie Schaltpläne einer hochgezüchteten Elektronikanlage. Die Woche unterteilt in Halbstundenschritte, farbig unterlegt, Violett für Papa, Gelb für das Au-Pair, Grau für die Schule, Rosa für die Nachbarin, gepunktete Zonen für: Jetzt zum Abholen aufbrechen! Symbole für Musik und Fußball. Wünschenswerte Ruhepausen, absolute Muss-ins-Bett-gehen-Zeiten. Medikamenteneingaben vermerkt und Bitte folgende Noten zum Klavierunterricht mitnehmen. Telefonnummern der Mutter und solche für den Notfall. Der Hausarzt, der Kindergarten, die Schule. Es gab reibungslose Abläufe und solche, bei denen ein Störfall den anderen jagte. Es gab Pannen und Supergaus.

Ein Au-Pair, das nicht Nudeln kochen kann und es nicht lernt! Eine, die keinen Milchreis kann, nur Kartoffeln, jeden Tag Kartoffeln, und ab und zu mal Kohl. Eines, das noch nach einem Jahr immer nur schlechtes Deutsch spricht, ob das denn vielleicht Auswirkungen hat, wo die Sprachfähigkeit der Kinder, lesen wir, *die* Schlüsselqualifikation der Moderne ist? Und da soll es keine Auswirkungen haben, wenn Kleinkinder Tag für Tag mit Leuten zusammen sind, die falsches Deutsch sprechen? Oder ein Au-Pair eines schönen Nachmittags einfach beschließt, eine Fahrradtour zu machen, weil die Mutter doch bestimmt gleich nach Hause kommt, und das Kind auf der Straße Roller fahren lässt, alleine, über eine Stunde, weil die Mutter sich eben verspätet hat, und die dann das Kind findet, ein schluchzendes Bündel vor der Haustür. Es gab wundervolle Betreuungspersonen in unseren Familien, die uns in den Ferien in ihr Heimatland einluden und grauenhafte, die mit in unsere Ferien fuhren und uns dieselben verdarben, durch Nölen, Meckern, Widerlichsein. Es gab liebevolle Bastlerinnen und solche, die die Nerven verloren und das Kind ohrfeigten, auf der Straße, nur weil es nicht an der Hand gehen wollte. Es gab welche, die meine Kinder wundervoll versorgten und mich quälten. Eine klaute den Autoschlüssel und fuhr, angetrunken, nachts Partygäste durch die Stadt. Es gab Au-Pairs, die mir einen Vorgeschmack davon gaben, wie es sein wird, wenn meine Kinder in die Disko gehen und dann nicht nach Hause kommen oder dies sehr laut tun, dabei womöglich vergessen, die Haustür zu-

zumachen und auch sich nicht richtig angezogen haben, sodass ich nächtelang mit Inhalationsgeräten, Nasentropfen und Aspirin am Patienten hantierte, wie ich es für meine eigenen Kinder lange nicht mehr getan hatte. Es gab ein Au-Pair, das selbst ein Baby kriegte und das merkt man im hektischen Alltag vielleicht erst, wenn die eigenen Kinder beim Abendessen mit fachmännischer Miene erörtern, wer denn der Vater des Au-Pair-Kindes sein könnte. Ein Au-Pair kann Anzeigen im Wochenblatt aufgeben im Stil von: »Junge hübsche Ausländerin sucht Arbeit am Abend, stundenweise«, und auch das merkt man vielleicht erst, wenn so ein Anruf kommt, von einer dunklen weichen Männerstimme, die fragt: »Sie suchen Arbeit, gnädige Frau?« Ja, so bekommt man weiche Knie.

Es gab sieben Au-Pairs in unserem Leben. Und die Einsicht: Auch eine Betreuungsperson muss betreut werden. Sie hat lustige Erlebnisse in ihrem Leben und will das mitteilen, sie kommt in schwierige Gewässer und muss sich ausheulen. Sie hat Geburtstag und muss Ferien machen. Sie erwartet ein Weihnachtsgeschenk, zu Recht. Es gibt Gelegenheiten, da hat man das Gefühl, dass auch die Betreuerin erzogen werden muss, wenn sie am Tisch sitzt und das Messer ableckt und die Kinder das aber sofort imitieren. Oder wenn sie vielleicht wundervoll die Küche aufräumt, die Treppe fegt, die Wäsche aufhängt, und die Kinder nicht daran denken, das zu imitieren. Aber irgendjemand muss den Kindern beibringen, wie man fegt oder Wäsche aufhängt, und zu erwarten, dass dies in den wenigen Stunden am Feierabend passieren sollte, ist wirklichkeitsfremd. Die Betreuung von Kindern löst nicht das Problem, dass Kinder nicht nur betreut werden müssen, sondern etwas im Leben und von uns lernen müssen. Wozu man nicht Betreuung braucht, sondern Zeit. Jemanden mit Herz, der Zeit hat. Eine kluge Person, eine, die weiß, was sie tut, eine, die sich mit Kindern auskennt – und sie liebt. Bei aller Sorgfalt, mit der wir uns über das Wohlergehen der Frühstadien der embryonalen Entwicklung beugen und seine Würde, seine Bedrohung, sein Recht auf beste Bedingungen des Keimens diskutieren – und zu Recht: Ist es nicht unglaublich, mit welcher Nachlässigkeit in diesem Land die Frühstadien der Kleinkindentwicklung betreut werden – und nicht selten aus schierer Not – und es oft niemand wissen will, selbst nicht die Eltern. Denn sie haben keine Wahl in einem Land, in dem es nicht genügend geprüfte Kinderfrauen gibt, oder auch nur solche, die bezahlbar wären, oder Kindergärten, die erreichbar sind und wirklich gut. Früher sagte man übrigens, die beste Erziehung für Kinder sei sowieso die Straße. Dann hieß es vorwurfsvoll: Das sind ja Straßenkinder. Heute ist es eines der größten Familienprobleme, dass es keine Straßen mehr gibt, in denen Kinder sich herumtreiben und etwas lernen können.

Von wegen Wohnkultur

Ameisenburgen, Dachsbauten, Vogelkojen, Pinguinkolonien oder Bärenhöhlen haben, sosehr wir auch ihre Lage oder Architektur bewundern mögen, einen Zweck: Es sind Brutstätten für die Jungen. Aale reisen bekanntlich über Tausende von Kilometern, um in günstigen Gewässern zu laichen. Was Tiere wissen, davon haben wir keine Ahnung mehr: dass die Jungen besondere Bedingungen brauchen, um zu überleben und ihre Anlagen voll zu entwickeln. Die Wohnorte der Menschen sind das Gegenteil von günstigen Brutstätten: Es sind Gefahrenzonen für die Kleinen, für ihre Eltern sind es Verzweiflungszonen, die sie jeden Tag vor unlösbare Probleme stellen, sie sind jedenfalls denkbar ungeeignet zur Aufzucht von Kindern. In der Erstellung von brutfreundlichen Umgebungen erweist sich die menschliche Rasse als singulär ungeschickt. Ein Blick in die Zeitungen zeigt es jeden Samstag. Familienfreundliche Wohnquartiere? Fehlanzeige. Im Gegenteil: Da ist besondere Vorsicht geboten, wenn eine Immobilie als familienfreundlich annonciert wird. Da tauchen dann gerne Kriterien wie »grün« oder »preiswert« auf, um Eltern zu locken, manchmal gibt es noch ein wenig Garnierung dazu, dann heißt es »Ökosiedlung«, da ist von Niedrigenergie die Rede und von Solarzellen auf dem Dach. Alles gut und schön und sicher zukunftsweisend: Aber hätte jemand schon je eine Anzeige gesehen, die sagte: ein Wohngebiet, in dem Sie ihre Kinder bedenkenlos frei herumlaufen lassen können? Oder: Wir planen für Ihre Kinder keine 08/15-Spiellandschaften, sondern Gärten, Tierwiesen, Bauecken! Oder so: Endlich – wohnen, arbeiten und mit den Kindern zusammen sein! Vielleicht so: Hier verbringen Sie den Tag in der Nähe ihrer Kinder und verschwenden keine Minute der kostbaren Familienzeit im Feierabendstau! Wer hätte schon je solche Anzeigen gesehen …

Was bedeutet für Familien das Leben in der Stadt? Der holländische Stararchitekt Rem Koolhaas bezeichnet die moderne Stadt als *junkspace,* als Müllkippe. Nun, das klingt nicht, als ob da mit Kinder gut leben wäre. Die moderne Stadt steht im Zeichen des Shopping. Der Trend geht zu integrierten Konsumlabyrinthen, Bahnhof und H&M, Bowlingbahn und Schlecker Drogerie, nebenan das Frühstückscafé, wo abends Country-Konzerte stattfinden und daneben natürlich immer das Bodystyling-Institut mit Bräunungsbank. Und warum gelingt es uns nicht, ähnliche Serviceangebote für Familien einzurichten? Liegt es womöglich am Geld? Könnte es sein, dass sich die gerühmte Dienstleistungsgesellschaft nur dort ausbildet, wo kaufkräftiges Klientel auf sie wartet, solches, das in der Regel sein Geld nicht in Kinder anlegt?

In der Stadt erscheint auf den ersten Blick manches einfacher, die Wege sind kürzer (wenn auch verkehrsgefährdeter), das Angebot an Kindergartenplätzen oder Horten ist größer (wenn auch keineswegs garantiert ist, dass es ein gutes Angebot ist). Es gibt Angebote für Kinder, musikalische Früherziehung, Kunsttherapie oder Ballett. Aber mehr Angebote für Kinder bedeuten noch nicht ein Mehr an Kindheit. Es handelt sich in der Regel um Angebote von Kinderevents. Erwachsene kommen bei Kinderevents in der Regel nur als Transporteure oder Eintrittskartenkäufer vor. Neben diesem Markt von Kinderevents leben Erwachsene nicht selten in ihrer eigenen Welt, in der Kinder nicht vorkommen, noch nicht mal als Zuschauer. Für Kinderaugen bietet sie nichts, die Welt, in der die Erwachsenen ihren Tag verbringen, sie ist ihnen verschlossen, ergab eine Befragung von Kindern in Hamburg. »Bei der Fahrschule darf man nicht zusehen«, sagten die Kinder, »Von der Druckerei kann man gar nichts sehen« und »Von der Schlosserei kann man auch nichts sehen« und »Hier ist eine Bäckerstube – zu sehen ist nichts davon.«[7] Die Stadt ist für Kinder also anregungsarm, sofern man nicht Verkehr als anregend verstehen will.

In der Stadt summieren sich die Probleme der Familien. Besonders in den kleinen Städten gibt es besonders wenig Kleine – nur noch sieben oder acht Prozent der Einwohner sind dort unter zwölf Jahren alt.[8] Dafür gibt es besonders viele Autos. Die Freiburger Kinderstudie hat verzeichnet, dass sich in den letzten 50 Jahren das Verhältnis zwischen Kindern und Autos mehr als umgekehrt hat. Gab es in den fünfziger Jahren pro Hektar Stadtfläche noch etwa zehn Kinder, und damit doppelt so viele Kinder wie Autos, gab es 1988 pro Hektar nur noch fünf Kinder, aber viermal so viele Autos, nämlich zwanzig.[9] Die verkehrsbezogene Nutzung der Städte hat die der Lebenswelt zurückgedrängt und tut es noch, wir erleben es täglich, wenn zum Beispiel in Hamburg der Spielplatz eines Kindergartens in eine LKW-Ladezone umgewandelt wird.[10] Und auf dem Land? Dahin flüchten sich Eltern gerne mit ihren Kindern. Aber auf dem Land brauchen sie auf jeden Fall ein Auto fürs Kind, weil alle Wege zu weit oder zu gefährlich sind, als dass das Kind sie alleine bewältigen könnte. Und meist wohnen noch nicht mal die Freunde in der Nähe. Auf dem Land muss erst recht jede Spielstunde arrangiert werden, jede Stunde Tennis oder Fußball braucht Transport.

Jedes Jahr rollen Millionen von neuen Autos auf die Straßen, sie haben Spuren in der Kindheit hinterlassen. Spuren der Angst. Kaum zwei Generationen ist es her, dass Straßen und Plätze öffentliche Räume waren, in denen die Menschen sich ohne Fahrzeuge bewegten, Frauen zum Klönen zusammenstanden, Kinder Fußball spielten. Noch in den Kindheiten der fünfziger, ja der sechziger Jahre waren die Straßen zugänglich: Geh raus! riefen die Eltern und meinten: Tob dich aus! Triff deine Freunde. »Das Kind ist rausgelaufen!« ist heute ein Schreckensruf. Da kollidiert, jeden Morgen, das elterliche Ziel, Kinder in kleinen Schritten in die Unabhängigkeit zu entlassen, mit der Aufgabe, sie zu beschützen vor Gefahren, die sie alleine nicht bewältigen können.

Ich sehe sie vor mir, meine Nachbarin Heike, Ärztin, rauchige Stimme, schnoddriger Ton, ich sehe sie vor mir, wie sie jeden Morgen, wenn die Kleine zur Schule geht, mit angstschweißnassen Händen auf dem Balkon steht, wo sie mit aufgerissenen Augen verfolgt, ob ihre kleine Tochter Miriam auch an der Kreuzung stehen bleibt und wartet und guckt, bevor sie bei Grün über die Ampel geht. An dieser Kreuzung ist erst kürzlich ein Kind überfahren worden, zerquetscht unter den breiten Reifen eines Lasters. Ich höre, wie Stephan mittags nicht selten Herzrasen und Hitzewallungen erleidet beim Gedanken, sein Sohn sei nun auf dem Heimweg, irgendwo zwischen Schule und zu Hause, auf der Landstraße. Der Architekt Heiner M. hat nachgerechnet, dass er in jeder Woche seine Kinder etwa 500 Kilometer durch ein städtisches Wohnviertel der Hansestadt Hamburg fährt, das auf den ersten Blick ein Kinderparadies zu sein scheint. Villen unter alten Bäumen, Straßen gesäumt mit Rhododendrongebirgen. Aber eben Straßen. Unkontrollierte Tempo-30-Zonen, in denen es nur so rast, besonders sportlich jene Geländewagen, die keine Podeste mehr zum Abbremsen zwingen, was denn beinahe auch schon egal ist, wissen wir doch seit einem Jahrzehnt aus internationalen Studien zur Verkehrssicherheit, dass die tödliche Wirkung dieser Gefährte um dreihundert Prozent über der der üblichen PKW liegt und sich vor allem auf Kinder bezieht. Aber und aber viele Versuchsreihen mit Kinderkopfprüfkörpern haben ergeben, dass ein Kinderkopfprüfkörper in Kollision mit einem Geländewagen schon bei Tempo 30 zerschmettert wird, besonders wenn er auf ein Gestänge trifft, das als Kuhfänger bezeichnet wird oder im Volksmund auch Potenzramme heißt. Aber alle Studien zusammen haben eben nicht bewirken können, dass solche Fahrzeuge, die besonders gefährlich sind, besonders für Kinder, aus dem Straßenbild verschwinden. Oder auch nur aus den Tempo-30-Zonen.

Wir verhandeln auf internationaler Ebene über satellitengesteuerte Navigationssysteme, wir erfinden zu diesem Zweck hübsche Namen (Galiläo), garantieren öffentliche Anschubfinanzierung und erwarten zehn Millionen Euro Gewinn – aber wir finden keinen Weg, unsere Kinder ohne Lebensgefahr in die Schule zu bringen. Es sei denn, wir begleiten sie. Aber dann ist es natürlich kein richtiger Schulweg, einer, auf dem die Kinder klönen können und trödeln, mal eine Schnecke beobachten, mal den alten Mann, wie er mühsam die Straße runter geht. Schulwege mit Eltern sind nur halb so gut und schön. Aber wir erwarten natürlich, dass Eltern ihre Kinder zur Schule bringen, sie sollen dieses Verkehrs-Problem lösen, ohne Satellitenassistenz, eigenhändig, selbstverständlich auf eigene Kosten. Das bedeutet nicht selten Arbeitszeitreduzierung, um die Transportdienste anzutreten (Verdienstausfall eingeschlossen) oder Beauftragung einer dritten Person, die zu finden (und zu bezahlen) ist. Mich hat allein der Kindergartenweg meiner Kleinen jeden Tag 40 DM gekostet, fünfmal die Woche, Privatsache, na klar. Wer sein Kind in die Schule oder in den Kindergarten fährt, erhöht natürlich auch die Gefahr, die anderen Kindern durch Autos entsteht.

Als der Theatermacher Hans Fraeulin in Graz Kinderbeauftragter war, hat er es versucht. Hans Fraeulin, gebürtig in Bonn, studierter Volkswirt, praktizierender Regisseur, Vater zweier Töchter, Emigrant und leidenschaftlicher Kinderpolitiker, hat das Amt 1991 übernommen und als allererstes ein Verkehrssicherheitsprogramm für die Stadt entwickelt. Er rechnet es sich als Erfolg an, auch wenn er gerade mal ein Drittel des Konzeptes über die Hürden bekam. Die Rede ist von 44 Einzelmaßnahmen. Immerhin, es gelang ihm sogar, die österreichische Straßenverkehrsordnung zu ändern, dahingehend, dass endlich auch in Österreich der Fußgänger auf dem Zebrastreifen Vorrang hat. Und er schaffte es, in zwei Jahren, die Zahl der Verkehrsunfälle von 48 auf 28 zu senken, minus 45,8 Prozent! Fraeulin ist überzeugt, dass nach dem Vorbild von Schweden und nun auch der Schweiz ein Programm »Null Verkehrsopfer!« machbar ist, Vision Zero, wie es in Deutschland heißt. Aber es würde ihn noch nicht zufrieden stellen: »Von da bis zum Wohlbefinden ist immer noch ein weiter Weg«, sagt er. Denn alle Freude über die so gesunkene Zahl der im Verkehr getöteter Kinder verheimlichen ja, woher das kommt, nämlich daher, dass die Kinder heute Stunden um Stunden ihrer Kindheit angeschnallt im Wagen verbringen. Dass bei Unfällen die Zahl der Todesfälle gesunken ist, liegt daran, dass die Unfallmedizin ebenfalls zugelegt hat. Aber die Zahl der Invalidität durch Verkehrunfälle ist emporgeschnellt: um 68 Prozent, zwischen 1986 und 1995.[11]

Es ist ja nicht damit getan, die Kinder hinter Schloss und Riegel zu halten, einfach nicht mehr auf die Straße zu lassen, sagt Fraeulin, wie er es gerade bei einem Besuch in Rom gesehen habe, wo er innerhalb von fünf Tagen ganze 28 Kinder gesichtet hat in der Innenstadt von Rom – »und fünf davon kamen in einer superbewachten Kleingruppe daher«.

Es gibt tatsächlich, bei allem Gerede über Urbanität und Postmoderne, nicht mal eine einzige Stadt in Deutschland – oder auch nur ein Dorf –, von dem man sagen könnte: Hier ist es uneingeschränkt prima für Kinder. Aber es gibt, wie schon erwähnt, zwei Untersuchungen, die im Detail vorführen, was das für Kinder bedeutet: aufwachsen in der Stadt oder auf dem Land. Beide Studien wurden in Baden-Württemberg durchgeführt, sie sind ein Versuch, ökologisches Denken von der Vogelwelt, den Sumpfwiesenpflanzen oder dem armen Regenwald auch einmal auf die Gattung Mensch zu übertragen. Welche Umwelt müssen wir Kindern bieten, damit sie sich zu selbstständigen, phantasievollen, kreativen Menschen entwickeln können, fragen Baldo Blinkert und seine Kollegen vom Freiburger Institut für angewandte Sozialwissenschaft. Eigentlich kommt jeder, auch ohne Soziologenhilfe, auf die Antwort: Sie dürfen nicht nur in der Stube hocken. Es reicht nicht, die Welt im Fernseher verkleinert zu sehen, man muss sie erfahren können, man braucht die Möglichkeit und Zeit, sie selbst zu entdecken, möglichst nicht die ganze Zeit unter Beobachtung ängstlicher Elternaugen, sondern am besten zusammen mit anderen Kindern. Die Rede ist von dem, was der Soziologe Streifräume nennt, von Stunden, die im freien Gelände verbracht werden, sagen wir, Strolchzeiten, in denen man Nachbarn ärgern kann und sich gegen die Kinder der Nachbarstrasse verbündet. Von Schulwegen, die wie früher zu ausgedehnten Klönphasen werden, auch wenn die Eltern noch so schimpfen. Haben unsere Kinder dazu Gelegenheit?

Die gute Nachricht ist: Mit dem Status der Eltern, der Größe der Villa, dem Hochschulabschluss von Mama oder dem Glamoureffekt des Stadtviertels hat das alles nichts zu tun. Migrantenkind oder Scheidungswaise, Pöseldorf oder Hellersdorf – auf diesem Terrain ist das egal. Da zählt nur, wie viele Autos vor der Haustür stehen oder wie breit der Bürgersteig ist, ob alles von Auspuffgasen überlagert ist oder einem nach kurzer Zeit draußen die Ohren vom Verkehrslärm dröhnen. Ob Eltern ihre Kinder einfach vor die Haustür schicken können oder Stunde um Stunde beäugen müssen, hängt mit Verhältnissen zusammen, die sogar politisch veränderbar sind, von morgen an!

Wie sehen denn die Spielplätze in Deutschland aus? Wackelpferd und Hundeklo. Balancierstangen und hochgezimmerte Ritterburg. Kleine Rutsche, große Rutsche. Und wenn man das durchhat, was dann? »Wer hatte überhaupt die Spielplatz-Idee?!«, sagt Ivo Hoin nicht ohne Wut. Der Hamburger Ivo Hoin ist Diplompädagoge und Sportwissenschaftler, er betrachtet Spielplätze voller Skepsis. Sind Spielplätze nicht eine Entschuldigung dafür, dass es nun gar keinen Platz mehr für Kinder gibt? Die Kinder beginnen natürlich früher oder später, sich auf den normierten Plätzen zu langweilen. Dann heißt es für die Eltern, ordentlich nachlegen, Alternativen suchen, wie immer wird von Eltern verlangt, das zu kompensieren, was die Gemeinschaft nicht hinkriegt: eine interessante kindergeeignete Umwelt zu schaffen. Das Kompensieren kostet noch mehr Zeit, natürlich auch noch mehr Geld. Die urbane Kindheit findet ja in Ermanglung anderer Räume zum Beispiel in Schwimmbädern statt, im Planschbecken mit dem Schwimmlehrer-Guru, beim Kindernachmittag im Kino, im Ballettsaal, im Kunstatelier.

Schlechte Bedingungen für Kinder heißt für den Familienalltag: höherer Betreuungsaufwand. Unter »sehr schlechten« Bedingungen liegt der Betreuungsaufwand, den Eltern für ihre Kinder aufwenden müssen, künstlich hoch, bei durchschnittlich 45 Minuten am Tag, bei »sehr guten« sind es im Durchschnitt weniger als zehn Minuten. Bei Alleinerziehenden ist diese Situation verschärft, rund 20 Prozent der Kinder brauchen beispielsweise eine Nachmittagsbetreuung, doppelt so viele wie die Kinder in Mehrelternfamilien, und unter Bedingungen eines kinderungeeigneten Umfeldes sind es sogar 70 bis 80 Prozent[12], dramatische Zahlen, die gerade jene belasten, die alle Statistiken als diejenigen ausweisen, die die geringsten Ressourcen an an Geld und Zeit haben. Da stellen die Freiburger Forscher die kühne Frage: »ob es nicht viel sinnvoller wäre, die Umweltbedingungen für Kinder so zu verbessern, dass eine ›organisierte Kindheit‹ im Sinne von immer mehr Betreuung in Horten und Tagesstätten *nicht* erfolgen muss.«[13]

Es gibt einige wenige Konzepte für ein familienfreundliches Wohnquartier, aber es scheint so, als vermoderten sie in den Schubladen der Bürokratien. Wir finden in solchen Studien viele Seiten mit Vorschlägen, Zeichnungen von verkehrsintensiven Kreuzungen, die sich in großflächige Kinderparadiese verwandelt haben, einfach ein paar grüne Barrieren pflanzen, schon kann es losgehen mit dem Spielen. Dafür haben wir jede Menge hochkarätiger Diskussionen über Urbanität. Wir sind es gewohnt, in den Zeitungen die Abbildungen architektonischer Mutproben zu bewundern. So, sagt der Kinderbeauftragte Reinald Eichholz, verschwänden aber auch noch die letzten Baulücken unter hochgelobten Edelbauten. Und niemand bemerke, dass »dies doch nur die Hardware ist. Und die soziale Software ist nicht entwickelt. Keiner fragt, wie man mit dieser Hardware denn leben soll.«

Sind die Räume um die Häuser für die Menschen überhaupt benutzbar? Ist die Bodenfläche bespielbar? Wir sind es gewohnt, über »versiegelte Böden« zu jammern und die Behinderung des Wasserkreislaufs, aber es scheint niemanden zu interessieren, ob vor dem Haus eine Landschaft ist, die die Entfaltung von Kindern gefährdet, oder ob da ein Terrain für Inlineskates und Kreidemalerei, für Skateboard und Mountain Bikes ist, eines, auf dem man bauen kann, mit Holz und Spaten. Die herzustellen ist immer Elternsache, Privatsache also, und sei es, dass sie dafür in den Kinderclub nach Fuerteventura jetten müssen, um einmal in zwölf Monaten ein wenig entspannen zu können, während die Kinder in der Tobelandschaft sind.

Die Eltern flüchten sich also mit ihren Kindern in die Parks. Wenn es sie denn gibt. Und wo es sie gibt, gilt es wachsam sein, besonders wenn Kleinkinder ausgeführt werden. Auf allen städtischen Parkwegen können Zweiräder ohne Geschwindigkeitsbegrenzung dahergeflogen kommen, kaum weniger gefährlich erscheint es, an der Hauptstraße entlangzuspazieren, immerhin sind da Fahrzeuge und Menschenkinder getrennt. Es gibt in einer riesigen Stadt wie der Hansestadt Hamburg keinen einzigen öffentlichen Raum, in dem Eltern ihre Kleinkinder auch nur zehn Schritte vorlaufen lassen können, ohne in jeder Sekunde den Zusammenprall mit einem rasenden Rad in Betracht ziehen zu müssen. Es gibt keine einzige Wiese, auf der die Kinder spielen könnten, ohne in die Fänge oder Scheiße eines Hundes zu geraten. Bei allen Diskussionen über Kinder und Gewalt ist nie Thema, dass sich jeder Dreijährige im Park in jedem Augenblick Auge in Auge mit einem hechelnden Schäferhund sehen kann. »Vorsicht: Der Hund beißt«, rief mir eine Dame zu, als ich mit meinem Kleinkind den Sandkasten ansteuerte, in dem ihr Cockerspaniel sein Geschäft mit stolzem Gescharre gerade beendet hatte. Ja, da stehen sie, die Damen, und lassen ihre zufriedenen Blicke auf ihren Lieblingen ruhen. Oh schöne Hundewelt! Ein Kleinod der hanseatischen Parkkultur, der elegante Jenisch-Park, ein Ensemble von schinkelesker Fassade und englischer Parklandschaft, hochsubventioniert aus Steuerzahlers Kassen, hat sogar das Schild abgenommen, auf denen Hundehalter gebeten werden, ihre Tiere anzuleinen. Wer den Kampfhund auf dem Wiesenhang rumtollen sieht, braucht nicht zum Handy greifen und 112 zu wählen, die Polizei kann sich ja nicht um alles kümmern. Wie heißt es so schön: Eltern haften für ihre Hunde. Pardon: für ihre Kinder. Und für Kinder sind keine Wiesen vorgesehen, noch nicht. »Bald werden Sie Ihre Kinder an die Leine nehmen müssen!«, rief in Frankfurt ein Schäferhundbesitzer einer Mutter zu, die sich darüber beschwerte, dass sein freilaufender Hund über ihr Baby gesabbert hatte.

Wird sich daran in Zukunft was ändern? Nun, wir blättern in einem Dokument der zeitgenössischen deutschen Landschaftsarchitektur, »neu verorten«, eine Studie der im Jahre 2001 mit dem Deutschen Landschaftsarchitekturpreis ausgezeichneten Planung, eine Weitsicht von Außenräumen, vom Großraum Stuttgart über die neuangelegte Terrasse in Görlitz bis zum Landschaftspark Duisburg Nord.[14] Grünachsen für Menschen. Hier müssen wir doch fündig werden auf der Suche nach neuen Konzepten für das Leben von Menschen, Erwachsenen und Kindern, in Stadt und Landschaft. Das Vorwort verspricht »einen Grenzbereich, schwebend zwischen Kunst und

Wissenschaft, auf dem Grat zwischen Erfindung und Gedächtnis, Ökologie und Abstraktion, zwischen Mut zur Modernität und der Achtung der Tradition«. Wir blättern und verstehen, dass die Nachhaltigkeit, die Agrarwende, die Erlebniskultur ihre Ansprüche geltend machen konnte. Die meisten Bilder aber zeigen menschenleere Areale. »Landschaft entsteht im Auge«, schreibt die Kulturwissenschaftlerin Susanne Hauser, »das Gesehene verlangt einen Blick, Imagination und Einbildungskraft, damit es zur Landschaft werden kann.«[15] Eine erstaunlich traditionelle Sicht, geprägt durch die Garten-Kultur einer schon seit einem Jahrhundert ausgestorbenen ständischen Gesellschaft, in der eine Oberschicht ihre Gärten zur Pflege der rechten Empfindung anlegen ließ und in *Betrachtung* kultivierte. Und völlig aus dem Blick verlor, was damals schon das Volk erlebte, Landschaft als Arbeitsraum, als Nutzfläche für Nahrungsgewinn, Landschaft als Entdeckungsraum. Da wo man ackert und schwitzt, die Erde und die Pflanzen mit Händen fasst und riecht und begreift. In den Gestaltungsräumen der Könner taucht schon mal ein Herr mit Aktenköfferchen auf, wir können uns vorstellen, dass hier ein Fräulein mit Kinderwagen einsame Bahnen schiebt, wir finden im Prachtband tatsächlich einmal ein Kind, das eine Treppe hochhüpft, sogar einen Spielplatz mit Wasserlauf. Aber der ist in Beton vorgegossen und alles, was dem kleinen Bub bleibt, ist, eine Weiche aus Edelstahl umzulegen. So viel zur Zukunft.

Gogos und Terror

Wolfi hat über 250 Stück und seine Mutter sagt, sie sei stolz auf ihn. Anton hat nur zwölf Gogos und seine Mutter sagt, er sitze nachts im Bett und weine, weil Wolfi ihm seine Monster abgezockt hat. Moritz weint, weil er nicht zocken darf, und Lukas' Mutter schreit, weil Lukas gezockt hat, obwohl er nicht abzocken darf. Phillips Mutter sagt, fünf Monster kosten immerhin zwei Mark, und das sei doch Wahnsinn, dass einer wie Wolfi, der in der dritten Klasse ist und noch immer nicht richtig lesen kann, bei einem Glücksspiel auftrumpfen darf und den Mitschülern Monster im Werte von über hundert Mark abzocken kann und die Klasse und alle Kinder auf dem 3. Stock tyrannisiert. Die Klassenlehrerin sagt, die Schule habe damit nun wirklich gar nichts zu tun, die Eltern müssten ihre Erziehungsfunktion selbst wahrnehmen statt sie auf die Schule abzuschieben. Moritz' Mutter fragt die Lehrerin, ob sie der Meinung sei, sie solle ihre Stelle kündigen, um in der großen Pause um 9.35 Uhr ihre Erziehungsfunktion auf dem Schulhof wahrzunehmen, und hinterher, wenn es geschellt hat, Sozialhilfe beantragen auf dem Amt. Es herrscht nicht immer gute Stimmung im Zeitalter der Gogos und Gugaminis und Pokémons oder wie sie heißen mögen, welche die internationale Spielzeugmafia mit Millionengewinnen sich einfallen lässt, als Plastikschrott in großen Flutwellen über der Kindheit abzuladen. Es ist ein Alptraum. Nicht nur in der Schule.

Zu Hause muss der Fernseher in die entlegenste Ecke des Hauses verbannt werden, und diese Ecke muss am besten abgeschlossen sein, wenn die Eltern einkaufen gehen, denn wenn auch die Kinder schon so groß sind, dass sie eine halbe Stunde allein sein können, dann sind sie auch groß genug, um im Fernsehen die Nachmittagstalkshow einzuschalten. Wenn die Kinder noch größer werden, ertappt man sie mit Computerspielen, die vom netten Nachbarjungen kommen, in denen bei Verfolgungsjagden Punkte gemacht werden, indem man einen Kinderwagen umnietet und der Inhalt als rosa Mus über die Windschutzscheibe schlittern läßt. Wenn das Computerkind noch größer wird, nutzt es nichts mehr, solche Spiele aus dem Haus zu verbannen, weil sie sich über Internet-Kabel ins Haus schleichen, und wenn man dagegen angeht, hört man, dass Lukas und Anton das jedenfalls auch gucken dürfen, obwohl sie 14 sind und die Spiele für Kinder und Jugendliche unter 18 verboten. Und wohin führen solche Diskussionen, wenn nun die Armee der Vereinigten Staaten von Amerika eine Million CD-ROMs eines blutrünstigen Killerspiels kostenlos unters Kindervolk bringt und sich aufmacht, alle Jugend der Welt als Mitspieler zu rekrutieren? Spätestens dann merken die Eltern, dass sich ihre verantwortungsvolle Elternschaft in eine schlecht ausgerüstete Polizistentätigkeit verwandelt hat – und sie kaum Chancen haben, nicht gegen die schlagkräftigste Kampfmacht der Welt.

Bewachen und wegschließen. Regeln aushandeln, Regelbruch bestrafen. Jajaja, und immer darüber reden, raten die Experten. Sich mit den Kindern die Spiele gemeinsam ansehen und dann darüber reden. Reden Sie auch mit den Freunden ihrer Kinder über die Spiele. Machen Sie alternative Angebote. Nur Kinder, die keine Alternativen haben, verfallen den neuen Plastikmodulen der Kindheit. Ja ja, so werden Eltern zu Handlangern der Medien!

Ob schon jemand darüber nachgedacht hat, dass es so etwas wie Geiselhaft ist, wenn Eltern und ihre Kinder gezwungen sind, zusammen Filme und Spiele anzuschauen, nicht weil sie gut wären oder schön, witzig oder lehrreich, sondern weil man in die Schusslinie der Großoffensive eines japanisch-amerikanischen Konsortiums geraten ist, das eine neue Attacke auf die Zone Westeuropa beschlossen hat? Gibt es wirklich einen Unterschied, ob Zweitklässler in der Pause diesen Verführungen unterliegen oder ob sie kiffen? Oder Bier trinken? Vielleicht wäre es sinnvoller, Alkohol in der Grundschule freizugeben, dann würden die Kinder wenigstens lernen, dass übermäßiger Genuss zum Kotzen führt. Der Unterschied zwischen Gogos und Kiffen besteht vielleicht darin, dass Kiffen womöglich sogar die Phantasie freisetzt und Gogos und Co. die Rezeptoren der Phantasie besetzen und dass sie also auch eher süchtig machen: Sie fördern, bei Verweigerung einer inneren Befriedigung, den zwanghaften Drang nach Mehr-Mehr-Mehr, sie machen unsere Kinder abhängig und lehren sie die Ohnmacht kennen, die zu spüren ist, wenn man der Gier wirklich gar nichts entgegenzusetzen hat. Sie lehren, dass Gruppenzwang alles ist und niemand dazugehören kann, der sich nicht dem letzten Konsumtrip anheim gibt. Spätestens an diesem Punkt muss man der Lehrerin Recht geben, die das Recht der Schule verteidigt, auf ihrem Grundstück alle Wellen des Konsumterrors anbranden zu lassen: Ist das nicht die ultimative Schule des Lebens?

Jede neue Welle lehrt die Eltern das Fürchten. Weil sie dem nichts entgegenzusetzen haben. Weil sie entweder ihre kostbare Elternzeit umwandeln müssen in eine begleitende Marketingmaßnahme oder das nicht tun und von ihren Kindern auch nichts mehr haben. Wer will schon zu Hause immer mit seinen Kindern zanken? Doch wer hat schon Lust, seine Kinder lückenlos zu überwachen oder Leute anzustellen, die dies tun? Wer kann zu Hause ruhig zusehen, wie die Kinder in Welten abtauchen, die aus kostengünstig hergestelltem und pastellfarbig eingefärbtem gedankentötenden zeitfressenden Schrott gestaltet sind? Wie wäre es möglich, wenigstens mit den Eltern anderer Kinder sich zu verbünden, Regeln einzuführen, an die sich alle halten? Gar nicht natürlich. Es gibt keine Elternsolidarität, schon gar nicht, wenn jemand die Möglichkeit sieht, durch zwei-, dreihundert Mark Einsatz dem eigenen Sohn zu ermöglichen, das Bundesliga-Heft als Erster mit den Fußballspielersammelkarten vollzukleben.

Die Schule darf sich nicht drücken

Eltern brauchen aber Verbündete. Man möchte sagen: auch Vorbilder. Die Schule? Die Schule verweigert sich. Die Schule brüstet sich mit Aufklärungsveranstaltungen zum Alkoholkonsum, aber sie schert sich nicht darum, dass längst schon andere Drogen konsumiert werden. Warum? Vielleicht weil die Lehrer ihnen selbst schon erlegen sind, den nächtlichen Surforgien. Die Eltern? Die Eltern können es nicht sein, sie sind zu unterschiedlich, genau deshalb brauchen Eltern Mitstreiter, die auch für andere Eltern die Regeln setzen. Das wiederum kann aber nur die Schule leisten. Nur Schulen können einen Freiraum schaffen, in dem alle Kinder eine Schutzzone finden ... vor Nikotin und Alkohol, vor Plastikmonstern und anderem Gedankenmüll. Schule muss in diesem Sinne auch Elternschule sein: Sie muss Regeln aufstellen, die Eltern annehmen können. Selbstverpflichtungen müssen angeboten werden im Sinne von: »Wir erlauben unseren Kindern nicht, Filme zu sehen, die für ihre Altersgruppe nicht vorgesehen sind.« Oder: »Die Eltern dieser Klasse beschränken das Computerspiel ihrer Kinder auf eine Stunde täglich.« Schon wäre es vorbei: mit dem Medienterror!

Wie wirkt das bloß auf unsere Kinder?

Das Familiengewurschtel hat viele Nachteile. Es wirkt, von außen, einigermaßen konfus, man könnte auch sagen, es ist nicht gerade eine Empfehlung für die Lebensform Familie. Wer sich in diesem Gewurschtel wiederfindet, ist nicht selten der Meinung, dass es nicht ratsam erscheint, nun noch ein zweites, gar ein drittes Kind, um Gottes willen doch nicht noch ein viertes Kind zu bekommen. Und man mache sich nichts vor: Auch auf die Kinder selbst muss dieses merkwürdige konfuse Durchgewurschtel eine Wirkung haben. »›Irgendwie‹ schaffen es zwar trotz allem viele Eltern zusammen mit ihren Kindern, Beziehungen und Emotionen, Arbeit und Vergnügen, Zeit, Platz und Budget in ein halbwegs befriedigendes Verhältnis zu bringen – jedoch nicht ohne Kosten. Die Kinder spüren doch, wie viel physischen und psychischen Aufwand es ihren Eltern abverlangt, diesen spannungsvollen Lebenszusammenhang durchzuhalten.

»Es besteht die Gefahr, dass sie zu den gehetzten, teils überversorgten, teils vernachlässigten, vorzeitig zur Selbstständigkeit angehaltenen Kindern werden, die in den Lücken der komplizierten Zeitpläne und divergierenden Interessen der Erwachsenen leben.« So weit warnend der Zehnte Jugendbericht.[16] Aber auch dessen Abgabe ist nun schon vier Jahre her. Und wenn wir uns fragen, wie weit wir denn auf dem Weg der von den engagierten Experten geforderten »neuen Kultur des Aufwachsens« sind, dann möchte man die Antwort lieber nicht hören.

7. Wie Familienpolitik in Schwung kommt

Was soll geschehen? Und wer könnte es anpacken? Bange Fragen. Zu Beginn des 21. Jahrhunderts sind alle sozialen Utopien verdächtig und die Innovationskraft der siebziger Jahre, die vor allem die Jugend auf die Straße trieb, damals als die Frage *Wie lebt man?* an jedem Küchentisch diskutiert wurde und eine ganze Generation ihren Lebensstil in Frage stellte oder einfach über den Haufen warf, die ist verblasst. Das Vertrauen auf die Kompetenz der Politik ist auch fort. Warum sollten jene riesigen Bürokratien, die es seit Jahrzehnten nicht fertiggebracht haben, den Familien zu helfen, wieso sollten sie plötzlich alles besser machen? »Gegenüber den jeweiligen Herausforderungen – von der Rentensicherung über die wirksame Umweltvorsorge bis hin zu regulierenden Maßnahmen im Zeitalter der Globalisierung – wirken die Regierungsmaschinerien der modernen Industriestaaten eher hilflos«, schreibt der Publizist Erhard O. Müller, leitender Redakteur der Zeitschrift »Zukünfte«.[1]

Familienpolitik hat in der Vergangenheit die Bedrängnis der Familie höchstens gemildert, sie hat nicht verhindert, sondern sogar mitgeholfen dabei, dass die verschiedenen gesellschaftlichen Gruppen gegeneinander in Formation gebracht wurden. Menschen mit Kindern erscheinen als bettelnde Almosenempfänger von Kindergeld oder Förderungsmaßnahmen, und Menschen ohne Kinder werden im Glauben gelassen, es sei für sie nicht nötig, im Interesse aller und der nächsten Generation die eigenen Konsuminteressen einzuschränken. Nun gilt es, um jene Solidarität zu werben, die alles zusammenwebt. Die jedem Einzelnen klar macht, dass heute die einen hoch belastet Kinder aufziehen und andere nicht, aber auch Letztere einmal hochbedürftig sein werden und von den Kindern dann Hilfe erwarten, wie heute deren Eltern. Aber wie machen wir das? Und: Wer könnte das tun? Was müssen wir uns vornehmen für die kommenden Jahre, welche Ziele wollen wir erreichen, welche Forderungen stellen? Kurz: Wie webt man einen neuen Gesellschaftsvertrag?

Jemand muss für Kinder sprechen

Dieses Land braucht einen, der nichts als Kinder im Kopf hat. Der weiß, wie sie leben und was sie ersehnen, dem sie vertrauen, weil er ihnen zuhört, der für sie aufsteht und spricht, ohne

Scheu und politische Rücksicht: im Parlament und in der Tagesschau, vor dem Umweltausschuss und den Finanzexperten. Einen, der sonntagabends bei Sabine Christiansen sitzt und der Nation deutlich erzählt, wie wenige Minuten Zeit nur Väter für ihre Kinder erübrigen, weil die Arbeitswelt sie auffrisst. Der dem Verkehrsminister vorhält, wie viele Unfälle jeden Morgen auf dem Schulweg passieren und wie viel Unglück daraus erwächst, der mit den Bürgermeistern zusammensitzt und berät, wie das zu ändern ist. Einer, der allen erzählt, was die Kinder ihm erzählen, wie sie sich in der Schule fühlen und wie sehr sie sich einen spannenderen Unterricht wünschen. Einen, der es deutlich sagt, auch der BILD-Zeitung und sowieso dem Kanzler, dass es die Bürgerrechte der Kinder verletzt, wenn sie wie keine andere Gruppe der Gesellschaft von Armut betroffen sind und keine Stimme haben, um dagegen zu protestieren. Oder es zu ändern! Wie brauchen einen Kinderbeauftragten, so einen, wie die Norweger ihn schon seit zwanzig Jahren haben: einen Kinderombudsmann.

Der Kinderombudsmann sitzt in Oslo mitten im Regierungsviertel und jeden Tag kann der Regierungschef seinen scharfen Blick im Nacken spüren. Das Büro des Ombudsmanns befindet sich in einem glaslichten eleganten Gebäude der Hammersborg Turg 1 im 9. Stock, gegenüber hat man den Regierungssitz und in Augenhöhe jenes Stockwerk, in dem das Büro des Premierministers eingerichtet ist. Beide zusammen, Premier und Kinderombudsmann, sehen also über die Stadt, wie sie sich zum Hafen herunterzieht, sie sehen die Straßen und Häuser und wissen, dass es an ihnen ist, den Überblick zu behalten. »Wir haben einen Fünfjahresplan der Familienpolitik«, sagt Trond Waage, der Kinderombudsmann, »die Regierung hat verstanden, dass Kinder im Zentrum unserer Aufmerksamkeit sein müssen, darüber gibt es bei uns überhaupt keinen Dissens.«

Der erste Kinderombudsmann der norwegischen Regierung wurde 1989 vom Parlament gewählt und vom König eingesetzt. Er ist unabhängig von Parteiinteressen und wurde auf vier Jahre gewählt, um vier Jahre ist seine Amtszeit verlängerbar. Er operiert mit einem Stab von 15 Leuten auf einem breiten Arbeitsfeld. Er soll die Rechte der Kinder durchsetzen, sie schützen und voranbringen, dafür gibt es eine verbindliche Vorlage: die Vereinbarung der Vereinten Nationen über die Rechte der Kinder. Jedes Kind in Norwegen kann bei Trond Waage anrufen und um Hilfe bitten, alle Anrufe werden ausgewertet und dienen als Quelle für den jährlichen Bericht über die Lage der Kinder in Norwegen, im Jahre 2000 waren das immerhin mehr als 23 000 Gespräche und dazu kamen Hunderte von E-Mails. Der Ombudsmann wird so täglich mehr zum Experten für die Lage der Kinder, er hört also, wie die Kinder in der Schule gemobbt werden und dass ihre Eltern abends keine Zeit für sie haben, er ist kompetenter Ratgeber und Aktivist in einem, und es kann nicht schaden, wenn er auch ein wenig Glamour hat und Kinder wie Talk-Show-Moderatorinnen ihn oder sie mögen. Der Ombudsmann ist so etwas wie ein Assistent des Parlaments, der darüber wacht, ob die Exekutive auch tut, was sie soll.

Unbequem, aber nicht teuer

Sein Rederecht im Parlament verleiht dem Amt Gewicht. Er hat Einsicht in alle Gesetzesvorlagen, er muss mit seinen Einwänden gehört werden – von all denen, deren Arbeit Kinder betrifft, was also alle Ressorts sind. Selbst das neue Flughafenprojekt von Oslo musste ihm vorgelegt werden! Er darf Anhörungen ansetzen und Forschungsprojekte anstoßen und ihre Ergebnisse veröffentlichen, ohne jemanden um Erlaubnis fragen zu müssen, noch nicht einmal den Regierungschef muss er fragen. Er kann Pressekonferenzen einberufen, ohne einen Dienstweg einzuhalten oder den Wortlaut eines Parteiprogramms nachbeten zu müssen. Der größte Erfolg dieses Amtes, so befand eine parlamentarische Untersuchung über die Effektivität des Ombudsmannes von 1995, liege wohl darin, Kinder in der politischen Arena sichtbar gemacht zu haben: Der Ombudsmann habe das Scheinwerferlicht auf sie gerichtet. Seine Arbeit, befand der Report, habe sich sogar als effektiver erwiesen, als in der ursprünglichen Planung vorgesehen, er habe den bestehenden Gesetzen größere Durchschlagskraft verliehen und neue angeregt, er sei Koordinator eines ganzheitlichen Politikansatzes, der alle Ressorts vernetzt, ohne je für irgendjemanden Partei gewesen zu sein außer für jene, für die er spricht: für Kinder.

Einer der Haupteinwände hierzulande gegen einen Ombudsmann ist die Klage über das so genannte Beauftragten*un*wesen, was ein merkwürdiger Einwand ist, da niemand ernsthaft vorschlagen würde, die Beauftragten der Bundeswehr oder der Ausländer abzuschaffen, ein Einwand also, der wohl eher als Abwehr gemeint ist – natürlich. Ein Kinderombudsmann kann sehr unbequem sein, viel unbequemer jedenfalls als eine Kinderkommission des Bundestages, von der nach zwanzig Jahren niemand weiß, was sie getan oder gesagt hat oder ob sie überhaupt noch existiert, heute im Jahre 2002.

Netzwerk für Kinder

Trond Waage kennt keine Scheu. Der Herr Ombudsmann kommt zu spät zu seinem Gesprächstermin mit der deutschen Journalistin, den er schon um eine Stunde verschoben hatte, und sagt dann einfach, es sei eben nicht anders gegangen: »Mein Sohn musste zum Arzt.« Wenn Waage auf die Organisation der modernen Familie zu sprechen kommt, was nur Minuten dauert, sagt er, es sei Zeit, sozialpolitisch die fünfziger Jahre zu verlassen. Familie müsse man heute als Team begreifen, ein Team, das es zu entwickeln gelte, Familie bedeute eine mühsame Aufbauleistung aller Beteiligten, Familie sei eine Firma mit hohen Ansprüchen an Networking-Kapazität und Dienstleistung. Eine Firma, in der an jene Personen in Leitungsfunktion hohe Ansprüche gestellt würden, nämlich an die Eltern: Die Menschen müssten begreifen, sagt Waage, dass die Erziehung ihrer Kinder an erster Stelle komme. Eltern könnten natürlich einem verführerischen Angebot nachgeben und ihren Job wechseln und an einen neuen Ort ziehen, sagt Waage, »aber das Netzwerk, das sie für ihre Kinder hoffentlich aufgebaut haben, das können sie nicht mitnehmen«. Und ist nicht die Unterstützung der Kinder das Wesentliche? Dass man eine berufliche Auszeit nimmt, wenn es nötig ist? »Es gibt Phasen, wenn Ihr Kind Sie mehr braucht – wenn es in den Kindergarten kommt oder in die weiterführende Schule wechselt, wenn das Kind 13 ist, kommen turbulente Jahre, dann müssen Sie da sein, denn: Wenn Sie nicht da sind, wer ist es? Die Medien?«

Klare Worte auch über die Schule. Die Schule in Europa, sagt der Kinderombudsmann, orientiere sich leider noch am Modell des 17. Jahrhunderts. Es sei ein Zwangssystem, in dem nur die Erwachsenen, nicht aber die Kinder ein Recht hätten, bei Missfallen die Schule zu verlassen: »Als Kind sind sie da im Gefängnis«, sagt Waage. Kinder spielten in der Schule eine Rolle der Machtlosigkeit, eine »No-Power-Rolle – und sie weigern sich, diese Rolle länger anzunehmen.« Dieses Bildungssystem bilde allein die kognitiven Fähigkeiten aus, es stehe isoliert in der Gesellschaft, was der Schule fehle, seien nicht noch mehr Lehrer, sondern Menschen, die von außen kämen, aus dem wirklichen Leben, daran mangele es in diesem Ausbildungssystem, mit Konsequenzen für die Kinder:»Die Verlierer werden dort, im Erziehungssystem, erzogen.«

Waage hat im Internet Schulparlamente eingerichtet, in denen Schüler aus ausgewählten Schulen die große Politik mitverfolgen und debattieren, ein Forum ihrer Kompetenz. Er hat die Nation zu einer Diskussion über die Rauchergesetze gezwungen. Die Kindergärtnerinnen hätten ihm berichtet, es gäbe Kinder, deren Kleidung man morgens wechseln müsse, damit sie nicht die Gemeinschaftsräume mit Zigarettenrauch verpesteten. Es könne doch wohl nicht sein, sagt Waage, dass es per Gesetz verboten sei, Kinder zu schlagen oder sie sexuell zu missbrauchen, dass man sie aber mit Zigarettenqualm töten könne! Das habe übrigens zur Diskussion geführt, ob der Staat dann in das private Heim eindringen dürfe und wie weit der Begriff des Privaten auf Kinder anzuwenden sei:»Kinder sind ja kein Eigentum«, sagt der Kinderombudsmann.

So schlagen die Diskussionen, die der Kinderbeauftragte anregt, mal kleinere und mal größere Wellen, man könnte sagen, er bewegt jedenfalls was. Das Büro, sagt er, sehe er wie eine Vorhut von kleinen Schiffen, die auskundschaften, was vorne in der Zukunft an Wichtigem anliege und dies nach hinten an den behäbigen Tanker vermelden, zur notwendigen Kurskorrektur. Und es sei ganz billig, so ein Büro: 7,5 Millionen Kronen im Jahr, rund eine Million Euro, das müsse es doch wert sein.

In Deutschland gibt es schon Kinderbeauftragte von Städten und Ländern. Davon merke man aber nichts, werden die meisten Leute einwenden, und damit haben sie zugleich Recht und auch nicht. In Nordrhein-Westfahlen hat der Kinderbeauftragte immerhin die Verfassung geändert und einen Passus einfügen können, der die Politik zur Wahrung der Interessen von Kindern verpflichtet. In Schleswig-Holstein ist es gelungen, in der Gemeindeverordnung von 1996 die Mitwirkung von Kindern und Jugendlichen für alle Planungen, die sie betreffen, festzuschreiben – daran wird noch heute schwer gekaut, in den Gemeinden, aber man muss eben berücksichtigen, dass Erwachsene langsame Lerner sind. Das ist ziemlich traurig, weil Kinder schnell groß werden und die Fortschritte denen, die wir heute im Blick haben, im Zweifelsfalle sind es unsere eigenen Kinder, meistens schon nicht mehr zugute kommen. Aber es gibt doch

Leitbilder: Im dänischen Odense sind die Verkehrsunfälle mit Kindern um 80 Prozent zurückgegangen, nachdem Kinder die Schulwege mitgestalten konnten.[2] Das Netz der Kinderbeauftragten braucht eine nationale Bugfigur, wie sie auch schon der Deutsche Kinderschutzbund und der Europarat gefordert haben – jemanden, der sichtbar für alle die Interessen der Kinder vertritt und Debatten anstößt, an denen das ganze Land teilnimmt, wie es der norwegische Ombudsmann seit zwei Jahrzehnten möglich macht. Man möchte sagen, einen Thomas Gottschalk, der statt für Gummibärchen für Kinder wirbt, einen Rudi Völler, der die Kinderpolitik nach vorne spielt, so dass alle große Augen machen und begeistert sind.

Gute Politik braucht Ziele

Die Familienministerin ist sich keiner Schuld bewusst. Die Leute kriegen keine Kinder? Aber sie habe doch das Kindergeld erhöht!, betont die Ministerin. Familien stöhnen über den Druck? Aber sie habe doch die Möglichkeit geschaffen, dass Eltern ihre Arbeitszeit reduzieren! Es klappt nicht mit der Partnerschaft in der Familie? Aber sie habe mit einer Reklamekampagne Väter aufgefordert, sich zu ihren Kindern in den Sandkasten zu setzen. Warum das alles nichts bringt, darüber wundern sich die Experten mit einer geradezu rührenden Blauäugigkeit. Dabei lehrt schon jedes durchschnittliche Managerseminar, dass nur weiterkommt, wer sich richtige Ziele setzt. Kann eine Kindergelderhöhung denn das Ziel sein? Oder ist sie nicht etwa nur eine Maßnahme? Und wenn ja, wozu? Um Publicity zu schinden oder um Familien zu stärken? Würden wir etwa erwarten, dass sich die Schlagkraft einer Armee erhöht, wenn wir jedem Soldaten 30 Euro in die Hand drücken?

Kein Lateinlehrer würde sich damit zufrieden geben, dass ein Schüler ihm vorrechnet, wie viele Stunden er die Vokabeln wiederholt hat, was zählt ist, ob sie sitzen, ob die Leistung stimmt. Litaneienartig aber beteten immer wieder alle Familienminister der vergangenen Legislaturperioden herunter, wie viel die Familienförderung den Staat mal wieder gekostet hat, wie der Etat doch angeschwollen sei. Wer ist denn der Staat? Woher kommt denn das Geld, das er verteilt? Um die Behauptung der üppigen Förderung aufrechtzuerhalten, werden dem Etat immer neue Posten einverleibt, damit er nur ja opulent genug erscheine. Heutzutage taucht sogar schon das Schulwesen als Familienförderung auf, die Universität, sogar jene möglichen Steuerzahlungen, die eingegangen wären, hätten Eltern nicht, um ihre Kinder aufzuziehen, auf die Berufstätigkeit verzichtet, die deshalb also nicht erwirtschafteten Steuergelder werden nun den Müttern vom wissenschaftlichen Beirat des Familienministeriums als Familienförderung vorgerechnet. Noch nicht mal genug Steuer gezahlt! Wir warten darauf, dass die Haushaltsexperten aus dem Straßenetat noch jene Kilometer herausrechnen, die, statistisch gesehen, der jungen Bevölkerung, Alter 0–18, zugeschlagen werden könnten, und uns diese Kilometer dann als Familien*be*förderung verkauft werden. Aber mit Rechentricks ist noch keine Familienpolitik gemacht, wenigstens das kann man als erwiesen hinnehmen. Und fest steht auch der Zweck dieser Rechentricks – die Vermeidung von Politik.

Politik braucht Ziele, die ins Visier genommen werden, die alle Anstrengungen hervorlocken, welche ausdenkbar sind, um diese Ziele zu erreichen. Ziele sind überprüfbar, jeder einzelne kann sehen, was geschafft wurde und was nicht. Wie man das macht? Das führt uns zum Beispiel jene große Organisation vor, die weltweit die Lage der Kinder effektiv verbessert hat: Unicef. Was vorgenommen wurde, was erreicht werden konnte, woraus leider nichts geworden ist, da steht es haarklein jedes Jahr im Bericht »Zur Situation der Kinder in der Welt«.[3] Nachzulesen! – Ziel: Senkung der Sterblichkeitsraten von Kindern unter fünf um ein Drittel. Erzieltes Ergebnis im Jahre 2001: nur 14 Prozent. Ziel: Verringerung der Todesfälle durch Masern um 95 Prozent. Erzieltes Ergebnis: Rückgang um knapp zwei Drittel, immerhin. Ziel: Verringerung der Müttersterblichkeitsrate um die Hälfte binnen zehn Jahren. Ergebnis, leider: »wenig messbare Erfolge«. So sieht man auch, was noch zu tun ist, ganz klar und eindeutig, mogeln geht nicht.

Wer den Blick vom großen Elend der Dritten Welt zurücknimmt und auf dieses Land richtet, erkennt, welche Entwicklungshilfe hierzulande nötig ist. Ein Aktionsplan muss her, zum Beispiel so einer:

Ziel 1: Senkung der Armutsquote von Kindern um 50 Prozent!
Ziel 2: Revision des ganzen Rechtssystems (Rentenrecht, Steuerrecht, Sozialrecht usw.). Aufspürung aller Diskriminierung von Eltern oder Kindern und Abbau derselben.
Ziel 3: Angleichung des verfügbaren Pro-Kopf-Einkommens zwischen Familien und Menschen ohne Kinder

Ziel 4: Unfallfreie Wege zur Schule und zum Kindergarten –
durch Übernahme der Vision Zero, null Tote durch den
Autoverkehr, im Anschluss an die Konzepte unserer
Nachbarländer Holland und der Schweiz.
Ziel 5: Rückeroberung des öffentlichen Raumes für Kinder.
Spielstraßen statt Tempo-30-Zonen! Fußgängerzonen
nicht nur zum Shoppen vor den Schaufenstern, sondern
zum Wohlfühlen in allen Wohnvierteln!

Diese Liste ist nicht vollständig. Sie kann, sie darf auch gar
nicht vollständig sein. Solche Listen müssen ständig fortge-
schrieben werden. Ziele beflügeln die Phantasie. Ein Ziel wie
»Null Verkehrsopfer« zwingt zum vernetzten Denken, es reicht
eben nicht zu sagen, wir haben da so und so viel investiert, jeder
kann sofort erkennen, dass vor der Investition das Nachdenken
hätte kommen müssen: Woran liegt es denn, dass Kinder verun-
fallen? Auflisten der Gründe! Kann es sein, dass unser Verkehr
so geregelt ist, dass die natürliche Bewegungsentwicklung von
Kindern nicht berücksichtigt ist? Eine Fehlplanung! Zusammenstellung der Lösungsmöglichkeiten. Wer müsste koope-
rieren? Notwendig wäre es, jede einzelne Maßnahme daraufhin
zu überprüfen, ob sie dem Ziel dient und die Lebenssituation
von Kindern tatsächlich verbessert hat, ob die Unfallzahlen zu-
rückgehen, ob die Lateinkenntnisse verbessert werden oder die
Rechenkünste. Das wollen wir uns wünschen: dass die Familienminister der Bundesrepublik Deutschland einmal im Jahr
vor dem Parlament Rechenschaft ablegen, sagen was erreicht
ist, und zugeben, wo sie versagt haben mit ihrer Politik für Kinder.

Jedes Gesetz, jede Regelung, alle Paragraphen: auf den Prüfstand

Eine Revision des Rechts wird darauf stoßen, dass nicht wie
bisher der Maßstab aller Überlegungen zum Beispiel im *Steuerrecht* die Höhe des Lohnes sein kann, sondern die Frage, wie
viele Menschen von einem Haushaltseinkommen leben und wie
umfassend der Beitrag zum Generationenvertrag ist. Wer einen
Teil seines Einkommens nicht für den persönlichen Bedarf verwendet, sondern als Unterhalt seinen Kindern überweisen muss,
ihn also gar nicht für sich persönlich verwendet, sollte diesen
Betrag auch nicht persönlich versteuern, sondern aus seinem
Bruttoeinkommen an die Kinder übertragen. Jedes Kind als

Empfänger dieses Unterhaltes müsste zur Befriedigung seiner existentiellen Bedürfnisse genauso gestellt sein wie alle anderen Bundesbürger: 8 000 Euro ab dem ersten Schrei steuerfrei gestellt zur Deckung des tatsächlichen Existenzminimums, wie der Jurist Paul Kirchhof es in seinem Karlsruher Entwurf zur Steuervereinfachung gefordert hat, der Schluss macht mit dem Dschungel an Vergünstigung, Abschreibemöglichkeiten, Ausnahmeregelungen. Die Bemessung von Beiträgen zu den Sozialversicherungen müsste, wie dargelegt, Freibeträge für alle Personen im Haushalt berücksichtigen.

Die Summe des veranschlagten Einkommens, das zur Deckung der Sozialversicherungen herangezogen wird, kann nur, wie im »Wiesbadener Entwurf« des Sozialrichters Jürgen Borchert vorgesehen, an einem Gesamteinkommen orientiert sein, im Sinne einer »Volksversicherung unter Einbeziehung aller Personengruppen und aller personengebundenen Einkommen.«[4] Eine Schonung von Beamten oder Selbstständigen oder von Leuten, die oberhalb irgendwelcher Bemessungsgrenzen verdienen – Begünstigungen dieser Art sind nicht mehr finanzierbar und im Übrigen auch nicht gerecht. Berücksichtigt werden muss auch, dass Einkommen, die komplett zur Deckung des Bedarfs von Kindern aufgebraucht werden, vollständig zur Mehrwertsteuer herangezogen werden, dass einige Hauhalte sich so zweimal besteuert wiederfinden – während andere, die Geld für Aktien übrig haben, die Gewinne meistens noch nicht einmal bei der Steuer angeben.[5]

Ein Abbau von Diskriminierung im *Rentenrecht* ist überfällig. Eine Rente für jeden Bundesbürger ist nicht billig zu haben und soziale Verwerfungen lassen sich nur vermeiden, wenn die Lasten gerecht verteilt werden, wenn die Auszahlung gleichermaßen der Leistung und dem Gebot der Gerechtigkeit folgt. »Der Generationenvertrag verteilt erst dann Lasten und Vorteile gerecht, wenn diejenigen, die keine realen Beiträge zur Alterssicherung zahlen, einen Ausgleich für die von ihnen nicht erbrachten Leistungen in die Alterssicherung einbringen.« So formuliert es der Wissenschaftliche Beirat zum Thema »Gerechtigkeit und Familien«.[6] Was könnte ein Ausgleich sein? Zusätzliche Geldeinzahlung? Der parallele Aufbau einer komplettierenden Versorgung, die nötig werden könnte, wenn die allgemeine Rentenversicherung nur noch eine volle Rente auszahlt an die, die monetäre *und* reale Leistung beigetragen haben? Sollten Leute, die keine familiäre Fürsorge leisten, vielleicht an-

dere Aufgaben dieser Art übernehmen, einen Bürgerdienst erbringen, als Mitarbeiter in Bürgerzentren zur Betreuung von
Kindern, Einsätze leisten als Vorleser in Kindergärten, als Gesprächspartner in Altersheimen? Einen Fahrradreparaturdienst
für die Kleinen mit gleichzeitiger Schulung anbieten? So kämen
die gesellschaftlichen Gruppen wieder in Kontakt. Ein großes
Feld für Politiker, um sich einmal phantasievoll auszutoben!

Abbau der Diskriminierung von Familien im Rentenrecht
bedeutet auch, für Familienarbeit nicht mehr nur abgeleitete
Rentenansprüche, sondern eigene Ansprüche zuzugestehen.
»Frauen geraten im Alter (nur) dann nicht in Armut, wenn sie
verheiratet sind und das (Alters-)Einkommen des Mannes ausreichend hoch ist«, schreibt Dingeldey in ihrer Studie über die
Familienökonomie.[7] Gezahlte Renten liegen »umso höher, je
niedriger die eigenen Einkommen und je höher die Rentenan-
wartschaften des/der Verstorbenen ausfallen«. Das ist eine Be-
leidigung der Fähigkeiten von Frauen, denen nahegelegt wird,
auf die Ausübung ihrer Fähigkeiten zugunsten der Pflege von
ehelichen Beziehungen zu verzichten und dann hinterher dafür
zu zahlen – mit Rentenausfällen. Es entstehen »materielle Probleme im Alter hauptsächlich bei geschiedenen oder ledigen
Frauen«, schreibt Dingeldey[8], tatsächlich entstehen auch gesellschaftliche, spaltende Effekte unter den Frauen: Wer könnte es
nicht als ungerecht empfinden, dass Müßiggang in der Rolle einer kinderlosen Ehefrau oder die Verehelichung eines Kollegen
zu einer Vergoldung des Alters führt, ohne dass dafür irgendeine Leistung erbracht worden wäre, eine andere Leistung als die
der Eheschließung? Und wie ist es mit dem Ethos der Leistungsgesellschaft zu rechtfertigen, dass Mütter, die voll berufstätig
sind und zusätzlich eben auch noch verantwortlich für die Erziehung von Kindern, dass sie die gleiche Rente beziehen wie jemand, der auch berufstätig ist, aber diese Familienarbeit nicht
leistet? Dies sind Beispiele für Exzentrizitäten, die sich ein Sozialstaat eigentlich nicht erlauben kann.

Kinder zuerst!

Kinder werden, wie im Kapitel 4 ausgeführt, in vielerlei Hinsicht gegenüber erwachsenen Bürgern zurückgesetzt, zu denken
ist an das reduzierte sachliche Existenzminimum, oder, ein Beispiel für viele, an die Verteilung der Bausparprämie auf Haushalte, die aus fiskalischer Sicht sich nur in »Alleinstehende«

und »Verheiratete« sortieren – weshalb Alleinstehende mit drei Kindern – Vierpersonenhaushalt – eine Prämie schon verlieren, wenn ihr Einkommen auch nur halb so hoch ist wie das von zwei Verheirateten, die das Doppelte an Einkommen für den Zweipersonenhaushalt genießen können und immer noch Förderung erhalten.

Wer einmal umdenkt und begreift, dass Zuwendungen für die Erziehung von Kindern oft an die Ehe gekoppelt sind und eben nicht an die Kinder selbst, der erkennt, wie so eine große Ungleichheit zwischen Kindern hergestellt wird – durch staatliche Eingriffe. Die Sorge für Beamtenkinder wird zum Beispiel durch Kinderzuschläge auf den Lohn subventioniert, die Betreuung von Kindern verheirateter Eltern durch Steuervorteile nach dem Modus des Ehegattensplitting, die Versorgung von Kindern verwitweter Eltern ist durch die Hinterbliebenenrenten sichergestellt. Für Kinder von Alleinerziehenden gilt diese Unterstützung nicht. Keine sinnvolle Regelung in Zeiten, in denen immer mehr Menschen für sich in der Ehe kein Lebensmodell sehen. Sollen Kinder dafür bezahlen? Muss es nicht auch im öffentlichen Interesse liegen, dass die Erziehung aller Kinder so gut gefördert wird wie irgend möglich? Der Staat muss davon Abstand nehmen, die Anerkennung von Familienarbeit an Familienmodelle zu knüpfen: »Put children first!«, der alte Unicef-Slogan ist auch hier richtig: »Kinder zuerst!«

Lasst sie doch wählen!

Rund 17 Millionen Bürger haben kein Wahlrecht – weil sie unter 18 sind. Ist das gerecht? Vertretbar? Alle gegenteiligen Meinungen sind skandalträchtig. Welche Aufregung! »One Windel, one vote?«, heulte die linke Tageszeitung auf, die konservative Frankfurter Allgemeine Zeitung sah vor sich die Horrorvision einer Brutmaschine für Wählerstimmen aufsteigen, der Spiegel zielte gleich hart unter die Gürtellinie: »Lore Maria Peschel-Gutzeit muss ein sehr einsamer Mensch sein«, schrieb das Blatt eisig, als die damalige Hamburger Justizsenatorin in einem im trockensten Juristendeutsch formulierten, wenig attraktiv aufgemachten, sachlichen Artikel in der Neuen Juristischen Wochenzeitung im Oktober 1997 das Wahlrecht für Kinder gefordert hatte. »Geht alle Staatsgewalt nur vom volljährigem Volke aus?«, hatte sie geschrieben und eine »Schieflage« kritisiert – eine Position der politischen Ohnmacht von Familien gegenüber der wachsenden Gruppe von kinderlosen Berufstätigen und nicht selten gut situierten Älteren. Welch ein Skandal!

Lore Peschel-Gutzeit hat schon einmal Familiengeschichte geschrieben – als sie sich vor vielen Jahrzehnten plötzlich nach dem Tod ihres Mannes als alleinerziehende Mutter von drei Kindern wiederfand und erkannte, dass Erziehung mit Geldverdienen nur vereinbar ist, wenn für Erziehung auch noch Zeit bleibt. Das Ergebnis dieser Erkenntnis und ihres Tatendrangs ist die hochflexible Teilzeitregelung des öffentlichen Dienstes aus dem Jahre 1969, die noch immer als richtungsweisend, wenn auch im privaten Arbeitssektor unerreicht, gilt. Frau Peschel-Gutzeit ist Realistin auch in der Beurteilung der heutigen Situation von Erziehenden. Alle Familienpolitik habe deren Bedrängnis nicht behoben, schreibt sie im Jahre 2000 in ihrem Aufsatz »Kinderwahlrecht – Zukunft der Familie?«[9] Familie sei eine »Versorgungsfalle« geworden, eine Lebensform mit höchstem Armutsrisiko und jahrzehntelang politisch vernachlässigt. »Für die Zukunft ist das Wahlrecht von Geburt an praktisch unerlässlich«, schreibt die Juristin: »Der Einfluss von Familien auf politische Entscheidungen wird in den nächsten Jahrzehnten nämlich noch beträchtlich abnehmen.«

In fünfzig Jahren werde die größte Gruppe der deutschen Bevölkerung von 80–85-jährigen alten Frauen gestellt, aber es sei dringend notwendig, dass Politik sich nicht nur um Wählerstimmen dieser Älteren kümmere, sondern auch um die der jungen Generation, schrieb Peschel-Gutzeit: Heißt es nicht »Alle Staatsgewalt geht vom Volke aus« in jenem Artikel 20, Absatz 2 des Grundgesetzes? Gehören etwa junge Menschen nicht zum Volk? Ist es nicht ihre Zukunft, über die Tag für Tag entschieden wird? »Bei einer Konzentration auf die Interessen alter Menschen wird eine Reformpolitik praktisch blockiert«, schreibt die Juristin und fordert, dass Eltern für ihre Kinder das Wahlrecht treuhänderisch verwalten.

Man hört die Einwände. Entscheiden denn Eltern immer das Richtige – für ihre Kinder oder überhaupt, in anderen Dingen? Vermutlich nicht, aber trifft dies nicht auch auf die Entscheidungen anderer Wähler zu? Verletzt die Wahrnehmung des Elternrechtes das Prinzip der Höchstpersönlichkeit der Wahl? Nicht mehr als dies in der Abgabe der Stimmen vieler Wähler – ergebenster Ehefrauen, verwirrter Senioren – geschieht, ohne dass jemand bisher Anstoß daran genommen hätte. Werden sich Eltern darüber nicht zerstreiten, sich mit ihren Kinder politische Kämpfe liefern? Nun, zu Kämpfen gibt es, in und außerhalb von Familien, viele Anlässe. Und politische Auseinandersetzungen mit den Kindern wären in der Tat absolut wünschenswert. Und vermutlich würde sich in ihnen zeigen, was Kindheitsforscher wie Klaus Hurrelmann sowieso schon lange vermuten: Dass Jugendliche mit 14 Jahren über eine politische Einsicht verfügen können, die man bei vielen Erwachsenen vergeblich sucht. Wer Zweifel hegt an dieser Maßnahme, möchte bitte sagen, ob es Alternativen gibt, die bewirken könnten, dass die Interessen der Jungen politisch Beachtung finden.

Bevölkerungspolitik – was sonst?

Kinder kann man nicht kaufen. Das ist die gute Nachricht. Es reicht nicht, mit ein paar Scheinen Kindergeld zu wedeln und schon füllen sich die Kreissäle, gut so. Eltern spüren, ob die Bedingungen gut sind, um Kinder zu bekommen, und ihre Zurückhaltung beweist, dass sie verantwortungsvoll handeln. Die Wende im Jahre 1989 haben die Menschen nicht als Durchstarten zum Wohlstand erfahren, sondern als eine Fahrt ins Ungewisse – und ihre Wünsche nach Kindern zurückgestellt. Bevölkerungspolitik bedeutet, für die Menschen ein Situation zu schaffen, die verlässlich und aussichtsreich ist für Leute mit Kindern.

Einer der wichtigsten Gründe für den Geburtenrückgang der vergangenen Jahre ist die zunehmende Auflösung von Bindungen. Die Menschen zögern sich zu binden. Sie stehen in einem Netz von widersprüchlichen Ansprüchen. Es sind lange Ausbildungsgänge, die eine Heirat voreilig erscheinen lassen, es droht immer der Wechsel des beruflichen Einsatzortes, auch Ehen erscheinen heute kündbar. Dann steht einer alleine da. Politik, die für die nachwachsende Bevölkerung gute Bedingungen schaffen will, muss darauf reagieren. Die Auflösung der Institution Ehe ist mit guten Appellen nicht zu stoppen, davon hatten wir in den vergangenen Jahrzehnten mehr als genug, mit mäßigem Erfolg.

Bevölkerungspolitik bedeutet auch, die Wünsche nach größeren Familien zuzulassen. Wer mehrere Kinder haben möchte, muss die Chance haben, damit früh anzufangen. Anders gesagt: Wer mit Mitte dreißig das erste Kind bekommt, hat nicht mehr viel Zeit, Geschwisterkinder zu planen. Wer mit zwanzig das erste Kind bekommt und erfährt, wie gerne die Gesellschaft dieses Kind aufnimmt, es fördert und auch die elterlichen Lebenschancen nicht beschneidet, ist sicher eher geneigt, ein zweites Kind zu planen. In Schweden hat man sich entschlossen, diese Planungen zu beflügeln, indem sich das Erziehungsgeld am vorherigen Bruttolohn orientiert, sodass es ratsam erscheint, nach der Geburt des ersten Kindes nicht erst einige Jahre in Teilzeit zu arbeiten und dann über weitere Schritte zu debattieren, sondern gleich ein zweites Kind zu bekommen und die Vorteile eines höheren Erziehungsgeldes zu nutzen. Wer Sehnsucht nach einem dritten oder vierten Kind verspürt und längst erfahren hat, wie sehr sich die persönlichen und finanziellen Einschränkungen bei wachsender Kinderzahl potenzieren, würde sicherlich in seinen Hoffnungen ermutigt, wenn es einen Familienlohn gäbe, der die Bereitschaft zu höherer Belastung honoriert.

Der Weg zur Lösung demographischer Probleme, schreibt Karl Schwarz, »verlangt allerdings große materielle Opfer. Sie wären vor allem von denjenigen zu tragen, welche in ihrem Erwerbsleben nicht für Kinder zu sorgen brauchten, im Alter aber auf die Kinder der ›anderen‹ angewiesen sind.«[10] Das klingt richtig – und zugleich härter, als es sein muss. Menschen ohne Unterhaltspflichten sind nämlich keineswegs einfach die »anderen«, es sind – wenn denn die Möglichkeit besteht, dass sie ihren Kinderwünschen nachgeben – nicht allein Menschen, die ohne Kinder leben, weil sie sich nicht in der Lage fühlen, Kinder aufzuziehen, oder aus medizinischen Gründen dies nicht können – sondern auch all jene in den Lebensphasen vor und nach dem Leben mit den eigenen Kindern. Sie alle zusammen haben ein gemeinsames Interesse – unsere Zukunft, auch wenn sie das gelegentlich aus dem Blick verlieren. Werden indes die Belastungen in einer Gesellschaft gleichmäßig verteilt, entstehen gar nicht mehr jene massiven Diskrepanzen der Lebensstile, die es geradezu unmöglich erscheinen lassen, Solidarität zu entwickeln – schon weil man sich gar nicht mehr begegnet.

8. So wird Familienleben kinderleicht

Ganztagsplätze sind kein Allheilmittel

Ein Blick in die Zeitungen könnte manchmal zu der Einsicht verführen, dass die Welt auf dem besten Wege sei, sich in eine kinderfreundliche Gesellschaft zu verwandeln. Ganztagsschulen! Es ist, als seien Politiker aufgewacht. Mehr Zeit für Kinder, auch im Kindergarten! Schon in der Krippe! Allein in Rheinland-Pfalz sollen es in drei Jahren 300 Schulen sein, auch Bayern will mitziehen, Joschka Fischer redet davon, sogar Frau Merkel hat davon gehört, ja bundesweit müsse man dem Ausbau von Ganztagseinrichtungen den »Vorrang geben vor allen anderen Anliegen«,[1] verkündet Renate Schmidt, die familienpolitische Sprecherin der SPD. Angesichts der niederschmetternden Ergebnisse der Bildungsstudie Pisa ein nahe liegender Gedanke. Endlich europäisches Niveau für deutsche Schulen! Und schon frühe Förderung der Kleinsten! Es ist, als ob Eltern-Träume in Erfüllung gehen, jahrzehntelanges Wünschen an offene Ohren gedrungen wäre. Viele Eltern mögen es sich so vorstellen: Morgens sind die Kinder aus dem Haus, sie werden erst des Nachmittags wieder geholt, dazwischen passt keine Minute der Sorge um ihr Wohlergehen. Ist das nicht zu gut, um wahr zu sein? Ist dies nicht die kinderleichte Art des Familienseins?

Wir brauchen Ganztagsschulen und -kindergärten, wie sonst sollen unsere Kinder all das lernen, was in allen Nachbarländern den Kindern beigebracht wird? Wir müssen ihnen Zeit geben, ihre Studien zu betreiben, Experimente durchzuführen, in Gruppen nach den Lösungen zu suchen für Fragen der Biologie, der Mathematik oder des Lebens. Den Druck rausnehmen aus dem Stundenplan, Platz machen für Studienzeit. Aber wann, darf man das fragen, ist Familienzeit?

Es ist viel von flexiblen Öffnungszeiten die Rede, schon um sechs Uhr früh soll geöffnet sein, bei Bedarf bis abends um sieben. Wie läuft dann der Tag? Früh um fünf das Kind aus dem Schlaf reißen, anziehen, zum Essen nötigen, ins Auto verfrachten und wegbringen? Abends Kind holen, nach Hause eilen. Abendessen machen, mit dem Kind reden. Die Schulaufgaben im Blick behalten, die Regungen der kleinen Seele, die Naturbelassenheit der Abendbrotkost, bloß keine Fertiggerichte mit dem ganzen Glutamat und anderem verdächtigen Zeug, und natürlich vor dem Zubettgehen noch an die Leseförderung denken, die laut Pisa ohne eifrige Mitarbeit der Elternhäuser nicht zu haben ist. Alles bis 20 Uhr, innerhalb einer Stunde? Ist daran gedacht, die Zubettgehzeit des deutschen Grundschülers deshalb anzuheben, auf vielleicht 21 Uhr, darf es noch später sein, würde dann die Schule morgens auch später beginnen? Und, es mag jetzt unverschämt klingen, falls mehrere Kinder in der Familie sind, wann könnte man sich denen zuwenden? Gleichzeitig? Oder hintereinander?

Dürfte man fragen, wann Mutti und Papi die Küche machen können? Wann sollen sie die Wäsche aufhängen, hat jemand überlegt, wann jene Arbeiten zu erledigen sind, die man als Familienbüroarbeit bezeichnen könnte, die Wasserabrechnung prüfen, den Brief an den Hauswirt schreiben, die neue Heizung planen? Alles am Wochenende? Soso. Aber hatten wir nicht irgendwann mal gedacht, dass am Wochenende der Arbeitspapi uns gehört, trifft das auf eine Arbeitsmutti weniger zu? Müssen wir grundsätzlich davon ausgehen, dass mit dem Modell der ganztags berufstätigen Eltern alle Arbeitszeitüberlegungen, der ganze Modernisierungsschub von reduzierter Arbeitszeit, Pausenplanung, Freizeitgestaltung, Urlaubsregelung, dass all das sich erledigt hat und auf den Müll gehört? Denn wie sollte sich eine Familie noch gegen Anforderungen aus der Arbeitswelt abgrenzen können, wenn dies noch nicht mal mit dem Hinweis darauf getan werden könnte, dass der Kindergarten zumacht? Ist es, wie das Heidelberger Familienbüro mutmaßt, an der Zeit, die »betriebsgerechte Familie« durchzusetzen?

Hurry sickness, die Elternkrankheit

Die geplanten Maßnahmen segeln unter dem Banner »Vereinbarkeit von Beruf und Familie« daher. Es sollte einen aber grundsätzlich nachdenklich machen, dass interessanterweise noch nie jemand daran gedacht hat, die Vereinbarkeit anderer Berufe zu propagieren. Dabei könnte man sich spannende Kombinationen vorstellen. Wer hätte je daran gedacht, dass ein Lehrer nach der Korrektur der letzten Klassenarbeit noch ein wenig kellnern könnte, um dann, nach Kneipenschluss, die nächsten Stunden vorzubereiten? Oder eine Krankenschwester nach dem Dienst noch bei Penny an der Kasse Geld abzählen müsste, warum setzen wir den Zugführer nicht auch als Klempner ein? Das ist zu viel verlangt? Das soll zu anstrengend sein, das könnte die Einsatzfähigkeit des Arbeitnehmers mindern? Ach ja.

Wagen wir einen Blick in jene Länder, in denen es viel Erfahrung gibt mit der so genannten Vereinbarkeit von Beruf und Familie. Skandinavien zum Beispiel. Fragen wir Kim Benzon Knudsen von der Kopenhagener Stelle für Gleichstellung: »Wir schaffen wie blöd!«, gibt Knudsen schnell zu und dass manche dänischen Eltern sich fragen, was sie von diesem Leben haben, in dem sie zwischen Kindergarten und Schule und Arbeit und zu Hause hin- und hergetrieben sind, eilend, ohne Pause, meist unausgeschlafen, nicht selten am Ende ihrer Kräfte. In Amerika gibt es für diesen Zustand schon ein Wort: Hurry sickness.

Schauen wir uns England an. Da wurden 5 000 Frauen aus London und dem Süden Englands danach gefragt, wie sie mit ihrem Familienleben klarkommen. Neun von zehn berufstätigen Müttern sagen, dass sie sich erschöpft fühlen, acht von zehn Frauen sagen, es sei so stressig, dass sie lieber heute als morgen ihren Job hinschmeißen würden, wenn sie es sich leisten können. Drei Viertel der Befragten haben den Eindruck, dass sie so hart arbeiten, dass es ihre Gesundheit schädigt. Sie haben Angst, der Druck könnte ihre Lebensspanne verkürzen. Sie haben den Eindruck, dass das Familienklima unter dem Stress leide, sie wünschen sich mehr Hilfe von ihren Partnern, mehr Freiheit in der Gestaltung der Arbeitszeit, vor allen Dingen haben sie keine Lust mehr, von berühmten Karrieremüttern wie Cherie Blair unter Zugzwang gesetzt zu werden, Frauen, die alle Anforderungen mit links zu meistern scheinen, nur weil sie »eine Armee von Helfern« an ihrer Seite haben.[2]

Und in Deutschland? Schon der Familienalltag der konventionellen Familie wirft Fragen auf. »Eingeschränkte Möglichkeiten« in der Zeitverwendung lautet die Diagnose des Wissenschaftlichen Beirats des Ministeriums[3], Eltern, die für Kinder sorgen, hatten schon immer weniger Zeit für Muße und Regeneration. Umso mehr fällt das auf, wenn Familienarbeit mit einem Beruf verbunden werden soll. »Die mangelnde Vereinbarkeit von Familien- und Erwerbstätigkeit kann dazu führen, dass Eltern, insbesondere Mütter, ihre Zeit nicht entsprechend dem Kinderbedarf und ihren eigenen Bedürfnissen aufteilen können«, heißt es: »Selbst eine reduzierte Erwerbstätigkeit führte häufig dazu, dass die verschiedenen Aktivitäten kaum zeitlich koordiniert werden können.« Will sagen: So geht es noch nicht gut.

Jenseits der betreuten Kindertruppe

So weit die Elternseite. Schauen wir nun die Kinder an. Wie soll Kindheit sein? Da gibt es den nostalgischen Blick, den hat der Münchner Journalist und Vater Hermann Unterstöger, vor dessen Augen sich ein ganzer Bildungsroman entfaltet, und es ist keiner, der in der Ganztagskrippe spielt. Unterstöger sieht mit verklärtem Blick in die Vergangenheit, er sieht den kleinen Fridolin-Hermann, der überhaupt null Bock gehabt hätte, sich pünktlich zur Abgabezeit in einer supermodernen Ganztagskindergarteneinrichtung einzufinden – »weil sie ihn genau die Zeit gekostet hätte, die er zum Nichtstun dringender als alles andere brauchte. Und wie sähe dieses Nichtstun aus? So vielleicht: im Holzschuppen einem Sonnenstrahl zuschauen, der durch ein Astloch in der Bretterwand hereinfällt, einer Stange aus Licht, die langsam weiterzieht und die jedes Mal, wenn die Henne sich wichtigtuerisch fuchtelnd in ihrer Erdmulde neu zurechtsetzt, mit goldenem Staubwirbel gefüllt wird, so dass sie an Körper zu gewinnen scheint und trotzdem nicht zu fassen ist.« [4]

Kinder brauchen Kinder. Sie brauchen aber auch Orte, Orte voller Leben, und jede Menge Zeit, um sich dort umzuschauen. Ohne Lärm der Kindergartengruppe im Ohr. Muße zum Schlendern, zu den Kühen rüber, oder ein halbes Stündchen den Erwachsenen bei der Arbeit zuschauen, ausmisten oder harken, Hufe reinigen, dass die Mistbrocken nur so um die Ohren fliegen, Ferkelzähnchen abknipsen, aua aua, wie das quiekt und kreischt. Ohne dass die komplette Kindertruppe, marsch-marsch, in ausreichender Begleitung an den Ort des Geschehens geführt wurde, ausflugsweise. Sich selbst entscheiden können, was man jetzt tun will, oder ob man sich nur langweilen möchte, und was man denn endlich in Angriff nehmen könnte, wenn man aufhören will mit dem Langweilen, und dass das Leben für solche Gelegenheiten etwas anderes anzubieten hat als die Wahl zwischen der Kindergarten-Standard-Spielesammlung und dem Spielplatz nach Norm 4 oder 6, aus stabilen druckimprägnierten Bohlen, der aufpralldämpfenden Untergrundgestaltung und der Beäugung durch eine unterbezahlte Aufsichtsperson. Sagen wir: mal versuchsweise den Friedhof besuchen, bei Omas Grab verweilen, die frischen Blumen bei Lieschen angucken, die letzte Woche an irgendwas starb, das liebe Lieschen, das vielleicht das Meerschweinchen war.

Wem das jetzt zu viel Bullerbü ist, der muss sich fragen, wieso, wenn das alles so kitschig klingt, wir denn glauben, dass unsere Kinder solche Geschichten im Ohr haben sollten, die Bilder sich im Kopf einstellen sollen, bitte, von dem Rumziehen und dem Quatschmachen. Könnte es sein, dass sich so eine versteckte Sehnsucht zeigt, eine Ahnung davon, wie es sein sollte? Mal blättern in den Kinderbüchern, da gibt es Besuche beim alten Petterson und seinem Ensemble aus Schuppen und Ställen und Verrücktheiten, oder das Konrädchen wird von dem großen Roald Dahl angestiftet, allen Verboten zum Trotz aus dem Fenster zu klettern und sich im Wald draußen mit Monstern und Winzlingen auf herzklopfende Abenteuer einzulassen, und zwar ohne Betreuungsperson im Nacken. Ob wir das tatsächlich nur kompensatorisch meinen? So als kleinen Ausgleich dafür, dass wir die Kinder um Möglichkeiten betrügen, die uns doch eigentlich der Inbegriff des Kindseins und Erwachsenwerdens sind? Fiktionale Welten ihnen bieten statt der Wirklichkeit, in der sie sich in die Arbeitsabläufe des Elternlebens möglichst reibungslos einpassen sollen, zackzack, effektives Anziehen schon mit zwei Jahren statt ausgiebiges Schnürsenkelbindetraining.

Die Qualitätsfrage

Wer Ganztagsbetreuung fordert, muss auch sagen, wie sie denn aussehen soll. Es gibt in Deutschland ein wachsendes Bewusstsein dafür, dass schon die Qualität unserer Halbtagsbetreuung erheblich zu wünschen übrig lässt. Es gibt Studien, die sagen, dass jeder zweite Kindergarten nicht mehr als mittelmäßig ist.[5] Meine Kinder waren in solchen Kindergärten. Ich erinnere mich an ein Video, das den Alltag in unserer städtischen Krippengruppe dokumentieren sollte. Ach wie lustig, Zweijährige, die zu Tschatschatscha steppten. Das Video zeigte auch, wie die Kinder spielten: Ein Kind schubste die Eisenbahn vor sich her, bis jemand die Eisenbahn haben wollte. Das Kind riss an der Eisenbahn, dann trat es zu, einmal, zweimal, dreimal. Die Erzieherin hielt die Kamera drauf und filmte.

Ich erinnere mich an die schrecklichen Morgen in einem kirchlichen Kindergarten Hamburgs. Morgens, wenn die Kinder gebracht wurden, drehten ihnen die Erzieher die Rücken zu: Morgenbesprechung des Personals, Kinder waren eigentlich unerwünscht. Jeden Nachmittag, in der letzten Stunde vor Toresschluss, wenn die Eltern herbeieilten, ihre Kinder abzuholen, saßen die übrig gebliebenen Kleinen im Gruppenraum, zwischen Stühlen, die längst oben auf den Tischen standen, zwanzig von den Erziehern wohl platzierte hölzerne Rügen, dass unsere Kinder schon wieder den ganzen Tag im Ganztagskindergarten hatten verbleiben müssen. Meine Söhne trafen auf Erzieherinnen, die tranken, ohne dass die Leiterin, die das wußte, auch nur einschritt, als die Kinder sich weigerten, in ihre Gruppe zu gehen. Einzelfälle, na klar. Aber sie treten, wie alle Studien bestätigen, keinesfalls nur vereinzelt auf. Es ist modern geworden, Müttern ihr Misstrauen gegenüber den Einrichtungen vorzuwerfen. Aber bevor diese ihre Qualität nicht bewiesen haben, sollte dieses Misstrauen gezielt ermutigt werden! Oder wollen wir tatsächlich, dass sich Kinderleben in Institutionen abspielt, in denen wir selbst es nicht aushalten würden?

Die Zeit drängt. Schon liegen die ersten Modelle auf dem Tisch. Die Rede ist von »beaufsichtigten Mittagstischen«, ergänzender Hausaufgabenbetreuung und freiwilligen Arbeitsgemeinschaften, die das Kind aufbewahren sollen, während Eltern arbeiten. Welche Eltern? Natürlich diejenigen, die es nötig haben. Nicht nur Alleinerziehende, zunehmend auch der Mittelstand, der schon längst nicht mehr mit einem Gehalt ein Leben auf Mittelstandsniveau finanzieren kann. Auf diese Weise werden wir noch tiefer in eine Situation hineinschlittern, in der es ein Privileg ist, für Kinder da sein zu können. Oder die Kinder in einem Fünf-Sterne-Kindergarten zu haben, beste Förderbedingungen, ein Labor für die kleinen Naturwissenschaftler, ein Atelier für die angehenden Künstler, schon ein bisschen Englisch ab dem dritten Lebensjahr – natürlich nur für die Kinder derjenigen, die sich einen Fünf-Sterne-Kindergarten leisten können. Zu fragen wäre nicht zuletzt, wie dann die Umwelt aussieht, vor der wir die Kinder durch Wegschließen in Aufbewahrungsstätten schützen müssen. Mit welchem Nachdruck denn könnte man noch fordern, dass unsere Städte und Kommunen auch kindgerechte Tummelplätze sind, wenn Kinder hinter Zäunen aufwachsen?

Verdoppelte Arbeit für Frauen

Dort, wo Ganztagsbetreuung verwirklicht ist, zeichnet sich im Übrigen ein nicht ganz unerwartetes Muster ab. Die sogenannte Vereinbarkeit geht nicht selten auf Kosten der Frauen. Gerade das, was so wie vollzogene Gleichberechtigung aussieht, geht auf Kosten ihrer Freizeit, ihrer Nerven, ihrer Kraft, ihrer Gesundheit. Für zwei Jobs, sagt Frauke Obländer vom Deutschen Familienverband, die selbst als berufstätige Frau zwei Kinder erzogen hat, »dazu muss man erst mal die Kraft haben!« Dort, wo sich weder die Arbeitswelt auf die Bedürfnisse von Eltern einstellt noch der Wert von Erziehungsarbeit ignoriert wird, sind es die Frauen, die jene Spannung ertragen müssen, die das Gegeneinander der antagonistischen Welten erzeugt. Janne Haaland Matlary, Professorin der Politikwissenschaft an der Universität Oslo mit dem Spezialgebiet internationale Politik, Mutter von vier Kindern, ist eine Befürworterin der Differenz zwischen den Geschlechtern und einer vorrangigen Verantwortlichkeit von Frauen für die Familie. Man muss diese Ansicht nicht teilen, um ihr in der Analyse zu folgen, dass bei den heutigen Regelungen Frauen eine zu große Last aufgebürdet wird. Wer sucht schon freiwillig zwei Jobs, und das in Zeiten allgemeiner Arbeitszeitverkürzung?

Matlary sprach anlässlich des fünfzigsten Jahrestages der Weltmütterbewegung im April 1999 über berufstätige Mütter und sagte:»Bisher haben sie die Doppelbelastung von Familienarbeit und außerhäuslicher Erwerbsarbeit ›privatisiert‹. Sie mussten praktisch so tun, als ob ihre Rolle als Mutter für ihre Erwerbsarbeit irrelevant wäre. Und oft mussten sie nach außen so auftreten, als ob sie vollkommen in der Lage wären, wie ›Männer‹ zu arbeiten, als ob ihre Mutterschaft keine ›Belastung‹ am Arbeitsplatz wäre. Frauen müssen ihre Rolle als Mütter weithin verdrängen, wenn sie sich für einen Arbeitsplatz bewerben und um ihn kämpfen.«[6] Schmerzlich, wenn Frauen, die Mütter sind, die Verantwortung für ihre Kinder nach außen hin so darstellen müssen, als sei es von sekundärer Bedeutung, dass sie Kinder erziehen. Matlary spricht von der Zumutung jenseits der Doppelbelastung durch Arbeit, sich geistig zu verbiegen, vom Sichverstellen, das nicht selten ein Gefühl des Verrats gegenüber den Kindern erzeugt. Auch hier eine Quelle ständigen Schuldgefühls, über das berufstätige Frauen ständig reden.

Wie viel Zeit darf sein?

Kinder brauchen Zeit mit ihren Eltern. Eltern brauchen Zeit mit ihren Kindern. Es bringt die wunderlichsten Entwicklungen hervor, wenn Eltern sich nicht um ihre Kinder kümmern können. In Kitzbühel, lesen wir in der Zeitung, werden Eltern im

Tourismus-Geschäft so aufgerieben, dass sie mit ihren Kindern nicht mehr Skifahren gehen können. Die Hälfte aller Erstklässler hat nicht gelernt, auf Brettern zu stehen, und erst da fällt es auf: In der Skischule bringen die Einheimischen meist fremden Kindern das Rutschen bei. Auf den Philippinen bemerken Eltern, dass ihre Kinder vom Personal zu gut versorgt werden: Kaum eines, das sich auch nur ein Butterbrot schmieren könnte! Wie viel Zeit braucht ein Kind also mit seinen Eltern? Reicht *quality time*, ein Wort, das aus dem hochbeschäftigten Amerika in unsere europäische Familienwelt geweht ist und so etwas wie eine doppelte Kraftbrühe im Gegensatz zur verwässerten Elternsuppe meint, hochkonzentrierte Familienessenz also, extensiv genutzte Erziehungsproduktion, zum Beispiel eine Stunde am Abend, schnelles Abholen in der Institution, als gemeinsame Zeit ein gemeinsamer Verkehrsweg, dann ein reibungsloser Versorgungsablauf, kein Gespräch, das länger dauern darf, als das Schmieren eines Butterbrotes in Anspruch nimmt, es sei denn, wir würden aus Gründen der effektiven Beschleunigung das Reden mit vollem Mund wieder durchgehen lassen. Apropos Erziehung: Wie viel könnte denn stattfinden in den knappen Abendstunden? Wollen wir uns die *quality time* vermiesen mit Hinweisen darauf, dass die Anoraks noch aufzuhängen sind?

Quality time, sagt der norwegische Kinderbeauftragte Trond Waage, sei doch oft nur Kontrollzeit. Hast du noch Hausaufgaben? Ist der Ranzen gepackt? Möchten wir die Zeit tatsächlich auch noch nutzen, um die Grundzüge gemeinsamer Haushaltsführung zu lehren, um bloß keine Bedienmentalität entstehen zu lassen, den Besen in kleine Hände drücken, du feg mal schnell die Küche, oder ist es ratsam, Erziehung nur am Wochenende stattfinden zu lassen, inklusive der Geschwisterkontakte? Wann würden in einer solch ganztagsbehüteten Kindheit die Nachbarn besucht, wäre noch Zeit fürs gemeinsame Kicken, würden wir noch Kinderrudel sehen, die Bürgersteige mit bunten Kreidebildern schmücken? Alles am Wochenende? Alle Begeisterung für die flexiblen Öffnungszeiten, die schon morgens vor dem Frühstück einen Betreuungsservice bieten und dann bis abends nach dem Essen, all das enthebt uns nicht der Aufgabe, auch über solche Dinge nachzudenken: darüber, wie wir mit unseren Kindern gemeinsam leben wollen.

Um Kinder zu erziehen, muss man da sein. Wir erleben, dass die Aufgaben, die sich Eltern für die Erziehung ihrer Kinder

stellen, zum einen anwachsen und zum anderen von der Umwelt energisch eingefordert werden. Erziehung, sagt Andreas
Flitner, der große Pädagoge, hat doch die Aufgabe, gerade
über das hinauszuführen, was die Welt einem Kind sowieso
schon vermittelt: dass die Straßen lebensgefährlich sind und
die Schulen Willkür ausüben, dass das Wichtigste jeden Tag in
den Nachrichten kommt und nur Mord und Todschlag ist, wie
sehr es darauf ankommt, dass Geld alles kaufen kann.»Das
lernt und erfährt es, auch ohne Erziehung. Aber mit unserer
Hilfe lernt es zugleich mehr und anderes: Die Welt kann verständlich und freundlich sein, mit Mutter oder Vater kann
man wandern oder Schiffe bauen, die Arbeit kann Freude machen, zumal, wenn man sie gemeinsam tut; es gibt Menschen,
die mir wohl wollen und die ich lieb habe; ich kann schon
manches ausrichten, und das macht auch anderen Freude.«[7]
Kein kleines Programm. Nichts, was man nebenbei abhaken
oder am Wochenende durchziehen könnte.

Erziehung, sagt Flitner, muss einen Raum schaffen, in dem
das Kind Zutrauen finden kann zur Welt, und dieser Raum ist
der des Umgangs miteinander. Erziehung, darauf hat Flitner
mit großem Ernst hingewiesen, ereignet sich durch die Erfahrung dessen,»wie wir *sind*, wie wir uns *erfahren* und einander
annehmen, unser *Umgang*, unser *Vertrauen*, unsere *Liebe* zueinander die Voraussetzungen für alles das bilden, was Erziehung sein soll«. Und wer möchte demzufolge argumentieren,
dass es eine gute Erziehung sein könnte, die nur in den ge-
drängten Minuten beim Frühstück sich ereignet, oder abends,
wenn alle mit wunden Nerven nach Hause eilen und daran
denken, wie dort auch noch die Arbeit abzureißen ist? In solch
lahmen Minuten Kindern Schutz geben und Mut? Sie anregen,
herausfordern, stärken und vor Negativem beschützen? Und
alles, was wir da hinkriegen, wird sich ja auswirken, auf die
Seele und die Lebensklugheit unserer Kinder und zuletzt auch
auf die Welt, in der sie sich einrichten und die sie formen.»Auf
lange Sicht behandeln Kinder die Welt so, wie wir die Kinder
selbst behandelt haben«, sagt Steve Biddulph.»So, wie wir sie
geliebt und zur Nummer eins gemacht haben, so wie wir von
ihnen Mithilfe im Haus und Hilfsbereitschaft gegenüber anderen erwartet haben, wie man mit Menschen umgeht, Freundschaften aufbaut; so wie sich Menschen verschiedenen Alters
um sie gekümmert haben.«[8]

Solange die Ubiquität von Eltern nicht erfunden ist, werden

sie zerrissen zwischen Erwerbsarbeit und Familienzeit. Die konventionelle Lösung, dass Väter ihre Aufgaben an Mütter delegieren, ist keine Lösung, denn Mütter sind keine Väter. Kinder brauchen beide Eltern, nicht nur am Wochenende, und noch mehr, sie brauchen auch Freunde und die Nachbarn. Für alle Eltern gilt: Da Chefs in der Regel mit größerer Autorität ausgestattet sind als Kinder, verlieren letztere nicht selten in dem Gezerre zwischen Privatem und Beruf. Wer Kinder erziehen will, muss aber da sein, wie wir gerade uns vergewissert haben. Solches Vorleben, das Wahrnehmen, gelingt nicht im Akkord von *quality time*.

Da zu sein für die Kinder ist merkwürdigerweise vielleicht noch wichtiger für die Eltern von Heranwachsenden als für die Eltern von Kleinkindern, die freudig und dankbar die Rückkehr der Eltern bejubeln und bereit sind, sich sofort mit ihnen auf dem Teppich niederzulassen, um konzentriert waghalsige Burgen zu errichten. Kindergartenkinder sind da schon ein wenig unabhängiger. Haben sich vielleicht schon verabredet, sind längst mit anderen ins Spiel vertieft, wenn Papi seine *quality time* abholen möchte. Heranwachsende sind womöglich gar nicht zu Hause, wenn die Eltern erwartungsvoll vorstellig werden. Oder haben gerade mal wieder keinen Bock zum Reden. Reden mit pubertierenden Jugendlichen muss sich so ergeben. Die Frage ist dann nur: Wann?

Über solche Zeit für Kinder wird nicht gerne geredet. Kindern etwas von unserer Zeit zu überlassen, das kostet – Arbeitszeit zum Beispiel, oder Mußezeit, Zeit zum Abhängen, Stress loswerden. Und wer abends noch die Aufgabe wahrnimmt, nur dem Schulkind die Rolle der Hormone in der Entwicklung der Geschlechterrolle für die anstehende Bio-Arbeit zu rekapitulieren, wird beim Work-out im Fitnesscenter vermutlich fehlen.

Der Sechs-Stunden-Tag für Eltern

Zeit ist unsere kostbarste Ressource, und die Anforderungen an die Zeit der Eltern sind exorbitant. Allein am Arbeitsplatz. Wer noch einen hat, muss Überstunden schrubben. Die Zahl der Überstunden wächst. Das Kapital Zeit sammelt sich wie das Kapital Geld bei denen, die von allem immer mehr bekommen. Sie habe, sagt die kinderlose Freundin, ihre Arbeitszeit reduziert, man müsse ja auch mal zu sich kommen und für einen alleine reichte ja auch eine Dreiviertelstelle. Die Älteren gehen in die gesegnete Altersteilzeit. »Nun mal was für mich tun«, sagen sie. Wir schenken ihnen acht Jahre Halbtagszeit, bei beinahe vollem Lohnausgleich. Für Eltern aber soll nur bis zum Schmerzpunkt zusammengepresste *quality time* bleiben, verkürzt, gehetzt? Was wir brauchen ist Familienzeit, nennen wir es für diejenigen, die lieber Englisch sprechen, *family time.* Väter und Mütter brauchen Zeit mit ihren Kindern, das trifft umso schärfer auf Alleinerziehende zu. Wenn die Erfahrung von Elternzeit nicht das Privileg für Kinder verheirateter Eltern sein soll, müssen wir die Tatsache berücksichtigen, dass schon heute voll erwerbstätige Alleinerziehende jeden Tag achteinhalb Stunden weniger gemeinsame Zeit mit ihren kleinen Kindern verbringen als nicht berufstätige Alleinerziehende. Und wenn sie nach Hause kommen, hat ihnen keine Ehefrau die Hausarbeit weggemacht, sodass sie sich gleich dem lieben Nachwuchs zuwenden können, schön Abend essen, baden, bisschen vorlesen und fertig, wie Väter das nicht selten genießen können, die abends nach Hause kommen und die Familie als Divertimento genießen. Unter Berücksichtigung der Tatsache, dass Ehemänner täglich durchschnittlich dreidreiviertel Stunden mit ihren Kindern verbringen und ihre Frauen noch einmal sieben Stunden, beide zusammen also fast elf Stunden Zeit für die Kinder haben, bedeutet das für die Kinder von Alleinerziehenden, die im Durchschnitt nur gut sechs Stunden mit ihren Eltern haben, jeden Tag ein Minus an Elternzeit von vielen Stunden.[9] Obwohl doch gerade sie, die nicht selten unschöne Trennungen zu verkraften haben, besonders viel Zuwendung brauchen. Wer so gerne klagt, wie es viele tun, über die Probleme der Kinder Alleinerziehender, sollte sich also zunächst einmal wundern, wie gut doch die meisten aus dieser Situation herauskommen, und sich dann vielleicht fragen, ob es nicht dringend geboten wäre – unter Maßgabe des so gerne zitierten Satzes, dass alle Kinder gleiche Startchancen brauchen – deutliche Arbeitszeiterleichterungen durchzusetzen, für Alleinerziehende – und für alle anderen Eltern.

In Norwegen zum Beispiel ist um 16 Uhr Schluss, damit noch ein paar Stunden da sind, um etwas gemeinsam zu tun. In Oslo sieht man, wie sich um vier Uhr die Gehwege füllen, mit Eltern und ihren Kindern. Auch in Schweden: Ab 16 Uhr ist family time. »Keine Frage«, sagt auch der Kinderbeauftragte Eichholz: »Wir brauchen den Sechs-Stunden-Tag für Eltern.«

Es wird schwierig sein, das durchzusetzen. Untersuchungen über neue Formen der Arbeit in Deutschland kommen zu dem Ergebnis, dass der Trend andersherum läuft. Die Menschen erscheinen nach langer Ausbildung erst spät auf dem Arbeitsmarkt, und lebensgeschichtlich immer früher droht schon der Vorruhestand. Einsteigen, aufsteigen, beruflich flexibel sein und sich dennoch privat binden, an Partner oder die Verpflichtung, Eltern zu sein, das alles soll heutzutage in gerade mal zusammengedrängten 15, 20 Jahren stattfinden. Da ist gleichzeitig die Rede von wachsenden Unsicherheiten und steigendem Arbeitszeitpegel. Und brauchen nicht gerade Eltern auch Zeit für sich? Das Leben soll doch nicht nur noch so aussehen, dass man rennt, vom Frühstück zum Kindergarten, von dort zur Arbeit, mit einer Zwischenstation bei Spar zurück und später, wenn die Abendbrotschlacht geschlagen ist und in den Kinderzimmern Ruhe eingekehrt ist, in Erschöpfung auf dem Sofa zusammensinkt. Durchatmen muss sein, mit der Freundin telefonieren. Eltern brauchen auch Zeit füreinander. Nicht nur die Familienorganisationszeit im Stile von Dann-holst-du-ab-und-ich-besorge-schnell durchziehen, sondern Muße, um sich wiederzufinden auf einer Basis, die sie noch ein paar Jahre tragen soll. Wer Eltern zwingt, zwei Vollzeitjobs gleichzeitig zu machen, stellt sie auch politisch kalt, wann sollten sie sich denn auch noch engagieren, und auch dies hat Auswirkungen auf die Familienpolitik.

Der Wissenschaftliche Beirat des Familienministeriums konstatiert eine gewisse Unvereinbarkeit von Beruf und Familienzeit und schlägt die Einrichtung einer »Elternkasse« vor[10], die die Belastung der Eltern durch die Vergabe von Krediten unterstützt. Halbherzig, dieser Vorschlag. Denn noch immer erscheint darin die durch Kinder notwendige Arbeit als ein persönliches Tummelfeld, ähnlich wie das leidenschaftliche Hegen und Pflegen eines Hunderudels. Besser wäre es, diese Arbeit und ihre Relevanz durch eine teilweise Freistellung von der Erwerbsarbeit, verbunden mit Grundsicherungen, anzuerkennen.

Warum Teilzeit noch keine Lösung ist

Welche Arbeitszeitmodelle sind vorstellbar? Heute werden über 80 Prozent der Teilzeitarbeitsplätze zwischen einer und neun und zwischen zehn und zwanzig Wochenstunden von Frauen wahrgenommen. Wie wenig Männer bereit sind, aus familiären

Gründen im Beruf zurückzustecken, zeigt sich darin, dass selbst die Stundenzahl 21–30 Wochenstunden noch zu fast 80 Prozent nur von Frauen gewählt wird. Und alle Arbeitsverhältnisse, die stundenmäßig darüber liegen, 31 und 41 und mehr Stunden, sind mehrheitlich von Männern besetzt.[11] Das zahlt sich aus, für Männer. Die Erwerbsquoten der Frauen sind rückläufig, und das, obwohl, wie die Autoren des Familienatlas betonen, durch das Absinken der Geburtenzahlen für Eltern im Durchschnitt etwa 20 zusätzliche Jahre zur Verfügung stehen, in denen sie nicht mehr Kinder zu versorgen haben. Frauen, so scheint es, können diesen Vorteil nicht für sich nutzen, und das bringt ihnen – und besonders im Scheidungsfalle, wenn die Unterhaltszahlungen nur stockend fließen, das bringt ihnen und auch ihren Kindern enorme Nachteile. Obwohl doch die meisten dieser Frauen eine gute Ausbildung haben und, hätten sie ihre Berufstätigkeit nicht unterbrochen, durchaus in der Lage wären, sich und ihre Kinder zu ernähren.

Frauen leben in einer Arbeitsgesellschaft, in der sie daran gehindert sind, sich an den Arbeiten angemessen zu beteiligen, die durch Lohn vergütet werden. Dies verletzt ihre Rechte, jedenfalls solange sich in dieser Gesellschaft Anerkennung und soziale Sicherung im Wesentlichen über Arbeit definieren, die bezahlt wird, darauf hat die Philosophin Angelika Krebs hingewiesen. Einiges spricht sogar dafür, dass wir uns von einer Wohlstandsgesellschaft in Richtung Mangelgesellschaft bewegen, in der das Erwirtschaftete einer kleinen Gruppe immer mehr Wohlstand, mehr Geld und mehr Zeit beschert, aber nur sehr wenig spricht dafür, dass Frauen zu dieser Gruppe gehören werden. Man könnte sogar sagen, dass eine Teilhabe an diesen Gewinnen sich für Frauen nur erreichen lässt, wenn sie Familie abschreiben, keine Kinder kriegen, ein Verlust, der sich gegen die Gewinne nur schmerzhaft verrechnen lässt.

Teilzeit für Frauen ist auch deshalb nicht automatisch eine gute Lösung der so genannten Vereinbarkeit von Beruf und Familie, weil kürzere Arbeitszeiten nicht automatisch dahin führen müssen, dass der Familienbetrieb zur allseitigen Befriedigung besser läuft. Es kommt entscheidend darauf an, wie die Aufgaben zwischen Erwerb und Familie *geteilt* werden. »Teilzeitarbeit, wenn sie nicht von beiden Partnern praktiziert wird, ist ein zweischneidiges Schwert«, schreiben Bielenski/Strümpel: »Einerseits ermöglicht sie die Erwerbstätigkeit, führt zu neuen sozialen Kontakten, bringt Anerkennung und schafft Selbstbewusstsein und ein Maß an Unabhängigkeit, andererseits ist sie nur ein halbherziger Schritt in Richtung einer Gleichberechtigung beider Partner. Traditionelle Rollen brauchen noch nicht infrage gestellt werden, wenn die Frau neben ihrer Erwerbsarbeit weiter alle Haushaltspflichten erfüllt.« [12]

Alle Erfahrungen haben gezeigt, dass die Frauen von Männern, die weiter Vollzeit arbeiten, immer noch die größte Last der Hausarbeit tragen, auch wenn sie selbst eine Teilzeitstelle annehmen. In solchen Fällen geht jede Stunde der zusätzlichen Lohnarbeit auf ihre Kosten, sie addiert sich zu der ohnehin schon geleisteten Arbeit. Daraus wächst schnell Überlastung und Unzufriedenheit, dann zeigt sich, dass Geld allein nicht der Zauber ist, der ein leichteres Familienleben ermöglicht.

Besser haben es die Eltern nur dann, wenn sie *beide* außerhalb der Familie mit reduzierter Arbeitszeit arbeiten. An der FU Berlin wurden Paare untersucht, bei denen Männer ihre Arbeitszeit reduziert haben. Für die Hälfte dieser Männer war es eine bewusste Entscheidung für mehr Partnerschaft[13], auch dies kann schon ein Gewinn sein. Und schenkt auch mehr Zeit für das Spielen mit den Kindern! Bei den Hausaufgaben helfen! Sich mit der Liebsten die Wäsche teilen, auch mal schnell durchputzen und wieder öfter ins Kino gehen.[14] Das macht gute Laune im Zusammenleben. Andersherum: Es verdirbt die Laune, belastet die Ehe, stört auch das Verhältnis zu den Kindern, wenn das nicht passiert, da sind sich alle Studien einig.[15] Allerdings sieht es in den Familien immer noch so aus: Um Männer heute wirklich mit voller Kraft an diesen Aufgaben zu beteiligen, müssen sie schon Hausmänner sein, mit einer Partnerin, die wirklich außer Haus arbeitet – und diese macht dann immer noch ein Drittel der anfallenden Hausarbeit!

Männer, die ihre Arbeitszeit reduziert haben und dafür mehr Zeit für die Kinder gewannen, erleben eine unerwartet große Lebenszufriedenheit[16]: »Ich bin weniger genervt, weniger gestresst, ich bin weniger ruhebedürftig«, sagt einer.[17] Tatsächlich finden einige, dass sie immer noch zu wenig Zeit für ihre Kinder haben, ein Drittel der teilzeitbeschäftigten Väter sagen das, aber welche Verbesserung gegenüber den Vollzeit-Arbeitnehmern, von denen sagen fast zwei Drittel[18], dass sie das Gefühl haben, für ihre Kinder zu wenig zu tun. Viele sagen, sie würden sogar die Arbeit mehr genießen, seit sie weniger arbeiten![19] Die Gestaltung des eigenen Lebens, die Suche nach einer Balance zwischen den Anforderungen und den Wünschen ist ein wesentliches Moment der Autonomie. »Die Realisierung von Arbeitszeitwünschen ist ein zentrales Moment der Erfüllung der Lebensplanung, da nicht nur Einkommen und Konsumniveau, sondern auch Lebensstil und Partnerschaft davon beeinflusst werden«, schreiben Bielenski und Strümpel[20]. Ein starkes Plädoyer dafür, die tabuisierte Verweigerung der Arbeitswelt gegen Teilzeitarbeit von Männern aufzubrechen! Familien brauchen so etwas wie Elternteilzeit – zu Hause und am Arbeitsplatz. Den Begriff gibt es schon, das Angebot ist aber bislang leider nicht für alle und nur auf sehr eingeschränkte Weise anwendbar.

Nennen wir es Elternteilzeit

Wie man es macht? Zu Hause sein, bei den Kindern, auch am Arbeitsplatz Einsatz bringen, nur nicht so viel, dass die Kinder und die Liebsten am Horizont verschwinden, in eine andere Welt, und trotzdem für alle genügend Geld verdienen? Es ist ganz einfach. Man muss gar nicht so sehr erfinderisch sein, das Rad ist erfunden, das Modell schon da, ist sogar erprobt, und die Mittel zur Förderung einer guten Sache, um dieser Frage vorzubeugen, tatsächlich auch die Mittel stehen zur Verfügung. Die Rede ist von der Altersteilzeit, ATZ, es reicht schon, einen einzigen Buchstaben auszutauschen, von ATZ zu ETZ, dann muss man die ganze Maßnahme natürlich ein wenig nach vorne verschieben, von den Jahren *Lebensalter ab 55* in die Zeit *Kindesalter bis 7*: Schon ist sie da, die Elternzeit!

Die Altersteilzeit wurde in Deutschland 1996 eingeführt. Sie erstreckt sich für den einzelnen Arbeitnehmer über einen Zeitraum von fünf bis sieben Jahren und bietet in dieser Zeit die Möglichkeit, die Arbeitszeit auf die Hälfte zu reduzieren. Mit geringfügigen Einbußen am Lohn! Was da nicht alles möglich war, das muss einen doch sehr wundern, wenn man noch im Ohr hat, wie über jede einzelne Maßnahme der Familienförderung gefeilscht und gegiftet, wurde. Nun, Seniorenförderung geht einfach so: Halbierung der Arbeitszeit, Aufstockung des hälftigen Lohns auf 70 Prozent, hatte der Gesetzgeber gefordert, aber das war kein Thema – bis zu 85 Prozent des früheren Nettolohns werden gezahlt, ergab die Recherche von Ute Klammer und Helmut Weber, letzterer Regierungsdirektor im Bundesministerium für Arbeit[21] und auch bei der Aufstockung der Sozialbeiträge wollte sich niemand lumpen lassen, auf 100 Prozent bezuschusst, selbst bei der Rente: vollständige Erstattung! Man erinnert sich an das Gezerre um die Rentenpünkt-chen der Mütter, an die Debatte um die Witwenrenten – solch kleinliches Gerechne hat es hier nicht gegeben. Die Altersteilzeitangebote erstrecken sich auf 1,7 Millionen Arbeitnehmer, die das 55. Lebensjahr erreicht haben, und werden gut angenommen. Im öffentlichen Dienst haben immerhin 19 Prozent der über 55-Jährigen von den Angeboten Gebrauch gemacht, in Betrieben, die an den Programmen teilnehmen, ist es über ein Viertel der älteren Arbeitnehmer! Kein Wunder, möchte man sagen, und höchstens einwenden, ob es denn so sinnvoll ist, jenen Älteren, die doch so rüstig sind wie keine vorherige Generation von Älteren, zu Lasten der jüngeren Arbeitnehmer so schön gepolsterte Freizeit zu bescheren, ein Geschenk aus Steueraufkommen, so belief sich allein für das Jahr 2001 der Haushaltsansatz der Bundesanstalt für Arbeit für dieses Programm auf 741 Milliarden Mark, das muss natürlich erwirtschaftet werden – im Zweifel von denen, die eben weiterarbeiten müssen, Eltern mit kleinen Kindern womöglich, die sich eine Reduzierung ohne Lohnersatz in der Regel nicht leisten können. Darf man fragen, ob es nicht sinnvoller wäre, sinnvoll im Sinne der Solidargemeinschaft, wenn gerade jene Jahrgänge, die niemanden mehr unterhalten müssen und doch statistisch betrachtet zu den wohlhabendsten Jahrgängen gehören, dank eines gut funktionierenden Wohlfahrtsstaates auch zu den Fittesten, die es je in diesem Alter gab, ob es nicht geradezu ein Gebot der Solidarität wäre, dass sie die Jüngeren entlasten? Familienfreizeit für die jungen Leute mit den kleinen Kindern ermöglichen, jene also, die nach Dienstschluss in die zweite Schicht einsteigen? So, wie es ursprünglich vorgesehen war, artgerechter Lebensstil sozusagen, in dem die Kraft der Älteren der jüngeren Generation zugute kommt.

Elternteilzeit vermöchte zweierlei. Erstens: Sie würde anerkennen, dass Familienarbeit eine Leistung auch für die Allgemeinheit ist. Man könnte sagen, dass Elternteilzeit – anders übrigens als die Altersteilzeit, die nur so etwas wie hochbezahlten Zusatzurlaub kurz vor der eigentlichen Rente schafft – die Tatsache anerkennt, dass zusätzlich zur Lohnarbeit noch etwas geleistet wird, und dieses Mehr wird honoriert, nicht in Geld, wie häufig diskutiert, als Familienlohn, sondern mit Zeit honoriert. Dies ist eine Währung, die Gold wiegt! So wird ein Freiraum für Familie geschaffen!

Elternteilzeit könnte helfen, ein partnerschaftliches Elternleben voranzubringen. Haben doch alle Erfahrungen gezeigt, dass ein Vater, der Vollzeit arbeiten muss, sich an Haushalt und Kinderarbeit gar nicht genügend beteiligen kann, nicht genügend jedenfalls, um ernsthafte Verstimmungen in der jungen Ehe zu verhindern. Teilzeitarbeit, die allein die Mutter aufnimmt, führt, wie dargestellt, dazu, dass der Vater weiter malocht wie bisher und die Mutter jetzt auch noch ein paar Stunden mehr zu schuften hat. Teilzeit auch für Väter, unter akzeptablen Bedingungen angeboten, würde helfen, jene »›kritische Masse‹ von jungen Vätern (zu erzeugen), die ihre Doppelrolle erfolgreich ausfüllen und so eine gewisse Modellwirkung haben«, wie es sich die Sozialforscher wünschen – und nicht nur sie![22] Teilzeitarbeit für Eltern würde jeden Tag, wenn die Eltern zu ihrem Zweitjob nach Hause gehen, allen Beobachtern klarmachen, dass es da eben einen zweiten Job gibt, der Sorgfalt verlangt. Elternteilzeit wäre eine Volldüngung: für das rechte Bewusstsein und den Respekt vor der Familienarbeit.

Man hört schon die warnenden Stimmen. Wer soll das bezahlen – und die Antwort ist natürlich: dieselben, die schon (ohne große Diskussionen) die Altersteilzeit bezahlt haben, also eine Gemeinschaft aus Steuerzahlern und Betrieben. Und richtig ist natürlich auch dies: Wer bereit ist, nach ausgedehnter öffentlicher Betreuung zu rufen, darf Eltern nicht das Guthaben vorenthalten, das man bereit ist, Fremden für die Erziehung derselben Kinder zu gewähren. Feministinnen, die nun auf den Plan treten werden mit der düsteren Voraussage, so würden Frauen nach Hause gejagt, kann man entgegnen, dass die Altersteilzeit jedenfalls nicht geschlechtsspezifisch wirkt. Und allen Ehrgeizigen, die voller Schrecken auf die zu erwartenden Karrierebrüche verweisen, denen sei entgegengehalten, dass dies nun wirklich ein ganz altmodischer Einwand ist. Haben wir nicht längst gelernt, dass die gradlinig nach oben strebende Arbeitskarriere ein Ding von gestern ist, einfach *out*?

Die Anerkennung von Familienarbeit durch Zeitkonten birgt zudem ein egalitäres Moment – nicht länger wären schlechter gestellte Eltern dazu verdammt, auf Kosten von Zeit mit ihren Kindern zu malochen, während Bessergestellte das Privileg genießen, sich der Familie widmen zu können. Denn dass dies so ist, lässt sich schon heute mit Blick auf die Arbeitsstatistiken beweisen: dass es vor allem die Alleinerziehenden sind, die mit überdurchschnittlich vielen Ganztagsjobs und exorbitanter Arbeitsbelastung ihre Kinder großziehen.

Flexible Öffnungszeiten – in den Betrieben!

Die Arbeitswelt funktioniert Tag für Tag im Wesentlichen heute noch immer so, als gäbe es keine Kinder. Alle Schwierigkeiten, die sich daraus ergeben, sind privat auszubalancieren. Die gegensätzlich verlaufenden Ansprüche verursachen, wie erwähnt, eine starke Reibung, und nicht selten fühlen sich Eltern wie zwischen Mühlsteinen aufgerieben. Die Betriebe vergessen, dass auch sie auf einen Kreislauf von Produzenten, Dienstleistern und Arbeitnehmern angewiesen sind, dass Rationalisierung zwar die Kosten senkt, dass es aber ohne Menschen, die in Lohn sind und Nachfrage erzeugen, letztlich nicht gehen wird. Wie flexibel ist die Arbeitswelt, die von Arbeitnehmern alle Flexibilität erwartet? Die Vergangenheit dämpft unsere Erwartung, deshalb brauchen wir eine gesetzliche Regelung zur flexiblen Gestaltung der Elternzeit.

Was da möglich ist, zeigt uns Schweden: Dort können die Menschen 18 Monate Elternurlaub auf acht Jahre dehnen, in kleinen Chargen nehmen: als viertel bis dreiviertel Arbeitsstelle, mit Lohnausgleich, sogar in monatlicher Abwechslung der Eltern, der Phantasie zur Gestaltung des Lebens sind keine Grenzen gesetzt. Das ist nicht nur angenehm, das ist eine Befreiung aus festgefahrenen traditionellen Lebensmustern, die hierzulande viele Eltern erleben und junge Leute zu Recht fürchten. Die schwedische Wirtschaft ist nicht zusammengebrochen, so könnte man annehmen, dass solche Freiheiten auch in anderen Ländern funktionieren. Und immer sei zu prüfen, welche Arbeit von zu Hause aus erledigt werden kann.

Leichtigkeit entsteht, wenn jeder Arbeitnehmer ganz leicht eigene Bedingungen aushandeln kann, verschiedene Bedingungen zu verschiedenen Lebensphasen, weil sich erst nach und nach entfaltet, was Arbeitnehmer und ihre Familie brauchen. Wir haben lange Erfahrungen mit Normarbeitsverträgen, nun müssen wir lernen, dass es Normkinder nicht gibt: dass einige Kinder mehr Kindergarten vertragen als andere, die einen durchspielen bis zum Abendessen, aber andere nachmittags ihre Ruhe brauchen, dass die einen Kinder in einigen Lebensphasen mehr Unterstützung nötig haben werden und andere ihre Eltern zu anderen Zeiten brauchen. Wir sind auch auf Kompetenz in den Personalabteilungen angewiesen: Wann käme denn die erste Mail an »alle« mit einer Auflistung aller familienfreundlichen Neuerungen, wann die stolze Nachricht, man habe sich für das Zertifikat »familientauglich« qualifiziert? Und wo, fragen wir die zukünftigen Familienminister, wäre der harte Kriterienkatalog für die Familientauglichkeitsklasse A, B oder C?

Familienlohn, was sonst?

Alle Diskussionen führen zu diesem Punkt: Wer über die Gleichwertigkeit von Familien- und Lohnarbeit spricht oder darauf hinweist, dass Fürsorge in allen Systemen der staatlichen Sicherung als gleichwertiger Beitrag akzeptiert werden muss, der kommt nicht um die Frage herum, wieso denn dann diese gleichwertige Arbeit nicht gleichermaßen entlohnt wird. Eine Diskussion, zu der es Vorlagen gibt und Kongresse, heftige Streitereien, man könnte sagen, es ist ein Glaubenskrieg.

Festzuhalten ist: Schon heute wird Familienlohn gezahlt. Versteckt, nicht an alle, unkontrolliert und ungerecht in der Verteilung – natürlich, möchte man sagen, wie immer.

Das heutige Ehegattensplitting ist bereits eine Art von Familienlohn. »Der Normalfall der Ehe«, erklärt der Verfassungsrechtler Paul Kirchhof, »ist eine ›Gemeinschaft des Erwerbs, in der sich die Ehegatten aufgaben- und arbeitsteilend zusammengeschlossen haben‹ … Im Rahmen der dem Gesetzgeber obliegenden Typisierung kann und soll der Gesetzgeber davon ausgehen, dass die Ehe Ausgangspunkt und Grundlage einer Familie ist …« An anderer Stelle wird »die Ehe als die auf das Kind angelegte Gemeinschaft von Mann und Frau, die den Kindern die besten Entwicklungsmöglichkeiten bietet« bezeichnet.[23] Die Teilung von Aufgaben und Arbeit und die steuerliche Erleichterung dieser Arbeit macht tatsächlich nur Sinn in Hinsicht auf eine zu versorgende Familie. Nur wenn es gilt, Kinder oder andere pflegebedürftige Angehörige zu versorgen, ist es sinnvoll, dass Eltern Arbeitszeit reduzieren und dieses Zurückstecken im Steuerrecht berücksichtigt wird. Wenn es also nicht darum geht, für einige (verehelichte) Bevölkerungsgruppen steuerrechtlich den Müßiggang zu finanzieren, muss man fragen, ob eine solche Regelung nicht alle jene Kinder benachteiligt, deren Eltern nicht verheiratet sind und deren Arbeit für diese Kinder also nicht anerkannt wird. Die ungleiche Förderung von Kinderversorgung erstreckt sich sogar über den Tod hinaus, noch mit der Zahlung von Hinterbliebenenrenten wird Arbeit, die für Kinder und andere Bedürftige zu leisten ist, immer noch und auch zu Recht anerkannt. Aber auch hier sieht man die Benachteiligung von Halbwaisen, deren Eltern eben nicht verheiratet waren, und die nun die Kinder von Alleinerziehenden sind, die für sie sorgen, ohne dass der Staat hier diese Arbeit anerkennen würde.

Anerkennung für Familienarbeit wird manchmal auch mit dem Kindergeld ausgezahlt – allerdings nur bei Familien mit geringem Einkommen, bei denen, wegen der niedrigen Steuerveranlagung, nur wenig Steuer zu viel erhoben und deshalb zurückgezahlt werden müssen – weshalb für sie das Kindergeld einen hohen Förderanteil enthält. Aber die Fürsorge für ein Kind in besser gestellten Kreisen ist keineswegs weniger aufwendig, auch hier werden Kinder rund um die Uhr versorgt, behütet, gefördert. Es gibt keine andere Tätigkeit, deren Entlohnung davon abhinge, ob eine Familie besser oder schlechter gestellt ist. Warum dann hier?

Anerkennung von Familienarbeit ist im Grunde auch in der Absetzbarkeit von Kinderbetreuungskosten enthalten – nur als Ansatz, in dem berühmten »ersten Schritt«. Sie wurde allen Eltern pauschal erlaubt, auch denen, die ihre Kinder nicht zum Kindergarten bringen, sondern zu Hause erziehen – auch sie erhalten so ein wenig Anerkennung.

Tatsächlich geht kein Weg daran vorbei, sich weiter mit der Anerkennung der Familienarbeit zu beschäftigen. Es ist, bei allen Beschwörungen über die unersetzliche, wertvolle, wertevermittelnde, heilige Familienarbeit bislang nicht gelungen, ihren Wert jenseits rhetorischer Floskeln im Bewusstsein zu verankern – jedenfalls nicht im Bewusstsein derer, die unsere Systeme der sozialen Sicherungen gestalten und seit einem halben Jahrhundert verhindern, dass Familienarbeit dort die ihr angemessene Anerkennung erfährt.

Familienlohn gibt es also, aber immer nur ein bisschen – hier ein paar Rentenpünktchen, da ein wenig Hinterbliebenenversorgung, die bei der nächsten Reform wieder zur Debatte steht. Dies ist ein Verfahren, das wir uns bei keiner anderen Arbeit erlauben. Man stelle sich den Aufruhr vor, wenn zur Sanierung der Rentenkassen plötzlich beschlossen würde, andere Arbeitsleistungen nur noch im Rahmen einer Halbzeittätigkeit anzurechnen, wie es Müttern bei der letzten Rentenreform geschah! Und erst die Empörung, wenn Familien beschließen würden, dass es bei dem bisschen Anerkennung eben auch nur möglich ist, ein bisschen Familienarbeit zu leisten, wenn sie ihre Kinder ein bisschen verkommen ließen, nur noch ein bisschen putzen würden, nur noch halbe Essensportionen auftischten, die Kinder nur halbwegs kleiden würden – dann käme die Polizei, zu Recht.

Solange Familienarbeit in ihrer Belastung und in ihrem Wert nicht im Bewusstsein der Gesellschaft verankert ist, wird es auch schwierig sein, eine Reduzierung von Erwerbsarbeit für Eltern durchzusetzen, weil niemand begreift, dass die Versorgung von Kindern eben nicht ein Stückchen »Elternurlaub« ist, ja, so heißt es, selbst noch in Schweden! Solange die Belastung durch Familienarbeit ausgeblendet wird, sind Eltern wehrlos gegenüber dem steigenden Arbeitsdruck, wird sich die ersehnte Beteiligung von Frauen an der Lohnarbeit einfach draufsatteln zu ihrer Arbeit für die Kinder, wird dies in Zukunft sich zu einer Bürde und Last von Arbeit zusammenfügen, wie wir es nur noch aus Erzählungen des 19. Jahrhunderts kennen, aus Zeiten des Frühkapitalismus. Natürlich nur für Menschen mit Kindern. Die anderen werden auf ihre Arbeitsverträge verweisen können: 37,5 Stunden und damit aber Feierabend!

Angelika Krebs hat, wie dargestellt, logisch und moralisch argumentiert, dass eine anständige Gesellschaft definiert ist als »eine Gesellschaft, in der es keine demütigende institutionelle Ungleichheit gibt«. Leute, die Kinder erziehen oder in anderen Zusammenhängen Fürsorge leisten, dürfen also nicht ungleich behandelt werden. »Menschen, die ihren Arbeitsbeitrag zum gesellschaftlichen Leistungsaustausch leisten, aber behandelt werden, als arbeiteten sie gar nicht, werden sozial ausgeschlossen. Ihre Menschenwürde wird verletzt. Das Recht auf Anerkennung von Arbeit ist nur die andere Seite des Rechts auf Arbeit«, schreibt Krebs.[24]

In einer Gesellschaft, in der Anerkennung von Arbeit generell über Geld geschehe, führe diese Struktur notwendigerweise zur »Forderung nach einem die menschenwürdige Existenz absichernden Minimallohn«. Was da zu zahlen ist, steht jede Woche in den Kleinanzeigen. Krebs gelingt es, die erforderliche Lohnhöhe mit ein paar Federstrichen hervorzuheben: Verdienst einer Haushälterin? Einer Kindergärtnerin? Altenpflegerin? Bedauernd nimmt sie zur Kenntnis, dass Familien zur Durchsetzung ihrer Interessen nicht über das Instrument Streik verfügen.

Würde Lohn die familiäre Intimität zerstören? Die Liebe, referiert Krebs, schenke doch und frage nicht. Allerdings sei es unzweifelhaft so, »dass Liebe Arbeit macht und nicht alle gleichermaßen diese Arbeit für andere erbringen«.[25] Lieben denn Väter ihre Kinder weniger, als die Mütter es tun, weil sie anders als jene sie weniger häufig wickeln, nicht so oft Münder abwischen oder Schulranzen kontrollieren? Schärfer gefragt: Ist es ein Zeichen von Lieblosigkeit, wenn Männer, wie nicht ganz unüblich, von ihren Frauen erwarten, dass sie hinter ihnen herräumen und -putzen? Andersherum betrachtet: Würde Lohn für Familienarbeit die Elternherzen erkalten lassen? Keineswegs. »Es gibt Fürsorge ohne Liebe, es gibt Fürsorge mit Liebe, und es gibt Liebe ohne Fürsorge«, erklärt Krebs und stellt unsentimental fest: »Da gute Fürsorge keine Liebe und Zuneigung verlangt, ist die Fürsorgekomponente in ›Fürsorge mit Liebe‹ prinzipiell ersetzbar durch käufliche Fürsorge ohne Liebe. Ob man nun mit Liebe kocht, putzt, wäscht, einkaufen geht, das Bett neu bezieht, die Multiplikation erklärt oder aus der Zeitung vorliest, oder ohne Liebe, dafür aber mit dem Willen, die Sache gut zu machen, das dürfte für die Qualität der Leistung keinen klaren Unterschied in die eine oder die andere Richtung machen.« Man könnte sagen, Krebs weigert sich auf gewisse Weise, der Liebe auf den Leim zu gehen, und eröffnet Familien neue Möglichkeiten: mit mehr Geld sich mehr Zeit zu kaufen, Arbeit zu delegieren, mehr Zeit gewinnen, Spielzeit sozusagen.

Juristisch hat Margit Tünnemann die Frage nach einem Lohn für die Familienarbeit in ihrer Dissertation durchdekliniert. Das verfassungsrechtliche Gebot zum Schutz und zur Förderung der Familie, wie in Artikel 6 des Grundgesetzes verankert, verlange »einen horizontal angelegten Ausgleich zwischen Familien und Kinderlosen«, es sei auf Chancengleichheit abgestellt, schreibt Margit Tünnemann in ihrer Zusammenfassung in der Zeitschrift Neue Caritas.[26] und Bedingung dafür, dass es eine tatsächliche Wahlfreiheit für die Lebensform Familie gebe. Diese Freiheit habe nämlich materielle Voraussetzungen und existiere nur, wenn die Familie als Lebensform finanziell abgesichert sei. Chancengleichheit herzustellen, gelinge am besten, wenn staatliche Leistungen für Erziehung deutlich machten, dass Kindererziehung »ein gesellschaftlich anerkannter Tatbestand ist, der unter den gegebenen wirtschaftlichen und sozialen Bedingungen zu erheblichen Nachteilen führt, die aus Gründen der Familiengerechtigkeit auszugleichen sind.«

Solche Leistungen, schreibt Tünnemann, dürften sich weder am Fürsorgeprinzip orientieren, weil es dann unabhängig von der tatsächlichen Leistung nur denen zugute käme, die sich in einer sozialen Notlage befänden. Sie dürften auch nicht als

Lohnersatzleistungen kommen, weil dann ein und dieselbe Tätigkeit verschieden honoriert würde – Erziehungsarbeit durch meist besser verdienende Väter also zum Beispiel höher als die von Müttern. Sie sei auch nicht als Anspruch auf eine Versorgungsleistung des Staates zu gestalten, weil so die Kindererziehung zum Beruf erklärt und einer Erwerbsarbeit als Alternative gegenübergestellt würde. Tünnemann fordert eine staatliche Leistung, die sich am Betreuungsbedarf der Kinder orientiert und den Eltern so eine Freiheit der Entscheidung gewährt, wie ihr Kind betreut werden soll – von ihnen zu Hause oder von anderer Seite, die dann mit dem empfangenen Geld honoriert werden könnte. Die Höhe solle »sich ganz praktisch an den durchschnittlichen Kosten für einen Betreuungsplatz in einer Einrichtung orientieren.« Und müsse von der Allgemeinheit finanziert werden, unter Einsschluss auch aller Beamten und Selbstständigen am besten durch die Steuer. Auch über den Namen dieser Leistung hat sie sich schon Gedanken gemacht und schlägt den Begriff »Erziehungsgeld« vor, um allen emotionalen Anspielungen auf traditionelle Rollenverteilung oder Betreuungsmodellen zu entgehen.

Würde Familienlohn also eine Kaste von Leihmüttern schaffen? Womöglich junge Frauen zum Gebären verführen? Und zwei Jahrzehnte später aus ihnen Sozialfälle machen? Das befürchtet Renate Schmidt sosehr wie Anneliese Windheuser, Generalsekretärin des Sozialdienstes katholischer Frauen. Nicht auszuschließen. Andererseits: Ist dies nicht das Problem aller Arbeitnehmer, die zunehmend in zeitlich befristeten Verträgen arbeiten? Und: War es für Mütter nicht schon immer so – außer, dass sie vorher *keinen* Lohn bekamen? Man möchte mit Barbara Handke, der Geschäftsführerin des Caritasverbandes Wiesbaden, die ein Erziehungsgeld befürwortet, auf ein Argument verweisen, das auch das Heidelberger Büro für Familienfragen in die Debatte geworfen hat: Unsere Verfassung geht aus vom mündigen Bürger, der eigenverantwortlich und frei entscheidet: »Wer Angst davor hat, dass eine Minderheit nicht mit dieser Freiheit verantwortlich umzugehen weiß, muss die Freiheit selbst abschaffen, um diesen Missbrauch zu verhindern.«[27]

Diese Gesellschaft hat zur Zeit jedenfalls kein Problem damit, dass sich zu viele Frauen zur Mutterschaft entschlössen.

9. Der große Umbau

Alle sind sich darüber einig, es fehlt dieser Gesellschaft an Kinderfreundlichkeit. Aber wie wäre sie denn herzustellen? Einfach mehr Kindergärten? Oder Spielstrassen? Reicht schon ein betreuter Mittagstisch für Schulkinder? Das alles reicht natürlich überhaupt nicht. Was wir brauchen ist nicht wenig. Um es mit dem Pädagogen Andreas Flitner zu sagen: Es wäre »eine Ökologie der Lebens- und Erfahrungswelt der Kinder«.[1] Kinder brauchen Räume der Welterfahrung. Wo sie das Leben erkunden können und auch selbst gestalten, Freundschaften anbahnen, sich austoben, nicht nur mit anderen Kindern. Es wird darauf ankommen, den Kindern den öffentlichen Raum zurückzugeben, den wir in den vergangenen Jahrzehnten der Offensive der Autoflotte überlassen haben, wenn wir das nicht schaffen, sollten wir uns auch nicht darüber wundern, dass wir in unseren Straßen keine Kinder mehr sehen.

Wie man Familienfreundlichkeit herstellt? Dafür gibt es viele Ansätze. Freiburger Sozialforscher fordern eine »vernetzte Stadtplanung«, eine ressortübergreifende Stadt- und Sozialplanung, die von der Einsicht zehrt, dass die Investitionen in die Umweltbedingungen von Familien – Verkehrsberuhigung, Nachbarschaftshilfe – sich andererseits auf Kosten für organisierte Betreuung senkend auswirken können und für alle das Leben angenehmer machen! Alles gehört dann auf den Prüfstand: jedes Wohnhaus, jeder Garten drumherum, die Straße davor, die Kreuzung, das Stadtviertel. Die Frage muss sein: Was kann man hier, an diesem Ort, besser machen für Kinder?

Wunderbar, wenn sie losgelassen werden

Die öffentlichen Flächen müssen zurückerobert werden – wir haben es ausgeführt –, damit schenken wir den Kindern Platz und Zeit, jeden Tag gewinnen sie zwanzig Minuten draußen, wenn die Tempo-50-Straße auf eine Dreißig-Stundenkilometer-Zone heruntergefahren wird, und machen wir die noch zur Spielstraße, dann sind die Kinder in diesem Wohngebiet eineinhalb Stunden lang draußen, jeden Tag, macht in der Woche schon über sieben Stunden geschenkte Draußenzeit, nicht zuletzt auch für die Eltern, geschenkte sieben Stunden, in denen man in Ruhe lesen kann oder die Wäsche versorgt, endlich mal

Ordnung schafft, Zeit für Arbeit also, aber auch für Erholung. Wie schenkt man allen sieben Stunden?

Es geht so: »Dazu bieten sich Kreuzungen an«, schreiben die Freiburger Forscher, »die in sie einmündenden Straßen müssten zu Sackgassen werden.«² In Sackgassen lassen sich Freiflächen für Kinder schaffen, die Autos werden mit klaren Schildern wie »Spielstraße« der Prinzenrolle verwiesen. »Jedes Kind im Vor- und Grundschulalter müsste in seinem Streichraum – also einer Entfernung von 100 bis 150 Metern zur Wohnung – Zugang zu einer solchen Straße haben.« Und schon wäre das Familienleben um wöchentlich fünf geschenkte Stunden entstresst! »Wer angesichts dieser Einsicht eine Ausweitung der Temporeduzierung verhindern will, wird begründen müssen, welche Wohlfahrtsgewinne er mit den Wohlfahrtsverlusten der Kinder ›verrechnen‹ will«, schreiben die Freiburger Soziologen und fordern eine Umwandlung von genormten Spielplätzen in Abenteuer-Zonen.

Wie das geht? Demontage von Wackelpferdchen und Aufreißen der glatten Oberflächen! Zu Tümpeln und Erdhügeln formen, Wasserrinnsale anlegen und Bauholz herbeischaffen, Steine, Bretter. In Freiburg wurden von 150 Spielplätzen schon 27 umgestaltet zu naturnahen Erlebnisfeldern – und zugleich eine Bürgerinitiative geboren: So viele Kinder ließen sich auf diese neuen Plätze locken, dass Anwohner sich belästigt fühlen ... Es wird dauern, bis uns Kinderlärm wieder so normal vorkommt wie das Dröhnen der Business-Flieger.

Niemand täusche sich, die Arbeit sei getan, wenn ein Schulhof begrünt ist, hier ein Bauspielplatz entsteht und dort eine Spielstraße. »Die Nischen müssen mehr werden«, sagt Ivo Hoin, Pädagoge und Sportwissenschaftler vom Hamburger Forum Spielräume e.V., es gilt, »ein riesiges Spinnennetz von Möglichkeiten« zu schaffen. Grünzüge müssen durch die Stadt führen, ähnlich wie die Ringstraßen, auf denen heute die Autos durch die Stadt geschleust werden, möglichst behinderungsfrei – eine Idee, die erst noch auf Passanten zu übertragen wäre.

Rezept für eine kinderfreundliche Stadt

Jedes Stadtviertel durchforsten und fragen, was brauchen wir hier? Sind die Wege zur Schule wirklich sicher, wie können sie sicherer werden, was muss man tun, um ganz sicher sein zu können, dass auf dem Schulweg kein Kind zu Schaden kommt?

Ein Round Table ist zu gründen, an dem sitzen Pfarrer, Polizisten und Schulvertreter, Eltern und Kinder, und dann schaue man sich um. Der Pfarrer schaut vor dem Kindergarten, wie dort der Verkehr mittags aussieht. Die Erzieherinnen des Kindergartens marschieren durchs Quartier und erstellen einen Plan, wo außerhalb des Kindergartens Spielzonen entstehen könnten. Hundewiesen bieten sich zur Umwidmung an. Ein Schild: »Hier spielen Kinder, bitte Hunde zurückhalten« und schon ist Platz. Jenen Garagenhof freigeben, ein Fußballtor installieren und auch einen Baseball-Korb. Der Polizist versucht, mit den Kindern sichere Wege zu diesem neuen Spielplatz zu finden. Der Pfarrer wird feststellen, dass sich auf dem großen Rasen neben der Kirche ein Volleyball-Netz spannen lässt. Das durchsetzen!

Eine Kreuzung, die für den Verkehr abgeschlossen wird, kann im Nu eine freie Fläche von 1 000 qm bieten, zum Treffen für die Leute aus den umliegenden Wohnblocks.[3] Vordächer am Eingang großer Wohnblocks können Spielzonen für die Kleinen werden, wenn statt der Mülleimer-Häuschen kleine Sandkästen eingerichtet werden. Malwände können aufgestellt werden und große Anschlagtafeln, auf denen nicht nur die Bürokratie ihre Versammlungszeiten bekannt gibt, sondern Anwohner ihre Ideen, Hilfsangebote und Gesuche aushängen können. Die Hamburger Kinderforscher schlagen öffentliche Hausarbeitsplätze vor, auf denen Fahrräder repariert werden können oder zusammen gewerkelt werden kann.[4] Es geht darum, Häuser und Gehwege, Eingänge und Vorgärten, Straße und Anwohner miteinander zu vernetzen, was nun im Zeitalter der globalen Netzkultur wirklich nicht zu schwierig sein sollte. Und haben wir nicht bereits gute Erfahrungen gemacht mit Fußgängerzonen in den Innenstädten? Sie dienen mit Erfolg dem Shopping in entspannter Atmosphäre. Was wir jetzt brauchen, sind Fußgängerzonen in allen Wohngebieten, zum Wohlfühlen.

Es gibt gute Beispiele. Noch nicht für Kinder, jedenfalls nicht in Deutschland, aber zum Beispiel in Norwegen, wo es gelungen ist, ganze Wohnviertel mit 20 000 oder 40 000 Einwohnern vom Verkehr abzuschotten, da sind die Autos in weitem Kreis um die Wohnanlagen herum geparkt, eine neue Art von Wagenburg, die Sicherheit gibt. In Deutschland nehme man sich München zum Vorbild: »Radler auf der Überholspur«, heißt es da in fetter Überschrift in der Zeitung[5], die Zahl der Räder auf den Straßen soll um 30 Prozent gesteigert werden, der Lokalteil dokumentiert in Bild und Text, wo es noch eng wird und wo gefährlich, unübersichtlich oder irgendwie neuralgisch. Nun muss man nur noch das Wort »Radler« durch das Wort »Kinder« ersetzen, losziehen müsste der Reporter, am besten mit einem Kind an der Hand die Welt betrachten, wie es die Mütter in ihrem Manifest schon vor Jahrzehnten vorgeschlagen haben: Wo ist es gefährlich? An welcher Stelle geraten Kinder aus dem Blick? Das verlangt also einen Perspektivwechsel der Stadtplanung, am besten der Stadtplaner!

Wenn die Spielplätze als zu klein empfunden, die Hinterhöfe zu langweilig, alles zu stark befahren oder von den Platzhirschen in ihren starken Kisten belegt – dann müssen nicht die Kinder entfernt, sondern die Verhältnisse geändert werden. Nur so holt man die Menschen in die Stadt, was doch alle Kommunen angeblich wollen! Es muss als unanständig betrachtet werden, dass es keine Straßen mehr gibt, auf denen gespielt wird. Jeder Stadtbereich braucht im übrigen Plätze, auf denen Erwachsene und Kinder auch gemeinsam spielen können. Wo wäre das möglich? Gemeinsame Räume müssen gemeinsam erdacht und geplant werden, so fängt das neue Lebensgefühl schon an, bevor solche Räume auch nur auf dem Papier stehen.

Wenn sie einmal da sind, wird man feststellen können: Es rechnet sich! Reinald Eichholz, Kinderbeauftragter von NRW, bittet, der Tatsache Rechnung zu tragen, dass der Einfluss, der von Städtebau und Straßenverkehr ausgeht, »oftmals um vieles stärker auf die Kinder wirkt als die häufig zum Reparaturbetrieb degradierten Initiativen und Institutionen der Jugendhilfe selbst.«[6] Und nicht nur die Rechnungen stimmen. Es ist auch so viel angenehmer! »Das Niveau der Kinderfreundlichkeit unserer Städte und Gemeinden ist ein untrüglicher Gradmesser für die Lebensqualität allgemein: Kinderfreundliche Städte und Gemeinden sind lebenswerter für alle«, schrieb der verstorbene Dieter Tiemann, ehemals Referent für Kinder- und Jugendpolitik im Ministerium für Arbeit, Soziales, Jugend und Gesundheit des Landes Schleswig-Holstein.[7]

Der Anfang mag schwer sein. Aber sobald die erste Straße zur Spielstraße umgewandelt ist, wird alles leichter. Jeder kann dann täglich erleben, dass Autos hier kein Vorrecht genießen, sondern Leute. Wir wünschen uns, dass am Eingang von Wohnvierteln Schilder stehen: »Jetzt betreten Sie einen kinderfreundlicheren Stadtteil!«. Oder: »Dies ist eine Spielzone. Lassen Sie die Kinder von der Leine!«

Nachbarschaftsmütterkinderväteraltenzentren oder: neue Kraftwerke schaffen

Stadtviertel, in denen Menschen mit ihren Kindern gut leben können, haben nicht nur Fußgängerzonen, sondern auch Orte, die Leute mit Kindern gerne ansteuern, wo man sich treffen kann, zum Austauschen oder Auftanken. Orte, die Energie erzeugen. Tatsächlich, das können auch Schulen sein, wenn sie sich nicht als Paukinstitution verstehen, sondern als Nachbarschaftstreffpunkt. Ein Ort des Lernens, wo die Kinder und ihre Eltern nach Schulschluss ins Café gehen können, wie in jedem schönen anderen Betrieb auch. Dazu ein Service-Center, Schulaufgabenbetreuung, Klavierunterricht, zu dem Eltern ihr Kind nicht extra kutschieren müssen. Warum nicht auch ein Wäscheservice oder ein Abendessenstisch für eilige Eltern, damit sie nach der Arbeit nicht erst in den Supermarkt müssen, dann in die Küche, schließlich erschöpft am Tisch hängen und sich auch noch darum kümmern sollen, ob alle Hausaufgaben gemacht sind. All das gibt es schon (wenn auch vermutlich noch nicht in Ihrer Nachbarschaft), genauso wie es eine allgemeine Elternteilzeit schon gibt (wenn auch nicht für Eltern), wir sehen vorbildliche Beispiele in den hochgelobten Büros der Zukunft, wie sie so farbig in den Magazinen vorgestellt werden: Arbeitsorte, an denen nebenan der Wellness-Bereich angedockt ist, Schwimmbad, Whirlpool, Work-out-Zone. Genau das brauchen wir, nennen wir es Family-Wellness. Oder einfach: Kraftwerk. Schauen wir es uns an, erste gute Beispiele gibt es.

Kleiner Hinterhof in Hamburg, beste Lage in Salzgitter

Niedriges Tor, mächtiger Riegel, es soll ja keiner in drei Schritten mitten auf der Straße stehen. Auf dem Hof wird ein großer Wagen mit Vorsicht eingeparkt, er ist gut gefedert, weich gekuschelt, daneben Fahrzeuge aller Größen, Buggys jede Menge, sogar ein Gehwagen steht da. Der Gehwagen gehört Carla, einer alten Dame, die jeden Mittag hier im Mütterzentrum Hamburg-Eimsbüttel zum Essen anrollt. Nun sitzt sie unten am großen Tisch, neben ihr Louisa mit Paulchen, drei Wochen alt, der auf ihrem Unterarm in entspannter Haltung balanciert – Augen geschlossen, Nase zum Himmel, Arme rechts und links runterhängend. Carlas Hand ruht auf Paulchens Bauch. Der Bauch hebt und senkt sich. Die beiden Frauen haben einander die

Köpfe zugeneigt, sie tuscheln. »Morgen kann ich dir sagen, ob ich Zeit habe«, sagt Louisa, »wenn ja, helfe ich dir.«

Helfen, zusammensitzen, vielleicht nur klönen. Nebenan sind Krabbelkinder in einer offenen Gruppe untergebracht, das verschafft ihren Müttern eine Atempause für ein entspanntes Gespräch. Ein Stockwerk höher toben die Kindergartenkinder, ein Stockwerk tiefer ist der Keller für die Schulkinder, die hier nach dem Mittagessen abhängen. Das Mütterzentrum zieht eine ausgedehnte Großfamilie in seine Räume. Carla weist mit knöchrigem alten Frauenzeigefinger nörgelnd auf einen Anorak am Boden, jemand Wildes mit Ranzen stürmt rein und brüllt sein »Was giiiibts?« in Richtung Küche, am Esstisch verkündet jemand, dass Eigelb einfach ekelhaft schmecke. Die diensthabenden Mütter setzen sich ans Tischende und erstellen den Essensplan für die nächsten Tage: »Champignons? Ein Pfund?«

Einkaufen, etwas anbieten. Die eine Frau versucht sich vielleicht an einem Mittagessen, eine andere findet, dass sie Lust hätte, anderen Familien unter die Arme zu greifen, beim Fensterputzen zum Beispiel, oder durch Übernahme der Bügelwäsche, kleines Zubrot verdienen. So etwas geht in einem Mütterzentrum, weil das Kind derweil in der Krippe umsorgt ist, unentgeltlich. In den Räumen des Mütterzentrums entstehen auf diese Weise Gymnastikkurse oder Friseurstuben, ein Italienischkurs oder eine Computerschulung, alles ganz einfach, denn über Räume und Kinderbetreuung muss man sich schon keine Sorgen machen. So entwickeln sich Hilfsnetze, da werden erste Schritte in eine Berufstätigkeit gewagt. Dass es so einfach geht, ohne Sozialfürsorge! Als Steuerungsinstrument liegt ein fettes Schreibbuch auf einem Regal, in das jeder einträgt, ob Yoga ausfällt oder wer denn bitte nächste Woche Lieschen mal von der Schule abholt.

Es gibt Mütterzentren in Schopfheim oder Sigmaringen, von Zwickau über Dresden bis Bauzen, in Iserlohn und in Aachen. Es gibt über 400 Mütterzentren, die in Deutschland in nur 20 Jahren entstanden sind, sie heißen Wackelzahn oder Rabennest, Kinderstube oder Frauenhütte. Deutsche Mütterzentren sind zudem ein glänzender Exportartikel, es gibt sie in Zürich und in Teplice, in Prag und in St. Gallen, in Rotterdam oder Brooklyn New York, aber auch in St. Petersburg, in Sonthofen, in Biberach, natürlich auf den Philippinen und in Sarajewo und wer nun gesteht, noch nie von einem Mütterzentrum gehört zu haben, müsste sich fragen, ob es daran liegen könnte, dass der

Name Mütterzentrum womöglich ein instinktives Kopfausschalten bewirkt. Oh je. Muttis. Man müsse, sagt Hildegard Schooß, die so etwas wie eine der Urmütter der Mütterzentren ist, sich erst mal auf den Begriff Mütterzentrum einlassen, um zu begreifen, dass es um eine neue Kultur geht. »Wir sind Inseln«, sagt sie, im Mütterzentrum werde gelebt, was Politiker so gerne als ihre Vision verkaufen, im Stile von *Die Menschen werden wieder aufeinander zugehen*, aber sich selten trauen durchzusetzen: »Machen wir alles.«

Ein Miteinander von Fähigkeiten und Bedürfnissen, keine Hierarchien, irgendwie alles Flux. Null Sozialarbeiter, dafür mittenmang und überall Kinder, Start-up-Unternehmen hinter jeder zweiten Tür im Mutterzentrum und das alles nicht pädagogisch oder therapeutisch im Sinne von *Wie helfen wir nur diesen Leuten*, sondern sortiert nach dem Slogan *Liebe, Lust und Leidenschaft!* Hildegard Schooß hat in Salzgitter so etwas wie den Daimler der Mütterzentren auf die Wiese gestellt, da empfängt sie im nachtblauen Leinenanzug bei Karamelleis auf Fruchtsalat mit Trauben. Man sitzt also zusammen und blinzelt in die Sonne. Auf der Wiese fliegen Bälle hin und her, rechts der Kirschhain, gerade ausgeblüht, im Rücken liegt ein architektonisches Kleinod aus transparenten Glasfassaden, hinter denen Pflanzen ranken und Galerien schweben. Caféhaustische sind zu erahnen, tatsächlich – auch ein Rollstuhl ist zu sehen. Beste Lage Salzgitter. Hildegard Schooß fragt sich, wie es nun weitergehen könnte: »Ich denke gerade: Verdammte Hacke noch mal! Wir haben hier ein Zentrum, da kann jeder sehen, dass es funktioniert, und wo ist jetzt der Durchbruch?!«

Alle waren da, Rita Süssmuth und Frau Bergmann, Gerhard Schröder sogar noch als Ministerpräsident, sie staunten, tatsächlich ein Projekt der Expo! Das SOS-Kinderdorf beteiligte sich, der Etat besteht aus zweieinhalb Millionen Euro pro Jahr, alle erklärten sich begeistert. Aber den Sprung zu mehr solchen Zentren wagen sie nicht. »Wenn sie etwas einrichten, stellen sie immer gleich einen Pädagogen an«, sagt Hildegard Schooß, »dabei bräuchten sie einen Unternehmer, damit so was läuft.«

Man könnte sagen, Hildegard Schooß ist die geborene Unternehmerin. Aufgewachsen mit 13 Geschwistern in einem veritablen Familienfleischereibetrieb. Mit 17 hatte sie eine eigene Filiale, um ihr Mütchen zu kühlen. Dann kam die Frauenbewegung, die Kinder kamen, Hildegard Schooß las die Theoretiker, irgendwann begann sie, Projektanträge zu formulieren.

Vielleicht alles ein wenig überwältigend, was Hildegard Schooß angestoßen hat, einschüchternd womöglich, was sie hingekriegt hat und was man mal ganz kurz »ihr« Mütterzentrum nennen muss, um gleich wieder zu sagen, dass es natürlich allen, allen, allen gehört, die hier Tag um Tag leben. Etwa 500 Leute. Allein gut hundert Kinder, die hier jeden Tag betreut werden, in ihren Gruppen im rechten Hausflügel, rausrennen in den Garten, der hinter dem Haus liegt, durch den Waldhöhlenweg hinrennen zu den Schlammgruben und Sandkästen und Lehmabhängen, wo man mit Holz und Wasser bauen kann und wo gerade ein Lehmofen entsteht und wo schon in wenigen Wochen die Himbeeren und die Stachelbeeren, die Johannisbeeren und die Brombeeren am Zaun zu schlecken sind. Alte Leute werden hier betreut, kommen jeden Morgen in den linken Hausflügel, baden auch mal im Wellness-Center nebenan oder gönnen sich eine Aromatherapie. Oder Maniküre, ein Hauch von Nagellack! Wenn die alten Herrschaften in den Garten gehen, treffen sie die Kinder, »Komm, ich zeige dir die Gummistiefel«, schreit ein Kleiner, »dies hier sind Lauras und die sind Stefans und die kenn ich nicht und das sind meine!« Die alte Frau S. sagt: »Meine Kinder sagen immer: Du und dein Mütterzentrum! Ich liebe es. Ich habe sieben Kinder gehabt, und zwei sind gestorben, und ich danke jeden Tag Gott, dass es das hier gibt. Natürlich erzähl' ich mit den Kinderchen. Ich könnte es mir gar nicht vorstellen, einen Tag ohne Mütterzentrum, weil immer jemand da ist, mit dem man sprechen kann, über alles, womit man nicht klar kommt, und das ist viel.«

Frau S. hat Alzheimer. Sie wandert ein bisschen rum. Setzt sich hier hin, geht jetzt nach dort. Frau M. war früher Lehrerin, und heute fährt sie im Rollstuhl umher, weil das Rheuma gerade so schlimm ist, ihr Mann schiebt sie. Die beiden wollen hier Mittag essen, Brokkoli-Gratin und nachher Birne in Schoko, und nebenan redet eine, die im Café ein paar Vormittage in der Woche zum Zeithaben eingeteilt ist, mit einer alten Dame, die seit kurzem nur mal so zu Besuch kommt, auf ein Käffchen. Jeden Tag gibt es 200 Essen, auch für jene allein erziehende Mutter mit den Dreien, die sich hier zum gemeinsamen Am-Tisch-sitzen treffen in der Mittagspause, kostet zusammen sechs Euro, und am Nachbartisch genießen die beiden Herren vom Dentallabor den Mutter-Service. Jemand holt seine Blusen aus der Mangel, Schüler wollen ins Internetcafé, drei ältere Herrschaften kreuzen hier abends auf, sie genehmigen sich einen Drink, bevor sie ins Konzert gehen. Jemand lässt sich im kleinen Laden von Angelika einen Blumenstrauß binden.

Angelika B. ist seit vierzehn Jahren Mutter, sie hat einen behinderten Sohn. Was, sagt Angelika B., hätte sie wohl ohne Mütterzentrum gemacht? Ein Ort, wo sie einfach so hingehen konnte mit ihrem Kind, »also die Behinderung ist hier einfach gar kein Thema«, sagt sie, der Sohn sei einfach so mitgelaufen, in der Gruppe, und als er später zur Betreuung und Förderung in die Behinderteninstitution gekommen sei, habe sie einen kleinen Laden im Zentrum aufgemacht. Gerade mal für ein paar Stunden, mit 50 Mark, dafür habe sie eine Ladung Snickers gekauft, eine Ladung Mars und eine Stange Zigaretten. Heute ist ihr Laden ein richtiger Tante-Emma-Laden geworden, Schulhefte mit Linien oder kariert, Sparschweine und Duftkerzen, Sauerkrautsaft und Kräutertöpfchen, »wo die Leute auch nur mal zum Schnabbeln reinkommen und wo die Zweijährigen ihren ersten Einkauf tätigen können«, sagt sie. Jede Mark reinvestiert! Seit einem Jahrzehnt! Und ob er sich trägt? Sagen wir so: »Er kostet mich nichts«, sagt Angelika B., das sei alles ein Geben und Nehmen im Mütterzentrum. Wenn ihr Sohn sie brauche, könne sie auch einfach schließen, für ein paar Stunden. Das Mütterzentrum ist ein Raum, der zusammenführt und ermuntert, etwas mit sich und den anderen anzufangen. Dahinter steckt weniger die Einsicht, wie sie gerne von oben verkündet wird, dass man nicht dem Staat zu Last fallen solle, sondern die Erkenntnis, dass Geld nicht alles ist. »Bestimmte Dinge kann man sich nicht kaufen«, sagt Helga Schooß.

Man könnte sagen, Mütterzentren funktionieren gerade andersherum als die Arbeitswelt. Werden dort Leute gelegentlich aussortiert, auch wenn sie die besten Qualifikationen haben, werden sie hier willkommen geheißen, auch wenn von Qualifikation zunächst noch gar nichts zu sehen ist – weil man aus Erfahrung weiß, dass jeder immer irgendwie etwas einzubringen hat. Und sich dies nicht selten bei Ermutigung entwickelt! Tut die Arbeitswelt meist so, als gäbe es keine Kinder, oder zwingt Eltern so zu tun, als hätten sie keine, sind hier Kinder einfach dabei. Sie genießen sogar Vorrechte: Ballspielen auf der Wiese ist erlaubt! Rumtoben und Krachmachen gilt als lebendig, der mittlere Haustrakt ist mit Absicht über alle Stockwerke offen gebaut, damit die Stimmen der Kinder bis unter das Dach tragen können und niemand, der sich auf diesen Etagen bewegt, sich vom allgemeinen Getriebe ausgeschlossen fühlen muss. Die jüngsten Besucher schaukeln hier in großen Netzen und die Ältesten können mit dem Rollstuhl an die Blumenhochbeete fahren und eine Prise Blütenduft zu sich nehmen. Hildegard Schooß nennt es »die mütterliche Kultur: Schauen, was jemand braucht«. Im Sinne von: Das Kind quengelt, ist es hungrig? Was braucht es? Zuwendung? Oder Ruhe? Und wenn man sie fragt, was sie sich noch erträumen könnte, dann sagt sie, es wäre schön, wenn mal eine Ärztin hier eine Sprechstunde machte, oder eine Juristin ein wenig beriete.

Über 400 Mütterzentren sind ein rasender Erfolg. Aber mit Mütterzentren ist es wie mit Brunnen in Afrika: nicht die spannende Reportage über den neuen Brunnenschacht zählt, sondern ob einer genau da ist, wo man ihn braucht. Die Töchter von Hildegard Schooß sind übrigens mit ihren Babys aus Berlin und Süddeutschland zurück nach Salzgitter gezogen. Selbst aufgewachsen mit allen Angeboten und Hilfen des Mütterzentrums, schien es ihnen zu unpraktisch, woanders ihre Kinder großzuziehen. Wir brauchen solche Zentren für alle Kinder und Eltern, und zwar in Laufnähe, am besten eines in jeder Schule. Es sollte auch Väter anziehen und freundliche Nachbarn, es soll eine Tankstelle sein für alle, die auftanken wollen, ein Ort, wo jeder zupacken kann: Nennen wir es Kraftwerk! Wie man das macht? So:

zept für ein Familienkraftwerk

(nach Hannelore Weskamp, Hamburg, die Hebammendienst an über zwanzig Mütterzentren geleistet hat)

Zutaten: drei oder vier engagierte Leute. Eine mit einer Prise Charisma.

1. Alle in einem Raum versammeln, schmoren lassen, bis sie wissen, was sie wollen. Ein Zentrum, für was? Was muss es bieten, was können wir einbringen?
2. Wenn die Ziele geklärt sind, eine Anzeige aufgeben. Im Sinne von: Wir wollen ein Familienzentrum gründen, das Eltern und Kindern einen Raum zur gegenseitigen Hilfe, Unterstützung, Kinderbetreuung und freundlicher Begegnung bietet: ein Kraftwerk für alle! Interessierte treffen sich am Montag den XY um soundsoviel Uhr im Gemeindezentrum oder in der Schule ...

Dann, sagt Frau Weskamp, ginge das so einfach seinen Weg.

3. Beim Bundesverband der Mütterzentren können Startpakete angefordert werden, die alles weitere im Detail erklären – wie man zu Räumen kommt, wo man Geld herkriegt, wie es dann weitergeht.

4. Räume, sagt Hannelore Weskamp, gebe es doch wirklich überall: leer stehende, wundervolle, öffentlich erbaute Räume! Die Schulen stehen doch leer, darin so viele Aulen, große Eingangshallen, Küchenräume, und so viele Kindergärten, noch nicht erwähnt das Kirchenzentrum! Natürlich könne man auch Räume teilen! Wenn das nicht eine Frage der Erziehung ist!

Jeder Stadtteil braucht ein Kraftwerk. Ein Ort in jeder Schule sollte dafür geöffnet werden. Nie mehr sollten Schulen ab mittags geschlossen sein. Ein Café, eine Theke mit süßen Stückchen, ein Schulaufgabenzimmer, so muss es sein. Und natürlich noch ein schwarzes Brett für die Frage: Wer holt nächste Woche Paulchen von der Schule ab, nur Dienstag und Donnerstag?!

Das Mütterzentrum von Hannover-Langenhagen hat eine Babysitterkartei für die hilfsbereiten Menschen des Ortsteils angelegt, die sich nicht mehr abends zu Hause langweilen wollen, sondern gerne mal ein Kind ins Bett bringen. Vermutlich gibt es genügend Rentner mit naturwissenschaftlichen Kenntnissen, die des Nachmittags den armen Schulkindern ihre Hausaufgabenhilfe zur Verfügung stellen könnten.

»Wege schaffen Begegnung«, nennt Hildegard Schooß das, »Begegnung schafft Beziehung. Und Beziehung bringt Verantwortung.« Wie könnte man solche Hilfsnetze ausspannen, über Nachbarschaften und ganze Wohnviertel? Die Antwort auf diese Frage herauszuknobeln sollte Aufgabe jeder Gemeinde sein.

Netze spinnen

Eltern brauchen Helfer. Es wird sich zeigen, sagen wir lieber, es hat sich längst gezeigt, dass die Vorstellung, allein zwei Erwachsene oder gar ein einziger könne verantwortlich für die Versorgung von Kindern sein, geradezu abenteuerlich ist. It takes a village to raise a child, heißt es in Afrika. So ist es!

Die Familie ist gefragt, jeder. Die Familiensoziologen sind voll des Lobes: Ja, viele Großeltern unterstützen schon heute ihre Kinder, stimmt. Mehr als andere. Aber vielleicht doch nicht genug. Nahezu vierzig Prozent der Großeltern erklären, dass sie Kinderbetreuung leisten – aber nur 13 von 100 Großelternpaaren tun dies regelmäßig, verlässlich, planbar für die Eltern. Und wie merkwürdig: Nur siebzehn Prozent der jungen Frauen geben an, dass sie von den Eltern Hilfe bei den Kindern erfahren, die Söhne kommen ganz schlecht weg – nur gerade acht Prozent von ihnen geben an, dass die Großeltern auch mal die Kinder nehmen. Dass Großeltern die Kinder im Urlaub nehmen, statt sich alleine mit Seniorenticket die Welt anzusehen, das würde Eltern in ungeahnter Weise entlasten. Die Herbstferien bei Oma. Oder: Ein fester Babysitterabend pro Woche, jeden Donnerstag ein Opa-Tag, da nimmt er sich Zeit, mir irgendwas zu zeigen, zu erzählen, da ziehen wir zusammen los, mein Opa und ich. So könnten Opas ein neues Leben entdecken, bislang nehmen sich nämlich nur vier von hundert Opas für ihre Enkel verlässlich Zeit.[8]

In dieser Ego-Gesellschaft ist ziemlich durchgängig das Gefühl abhanden gekommen, dass die Generationen zusammenhängen und alle füreinander verantwortlich sind. Dass Großeltern ihre Enkelkinder mit aufziehen hat heutzutage einen Haut Gout. Da gucken ja die Nachbarn. Wieso eigentlich? Großeltern gibt es schon ab Ende vierzig. Sie sind so jung und rüstig, wie Großeltern es nie zuvor in der Geschichte der Menschheit waren. Und noch nie waren sie so reich – erzählen uns die Statistiken, und die Immobilienmakler, die erstaunt beäugen, wie ganze Luxusviertel für diese satten Endfünfziger entstehen, zum Beispiel in Bensberg, mit Blick über die Kölnische Bucht.

Da ruhen Kapazitäten. Die muss man hervorlocken. Schluss mit Rumhängen, möchte man sagen, und das gilt besonders für die Fitten, die Gebräunten, die Alten, und auch für viele Frauen, die irgendwie den Eindruck gewonnen haben, nach der Erziehung von zwei Kindern sei man reif für jahrzehntelange Ruhepausen. »Nicht länger gilt es, die Zeit mit nicht enden wollenden Selbsterfahrungsgruppen und immer neuen, noch exotischeren Hobbys totzuschlagen. Jeder ist mit seinen Talenten gefragt«, schreiben Roland und Andrea Tichy.[9] Da gibt es jede Menge Talente, wie die Vielfalt der angebotenen Seidenmalkurse vermuten lässt oder die Sommelier-Übungsserie auf dem Terrain der Bordeaux-Weine in der Volkshochschule. Holt sie raus, schickt sie in die Schulen, in die Kindergärten! Zum Beispiel jeden Dienstag um drei: Vorlesestunde mit Frau Müller! Oder kommt heute Herr Schmidt?

Ein wichtiger Dritter sein

Blind, taub und stumm sind wir leider oft gegenüber der Bedeutung, die andere Menschen für unsere Kinder haben können. Bei aller Beschwörung der heiligen Mutter-Vater-Kind Einheit gerät aus dem Blick, dass wir doch alle auch, und gelegentlich sogar sehr viel, von Menschen lernen, die außerhalb der Familie stehen, aber uns sehr nahe, die unseren Lebensweg geprägt haben wie vielleicht wenige andere um uns herum. Die Journalistin Christiane Grefe, Patentante von Zweien, verlangt energisch, dass Eltern sich doch bitte auch gelegentlich zurücknehmen sollten! Erfahrungen mit andern Menschen zulassen, auch das kann Elternschaft sein.

Man erinnert sich. Mit Tante Gretchen zu den Hühnern gehen. Sie verscheuchte die Gänse und ließ sich Zeit, bis das Kind die Körner verstreut hatte. Bei Tante Susi backen, einen ganzen Nachmittag lang! Solche Paten können im oberen Stockwerk wohnen, und die Kinder wissen, die liest mir immer vor, die Tante, jeden Abend ist sie für mich da. Oma Thomsen ist so eine. Oma Thomsen war genau genommen noch gar keine Oma, da hat sie schon angefangen, der kleinen Lisa aus der Wohnung über ihr vorzulesen. Lisa war mit ihren Eltern in das Mietshaus in einer norddeutschen Kleinstadt eingezogen und schon wenige Monate später ging es los. Da war ihre kleine Schwester geboren und ihre Mutter hatte plötzlich ziemlich wenig Zeit für Lisa. Ob die mal, nur so für eine Stunde, zu der alten Dame könnte, hatte ihre Mutter vorsichtig angefragt und da saß Lisa nun, neben Oma Thomsen, auf dem Sofa. Und hörte ihr zu. Das ging so gut, dass Lisa immer wieder kommen wollte, jeden Abend nach dem Abendessen kam sie runtergestiefelt, sagt Oma Thomsen: »Kinder sind ja so hartnäckig«, sagt sie und wenn man sie fragt, ob das auch manchmal schwierig war, jeden Abend, und das drei Jahre lang, dann sagt sie: »Oooch, wir hatten ja auch viel Freude dabei.«

Es waren ja bald schon zwei Kinder, die da auf dem Sofa saßen, versteht sich von selbst, dass die kleine Schwester, sobald sie begriff, was da vor sich ging, auch mit dabei sein wollte. So wurden die Bücher durchgepflügt, alle Märchen der Gebrüder Grimm und die von Hauff, James Krüss und Die wilde Dreizehn, Pippi Langstrumpf natürlich und Momo, bei solchem Tempo mussten die Bücher bald ausgehen und mehr Bücher wurden von der Leihbibliothek herangeschleppt, in großen Taschen kamen sie ins Haus und wurden durchgeackert, Buch für Buch erledigt, es sei denn, Lisa sagte bei einem Buch: »Oma, noch maaal, das gruselt so schön.« Es war nicht so, dass die Kinder keine eigene Oma gehabt hätten, aber die wohnte zu weit weg, um jeden Abend da zu sein. Und ist es nicht ein ungeheurer Vorteil, mehrere Omas zur Verfügung zu haben? Leute, die verlässlich da sind, die Anteil nehmen. Zeit haben, nicht nur zum Vorlesen, vielleicht doch auch für den Computer, sich womöglich sogar besser auskennen als der eigene Vater? Kinder brauchen Vernetzung, für den Alltag, die Pflege der Gefühle, auch für den Extra-Spaß, mit wichtigen Dritten, wie Christiane Grefe das nennt. Jeder kann das aufbauen, sich dazu entschließen, ein wichtiger Dritter zu sein. Eine Patenschaft übernehmen, nicht nur in der dritten Welt, mit einem Scheck pro Jahr, sondern am besten gleich bei den Leuten nebenan. Mitmachen, wo die Kinder spielen!

Wir brauchen Schub!«[10]

Streik geht nicht. Keine Kinder haben ist keine Alternative. Wir möchten auch nicht noch zwei oder drei Generationen warten, bis sich in dieser Welt die Einsicht durchsetzt, dass es besser gewesen wäre, unseren Kindern oder vielleicht unseren Enkeln, wenn es sie denn gibt, die Möglichkeiten eröffnet zu haben, eigene Kinder zu bekommen, auf selbstverständliche, ja leichte Weise, ohne dass es zu früh oder zu spät erscheint oder sonst wie unpassend oder gewagt. In zwanzig oder dreißig Jahren kommt eine solche Einsicht für das Leben unserer Kinder schon zu spät. Etwas muss geschehen, und zwar bald. Was?

Wir haben auf der Suche nach einer Antwort ein wenig herumgefragt. Eine Bürgerbewegung müsse nun her, sagte uns Paul Kirchhof, der als Jurist am Bundesverfassungsgericht und mit ausgefeilten Vorschlägen zur Steuerreform das seinige schon lange getan hat. Er erhofft sich Schub von den jungen Leuten, die heute vor der Frage stehen, wie sie es denn in ihrem Leben einrichten sollen, das Leben mit Kindern, und auch die potentiellen Großeltern mit ihren Wünschen nach Enkeln sieht er als politische Kraft.

Eine große Bewegung wie Attac stellt sich der Familienanwalt Jürgen Borchert vor, eine bunte vielfältige Allianz. Haben denn nicht alle ein Interesse daran, dass Familienleben endlich lebbar ist, profitieren nicht auch die Alten, die Start-up-Stars, die Wirtschaft und der Naturschutz – zum Beispiel von Städten, die weniger befahrbar als bewohnbar sind, und von nachwachsenden Ideen, von der Phantasie und Lebendigkeit der neuen Generationen?

Borchert sieht den nächsten deutschen Familientag so: Unter den Linden versammeln sich alle und hören sich an, was von der Politik so kommt an Ideen. Kindergelderhöhung? Hahahah! Elterngeld für drei Jahre? Hihihiihihii! Ganztagsschulen als Zaubermittel? Hohohohohhoo! »Familien lachen sich tot!«, heißt der Borchert-Vorschlag für künftige Revolutionen.

Damit das auch klappt, braucht die Bewegung noch etwas. Hans Fraeulin, der ehemalige Kinderombudsmann von Graz, nennt es: »Lobbying, dass die Schwarte kracht!« Und er verweist auf jene Profis, die eben Attac oder Greenpeace oder Unicef zu jenen schlagkräftigen Instrumenten machten, die Bürger und Politiker zum Nachdenken und Handeln zwingen: gut geschulte und hoch bezahlte Profis. Menschen, die sich auf dem politischen Parkett auskennen und dort Gehör finden. Die nicht nur in Berlin aktiv sind, sondern auch in Brüssel, die Allianzen von London bis Rom knüpfen, von Oslo bis Madrid, denn wie könnte in einem vereinigten Europa Familienpolitik als deutsche Veranstaltung betrieben werden? Solche Leute zu gewinnen und auf die Spur zu setzen, auch das also wäre eine neue Art von Familienkultur.

10. Nie wieder!

Zehn dumme Sprüche zum Thema Familie und was man entgegnet

1. Kinder sind Privatsache

Gemein, gehässig, falsch, das ist dieser Spruch. Und dumm. Wie kann man Kinder als Sache bezeichnen, es erübrigt sich fast, darauf zu antworten. Wenn man denn antworten wollte, auf den dummen Satz: Kinder sind Privatsache, könnte man den Autor Martin Ahrends zitieren, Vater von achten, der in einem wundervollen Aufsatz über seine Kinder (»Wir wollten so viele«) dem Sprecher dieses Satzes entgegnet: »Pardon, mein Freund, so spricht der Pädophile. Vielleicht ist der Satz ›Was mich so viel kostet, gehört mir auch‹ ein Grund für die vielen Kinderschändungen im Lande. Kinder sind liebe Gäste, heißt es in einem chinesischen Sprichwort. Also, mein lieber kinderloser Freund: Ich bin für sie zuständig, weil ich sie in die Welt gesetzt habe. Aber ich erwerbe keine Aktie an diesen Menschen ...«[1]

Kinder sind Gäste, unser aller. Die Entscheidung für Kinder wird privat getroffen, aber in einem Umfeld, das gesellschaftlich bestimmt und selten privat zu formen ist, wir haben eben nicht die Macht, den Kindergarten der Nachbarschaft in eine hochprofessionelle Stätte der Bildung zu verwandeln, wir müssen froh sein, einen Arbeitsplatz zu haben, und werden dort selten gefragt, wann wir denn zu Hause sein müssen, bei den Kindern. »Kinder sind Privatsache« kann, wenn es denn freundlich gemeint ist, bedeuten, der Staat habe sich herauszuhalten, und als Begründung wird dann gerne auf die deutsche Geschichte verwiesen, oder auf die Gefahr der Einflussnahme fundamentalistischer Ideologien auf die Abrichtung der Jugend. Warum aber schauen wir nicht zum Beispiel nach Frankreich, das, gespeist aus zutiefst republikanischem Empfinden, sich das Wohl der Kinder zu eigen macht und ihre Obhut als Gemeinschaftsaufgabe begreift, als zentrales Anliegen einer Gesellschaft, in der viele Kinder zu haben als Glück gilt?

Kinder sind Privatsache ist meist als Abwehr von Ansprüchen gemeint, im Sinne von: Was gehen mich deine Kinder an. Und einen Moment lang sollte man innehalten und überlegen, ob das denn akzeptabel wäre, wenn diejenigen, die so reden, gleichzeitig ihren Beschluss bekundeten, nie etwas von diesen Kindern anderer Leute anzunehmen – keine Unterhaltung, kein

Vergnügen, keinen Taxidienst, keine helfende Hand, dann bitte auch nicht einen Euro Unterstützung, später, wenn man es nötig hat. Wenn man so darüber nachdenken würde, käme man sicherlich zu dem Schluss, dass der Satz »Kinder sind Privatsache« nun wirklich albern ist.

2. Wer Kinder hat, muss verzichten.

Ist es nicht interessant, wie viele Leute in dieser so konsumorientierten Gesellschaft zum Verzicht aufrufen? Wie gerne sie möchten, dass andere zurückschrauben? Und wie selten hören wir, dass diese Leute auflisten, auf was sie selbst verzichten, und zwar gerne?

Früher, als ich ein Kind war, hörte ich diesen Satz immer wieder, es war damals ein dahingemurmelter Satz, der mit Wehmut ein Sichfügen in Unabänderliches umschrieb, ein Hauch von schmerzlicher Erinnerung schwang wohl mit, Erinnerung an jene paar Jahre, die in den fünfziger Jahren zwischen Ausbildung und Heirat lagen und wo man die Sause machte. In banger Erwartung jener Zeiten, die kommen würden, mit der Ehe, da hieß es dann über das Schicksal des armen Bräutigams: »Nun ist die Mark nur noch die Hälfte wert«. Dann würden die Kinder kommen und man würde verzichten müssen, wie alle anderen. Heute ist der Satz »Wer Kinder hat, muss verzichten« ein Kampfterminus, meist ins Gefecht gebracht von jenen, die aussehen, als hätten sie schon jahrelang auf gar nichts verzichtet, die mit dem Dienstwagen, oder von jenen, die sich gerne mit Taxihopping beschleunigt durchs Leben bewegen.

Wenn solche Leute von Verzicht reden, meinen sie immer die anderen, jenes konsumverwöhnte Pack, das im Verdacht steht, tatsächlich Kinder zu haben und es jetzt traurig findet, überall Abstriche machen zu müssen. Und immer gerne wird die kleine Familie beschworen, die soll sich bescheiden, man sieht dann Mama-Papa-Kind, wie sie abseits stehen, in kleinen rauen Büßerkleidchen: Sollen sie zugucken bei all dem Spaß. Selbst der streitbare Familienanwalt Jürgen Borchert rät überraschenderweise zu familiärer Bescheidenheit: »Denn wer nicht bereit ist, sich für Kinder einzuschränken, sollte besser keine haben und sich lieber Stereoanlagen kaufen oder im Hochsommer im Ruhrpott Hallenski fahren.« Klingt gut. Oder? Schon kommen die Fragezeichen. Warum, wieso, weshalb, möchte man einwenden.

Wieso werden für die Vergnügungen, auf die Familien verzichten sollen, immer so absurde Dinge angeführt wie im Ruhrpott Hallenski fahren oder ein Relaxing-Weekend auf den Bahamas, Unternehmungen, die sowieso proll klingen, wie die Jugend sagt? Weshalb sagt niemand, dass Leute mit Kindern sowieso immer verzichten, und zwar vom ersten Tag an und dann lange Zeit 24 Stunden am Tag, auf Zeit zum Durchschlafen, auf auch mal alleine sein, auf spontan abends losziehen können, auf dieses Gefühl von Freiheit. Oder: Warum kommt niemand auf die Idee, dass vielleicht auch mal andere Menschen verzichten sollten, zum Beispiel die Bahamas-Urlauber, von denen einige solche Trips nicht mehr leisten könnten, würden sie auf angemessene Weise an den Kosten dieses Sozialstaates beteiligt.

Wieso sollen Leute mit Kindern immer verzichten, und nicht mal Leute mit Mazdas? Wieso finden wir nicht, dass sich für die Verzichtnummer in den nächsten fünfzig Jahren dieser Republik zur Abwechslung mal andere Gruppen qualifizieren, die man jetzt frei definieren könnte, sagen wir – jene, die drei Goldkronen haben oder alle, die im letzten Jahr eine Wohnung bezogen haben, die mehr als 100 Quadratmeter pro Person bietet. Quatsch? Das wäre Willkür? Ungerecht? Genau so ist es. Ungerecht und willkürlich.

Der Satz: »Wer Kinder hat, muss verzichten« will eigentlich sagen »Kinder müssen verzichten«, und wenn man sich das klar macht, versteht man sofort, welche Gemeinheit das ist. Man könnte auch sagen: Diskriminierung. Oder würde jemand es wagen zu fordern: Wer Türke ist, soll hier verzichten?

Fragen wir doch mal, wenn Freunde mit der Verzichtforderung kommen: Worauf, liebe Helga, sollte ich deiner Meinung nach verzichten? Auf Kino? Wäre es den Kinderlosen lieber, wenn die Kinderhabenden auf Restaurantbesuche verzichteten? Nur noch im Harz Urlaub machten? Das möchte man doch gerne mal genauer hören. Und schon mal dagegenhalten: Wer Kinder hat, sollte der Kinder wegen gut gestellt sein. Etwa so: »Wer Kinder hat, muss es richtig gut haben!« Weil es etwas kostet, den Kindern die Welt zu zeigen, weil der Museumsbesuch und die Fahrt auf die Halligen, das neue Fahrrad in der passenden Kindergröße für die Radtouren, weil das alles teuer ist. Wieso sollte nicht auch der Ausflug nach Venedig drin sein, im Zeitalter der globalen Mobilität? Die finanzielle Enge versetzt im Übrigen Kinder gegenüber ihren Eltern in eine merkwürdige

Position – die müssen, nur weil es mich gibt – verzichten! Wenn wir aber Verzicht für eine so große Tugend halten sollten, die schon in der Kinderzeit zu lernen ist, dann wäre es doch gut, wenn alle sie praktizieren würden, alle mit und alle ohne Kinder.

3. Und wer soll das bezahlen?

Sobald heikle Themen wie Rente für Mütter, Lohn für Familienarbeit oder Elternzeit mit Lohnersatz auf den Tisch kommen, hört man ein scharfes Geräusch: heftiges Lufteinziehen allerseits. Und dann kommt mit Wucht die Frage: »Und wer soll das bezahlen?!« Die Antwort ist schnell gegeben: alle natürlich!

Alle zusammen werden es schon stemmen. Man muss sich nur klarmachen, dass die Kosten, die für Kinder anfallen, bis sie erwachsen sind, ausgebildet und in der Lage, ihren eigenen Unterhalt zu verdienen und dazu noch die Abgaben für das Gemeinwohl, dass also diese Kosten nicht neu aufzubringen sind. Schon heute und gestern, jeden Tag, werden sie bezahlt – allerdings zum größten Teil von einer immer kleiner werdenden Gruppe, von den Eltern der Kinder, und da vor allem von den Müttern. Die Mütter zahlen, kräftig: in der Regel durch Aufgabe ihres Berufes – durchschnittlich macht das also pro Mutter 30 000 Euro im Jahr. Mütter werfen auch den Verlust ihrer Rentenansprüche in die Waagschale. Eltern zahlen von ihrem Einkommen alle Schuhe und Hosen und Fahrräder, mit großen Mehrwertsteuervorteilen für die Gemeinschaft. Es geht allein darum, diese Aufwendungen ein wenig besser zu verteilen. Dadurch entstehen nicht mehr Kosten, allerdings werden es weniger für die, die heute zu hoch belastet sind. Und dann endlich, wenn alle zusammenlegen, machen Kinder nicht mehr arm.

4. Jedes Kind muss dem Staat gleich viel wert sein

Na, so viel sei mal gleich festgehalten: Schon die Beamtenkinder sind vor Papa Staat ein wenig gleicher. Ein Beamtenkind bekommt jeden Monat eine Zulage von 86,70 Euro, immerhin rund tolle 1 000 Euro mehr im Jahr als das Nichtbeamtenkind, und wir sind sicher, es verdirbt den Beamteneltern nicht die Freude an den Beamtenkindern, dass sie diese Zulage versteuern müssen.

Auch Kinder verheirateter Eltern hat Papa Staat lieber. Die Versorgung der Kinder von verheirateten Paaren wird durch das Ehegattensplitting unterstützt, das sich besonders gut auswirkt, wenn ein Ehepartner gut verdient und der andere sich vom Beruf lossagt und seine ganze Zeit den Kindern widmet. Wenn diese Familie gut verdient, bringt das zur Zeit eine Steuerersparnis von rund 10 000 Euro im Jahr[2], nach Absenkung des Spitzensteuersatzes noch immer rund 6 500 Euro. Kinder, deren Eltern getrennt sind, gucken in dieser Hinsicht in die Röhre. Der Staat hat sogar die Zulage gestrichen, mit der die erschwerte Versorgung der Kinder von Alleinerziehenden bisher abgefedert wurde, immerhin rund 3 000 Euro wurden dafür früher von der Steuer befreit, das hatte etwa 570 Euro im Jahr an Erleichterung für diejenigen unter den Alleinerziehenden gebracht, die so viel Einkommen haben, dass auf sie der unterste Steuersatz in Anwendung gebracht werden kann. Was nicht so oft der Fall ist, denn 60 Prozent der Alleinerziehenden und ihre Kinder sind so bedürftig, dass sie überhaupt keine Steuer zahlen. Wie gesagt, 570 Euro, Peanuts gegenüber dem Geld, das für die Erziehung der Kinder verheirateter Eltern bereitgestellt wird, aber selbst die waren es den Finanzfüchsen in den Ministerien noch wert, den allein stehenden Eltern wegzunehmen, man könnte sagen, so hart arbeitet der Staat daran, dass nicht alle Kinder gleich viel wert sind.

Der Satz »Jedes Kind muss dem Staat gleich viel wert sein« dient meist als Begründung dafür, dass die Freistellung des kindlichen Existenzminimums durch feststehende Beträge, über das Kindgeld also, geleistet werden soll. So soll garantiert werden, dass einem kleinen Angestellten mit kleinem Einkommen für die Versorgung der Kinder genauso viel zur Verfügung steht wie einem gut verdienenden Elternpaar. Ein freundlicher Gedanke, der indes nie aufkommt, wenn es um steuerliche Freistellungen für Arbeitsmittel, Dienstwagen, um was auch immer geht. Und der von der Frage ablenkt, ob das, was das angebliche Existenzminimum ist, tatsächlich ausreicht und jedem in voller Höhe gewährt wird. Wenn dieser Betrag angemessen ist, um die Existenz zu sichern, kann jeder auf den ersten Blick sehen, ob eine Familie für alle Mitglieder genügend Einkommen hat. Und wenn nicht, wäre es ein Fall für die Sozialhilfe, und auch da wären alle gleich.

5. Ihr habt euch doch freiwillig für Kinder entschieden – hört auf zu jammern!
Der Wunsch nach Kindern, sagte meine Freundin Elke, sei so natürlich wie Hunger und Durst. Wenn jemand Hunger hat, ra-

ten wir ihm nicht, auf Essen zu verzichten, schon aus Rücksicht auf die Lebensmittelindustrie. Solange dieses Land nicht überbevölkert ist, sollte es die natürlichste Sache sein, dem Wunsch nach Kindern nachzugeben, schon weil es sehr unglücklich machen kann, es nicht zu tun. Und jetzt komme keiner mit dem Spruch: »Aber man muss es sich doch vorher genau überlegen.« Mal ehrlich, wollen wir wirklich, dass Leute, die sich Kinder wünschen, vor der Zeugung alles genau durchrechnen, was es kostet, den Beruf aufzugeben, wie trotz Einstürzen der Einkommenslage in den nächsten Jahrzehnten nach Voraussagen aller Experten irgendwie 250 000 Euro für das Kind aufzutreiben sind, dass die Rentenansprüche dabei gegen null gehen und natürlich auch der Anspruch, nachts durchzuschlafen. Es gäbe keinen besseren Weg, die Geburtenrate gegen null zu treiben!

6. Wer braucht denn deutsche Kinder? Lasst doch die Armen aus der Dritten Welt zu uns kommen!
Dieser Spruch bewaffnet sich mit biblischer Großherzigkeit (»Lasset die Kindlein zu mir kommen!«) und schafft es, zugleich mit einem modernen Hauch von Multikulti sowie dem Gestus des Anti-Nationalen aufzutreten. Welch eine Pose! Unangreifbar, oder? Oder sollte es so sein, dass die Ablehnung deutscher Kinder gar nicht so weit entfernt ist von jenem Denken, das vor einigen Jahren deutsche Kinder bevorzugte, dafür aber kleine Sinti und Juden partout nicht hier im Land haben wollte? Wieso sollten wir deutsche Kinder hierzulande nicht wollen? Wollten wir ihnen vorwerfen, dass ihre Eltern Deutsche sind? Werfen wir den möglichen Eltern vor, dass sie Deutsche sind, ist es uns deshalb egal, wenn sie nicht die Kinder bekommen, die sie wollen? Ist das nicht gefährliche Abstammungshuberei, anders gesagt, eine neue Variante von »Gehen wir doch unter mit Mann und Maus«? Ja, so weht der kalte Wind von vorgestern.

Die Idee, sich beherzt in Drittweltländern zu bedienen, wenn es in unseren kühleren Gegenden an irgendwelchen Rohstoffen mangelt, an Kupfer, an Gold, an Zinn oder eben an Menschen, ist ebenfalls nicht neu. Zur Bewirtschaftung der Baumwollplantagen halfen wir einst, ganze Bevölkerungen aus Afrika in die Südstaaten von Amerika zu schaffen, als Sklaven, das führte zu einem Bürgerkrieg und sozialen Verwerfungen, die bis heute schmerzen. Seit vierzig Jahren haben wir ganze Sippen, Dörfer aus ärmeren Ländern nach Deutschland importiert, damit sie in

Berlin am Band stehen oder in Kohlegruben arbeiten, fleißig nähen oder unsere Straßen vom Müll befreien. Und nun: Import für die Rente? Kein sehr menschenfreundlicher Vorschlag, oder kann man von einer Freiwilligkeit der Emigration sprechen, solange wir nicht alles getan haben, um die Lebensbedingungen dieser Menschen in ihren Heimatländern zu verbessern? Sind wir so von der Überlegenheit unserer Kultur überzeugt, dass wir finden, alle sollten sich hier glücklich wähnen? Auch kein ehrlicher Vorschlag, wenn man bedenkt, wie wir darin versagen, jene, die schon hier sind, an unserer Kultur wirklich teilnehmen zu lassen. Jedes vierte Migrantenkind verlässt die deutsche Schule ohne Abschluss, das ist insbesondere kein gutes Zeugnis für uns und unseren angeblichen Integrationswillen. Und auch nicht vielversprechend in Hinsicht auf die erhofften Effekte für unsere Rentenversicherung, nebenbei bemerkt. Ganz verwegen, um nicht zu sagen, verwerflich, erscheint der Vorschlag, schon ausgebildete, bitte hoch leistungsfähige Menschen aus der Dritten Welt zu importieren. Als könnten die Schwellenländer auf die verzichten! Als werde dort nicht jede verfügbare Kompetenz dringend benötigt, als sei nicht zum Beispiel in Afrika die Lage ganz besonders verzweifelt, nachdem die Aids-Epidemie gerade in den gut ausgebildeten Kreisen, in Wirtschaft und Politik, besonders verheerend gewirkt hat.

Aber die Argumente sind nicht nur moralischer Art. Was Einwanderung bewirken könnte, um den Zusammenbruch der Bevölkerungsstruktur abzuwenden, ist durchgerechnet worden, vom Bundesministerium des Inneren, im Juli 2000. Heute leben in Deutschland 7,3 Millionen Ausländer, das entspricht einem Anteil von 8,9 Prozent der Bevölkerung. Wenn es dabei in etwa bliebe – Modell 1: insgesamt 7,9 Millionen Ausländer – sänke die Bevölkerung bis zum Jahr 2050 von 82 Millionen auf 64 Millionen ab. Würden wir in dieser Zeit zusätzliche vier Millionen Ausländer ins Land bitten, gäbe es immer noch einen Schwund der Bevölkerung um zwölf Millionen. Bei zusätzlichen neun Millionen Ausländern – eine abenteuerliche Perspektive angesichts unserer heute zu beobachtenden Unfähigkeit zur Integration – müssten wir noch immer mit einem Bevölkerungsschwund auf rund 75 Millionen rechnen.[3]

Menschenimport ist also keine Lösung unserer Probleme, jedenfalls keine ernstzunehmende familienpolitische Alternative. Spätestens dann nicht mehr, wenn die Migranten bemerken, welchen Stellenwert ihre Kinder in diesem Land haben. Kommen Sie doch meist aus Ländern, in denen Familie sehr viel bedeutet!

7. Wegen ein paar Euro mehr Kindergeld kriegt doch keiner Kinder. Stecken wir das Geld lieber in Ganztagsschulen!

Wer sich Kinder wünscht, denkt nicht ans Geld, richtig. Und das ist einfach wunderbar. Die meisten Menschen blenden aus, wenn die Liebe und die Sehnsucht sie bewegt, was sie alle paar Tage wieder in den Zeitungen lesen können – Armut der Familien, Scheidungsquoten, Alleinerziehendenelend, auch die Diskussion über Studiengebühren vermutlich, noch ein paar Tausend mehr im Jahr, die aufzubringen sind, was soll's. Niemand, der oder die über Kinder nachdenkt, interessiert sich dafür, wie viel ein paar Euro Kindergeld da entlasten könnten. Wir wollen jetzt alle zusammen beten, dass sich daran nichts ändert, denn würden die Menschen über die paar Euro Kindergeld nachdenken, dann würde, wie gesagt, die Geburtenrate binnen eines Jahres auf die Null-Linie kollabieren.

Aber: Wenn die Leute ein Kind bekommen haben, ohne all dies zu bedenken, dann merken sie es danach nicht selten jeden Tag, dass alles hinten und vorne nicht mehr reicht, wie sie sich einschränken müssen, wie die Kosten explodieren, während ihr Einkommen einbricht, wie sie sozial abrutschen, in diese Schmutzecke der Bedürftigkeit. Dann zählt plötzlich tatsächlich jeder Euro. Ein paar Euro klingen nun verlockend, eine Erhöhung des Kindergeldes um 30 Euro buchstabiert sich in: fast ein Kinobesuch! Oder: ein halbes Paar Fußballschuhe, immerhin. Ob das, was Eltern für ihre Kinder aufzubringen bereit sind, und, juristisch betrachtet, ihren Kindern nach dem Gesetz an angemessenem Unterhalt auch schulden, ob dieser Unterhalt, den sie gar nicht für sich verwenden dürfen, ob dieses Geld steuerlich freigestellt ist, das ist auch eine Frage der Gerechtigkeit. Oder möchte die Gesellschaft etwa weiter darauf spekulieren, dass Menschen, getrieben von Sehnsucht nach Kindern, alle Vernunft beiseite lassen und Eltern werden? Möchte man wirklich ausprobieren, ob man ihnen auch noch mehr Geld entwenden kann, um damit Schulen zu finanzieren, damit Leute ohne Kinder, denen deshalb auch kein Kindergeld gekürzt werden kann, nun auch noch von einer Mitfinanzierung entlastet werden, möchte man das wirklich?

Wer darauf spekuliert, sollte sich klar machen, dass diese Kalkulation auf einen Crash hinausläuft, wie alle im Übrigen sehen könnten, wenn im Anschluss an die Tagesthemen, wie der ehemalige Verfassungsrichter Paul Kirchhof vorgeschlagen hat, nicht nur die Zickzacklinie der Aktienkurse, sondern die abstürzende Kurve der Geburten gezeigt würde. Die Ausbildung der nächsten Generation in Kindergärten, Schulen, Universität ist eine Gemeinschaftsaufgabe aller Erwachsenen. Und wenn hier jemand besonders in die Pflicht genommen werden sollte, dann sind es Menschen mit freien Kapazitäten an Geld und Zeit, in der Regel Leute ohne Kinder, die anderen versorgen ja schon die Kinder zu Hause. Mal darüber nachdenken, ob sie ein paar Stunden erübrigen können, Pausenaufsicht führen, damit die Lehrer sich ausruhen können. Nach dem Unterricht die Klassenzimmer anstreichen, die nicht selten schon seit Jahrzehnten keine Farbe mehr gesehen haben. Oder kräftig stiften, damit der Chemiesaal neu ausgestattet wird.

8. Es gibt sowieso zu viele Menschen auf der Welt. Freuen wir uns doch, wenn wieder mehr Platz ist!
Tatsächlich, schon stand es wieder in der Zeitung: Die Weltbevölkerung wächst weiter, in neun Jahren wird womöglich schon die nächste Milliarde wieder voll sein.[4] Dann leben auf dieser Welt sieben Milliarden Menschen, es wird an Wasser fehlen und an Nahrungsmitteln, die Böden werden veröden, weil sie ausgeplündert worden sind, leer gefressen sozusagen, Wälder sind dann abgeschlagen, und es wird immer mehr bedürftige Menschen geben, denen nicht mehr geholfen werden kann. Weil sie in Indien leben oder in Afrika.

Die Explosion der Bevölkerung findet in den unterentwickelten Regionen dieser Welt statt, und es ist eine irrige Vorstellung, sie könne gestoppt oder in ihren Auswirkungen gemildert werden, wenn die Bevölkerungen in den entwickelten Ländern implodieren. Im Gegenteil. Bevölkerungen, die drastisch schrumpfen, erzeugen ihrerseits einen eigenen gefährlichen Prozess der Destabilisierung.

Die Menschen, die es nicht gibt, fehlen in diesen Gesellschaften an allen Ecken und Enden, nicht nur als Rentenzahler, auch als Bäcker oder Ärzte, als Krankenpfleger oder Fachleute für Software-Entwicklung, einfach als Freunde, Nachbarn, Kinder, die einem nahe sind. Weniger Menschen bedeutet zunächst nicht mehr Platz, sondern weniger Menschenzeit, die für die Entwicklung von Ideen zur Verfügung steht, für Arbeit, für das Geldverdienen oder auch nur für Pflege, Zuwendung. Um Zeit und Geld wird es in Zukunft heftige Verteilungskämpfe geben, die Gesellschaft spaltet sich in gegeneinander antretende Gruppen, und auch dies zeigt ein Blick in die Zeitungen: Der Kampf hat bereits begonnen. Der kostbare Ärzteservice steht unbegrenzt nur noch jenen zur Verfügung, die sich den Zahnersatz leisten können. Weil das Heer der Pflegebedürftigen wächst, die sich nicht auf eigene Kinder verlassen können, werden nun auch die zahlungsverpflichtet, die ihr Geld für die Erziehung eben eigener Kinder dringend bräuchten. Andererseits findet ein Rückzug der Allgemeinheit aus der Verpflichtung statt, eben als Allgemeinheit für diese nächste Generation zu sorgen, von Schulgeld ist die Rede und Gebühren für das Studium, Kunstunterricht und Sport sind sowieso längst weitgehend privatisiert, die Deutsche Bank warnt davor, dass die so genannte Familienförderung den Staat zu sehr belaste.[5]

In privatisierten Fünf-Sterne-Kindergärten und Luxusaltersheimen wird das Leben für die weiter vergnüglich laufen, die tüchtig zahlen, alle anderen balgen sich bitte draußen vor der Tür. Dass es dort mehr Platz gibt, werden die meisten von uns übrigens wohl nicht mehr erleben, das alte Verlangen nach mehr Raum kann erst in einem halben Jahrhundert gestillt werden, wenn die letzten Alten aus den ehemals geburtenstarken Jahrgängen tot sind.

9. In diese schreckliche Welt sollte niemand mehr Kinder bringen
Wer das wirklich ernst meint, sollte den Freitod wählen. Aber niemand anderem, und schon gar nicht Kindern, das Leben madig machen.

10. Glück ist Lohn genug
Glück ist ein Moment, ein Hormonspiegel, eine Sehnsucht. Glück ist, die Nase in die Halsbeuge des Kleinen zu stecken und zu schnüffeln, Glück ist, des Nachts aufzustehen und den Rundkopf auf dem Kissen zu sehen oder zuzuschauen, wenn die Kinder vor einem hergehen und zusammen kichern. Glück ist, wenn das Kind einen plötzlich total cool anschaut und sagt: »Jetzt mal ganz ruhig, Mama.« Glück, Glück, Glück.

Wir wollen nicht behaupten, dass Glück auf Erden nur Eltern vergönnt ist, obwohl sie davon schon eine satte Portion mitbekommen können, wenn es denn halbwegs gut läuft. Aber es kann auch ziemlich glücklich machen, was Liebende so miteinander treiben, oder ein Blick aus dem Fenster, morgens um sechs, wenn der Dunst noch in den Bäumen hängt, pures Glück. Sogar das, was in jenen Stunden passiert, die Engländer etwas respektlos einen Nine-to-five-job nennen, kann Glück sein. Glück, sagte Sigmund Freud, ist Liebe und Arbeit. Der moderne Glücksforscher nennt es *flow*. Journalistisch gesehen heißt es, die Hände fliegen nur so über die Tastatur und der Text schreibt sich wie von selbst, schon fertig, der Artikel, kann passieren, ab und zu! Wenn Eltern, wie mir einmal ein Leser schrieb, für die Köstlichkeit des Umgangs mit ihren Kindern eigentlich Vergnügungssteuer zahlen müssen, wieso haben wir dann eigentlich keine Ehesteuer für glückliche Paare, sondern stattdessen Steuererleichterung, genannt Ehegattensplitting? Wenn das Sorgen für Kinder durch Hochgefühl entlohnt wird, wieso dann nicht das Operieren des Chefarztes im Krankenhaus, wo doch kaum etwas befriedigender sein muss, als den ganzen lieben Tag lang Krankheiten auszumerzen und Leben zu retten?

So betrachtet, gewinnt der Satz »Glück ist Lohn genug« eine faszinierende Wendung. Seine lohnsparende Wirkung würde nicht nur Ärzte erfassen, sondern auch Richter, die im Fünfzehn-Minuten-Takt Streitereien beilegen, auch Lehrer, welche jeden Tag zwischen Frühstück und Mittagessen die Jugend auf ihr Leben vorbereiten dürfen, oder Wirtschaftsbosse, die das Glück haben, die ökonomischen Geschicke ganzer Nationen in ihrer Hand wiegen zu dürfen. Man möchte sich ausmalen, zu welchen segensreichen Investitionsschüben der öffentlichen, aber auch der privaten Hand es kommen könnte, würden wir den Lohn für alle jene sparen, deren Tätigkeit mit Glück behaftet ist. Endlich Schluss mit der Verschuldung! Der Sozialstaat wäre gerettet, denn ist Gutes zu tun nicht seine Basis? Nun ja. Vorher gilt es, noch einige Überzeugungsarbeit zu leisten.

Er habe, sagt zum Beispiel der ehemalige Verfassungsrichter Paul Kirchhof, der an vielen sehr familienfreundlichen Urteilen mitgewirkt hat, wirklich nie in seinem Richterleben daran gedacht, dass er aus Glücksgründen auf sein Gehalt habe verzichten wollen. Noch nicht mal der Kirchhof, möchte man sagen, der sich als Verfassungsrichter so ins Zeug gelegt hat und solche Erfolge einfuhr. Wir suchen vorerst noch nach einem, der es vormachte, seinen Lohn zurückgäbe, rechtsverbindliche Erklärung im Stile von »... und erkläre ich, dass ich vom 1.1.2003 an wegen großer Glücksgefühle bei der Arbeit auf mein Gehalt verzichte«. Und der oder die, und wirklich aber nur der oder die, sollen fortan das Recht haben, in diesem fordernden Ton zu sagen: Glück ist Lohn genug. Alle andern: bitte schweigen. Und setzen!

Wir haben es vermasselt

1 Talkshow Sabine Christiansen, 14.7.2002
2 Schmidt, Renate: S.O.S. Familie. Ohne Kinder sehen wir alt aus. Rowohlt Berlin Verlag 2002
3 ebda, S. 179
4 ebda, S. 192
5 Borchert, Jürgen:»Zehn Jahre Trümmerfrauenurteil. Politik ignoriert Verfassungsauftrag. Situation der Familie dramatisch verschlechtert.« Unveröffentlichtes Manuskript
6 Taschenbuch der Kinderpresse 2001. Hrsg. Deutscher Kinderschutzbund/ Kinderschutzstiftung/Volkswagen AG. Remagen 2001, S. 42
7 Vereinigung Hessischer Unternehmerverband im Juni 2002
8 Strohmeier, Klaus Peter:»Pluralisierung und Polarisierung der Lebensformen in Deutschland«, in: Politik und Zeitgeschichte Nr. 17, 1993, S. B17ff
9 Schmidt, S.O.S. Familie, S. 22
10 Wilson, Edward O.: Die Zukunft des Lebens. Aus dem Amerikanischen von Doris Gerstner. Siedler Verlag, Berlin 2002
11 Strohmeier, Pluralisierung, S.11
12 Frankfurter Allgemeine Zeitung vom 15.1.2002, S. 1
13 Süddeutsche Zeitung vom 13./14.4.2002
14 Blinkert, Aktionsräume von Kindern in der Stadt. Eine Untersuchung im Auftrag der Stadt Freiburg. Centaurus Verlagsgesellschaft Pfaffenweiler 1993, S. 235
15 Zehnter Jugendbericht, S. 298
16 Blinkert, Aktionsräume, S. 235

Die Republik – Sozial zerfleddert

1 Tichy, Roland und Andrea: Die Pyramide steht kopf. Die Wirtschaft in der Altersfalle und wie sie ihr entkommt. Piper Verlag, München 2001, S. 9
2 Frankfurter Rundschau vom 23.2.2002
3 Frankfurter Allgemeine Zeitung vom 27.2.2002, S. 8
4 Frankfurter Allgemeine Zeitung vom 20.2.2002, S. 4
5 Hamburger Abendblatt vom 12.7.2002, S. 9 und vom 20./21.7.2002, S. 1
6 Döring, Diether:»Niedrigeinkommenslagen von Kindern und Kindererziehenden in Frankfurt a.M. (einschließlich einiger Anmerkungen zur sozialen

Sicherung)«. Vortrag anlässlich einer Arbeitstagung der Hessischen Landesregierung am 31.1.2002 zur Familienpolitik, zu beziehen über D.Doe-
ring@em.uni-frankfurt.de

7 Geissler, Clemens: »Urbanität durch Solidarität – die Unteilbarkeit als Leitbild
der sozialen Stadt«, in: Stimme der Familie, 49. Jg., Heft 3-4, 2002, S. 3 ff.

8 Hamburger Abendblatt vom 21.6.2002, S. 9

9 Taschenbuch der Kinderpresse 2001 (Hrsg. Volkswagen AG/Deutscher Kinderschutzbund). Verlag Rommerskirchen, Remagen-Rolandseck 2001

10 Familienatlas II. Lebenslagen und Regionen in Deutschland. Karten und
Zahlen. Hrsg. Bauerreiss, Renate/Bayer, Hiltrud/Bien, Walter. Leske + Budrich, Opladen 1997, S. 48

11 Taschenbuch der Kinderpresse 2001, S. 203

12 dpa vom 22.4.1997

13 Der Spiegel vom 28.6.1999

14 Becker, Irene/Hauser, Richard: »Zur Entwicklung von Armut und Wohlstand in der Bundesrepublik Deutschland – eine Bestandsaufnahme«, in:
Butterwegge/Klundt: Kinderarmut – siehe dort, S. 25 ff.

15 Huster, Ernst-Ulrich: »Kinder zwischen Armut und Reichtum«, in: Butter-
wegge/Klundt: Kinderarmut – siehe dort, S. 53

16 ebda, S. 45

17 ebda, S. 46

18 Stutzer, Erich: »Die Einkommenslage von Familien und Kindern«. Vortrag,
Wiesbaden 31.1.2002, über erich.stutzer@stala.bwl.de oder www.statistik-
bw.de

19 ZEITdokument 2/2002, S. 38

20 Frankfurter Rundschau vom 24.4.2002, S. 4

21 Frankfurter Rundschau vom 28.6.2002, S. 23

22 Familienatlas II, S. 10

23 Frankfurter Rundschau vom 9.3.2002

24 Sacks, Oliver: Onkel Wolfram. Erinnerungen. Deutsch von Hainer Kober.
Rowohlt Verlag, Reinbek 2002, S. 14 f.

25 Marbach, Jan H.: »Tauschbeziehungen zwischen Generationen: Kommunikation, Dienstleistung und finanzielle Unterstützung in Dreigenerationenfamilien«, in: Bien, Eigeninteresse – siehe dort, S. 107

26 Vortrag in Wiesbaden; 31. Januar 2002

27 BIB-Mitteilungen (Hrsg. Statistisches Bundesamt Wiesbaden) 1/2002

28 Krebs, Angelika: Arbeit und Liebe. Die philosophischen Grundlagen sozialer Gerechtigkeit. Suhrkamp Taschenbuch Wissenschaft 1564,
Frankfurt/Main 2002

29 Bertram, Hans: »Wertwandel und Werttradierung«, in: Bien, Eigeninteresse
und Solidarität – siehe dort, S. 28

30 Hengsbach, Friedhelm: »Gerechtigkeit ist nicht nur ein Wort«, in: Butter-

wegge, Christoph/Klundt, Michael: Kinderarmut und Generationengerechtigkeit – siehe dort, S. 11 ff.

31 Tichy, Pyramide, S. 10

32 ebda, S. 13

33 Milosz, Czeslaw: Mein ABC. Von Adam und Eva bis Zentrum und Peripherie. Aus dem Polnischen von Doreen Daume. Carl Hanser Verlag, München 2001, S. 161

Wer braucht eigentlich Familien?

1 Ahrends, Martin: »Wir wollten so viele«, in: DIE ZEIT Nr. 22, 27.5.1994, S. 85

2 ebda

3 Unicef: Kinder bewegen die Welt. Zur Situation der Kinder in der Welt 2002. Fischer Taschenbuch Verlag, Frankfurt/Main 2002, S. 69

4 Bien, Walter (Hrsg.): Eigeninteresse oder Solidarität. Beziehungen in modernen Mehrgenerationenfamilien. Leske + Budrich, Opladen 1994, S. 8 f.

5 ebda, S. 21

6 Beck-Gernsheim, Elisabeth: Was kommt nach der Familie? Einblicke in neue Lebensformen. Verlag C. H. Beck, München 2000, S. 101

7 Alt, Christian: »Reziprozität von Eltern-Kind-Beziehungen in Mehrgenerationennetzwerken«, in: Bien: Eigeninteresse oder Solidarität – siehe dort, S. 200

8 ebda

9 ebda

10 Neyer, Franz Josef: »Junge Erwachsene im Mehrgenerationenkontext«, in: Bien: Eigeninteresse oder Solidarität – siehe dort, S. 55

11 ebda, S. 58

12 BIB 2/1998, S. 20

13 Liminski, Martine und Jürgen: Abenteuer Familie. Erfolgreich erziehen: Liebe und was sonst noch nötig ist. Mit einem Vorwort von Prof. Dr. Paul Kirchhof, Bundesverfassungsrichter a. D. Sankt Ulrich Verlag, Augsburg 2002

14 Fünfter Familienbericht, S. 26

15 Liminski, Abenteuer Familie, S. 14

16 Frankfurter Allgemeine Zeitung vom 4.5.2002, S. 13

17 Aufstellung der Kinderkosten: Heidelberger Familienbüro vom 19.7.2002

18 Fünfter Familienbericht, S. 145

19 Zehnter Kinder- und Jugendbericht, S. 87

20 Bien, Eigeninteresse, S. 122

21 Was Deutschland bewegt. Der forsa-Meinungsreport 2002. Eichborn Verlag, Frankfurt/Main 2002, S. 185/295

22 Flitner, Andreas: Konrad, sprach die Frau Mama ... Über Erziehung und Nicht-Erziehung. Piper Verlag, München/Zürich 2000, S. 122 f.

23 ebda

24 Thomä, Dieter: Eltern. Kleine Philosophie einer riskanten Lebensform. Becksche Reihe im Verlag C. H. Beck, München 2002

25 ebda, S. 176

26 Flitner: Konrad, sprach die Frau Mama ..., S. 146

4. Warum wir es nicht hinkriegen

1 Stutzer, Erich: »Ökonomische Lage der Familie«, in: Schneider/Matthias-Bleck, Elternschaft heute – siehe dort, S. 247

2 ebda

3 Reichle, Barbara: »Partnerschaftsentwicklung junger Eltern: Wie sich aus der Bewältigung von Lebensveränderungen Probleme entwickeln«, in: Schneider/Matthias-Bleck: Elternschaft heute – siehe dort, S. 75 ff.

4 Unicef: Kinder bewegen die Welt. Zur Situation der Kinder in der Welt 2002. Fischer Taschenbuch Verlag, Frankfurt/Main 2002, S. 66

5 McCorduck, Pamela/Ramsey, Nancy: Die Zukunft der Frauen. Szenarien für das 21. Jahrhundert. Aus dem amerikanischen Englisch von Christiana Goldmann. S. Fischer Verlag, Frankfurt/Main 1998, S. 238

6 ebda, S. 41

7 ebda, S. 24

8 ebda, S. 26

9 Zehnter Kinder- und Jugendbericht: Bericht über die Lebenssituation von Kindern und die Leistungen der Kinderhilfen in Deutschland. Deutsches Jugendinstitut e.V., München 1998, S. 31

10 Huinink, Johannes: »Polarisierung der Familienentwicklung in europäischen Ländern im Vergleich«, in: Schneider/Matthias-Bleck: Elternschaft heute – siehe dort, S. 49 ff.

11 Freely, Maureen: Kinder, Job und jede Menge Leben. Bilanz eines feministischen Versuchskaninchens. Aus dem Englischen von Gudrun Gründken. Edition Ebersbach, Dortmund 1997, S. 19

12 ebda, S. 17

13 Pass-Weingartz, Dorothee/Erler, Gisela: Mütter an die Macht. Die neue Frauen-Bewegung. Rowohlt Verlag, Reinbek 1989, S. 13 ff.

14 ebda

15 Zehnter Kinder- und Jugendbericht, S. 31

16 Frankfurter Rundschau vom 5.3.02, S. 17

17 Krebs, Arbeit und Liebe, S. 140 ff.

18 ebda, S. 35

19 ebda, S. 37

20 ebda

21 Walter, Wolfgang/Künzler, Jan: »Parentales Engagement. Mütter und Väter im Vergleich«, in: Schneider/Matthias-Bleck: Elternschaft heute – siehe dort, S. 95 ff.

22 Krebs, Arbeit und Liebe, S. 54

23 Dieckmann, Dorothea: Unter Müttern. Eine Schmähschrift. Rowohlt Berlin, Berlin 1993, S. 54

24 ebda, S. 89

25 ebda, S. 83

26 ebda, S. 69

27 ebda, S. 84

28 ebda, S. 91

29 Amendt, Gerhard: Wie Mütter ihre Söhne sehen. Fischer Verlag, Frankfurt/Main 1994, S. 51

30 Vinken, Barbara: Die deutsche Mutter. Der lange Schatten eines Mythos. Piper Verlag, München/Zürich 2001, S. 13

31 ebda, S. 8

32 ebda, S. 301

33 ebda, S. 62

34 ebda, S. 19

35 Neyer, Franz Josef: »Junge Erwachsene im Mehrgenerationenkontext«, in: Bien: Eigeninteresse – siehe dort, S. 67

36 Zeit im Blickfeld: Ergebnisse einer repräsentativen Zeitbudgeterhebung. Hrsg. Bundesministerium für Familie, Senioren, Frauen und Jugend. Karen Blande, Manfred Ehling, Norbert Schwarz. Kohlhammer Verlag, Stuttgart 1996, S. 159

37 ebda, S. 153

38 Güllner, Manfred: »Was Deutschland bewegt. Der forsa-Meinungsreport 2002. Eichborn Verlag, Frankfurt/Main 2002, S. 309

39 Marbach, Jan H.: »Tauschbeziehungen zwischen Generationen: Kommunikation, Dienstleistung und finanzielle Unterstützung in Dreigenerationenfamilien«, in: Bien: Eigeninteresse oder Solidarität – siehe dort, S. 195

40 Zeit im Blickfeld, S. 196

41 ebda, S. 198

42 ebda, S. 188

43 ebda, S. 183

44 ebda, S. 196

45 Biddulph, Steve: Männer auf der Suche. Sieben Schritte zur Befreiung. Beust Verlag, München 2001, S. 13

46 ebda, S. 15

47 ebda, S. 16

48 Walter, Heinz (Hg.), Männer als Väter. Sozialwissenschaftliche Theorie und Empirie. Psychosozial-Verlag, Giessen 2002

49 Fthenakis, Wassilios E./Minsel Beate: Die Rolle des Vaters in der Familie, Manuskript aus dem Münchner Staatsinstitut für Frühpädagogik (2001)

50 ebda, S. 54

51 ebda, S. 197

52 ebda, S. 200

53 ebda, S. 174

54 ebda, S. 203

55 ebda, S. 111

56 ebda, S. 209

57 ebda, S. 208

58 Biddulph: Männer auf der Suche, S. 119 ff.

59 Fthenakis: Väter, S. 208 f.

60 ebda, S. 211

61 Biddulph:, Männer auf der Suche, S. 40

62 Bielenski, Harald/Burkhard Strümpel: Eingeschränkte Erwerbsarbeit bei Frauen und Männern. Fakten – Wünsche – Realisierungschancen, S. 40

63 ebda, S. 44

64 ebda, S. 8

65 ebda, S. 59

66 Strümpel, Burkhard/Prenzel, Wolfgang/Scholz, Joachim/Hoff, Andreas: Teil-zeitarbeitende Männer und Hausmänner. Motive und Konsequenzen einer eingeschränkten Erwerbstätigkeit von Männern, S. 75

67 ebda, S. 70

68 Biddulph, Steve: »Die Schulter, die nicht fehlen darf«, in: Hamburger Abendblatt 1./2. Juni 2002, Journal S. 5

69 Frankfurter Rundschau vom 14.4.2002, S. 6

70 Zehnter Jugendbericht, S. 30

71 ebda

72 Neyer, Franz Josef: »Junge Erwachsene im Mehrgenerationenkontext«, in: Bien, Eigeninteresse oder Solidarität – siehe dort, S. 69

73 Templeton, Robert/Bauereiss, Renate: »Kinderbetreung zwischen den Gene-rationen«, in: Bien: Eigeninteresse oder Solidarität – siehe dort, S. 257

74 Kolbe, Wiebke: »Elternurlaub und ›Papa‹-Quotierung: Emanzipation der schwedischen Väter?«, unveröffentlichtes Manuskript, über Universität Bie-lefeld, wkolbe@geschichte.uni-bielefeld.de

75 Malaguzzi, Loris: »Die Erklärung der drei Rechte«, in: Ein Ausflug in die Rechte von Kindern (Hrsg. Kommunale Krippen und Kindergärten von Reggio Emilia); Mädchen und Jungen zwischen 5 und 6 sprechen über die Rechte der Kinder; Übersetzung von Harald Otto Schmid, Hermann Luch-terhand Verlag, Neuwied 1998, S. 32

76 Eichholz, Reinald: »Die Subjektstellung des Kindes als Auftrag und Maßstab der Politik«, in: Zeitschrift der Deutschen Liga für das Kind, Jg. 2001,
Heft 2, S. 8 ff.

77 ebda

78 Gesetz zur Änderung der Verfassung für das Land Nordrhein-Westfalen –
Aufnahme von Kinderrechten – vom 25.1.2002

79 Malaguzzi, »Die Erklärung der drei Rechte«, S. 63

80 Hengsbach, Friedhelm: »Gerechtigkeit ist nicht nur ein Wort«, in: Butterwegge, Christoph/Klundt, Michael: Kinderarmut und Generationengerechtigkeit – siehe dort, S. 22

81 Eichholz: Subjektstellung des Kindes

82 Elschenbroich, Donata: Weltwissen der Siebenjährigen. Wie Kinder die Welt
entdecken können. Verlag Antje Kunstmann, München 2001

83 Eichholz: Subjektstellung des Kindes

84 ebda

85 ebda

86 Blinkert, Baldo et al.: Aktionsräume von Kindern in der Stadt. Eine Untersuchung im Auftrag der Stadt Freiburg. Centaurus Verlagsgesellschaft, Pfaffenweiler 1993

87 ebda, S. 189

88 ebda, S. 190

89 ebda, S. 91

90 Zehnter Jugendbericht, S. 58

91 Eichholz, Die Rechte des Kindes, S. 21

92 Frankfurter Rundschau v. 28.5.02, S. 22

93 Innocenti Report Card Issue No. 2, Florenz 2001 (Hrsg. Unicef)

94 Malaguzzi, »Die Erklärung der drei Rechte«, S. 63

95 ebda

96 ebda, S. 10

Lassen Sie uns über Geld reden

1 Bundesministerium für Familie, Senioren, Frauen und Jugend (Hrsg.)/Wis-
senschaftlicher Beirat für Familienfragen: Gerechtigkeit für Familien. Zur
Begründung und Weiterentwicklung des Familienlasten- und Familienleistungsausgleichs. Schriftenreihe Band 202; Kohlhammer Verlag, Stuttgart
2001, S. 249

2 Fünfter Familienbericht, S. 145

3 Borchert, Jürgen: »Wiesbadener Entwurf einer familienpolitischen Strukturreform des Sozialstaates« vom 23.1.2002, S. 13

4 Borchert, Jürgen: »Zehn Jahre ›Trümmerfrauenurteil‹«: Politik ignoriert

Verfassungsauftrag. Situation der Familie dramatisch verschlechtert. Unveröffentlichtes Manuskript, S. 1

5 Zehnter Kinder- und Jugendbericht

6 Gerechtigkeit für Familien, S. 117

7 Zahlen Deutscher Familienverband

8 Zehnter Kinder- und Jugendbericht, S. 87

9 Gerechtigkeit für Familien, S. 78

10 Fünfter Familienbericht, S. 291

11 ebda

12 Borchert, »Wiesbadener Entwurf«, S. 34

13 DIE ZEIT Nr. 18 vom 25.4.2002, S. 24

14 Gerechtigkeit für Familien, S. 155

15 DFV – Familie, Heft 4/01, S. 5

16 Pütz, Josef/Rieger, Carsten: Der Aufstand der Familien. Eltern und Kinder kämpfen um ihre Zukunft. Pattloch Verlag, München 2002

17 Gerechtigkeit für Familien, S. 73 f.

18 Pütz /Rieger: Der Aufstand der Familien, S. 72

19 ebda, S. 68

20 ebda, S. 46

21 Kirchhof, Paul et al.: Karlsruher Entwurf zur Reform des Einkommensteuergesetzes. C. F. Müller Verlag, Heidelberg 2001

22 Deutscher Familienverband

23 Dingeldey, Irene (Hrsg.): Erwerbstätigkeit und Familie in Steuer- und Sozialversicherungssystemen. Begünstigungen und Belastungen verschiedener familialer Erwerbsmuster im Ländervergleich. Leske + Budrich, Opladen 2000, S. 117

24 'Bauerreiß, Renate et al.: Familienatlas II. Lebenslagen und Regionen in Deutschland. Karten und Zahlen. Verlag Leske + Budrich, Opladen 1997, S. 36

25 ebda, S. 34

26 DFV-Familie 1/01, S. 5

6. Das tägliche Familiengewurschtel

1 Zehnter Kinder- und Jugendbericht, S. 297

2 Beck-Gernsheim, Elisabeth: Was kommt nach der Familie? Einblicke in neue Lebensformen. Verlag C. H. Beck, München 2000, S. 94

3 Dingeldey, Irene: (Hrsg.): Erwerbstätigkeit und Familie , S. 124

4 Lindgren, Astrid: Nein, ich will noch nicht ins Bett! Bilder von Ilona Wikland, Deutsch von Anna-Liese Kornitzky. Verlag Friedrich Oetinger, Hamburg 1989

5 Zeit im Blickfeld: Ergebnisse einer repräsentativen Zeitbudgeterhebung. Kohlhammer Verlag, Stuttgart 1996, S. 141 ff.

6 Fünfter Familienbericht S. 78

7 Krause, Hans-Joachim/Ohrt, Timm/v. Seggern, Hille: Kinder in der inneren Stadt. Zum Einfluss der sozialen und städtebaulichen Umwelt auf die Lebensverhältnisse ... Gutachten im Auftrag der Freien und Hansestadt Hamburg, S. 104

8 Familienatlas II. Lebenslagen und Regionen in Deutschland. Karten und Zahlen; Hrsg. Bauerreiss, Renate/Bayer, Hiltrud/Bien, Walter. Leske + Budrich Verlag, Opladen 1997, S. 50

9 Blinkert: Aktionsräume von Kindern, S. 9

10 Altonaer Wochenblatt Nr. 4 vom 23.1.2002

11 Fairkehr. Das Magazin für Umwelt, Verkehr, Freizeit und Reisen. Nr. 3/2002, S. 20

12 Blinkert: Aktionsräume von Kindern, S. 183

13 Hervorhebung SM

14 Bund Deutscher Landschaftsarchitekten BDLA (Hrsg.): Neu verorten. Zeitgenössische deutsche Landschaftsarchitektur. Birkhäuser Verlag für Architektur, Basel 2002

15 ebda, S. 23

16 Zehnter Jugendbericht, S. 299

Wie Familienpolitik in Schwung kommt

1 Müller, Erhard O.: »Das Geschäft der politischen Gladiatoren ist am Ende. Ohne Bündnisse mit der Zivilgesellschaft ist kein Staat zu machen – und ein rot-grünes Bündnis schon gar nicht«, in: Frankfurter Rundschau vom 21.3.2002, S. 14

2 Kinderbeauftragte. Beauftragte von Kindern und Beauftragte für Kinder. Hrsg. Deutscher Kinderschutzbund, Landesverband Saarland, 109 S., 1990, S. 99

3 Unicef: Kinder bewegen die Welt. Zur Situation der Kinder in der Welt 2002. Fischer Taschenbuch Verlag, Frankfurt/Main 2002

4 Borchert: Wiesbadener Entwurf, S. 6

5 Süddeutsche Zeitung, 19.7.2002, S. 19

6 Gerechtigkeit, S. 116

7 Dingeldey: Erwerbstätigkeit, S. 138

8 ebda, S. 139

9 Peschel-Gutzeit, Lore: »Kinderwahlrecht – Zukunft der Familie?«, in: Maywald et al.: Familien haben Zukunft – siehe dort, S. 54

10 BIB, 1/2001, S. 13

8. So wird Familienleben kinderleicht

1 Frankfurter Allgemeine Zeitung vom 12.3.2002
2 The Independent vom 13.6.2002, S. 3
3 Gerechtigkeit für Familien, S. 213
4 Unterstöger, Hermann: »Welche Schule wollen wir? Von den Segnungen zweckloser Freiheit. Gockel, Hinkel, Gakelaja oder Der Bildungsroman auf dem Dorf«, in: Süddeutsche Zeitung Nr. 60 vom 12.3.2002, S. 15
5 Tietze, Wolfgang (Hrsg.) et al.: Wie gut sind unsere Kindergärten? Eine Untersuchung zur pädagogischen Qualität in deutschen Kindergärten. Luchterhand Verlag, Neuwied 1998
6 Matlary, Janne Haaland: »Mutterschaft und Arbeit«, Vortrag bei der Konferenz der Weltmütterbewegung am 8.4.1999; in gekürzter Fassung gedruckt in: Frankfurter Rundschau vom 13.12.1999 (Dokumentation)
7 Flitner: Konrad, sprach die Frau Mama … , S. 148 f
8 Biddulph, Steve: »Die Schulter, die nicht fehlen darf«. Interview mit Steve Biddulph, Hamburger Abendblatt vom 1./2. Juni 2002, Journal S. 5
9 Zeitstudie, S. 212
10 Gerechtigkeit, S. 215
11 Familienatlas, S. 30
12 Bielenski/Strümpel: Eingeschränkte Erwerbsarbeit, S. 61 ff.
13 Strümpel, Teilzeit arbeitende Männer, S. 96
14 ebda, S. 108
15 Übersicht in: Fthenakis, Paare werden Eltern
16 Strümpel, Teilzeit arbeitende Männer, S. 133
17 ebda, S. 134
18 ebda, S. 138
19 ebda, S. 92
20 ebda, S. 89
21 Klammer, Ute/Weber, Helmut: »Flexibel in den Ruhestand? – Ergebnisse und Überlegungen zur Altersteilzeit« in: WS/Mitteilungen vom 1.2.2001
22 Bielenski/Strümpel: Eingeschränkte Erwerbsarbeit, S. 101
23 Kirchhof, Paul: »Familienbesteuerung im Verfassungsstaat«, S. 64 f.
24 Krebs: Arbeit und Liebe, S. 162 und S. 211
25 ebda, S. 247
26 Tünnemann, Margit: »Lohn für Kindererziehung«, in: Neue Caritas. Politik. Praxis. Forschung. Heft 5, 7. März 2002, S. 9–15
27 Handke, Barbara: Debatte zum Erziehungslohn. Neue Caritas. Politik. Praxis. Forschung. Heft 5, 7. März 2002, S. 16

Der große Umbau

1 Flitner: Konrad, sprach die Frau Mama, S. 93
2 Blinkert: Aktionsräume, S. 199
3 »Kinder in der inneren Stadt«, Autoren Krause, Hans-Joachim/Ohrt, Timm/v. Seggern, Hille im Auftrag der Baubehörde der Hansestadt Hamburg (mit detaillierten Plänen zur Umwandlung von Straßen und Plätzen), Bd. 2, S. 105
4 ebda, Bd 2, S. 108
5 Süddeutsche Zeitung vom 28.5.02
6 Kinderbeauftragte, S. 50
7 ebda, S. 96
8 Templeton/Bauerreiss: Kinderbetreuung, S. 257
9 Tichy: Pyramide, S. 10
10 Aus »Hennen rennen«, Film von Nick Park und Peter Lord, 2000

0. Nie wieder!

1 DIE ZEIT Nr. 22 vom 27.5.94
2 Zahlen Deutscher Familienverband
3 BIB-Mitteilungen, Juli 2000
4 Frankfurter Allgemeine Zeitung vom 12.07.02, S. 9
5 Monatsbericht der Deutschen Bank vom März 2002

Quellen. Und zum Weiterlesen

Ahrends, Martin: »Wir wollten so viele«, in: DIE ZEIT Nr. 22, 27.5.1994, S. 85

Alt, Christian: »Reziprozität von Eltern-Kind-Beziehungen in Mehrgenerationennetzwerken«, in: Bien: Eigeninteresse oder Solidarität – siehe dort

Amendt, Gerhard: Wie Mütter ihre Söhne sehen, S. Fischer Verlag, Frankfurt/Main 1994

Bauerreiss, Renate/Bayer, Hiltrud/Bien, Walter: Familienatlas II. Lebenslagen und Regionen in Deutschland. Karten und Zahlen. Leske + Budrich, Opladen 1997

Becker, Irene/Hauser, Richard: »Zur Entwicklung von Armut und Wohlstand in der Bundesrepublik Deutschland – eine Bestandsaufnahme«, in: Butterwegge/Klundt: Kinderarmut – siehe dort, S. 25 ff.

Beck-Gernsheim, Elisabeth: Was kommt nach der Familie? Einblicke in neue Lebensformen. Verlag C. H. Beck, München 2000

Bertram, Hans: »Wertwandel und Werttradierung«, in: Bien: Eigeninteresse oder Solidarität – siehe dort

BIB-Mitteilungen. Informationen aus dem Bundesinstitut für Bevölkerungsforschung beim Statistischen Bundesamt, Friedrich-Ebert-Allee 4, 65185 Wiesbaden, www.bib-demographie.de

Biddulph, Steve: Männer auf der Suche. Sieben Schritte zur Befreiung. Beust Verlag, München 2001

Biddulph, Steve: »Die Schulter, die nicht fehlen darf«. Interview mit Steve Biddulph, Hamburger Abendblatt vom 1./2. Juni 2002, Journal S. 5

Bielenski, Harald/Strümpel, Burkhard: Eingeschränkte Erwerbsarbeit bei Frauen und Männern. Fakten – Wünsche – Realisierungschancen; sowie: Strümpel, Burkhard et. al.: Teilzeit arbeitende Männer und Hausmänner. Motive und Konsequenzen einer eingeschränkten Erwerbstätigkeit von Männern. – Beide Bände erschienen in der Reihe Beiträge der Reihe zur Sozialökonomik der Arbeit (Hrsg. Bolle, Michael/Strümpel, Burkhard), Bd. 15 und 16, edition sigma, Berlin 1988

Bien, Walter (Hrsg.): Eigeninteresse oder Solidarität. Beziehungen in modernen Mehrgenerationenfamilien. Leske + Budrich, Opladen 1994

Blinkert, Baldo et al.: Aktionsräume von Kindern in der Stadt. Eine Untersuchung im Auftrag der Stadt Freiburg. Centaurus Verlagsgesellschaft, Pfaffenweiler 1993

Borchert, Jürgen: »Wiesbadener Entwurf einer familienpolitischen Strukturreform des Sozialstaates« vom 23.1.2002 (84 S.)

Borchert, Jürgen: »Zehn Jahre ›Trümmerfrauenurteil‹: Politik ignoriert Verfassungsauftrag. Situation der Familie dramatisch verschlechtert«, unveröffentlichtes Manuskript zum 7.7.2002

Bund Deutscher Landschaftsarchitekten BDLA (Hrsg.): Neu verorten. Zeitgenössische deutsche Landschaftsarchitektur. Birkhäuser Verlag für Architektur, Basel 2002

Bundesministerium für Familie, Senioren, Frauen und Jugend (Hrsg.)/Wissenschaftlicher Beirat für Familienfragen: Gerechtigkeit für Familien. Zur Begründung und Weiterentwicklung des Familienlasten- und Familienleistungsausgleichs, Schriftenreihe Band 202. Kohlhammer Verlag, Stuttgart 2001

Butterwegge, Christoph/Klundt, Michael: Kinderarmut und Generationengerechtigkeit. Familien- und Sozialpolitik im demographischen Wandel. Leske + Budrich, Opladen 2002

Deutscher Kinderschutzbund, Landesverband Saarland (Hrsg.): Kinderbeauftragte. Beauftragte von Kindern und Beauftragte für Kinder, 109 S., 1990

Dieckmann, Dorothea: Unter Müttern. Eine Schmähschrift. Rowohlt Berlin, Berlin 1993

Dingeldey, Irene (Hrsg.): Erwerbstätigkeit und Familie in Steuer- und Sozialversicherungssystemen. Begünstigungen und Belastungen verschiedener familialer Erwerbsmuster im Ländervergleich. Leske + Budrich, Opladen 2000

Döring, Diether: »Niedrigeinkommenslagen von Kindern und Kindererziehenden in Frankfurt/Main (einschließlich einiger Anmerkungen zur sozialen Sicherung)«; Vortrag anlässlich einer Arbeitstagung der Hessischen Landesregierung am 31.1.2002 zur Familienpolitik; zu beziehen über D.Doering@em.uni-frankfurt.de

Eichholz, Reinald: »Die Subjektstellung des Kindes als Auftrag und Maßstab der Politik«, in: Zeitschrift der Deutschen Liga für das Kind, Jg. 2001, Heft 2, S. 8 ff.

Eichholz, Reinald (Hrsg.): Die Rechte der Kinder. Abdruck des Übereinkommens der Rechte der Kinder der Vereinten Nationen mit Erklärungen für Kinder. Illustrationen von Frantz Wittkamp. Georg Bitter Verlag, Recklinghausen 1991

Elschenbroich, Donata: Weltwissen der Siebenjährigen. Wie Kinder die Welt entdecken können. Verlag Antje Kunstmann, München 2001

Fairkehr. Das Magazin für Umwelt, Verkehr, Freizeit und Reisen – »Vision Zero. Alarmstufe Tod«, Nr. 3/2002, S. 16 ff.

Flitner, Andreas: Konrad, sprach die Frau Mama ... Über Erziehung und Nicht-Erziehung. Piper Verlag, München/Zürich 2000

Fthenakis, Wassilios E./Kalicki, Bernhard/Peitz, Gabriele: Paare werden Eltern. Die Ergebnisse der LBS-Familienstudie. Leske + Budrich, Opladen 2002

Fthenakis, Wassilios E./Minsel, Beate: Die Rolle des Vaters in der Familie. Zi-

tiert nach Manuskript – Vorlage aus dem Münchner Staatsinstitut für Frühpädagogik (2001). Demnächst veröffentlicht im Kohlhammer Verlag, Stuttgart

Fünfter Familienbericht. Familien und Familienpolitik im geeinten Deutschland. Zukunft des Humanvermögens. Deutscher Bundestag, 12. Wahlperio-
de, zugeleitet am 5. Juni 1994, Drucksache 12/7560

Freely, Maureen: Kinder, Job und jede Menge Leben. Bilanz eines feministischen Versuchskaninchens. Aus dem Englischen von Gudrun Gründken.
Edition Ebersbach, Dortmund 1997

Geissler, Clemens: »Urbanität durch Solidarität – die Unteilbarkeit als Leitbild
der sozialen Stadt«, in: Stimme der Familie, 49. Jg., Heft 3-4, 2002, S. 3 ff.

Geisterkamp, Thomas/Schnack, Dieter: Hauptsache Arbeit? Männer zwischen
Beruf und Familie. Rowohlt Verlag, Reinbek 1998

Güllner, Manfred: Was Deutschland bewegt. Der forsa-Meinungsreport 2002.
Eichborn Verlag, Frankfurt/Main 2002

Günther, Dirk: »Armutsrisiko Elternschaft?«, in: Schneider/Matthias-Bleck: Elternschaft heute – siehe dort, S. 251 ff.

Handke, Barbara: »Debatte zum Erziehungslohn«, in Neue Caritas. Politik.
Praxis. Forschung. Heft 5, 7.3.02, S. 16 f.

Hengsbach, Friedhelm: »Gerechtigkeit ist nicht nur ein Wort«, in: Butterwegge, Christoph/Klundt, Michael: Kinderarmut und Generationengerechtigkeit – siehe dort, S. 11 ff.

Hrdy, Sarah Blaffer: Mutter Natur. Die weibliche Seite der Evolution. Aus dem
Amerikanischen von Andreas Paul, Ellen Vogel, Karin Hasselblatt, Matthi-
as Reiss, Monika Schmalz. Berlin Verlag, Berlin 2000

Huinink, Johannes: »Polarisierung der Familienentwicklung in europäischen
Ländern im Vergleich«, in: Schneider/Matthias-Bleck: Elternschaft heute –
siehe dort, S. 49 ff.

Huster, Ernst-Ulrich: »Kinder zwischen Armut und Reichtum«, in: Butterweg-
ge/Klundt: Kinderarmut – siehe dort, S. 43 ff.

Innocenti Report Card Issue No. 2, 2001, Hrsg. UNICEF Innocenti Research
Centre, Florenz 2001 (www. unicef-icdc.org)

James, P. D.: Im Land der leeren Häuser. Roman. Aus dem Englischen von
Christa Seibicke. Scherz Verlag, Bern/München/Wien 2002

Jugend 2002. Shell Jugendstudie. Hrsg. Baumert, Jürgen et al., Fischer
Taschenbuch Verlag, Frankfurt 2002

»Kinder in der inneren Stadt«, Autoren Krause, Hans-Joachim/Ohrt, Timm/v.
Seggern, Hille, im Auftrag der Baubehörde der Hansestadt Hamburg, Bd.
2, mit detaillierten Plänen zur Umwandlung von Straßen und Plätzen,
Hamburger Baubehörde 1987

Kirchhof, Paul et al.: Karlsruher Entwurf zur Reform des Einkommensteuergesetzes. C. F. Müller Verlag, Heidelberg 2001

Kirchhof, Paul: Besteuerung im Verfassungsstaat. Walter Eucken Institut. Beiträge zur Ordnungstheorie 163. Mohr Siebeck Verlag, Tübingen 2000

Kirchhof, Paul: »Was Familien jetzt brauchen: Mut zum Glück«, in: ZEITdokument Die Familie – siehe dort, S. 38 f.

Klammer, Ute/Weber, Helmut: »Flexibel in den Ruhestand? – Ergebnisse und Überlegungen zur Altersteilzeit« in: WSI Mitteilungen vom 1.2.2001

Kolbe, Wiebke: »Elternurlaub und ›Papa‹-Quotierung: Emanzipation der schwedischen Väter?«, unveröffentlichtes Manuskript, über Universität Bielefeld, wkolbe@geschichte.uni-bielefeld.de

Koolhaas, Rem: Harvard Design School Guide to Shopping. Taschen Verlag, Köln 2001

Krause, Hans-Joachim/Ohrt, Timm/v. Seggern, Hille: Kinder in der inneren Stadt. Zum Einfluss der sozialen und städtebaulichen Umwelt auf die Lebensverhältnisse und Sozialisationsbedingungen von Kindern in innerstädtischen Gebieten. Gutachten im Auftrag der Freien und Hansestadt Hamburg, Baubehörde Landesplanungsamt aus dem Jahr 1977 (dort einsehbar, Tel. 040-42 84 00)

Krebs, Angelika: Arbeit und Liebe. Die philosophischen Grundlagen sozialer Gerechtigkeit. Suhrkamp Taschenbuch Wissenschaft 1564, Frankfurt 2002

Kursbuch 132 »Unsere Mütter«, hrsg. von Karl Markus Michel, Ingrid Karsunke und Tilman Spengler. Rowohlt Berlin, Berlin 1998

Liminski, Martine und Jürgen: Abenteuer Familie. Erfolgreich erziehen: Liebe und was sonst noch nötig ist. Mit einem Vorwort von Prof. Dr. Paul Kirchhof, Bundesverfassungsrichter a. D. Sankt Ulrich Verlag, Augsburg 2002

Lindgren, Astrid: Nein, ich will noch nicht ins Bett! Bilder von Ilon Wikland. Deutsch von Anna-Liese Kornitzky. Verlag Friedrich Oetinger, Hamburg 1989

Malaguzzi, Loris: »Die Erklärung der drei Rechte«, in: Ein Ausflug in die Rechte von Kindern (Hrsg. Kommunale Krippen und Kindergärten von Reggio Emilia); Mädchen und Jungen zwischen 5 und 6 sprechen über die Rechte der Kinder. Übersetzung von Harald Otto Schmid. Hermann Luchterhand Verlag, Neuwied 1998

Marbach, Jan H.: »Tauschbeziehungen zwischen Generationen: Kommunikation, Dienstleistung und finanzielle Unterstützung in Dreigenerationenfamilien«, in: Bien: Eigeninteresse oder Solidarität – siehe dort

Matlary, Janne Haaland: »Mutterschaft und Arbeit«, Vortrag bei der Konferenz der Weltmütterbewegung am 8.4.1999; in gekürzter Fassung gedruckt in Frankfurter Rundschau vom 13.12.1999 (Dokumentation)

Maywald, Jörg et al.: Familien haben Zukunft. Rowohlt Taschenbuch Verlag, Reinbek 2000

McCorduck, Pamela/Ramsey, Nancy: Die Zukunft der Frauen. Szenarien für das 21. Jahrhundert. Aus dem amerikanischen Englisch von Christiana Goldmann. S. Fischer Verlag, Frankfurt/Main 1998

Milosz, Czeslaw: Mein ABC. Von Adam und Eva bis Zentrum und Peripherie. Aus dem Polnischen von Doreen Daume. Carl Hanser Verlag, München 2001

Müller, Erhard O.: »Das Geschäft der politischen Gladiatoren ist am Ende. Ohne Bündnisse mit der Zivilgesellschaft ist kein Staat zu machen – und ein rot-grünes Bündnis schon gar nicht«, in: Frankfurter Rundschau vom 21.3.02, S. 14

Münchhausen, Anna von: Eine Stunde für mich allein. Das Verwöhnprogramm für gestresste Mütter

Neyer, Franz Josef: »Junge Erwachsene im Mehrgenerationenkontext«, in: Bien: Eigeninteresse oder Solidarität – siehe dort

Pass-Weingartz, Dorothee/Erler, Gisela: Mütter an die Macht. Die neue Frauen-Bewegung. Rowohlt Verlag, Reinbek 1989

Peschel-Gutzeit, Lore: »Kinderwahlrecht – Zukunft der Familie?«, in: Maywald et al.: Familien haben Zukunft – siehe dort

PISA 2000 – Die Länder der Bundesrepublik im Vergleich. Leske + Budrich Verlag 2002

Pütz, Josef/Rieger, Carsten: Der Aufstand der Familien. Eltern und Kinder kämpfen um ihre Zukunft. Pattloch Verlag, München 2002

Randow, Gero von, Leitartikel in der Frankfurter Allgemeinen Zeitung vom 15.1.02, S. 1

Reichle, Barbara: »Partnerschaftsentwicklung junger Eltern: Wie sich aus der Bewältigung von Lebensveränderungen Probleme entwickeln«, in: Schneider/Matthias-Bleck: Elternschaft heute – siehe dort, S. 75 ff.

Sacks, Oliver: Onkel Wolfram. Erinnerungen. Deutsch von Hainer Kober. Rowohlt Verlag, Reinbek 2002

Sauerborn, Werner: »Das Geschlechterverhältnis bleibt unangetastet. Klassische Frauenpolitik hat ihre selbst gesteckten Ziele nicht erreicht und ist in einer tiefen Krise, die sie kaum reflektiert«, in: Frankfurter Rundschau vom 15.4.02, S. 6

Schmidt, Renate: S.O.S. Familie. Ohne Kinder sehen wir alt aus. Rowohlt Berlin, Berlin 2002

Schneider, Norbert F./Matthias-Bleck, Heike (Hrsg.): Elternschaft heute. Gesellschaftliche Rahmenbedingungen und individuelle Gestaltungsaufgaben. Leske + Budrich, Opladen 2002

Strohmeier, Klaus Peter: »Pluralisierung und Polarisierung der Lebensformen in Deutschland«, in: Politik und Zeitgeschichte Nr. 17, 1993

Strümpel, Burkhard/Prenzel, Wolfgang/Scholz, Joachim/Hoff, Andreas: Teilzeit arbeitende Männer und Hausmänner – siehe oben: Bielenski/Strümpel

Stutzer, Erich: »Die Einkommenslage von Familien und Kindern«. Vortrag,

Wiesbaden 31.1.02, über erich.stutzer@stala.bwl.de oder www.statistik-bw.de

Stutzer, Erich:.»Ökonomische Lage der Familie«, in: Schneider/Matthias-Bleck, Elternschaft – siehe dort, S. 235 ff

Taschenbuch der Kinderpresse 2001 (Hrsg. Volkswagen AG/Deutscher Kinderschutzbund). Verlag Rommerskirchen, Remagen-Rolandseck 2001

Templeton, Robert/Bauereiss, Renate:»Kinderbetreuung zwischen den Generationen«, in: Bien: Eigeninteresse oder Solidarität – siehe dort

Thadden, Elisabeth von: Familiäre Gründe. Mit Illustrationen von Cornelia von Seidhein, Berlin Verlag, Berlin 2002

Thomä, Dieter: Eltern. Kleine Philosophie einer riskanten Lebensform. Becksche Reihe im Verlag C. H. Beck, München 2002

Tichy, Roland und Andrea: Die Pyramide steht Kopf. Die Wirtschaft in der Altersfalle und wie sie ihr entkommt. Piper Verlag, München 2001

Tietze, Wolfgang (Hrsg.) et al.: Wie gut sind unsere Kindergärten? Eine Untersuchung zur pädagogischen Qualität in deutschen Kindergärten. Luchterhand Verlag, Neuwied 1998

Tünnemann, Margit:»Lohn für Kindererziehung«, in: Neue Caritas. Politik. Praxis. Forschung. Heft 5, 7. März 2002, S. 9–15

Unicef: Kinder bewegen die Welt. Zur Situation der Kinder in der Welt 2002. S. Fischer Taschenbuch Verlag, Frankfurt/Main 2002

Unterstöger, Hermann:»Welche Schule wollen wir? Von den Segnungen zweckloser Freiheit. Gockel, Hinkel, Gakelaja oder Der Bildungsroman auf dem Dorf«, in: Süddeutsche Zeitung Nr. 60 vom 12.3.02, S. 15

Vinken, Barbara: Die deutsche Mutter. Der lange Schatten eines Mythos. Piper Verlag, München/Zürich 2001

Walter, Heinz (Hrsg.): Männer als Väter. Sozialwissenschaftliche Theorie und Empirie. Psychosozial-Verlag, Giessen 2002

Walter, Wolfgang/Künzler, Jan:»Parentales Engagement. Mütter und Väter im Vergleich«, in: Schneider/Matthias-Bleck: Elternschaft heute – siehe dort, S. 95 ff

Wilson, Edward O.: Die Zukunft des Lebens. Aus dem Amerikanischen von Doris Gerstner. Siedler Verlag, Berlin 2002

Zehnter Kinder- und Jugendbericht: Bericht über die Lebenssituation von Kindern und die Leistungen der Kinderhilfen in Deutschland. Hrsg. Deutsches Jugendinstitut e.V., München 1998

Zeit im Blickfeld: Ergebnisse einer repräsentativen Zeitbudgeterhebung. Hrsg. Bundesministerium für Familie, Senioren, Frauen und Jugend. Karen Blande, Manfred Ehling, Norbert Schwarz. Kohlhammer Verlag, Stuttgart 1996

ZEITdokument 2.2002: Die Familie. Eine ZEIT-Serie. Reportagen, Essays, Interviews und Analysen zum Thema Familie von Jürgen Borchert, Susanne Gaschke, Miriam Gebhardt, Ulrich Greiner, Christiane Grefe, Jacqueline

Hénard, Iris Mainka, Susanne Mayer, Thomas Niederberghaus, Elisabeth Niejahr und Elisabeth von Thadden. Bezug über ZEITverlag, Gerd Bucerius GmbH & Co., 20079 Hamburg

Zerrahn, Signe: Familien in Deutschland. Ein Frontbericht. Europäische Verlagsanstalt, Hamburg 2002

Adressen, die Familien brauchen

1. Städte für Kinder

Baldo Blinkert. Leiter des Freiburger Instituts für angewandte Sozialwissenschaft (FIFAS), Wannerstraße 33, 79106 Freiburg, Tel. 0761 / 28 83 64, www.FIFAS.de
Bietet: Studien über den Einfluss des öffentlichen Raums auf Kinderleben (Bewegungsfreiheit, Erfahrungsräume, Betreuungsaufwand). Video zum Thema. Beratung für die Gestaltung kinderfreundlicher Wohnorte. Referate über die Erfahrungen der letzten zehn Jahre mit Behörden, Bürgern, Kindern.

Gärten für alle/Gardens for people: Adressenliste von Gemeinschaftsgärten in der Stadt über Federation of City Farms and Community Gardens in England, The Green House, Hereford Street, Bedminster, Bristol BS3 4 NA, www.farmgarden.org.uk

Hamburger Forum Spielräume e.V.; c/o Fachbereich Sportwissenschaft, Universität Hamburg; Mollerstraße 10; 20148 Hamburg; Tel. 040 / 4 28 38-41 55, Fax: 040 / 4 28 38-70 27, E-Mail: forum@uni-hamburg.de; www.rrz.uni-hamburg.de/forum
Erfahrung in der Mitsprache bei Gestaltung neuer Wohnviertel, Umbau und Öffnung von Schulhöfen, siehe auch Studie »Kinder in der inneren Stadt«, Autoren Krause, Hans-Joachim/Ohrt, Timm/v. Seggern, Hille, im Auftrag der Baubehörde der Hansestadt Hamburg, Bd. 2, mit detaillierten Plänen zur Umwandlung von Straßen und Plätzen (Literaturverzeichnis)

prokids. »Kinderinteressen in der Stadt«. Beratung. Planung. Gestaltung. Kurt-Schumacher-Str. 2; 45697 Herten; Tel. 0 23 66 / 303-303, Fax: 0 23 66 / 303-255

2. Familientreffpunkte

Mütterzentren Bundesverband e.V., Müggenkampstraße 30a, 20257 Hamburg, Tel. 040 / 401-7 06 06, Fax: 040 / 4 90 38 26, www.muetterzentren-bv.de.

Über ein Jahrzehnt Erfahrung in der Gestaltung von Begegnungsräumen von Eltern und Kindern zur Entspannung, zum Austausch von Erfahrungen und Dienstleistung und zur Anregung von gegenseitiger Hilfe. Verschickt Startpakete für Gründerinnen. Vermittelt Beratung und Begleitung für den Aufbau neuer Zentren.

3. Familie und Beruf

Familienservice. Niederlassungen in vielen großen Städten, zum Beispiel Berlin, Düsseldorf, Frankfurt, Hamburg, München. www.familienservice.de, E-Mail: Berlin@Familienservice.de (usw: Mainz@…)
Der Familienservice schließt einen Vertrag mit der Personalabteilung einer Firma und betreut dann in deren Auftrag die Angestellten mit ihren Wünschen nach Arbeitszeitmodellen, Kinderbetreuung, sucht Hilfe auch im Krisenfall oder für die Schulferien oder wenn die Kinderfrau erkrankt ist. Gibt Hilfestellung bei der Sorge für die alten Eltern oder psychologische oder juristischen Beratung bei Schulschwierigkeiten, Eheproblemen oder finanziellen Fragen.

4. Verbündete

Deutscher Familienverband, Luisenstraße 48, 10117 Berlin, Tel.: 030 / 30 88 29 60, Fax: 030 / 30 88 29 61

Familienbund der Katholiken, Bundesgeschäftsstelle, Neue Kantstr. 2, 14057 Berlin, Tel.: 030 / 326-756-0, www.familienbund.org

Heidelberger Büro für Familienfragen und Soziale Sicherheit (HBF), Eschbachstraße 6, 79199 Kirchzarten, Pressebüro Kostas Petropoulos, Biesinger Str. 16, 72070 Tübingen, Tel.: 0 70 71 / 400-690, www.heidelberger-familienbuero.de

Verband allein erziehender Mütter und Väter e.V., Berlin Hasenheide 70, 10967 Berlin.
E-Mail: kontakt@vamv-bundesverband.de
Tel.: 02 28 / 35 29 95

Schluß mit der Vorherrschaft der Bremser!

Dirk Maxeiner
Michael Miersch
Die Zukunft und ihre Feinde
Wie die Fortschrittspessimisten
unsere Gesellschaft lähmen
232 Seiten · geb. mit SU
€ 19,90 (D) · sFr 36,–
ISBN 3-8218-3912-0

Jörg Haider mobilisiert gegen Atomkraft, Oskar Lafontaine und
Peter Gauweiler beklagen in »Bild« gemeinsam den Werteverfall,
Attac und NPD demonstrieren mit den gleichen Parolen gegen
die Globalisierung: Die Zukunftsdebatten führen quer durch alle
Lager. Ob Einwanderung, grüne Gentechnik oder Arbeitsmarktpolitik – die Gesellschaft sortiert sich neu, und zwei neue Parteien
bilden sich heraus: Fortschrittsoptimisten und -pessimisten.
Dirk Maxeiner und Michael Miersch ordnen bekannte Namen
den neuen Lagern zu, attackieren die Bedenkenträger und zeigen,
welchen Schaden sie in den letzten Jahren angerichtet haben.

 Eichborn.

Kaiserstraße 66
60329 Frankfurt
Telefon: 069 / 25 60 03-0
Fax: 069 / 25 60 03-30
www.eichborn.de
Wir schicken Ihnen gern ein Verlagsverzeichnis.

»Den Autoren ist etwas gelungen,
was nur wenigen Büchern über Politik gelingt:
Aufklärung im besten Sinne«

Süddeutsche Zeitung

Elisabeth Niejahr
Rainer Pörtner
**Joschka Fischers Pollenflug
und andere Spiele der Macht**
Wie Politik wirklich funktioniert
192 Seiten · geb. mit SU
€ 17,90 (D) · sFr 32,–
ISBN 3-8218-3934-1

Politik ähnelt immer mehr dem Showgeschäft. Konzepte und
rhetorisches Talent reichen längst nicht mehr für einen dauerhaf-
ten Erfolg in der Berliner Welt der Selbstdarsteller, der inszenierten
Konflikte und der falschen Freundlichkeiten.
Elisabeth Niejahr und Rainer Pörtner schildern die heimlichen
Gesetze des politischen Alltags. Sie erklären, in welchen Kungel-
runden wirklich entschieden wird, wann ein Politiker auf keinen
Fall die Wahrheit sagen darf, wie Lobbyisten den Wortlaut von
Gesetzen verändern und wie Minister und Abgeordnete die Medien
manipulieren und umgekehrt. Ein einzigartiger Blick hinter die
Kulissen des Politikgeschäfts.

 Eichborn.

Kaiserstraße 66
60329 Frankfurt
Telefon: 069 / 25 60 03-0
Fax: 069 / 25 60 03-30
www.eichborn.de
Wir schicken Ihnen gern ein Verlagsverzeichnis.